한일 영화 교류·관계사

한일 영화 교류・관계사

초판인쇄 2021년 4월 21일
초판발행 2021년 4월 28일

지은이 함충범
펴낸이 채종준
펴낸곳 한국학술정보㈜
주소 경기도 파주시 회동길 230(문발동)
전화 031) 908-3181(대표)
팩스 031) 908-3189
홈페이지 http://ebook.kstudy.com
전자우편 출판사업부 publish@kstudy.com
등록 제일산-115호(2000. 6. 19)

ISBN 9979-11-6603-422-0 93680

함충범 지음

한일 영화 교류·관계사

한국학술정보

이 저서는 2016년 정부(교육부)의 재원으로
한국연구재단의 지원을 받아 수행된 연구임(NRF-2016S1A6A4A01020115).

This work was supported by the National Research Foundation
of Korea Grant funded by the Korean Government(NRF-2016S1A6A4A01020115).

머리말

    한국과 일본. 양국이 위치한 지리적 거리만큼이나 두 나라의 근현대사는 매우 밀접하게 연관되어 있으며, 이는 문학, 미술, 음악, 연극, 영화 등 문화·예술 영역으로도 이어진다. 특히, 근대의 산물이자 20세기 최고의 대중 매체, 오락, 예술로 자리하던 영화 분야가 주목된다. 실제로 영화사 초기부터 한국과 일본의 영화 교류 활동은 상당히 활발하였고 따라서 그 관련성도 무척 컸다.

    그럼에도 불구하고, 이러한 내용들이 한국과 일본의 영화 통사 속에 전 시기에 걸쳐 충분히 반영된 사례는 찾아보기 쉽지 않다. 영화사 서술 자체가 자국 중심의 일국 구조를 지니는데다가, 한국의 경우 민족주의 사관에 의해 일본(인) 관련 내용들이 (무)의식적으로 배제되는 경향을 띠었기 때문이다.

    물론, 2000년대 무렵부터 변화가 일기도 하였다. 한국과 일본의 영화사 연구에 상대국 관련 내용이 일부를 차지하거나 중요하게 다루어지게 된 것이다. 그렇지만 여기에도 다음과 같은 두 가지 한계가 노정되어 있다. 우선, 연구의 대상 시기가 일제강점기, 그 중에서도 중일전쟁(1937) 이후의 일제말기에 집중되어 있다는 점이다. 다음으로, 그렇다 보니 양국 간 영화 교류의 방향과 관계의 성격이 다각적이고 다층적으로 규명되기보다는, 제국(일본)과 식민지(조선)간의 일방적이고도 위계적인 성향에 방점이 두어지곤 하였다는 점이다.

하지만, 한국과 일본의 영화 교류는 지금까지 지속적으로 이루어졌으며, 관계 양상 역시 시기에 따라 다채로운 경향을 보여 왔다. 그리하여 최근에는 한국과 일본의 영화 교류 및 관계에 대한 연구가 여러 시기와 주제를 대상으로 행해진 바 있으나, 그 역사적 궤적과 맥락을 종합적으로 정리하면서 영화사 서술을 시도한 경우는 거의 없었다.

이에, 본서를 통해 필자는 영화가 발명된 후 동아시아에 유입된 1800년대 끝 무렵부터 21세기가 개막된 2000년대 초까지의 대략 100여 년간 양국의 영화 정책, 산업, 인력, 작품 등 전 부문에 걸친 교류 및 관계 양상과 시대별 흐름을 충실하게 담아내려 하였다.

이 책의 본문은 총 7개의 부, 22개의 장, 91개의 절로 구성되어 있다. 아울러 장 단위의 모든 구성은 다음과 같이 연대기적으로 이루어져 있다.

1부부터 3부까지는, 한국과 일본의 역사 중 근대에 해당하는 콜로니얼 시기의 양국 영화 교류·관계의 양상 및 흐름에 관한 내용으로 채워져 있다. 한국의 경우 구한말에서 일제강점기까지의 역사가, 일본의 경우 대만, 조선, 만주, 중국, 동남아에 대한 제국주의 침략의 역사가 포함된 시기를 다룬 '제1부 영화의 유입 및 정착 (1895~1919)', '제2부 영화 양식의 발전과 교류·관계성의 증대 (1919~1937)', '제3부 전시체제 하 제작-배급-상영의 체계화 (1937~1945)' 등 1~3부의 단원이 이에 속한다. 따라서 그 내용에 있어서도 일본의 영화 정책과 제도, 영화 산업 자본 및 시스템 등의 조선 이식 또는 일본 영화인의 조선에서의 영화 활동이나 조선영화와 일본영화의 위계화 경향 등에 관한 사항들이 주를 이루고 있다. 그러면서도,

조선영화인의 일본영화계 진출, 조선을 배경으로 삼거나 조선인을 등장인물로 설정한 일본영화의 제작, 조선영화의 일본 수출과 합작의 유행 등 '제국/식민지'라는 여건 하에 이루어진 쌍방향적 교류 및 관계 양상에도 초점이 맞추어져 있다.

4부부터 7부까지는, 1945년 해방과 패전을 맞이한 한국과 일본의 이후 약 반세기에 걸친 영화 교류·관계사의 궤적이 정리되어 있다. 즉, '제4부 전후 한국영화(계)와 일본영화(계)의 재건 (1945~1960)', '제5부 국교정상화 전후 시기 영화 교류·관계의 흐름 (1960~1972)', '제6부 경제 협력의 증진과 제한된 문화적 소통, 그리고 양국 영화 교류·관계의 양상 (1972~1988)' 순으로 냉전 시기를 아우르며 단원 구성이 되어 있고, 미군정 하 (외국)영화 정책의 연관성에서부터, 양국의 비/공식적 영화(인) 교류, 각국 영화에 투영된 상대국(민)의 표상, 한국영화의 일본영화 표절 문제, 재일 한국(영화)인과 영화 등에 이르는 다양한 내용들이 담겨져 있다. 이어 '제7부 세계화 추세 속 영화 교류의 활성화와 한국-일본 영화의 새 경향 (1988~2002)'에는 1990년대 이후 한일 영화 교류 및 관계 양상에 대한 개괄적인 내용이 들어 있다. 여기서는 국제화의 흐름 속에 양국의 (공식적인) 문화 교류가 보다 증진되고 영화를 비롯한 대중문화가 단계적으로 개방되는 과정에 관한 설명이 포함되어 있기도 하다.

필자는 효율적인 집필을 위해 다음과 같은 연구 방법론을 활용하였다. 첫째, 연구 대상 및 시기, 주제 등에 따라 다소 파편적으로 산재되어 있는 선행연구를 망라하고 그 내용을 체계적으로 분류함으로써, 구성의 논리성을 확보하려 하였다. 둘째, 인접 학술 분야의 관련 연구들을 종합적으로 참조함으로써, 학문적 외연과 심연을 확장하고자 하였다. 셋째, 신문, 잡지 등 당대 1차 문헌 자료를 발굴, 수

집, 정리함으로써, 정보의 정확성을 추구하고 새로운 역사적 사실을 밝혀내려 하였다. 넷째, 현존하는 영상 자료에 대해 분석 작업을 행함으로써, 연구 내용의 구체성을 고양시키고자 하였다. 다섯째, 영화 법령, 단체, 인물, 작품 등 관련 사항들의 내용을 정리함으로써, 연구의 결과를 명료하게 제시하고 그 효과를 배가시키려 하였다.

그리고 이를 통해, 한국과 일본이 시대별로 어떠한 상황 하에서 어떠한 방식으로 영화 교류를 행하고 상호 관계를 맺었으며 이를 통해 양국의 영화(계)에 어떠한 영향이 파급되거나 변화가 일어났는지 등을 규명함으로써 기존의 한국영화사 및 일본영화사 연구의 지평을 확대하는 한편, 양국 간 영화 교류 및 관계 양상의 특징적 경향과 시대적 흐름을 파악하고 이를 연구 결과로서 도출하여 한일 교류·관계사, 동아시아 문화사, 세계 영화사 연구 분야의 발전에 일조하고자 한다. 또한 한국 영화(계)와 일본 영화(계)의 교류 과정 및 활동의 사항 중 기존의 영화사 연구 과정에서 누락되었거나 생략된 부분을 발굴·복원하고, 다소 일방향적으로 편중된 채 기록되어 있는 양국 간 영향 관계의 불균형을 바로잡는 데에도 도움이 되었으면 좋겠다.

한국영화(계)와 일본영화(계) 간 교류·관계의 역사적 발자취를 전체적으로 파악해 보려는 목적 하에 기획, 저술된 이 책이, 공부하는 학생이나 일반 독자들에게는 전반의 내용을 이해하는 데 도움을 주고 후속 연구를 수행하는 학자들에게는 기본적인 자료로서 효율적으로 활용될 수 있기를 기대하고 희망한다.

본서의 기획, 연구, 교정, 발간 단계에서 지원과 협조를 아끼지 않은 한국연구재단 측과 한양대학교 산학협력단 및 한국학술정보 관계자 여러분께, 그리고 출판사 섭외 과정에서 중요한 역할을 해주신 은사 정태수 교수님과 자료 조사, 원고 집필, 교열 작업 중에 커다란 도움을 준 제자 유창연, 이준엽, 박소연, 김지수, 정숙윤 및 후배 김보현 선생께 진심어린 감사의 마음을 표한다. 마지막으로, 내 삶의 원동력인 사랑하는 아내와 두 아들 준세(俊世), 기우(紀宇), 그리고 충무로와 천국에서 나를 위해 늘 주님께 기도해 주시는 존경하는 부모님과 출간의 기쁨을 함께 나누고자 한다.

2021년 4월
저자 함충범

목 차

머리말 ⋯ 5

제1부 • 영화의 유입 및 정착 (1895~1919)

01 대한제국과 일본에서의 영화 유입과 수용 ⋯ 17

02 국권의 침탈과 영화 ⋯ 26

03 1910년대 식민지 조선의 영화 흥행 산업 및 관람 문화 ⋯ 40

제2부 • 영화 양식의 발전과 교류관계성의 증대 (1919~1937)

01 영화 제작 시대의 도래와 작품 활동의 활성화 ⋯ 65

02 조선영화계와 일본영화계의 관계 지형 ⋯ 87

03 조선영화계와 일본영화계의 상호 교류 ⋯ 104

제3부 • 전시체제 하 제작-배급-상영의 체계화 (1937~1945)

01 조선 발성영화의 일본 수출과 합작의 성행 … 131

02 영화 통제의 강화와 정책, 제도, 단체, 기관의 연계 … 144

03 일본인의 영화 활동 영역과 비중의 확대 … 159

04 조선영화/일본영화 간 경계 약화 현상의 단면들 … 176

제4부 • 전후 한국영화(계)와 일본영화(계)의 재건 (1945~1960)

01 한국과 일본에서의 영화계 재편 양상 … 191

02 한국영화와 일본영화의 제작 경향, 그 교집합 … 216

03 국교 단절 속 양국 간 영화 분야의 교류·관계 지점들 … 242

제5부 · 국교정상화 전후 시기 영화 교류관계의 흐름 (1960~1972)

01 한국영화계와 일본영화계의 교류 재개 및 영향 관계 ··· 257

02 일본 관련 한국영화의 양상 ··· 270

03 한국 관련 일본영화의 양상 ··· 286

제6부 · 경제 협력의 증진과 제한된 문화적 소통, 그리고 양국 영화 교류관계의 양상 (1972~1988)

01 한국영화계와 일본영화계의 상관 관계 및 교류 활동 ··· 297

02 일본 관련 한국영화의 전개 ··· 314

03 한국 관련 일본영화의 전개 ··· 327

제7부 • 세계화 추세 속 영화 교류의 활성화와
한국-일본 영화의 새 경향 (1988~2002)

01 문화 개방의 물결과 양국의 적극적 대응 ⋯ 349

02 일본 관련 한국영화의 제작 경향 ⋯ 367

03 한국 관련 일본영화의 제작 경향 ⋯ 381

맺음말 ⋯ 393

참고문헌 ⋯ 397

찾아보기 ⋯ 424

제1부

영화의 유입 및 정착
(1895~1919)

01 대한제국과 일본에서의 영화 유입과 수용

02 국권의 침탈과 영화

03 1910년대 식민지 조선의 영화 흥행 산업 및 관람 문화

01

대한제국과 일본에서의 영화 유입과 수용

1. 초창기 일본영화사에는 있고 한국영화사에는 없는 것

프랑스의 뤼미에르 형제(Auguste Lumière, Louis Lumière)가 촬영기 겸 영사기인 시네마토그래프(Cinematograph)를 발명한 뒤 그것을 이용하여 촬영한 다큐멘터리적 성격의 단편 필름들을 다시 유료 상영한 1895년 이래[1] '영화'라는 근대적 대중 예술, 매체, 문화 산업이 전 세계로 급속히 확산되었음은 주지의 사실이다. 이를 반영하듯, 세계영화사에 관한 설명에서 그 실질적인 출발점이 시네마토그래프를 통해 영화가 공식적으로 유료 상영된 1895년 12월 28일로 기록되어 있는 경우가 많다.[2] 이는 각지의 '국가 영화사(History

---

1) 루이 뤼미에르(Louis Lumière)와 오귀스트 뤼미에르(Auguste Lumière) 형제에 의해 발명된 시네마토그래프가 특허권을 획득한 것은 1895년 2월이며, 이것을 이용하여 찍은 <뤼미에르 공장을 나서는 노동자들(La Sortie des ouvriers de l'usine Lumière)>, <시오타역에서의 열차의 도착(L'Arrivée d'un train en gare de La Ciotat)> 등의 단편 필름이 프랑스 파리의 그랑카페(Le Grand Café)에서 33명의 관객에게 각각 1프랑씩의 요금을 받고 유료 상영된 것은 1895년 12월 28일의 일이다.

2) 일례로, 『옥스퍼드 세계영화사』에는 본론의 첫 단원에 '초창기'라는 제목이 붙어 있다. 첫 장의 제목은 영화 탄생 전사(前史)를 다룬 '기원과 생존'이며, 그 다음 장이

of National Cinema)' 서술에 있어서도 대동소이한 편이다.

　다만 미국, 프랑스 등 영화사 초기부터 영화 제작을 주도한 일부 국가의 영화사 서술에 있어서는 자국 영화의 발명 혹은 제작에 무게 중심이 두어져 있으며,3) 그 외의 지역에서는 대개 서구 신문물로서의 영화의 유입 및 수용과 자국 영화의 제작 및 상영으로 단계 설정이 이루어져 있는 편이다.4) 가령, 동북아시아 국가 중 가장 빠른 시기에 영화가 유입된 중국의 경우, 독일인 슈테판 크라머가 쓴 『중국 영화사』는 1896년부터 1949년까지를 다룬 1장 처음 부분에서 뤼미에르사의 카메라맨들이 1896년 여름 상하이(上海)에 도착한 사건을 소개한다. 그리고 '서양 그림자극' 다음에 위치한 '경극영화' 관련 절에서는 "중국 무대예술을 보존하는 기술적 재현 매체로서 영화가 탄생한 시점"을 베이징(北京)의 펑타이사진관이 <딩쥔산(定軍山)>을 제작한 1905년과 이것이 중국에서 상영된 1909년으로 설명한다.5)

　특히, 동아시아 국가 중 가장 이른 시기에 근대화를 달성하였을 뿐 아니라 제일 먼저 영화를 만들기 시작한 일본의 경우, 자국 영화

　'초창기 영화'이다. 그런데, 여기에 첫 번째로 구성되어 있는 '산업' 절의 초반 내용은 1895년 12월 28일 프랑스 파리에서 있었던 뤼메이르 형제의 영화 공개 상영에 관한 것으로 채워져 있다. 제프리 노웰-스미스(Geoffrey Nowell-Smith) 책임 편집, 이순호 외 역, 『옥스퍼드 세계 영화사』, 열린책들, 2005, 37～39쪽 참조.

3) 예를 들면, 스티븐 C. 얼리가 쓴 『미국영화사』의 첫 장에는 '영화의 탄생과 초기 영화'라는 제목이 붙어 있는데, 그 첫 번째 내용이 머이브리지(Eadweard Muybridge)의 카메라 실험에 관한 것이었고 두 번째는 에디슨(Thomas Alva Edison)의 키네토스코프(Kinetoscope) 발명에 관한 것이었다. 스티븐 C. 얼리(Steven C. Earley), 이용관·영화언어연구회 역, 『미국영화사』, 예건사, 1993, 11쪽 참조. / 한편 장 피에르 장콜라가 쓴 『프랑스 영화사』의 경우, '무성 영화 시대 1896～1929'라는 제목의 첫 장 첫 부분에 1895년 12월 28일의 '사건'이 기록되어 있다. 장 피에르 장콜라(Jean-Pierre Jeancolas), 김혜련 역, 『프랑스 영화사』, 동문선, 2003, 15쪽 참조.

4) 함충범, 「한국영화의 출발 기점에 관한 재고찰: 영화사에서의 '1919년론'을 중심으로」, 『아세아연구』, 고려대학교 아세아문제원구원 2019, 144쪽.

5) 슈테판 크라머(Stefan Kramer), 황진자 역, 『중국영화사』, 이산, 2000, 30쪽.

사의 출발 기점이 명확하게 기록되어 있고 그 내용 또한 대체로 공인되어 있다.

일본영화 통사를 담은 대표적인 저서 두 권의 사례를 들여다보자. 우선, 다나카 준이치로(田中純一郎)의 『일본영화발달사 Ⅰ(日本映画発達史 Ⅰ)』은 세계영화사의 범주에서 '영화의 발명'을 '서장'에서 다룬 후 '제1장 영화의 유입'에서 차례로 키네토스코프, 시네마토그래프, 바이타스코프(Vitascope)의 유입 경로, 관람 기록, 필름, 흥행 등과 관련된 내용들을 각 절에 배치한다. 이 책에 포함된 영화의 유입 관련 내용은 비교적 구체적이다. 예컨대 시기적으로 가장 빠른 키네토스코프의 유입에 대해서는, 1896년 11월 19일자 ≪고베유신닛포(神戸又新日報)≫의 기사를 근거로 1896년 11월(25일)에 고베(神戸)를 통해 키네토스코프가 일본에 들어왔다고 설명한다. 시네마토그래프에 있어서는, 교토(京都) 출신의 이나바타 가쓰타로(稲畑勝太郎)가 1897년 2월 15일부터 1주일 동안 오사카(大阪)의 난치연무장(南地演舞場)에서 공개한 일을 최초의 사건으로 소개한다. 바이타스코프의 경우, 1897년 2월 22일부터 3일간 오사카의 신마치연무장(新町演舞場)에서의 초연을 언급한다.6) 이후 '제2장 창업기'에서는 초기의 영화 제작, 초기의 영화 흥행, 촬영소 건설, 4상사의 대립 등의 내용이 이어진다.

다음으로, '일본영화의 기초'를 '전설'로 둔 사토 다다오(佐藤忠男)의 『일본영화사 제1권(日本映画史 第1券)』은 총 13개의 소제목을 포함한 '제1장 초창기 1896~1923'의 1절에서 '최초의 유입과 제작'에 관한 내용을 개괄한다. 여기서는 영화의 유입 관련 내용은 소략하는 대신, 영화의 제작이라는 측면에 초점을 맞춘다. 이에 따르면, 이나바타 가쓰타로가 뤼미에르사의 기술자를 데리고 귀국해서 찍은 교토 가부키(歌舞伎) 배우의 연기 장면이 최초의 영화 촬영

---

6) 田中純一郎, 『日本映画発達史 Ⅰ』, 中央公論社, 1975, p.28, 38, 54 참조.

이라 할 만하며, 뤼미에르사의 촬영 기사가 1897년 일본에서 촬영한 것으로 보이는 필름의 일부가 <메이지의 일본(明治の日本)>이라는 기록영화 속에 남아 있다. 또한, 1899년 활동사진 흥행사인 고마다 고요(駒田好洋)가 고니시사진기점(小西寫眞機店)의 점원 아사노 시로(浅野四郎)에게 의뢰하여 게이샤(芸者)의 무용 장면을 담은 것이 일본에서 촬영된 최초의 흥행용 영화라 할 수 있고,[7] 같은 해에 고마다 고요가 미쓰코시백화점(三越百貨店) 사진부 소속의 시바타 쓰네키치(柴田常吉)에게 촬영을 맡겨 제작한 번개 강도의 체포를 극화한 작품을 일본 최초의 극영화로 볼 수 있으며,[8] 역시 같은 해 시바타 쓰네기치가 도쿄(東京) 가부키좌(歌舞伎座)의 인기극 <단풍구경(紅葉狩)>을 촬영한 것이 현존하는 가장 오래된 일본영화로 남아 있다.[9][10] 이러한 영화사 기술(記述) 방식은 요모타 이누히코(四方田犬彦)의 경우와도 유사성을 지닌다.[11]

반면, 영화사 초기와 국권침탈 및 식민지화 초기의 시간대가 중첩되어 있다는 특수성이 존재하는 한국의 경우, 한반도에 영화가 상륙한 시점에 대해서는 의견이 분분하다. 해방 이전에는 심훈(1929),

---

7) 하즈미 쓰네오(筈見恒夫)에 따르면, 이 작품은 1899년 6월 22일 '일본 솔선 활동대사진'이라는 문구가 붙은 채 가부키좌에서 상영되었다. 筈見恒夫, 『映画五十年史』, 創元社, pp.8~9 참조.

8) 정확한 제목은 <권총 강도 시미즈 사다키치(ピストル強盗 清水定吉)>이며, 시미즈 사다키치(1837~1887)는 권총 강도 혐의로 1866년 체포된 메이지(明治) 시대에 실존하였던 사형수의 이름이다.

9) 도쿄 가부키좌에서의 공연은 1899년 11월에 있었으며, 이것이 촬영된 것은 11월 28일의 일이다. 田中純一郎, 『日本映画史発掘』, 冬樹社, 1980, p.66~69 참조.

10) 佐藤忠男, 『日本映画史 第1券』, 岩波書店, 1995, pp.95~98 참조.

11) 그의 저서 『일본 영화의 이해』에서 역시 영화사 관련 서술 첫 부분은 '영화의 시작'이라는 소제목 하에 에디슨의 키네마스코프 발명과 1896년 11월 이것의 고베 유입에 관한 서술로 채워져 있다. 그리고 이어지는 절들을 통해 '일본인이 처음으로 촬영한 영화', '일본 최초의 극영화', '현존하는 가장 오래된 일본 영화' 등에 관한 단계적인 설명이 서술의 중심을 이루며 이어진다. 요모타 이누히코(四方田犬彦), 박전열 역, 『일본 영화의 이해』, 현암사, 2001, 49, 52~54쪽 참조.

손위빈(1933), 이치카와 사이(市川彩, 1941) 등이 1897년 설을, 임화(1941), 이창용(1943) 등이 1903년 설을, 박누월(1939) 등이 1904년 설을 주장하였으며, 해방 이후에는 김정혁(1946), 김종원(2001) 등이 1897년 설을, 이청기(1966), 이영일(1969), 유현목(1980) 등이 1903년설을, 노만(1962) 등이 1904년 설을 지지하고 김정옥(1976) 등이 1898년 설을, 윤봉춘(1966), 조희문(2002) 등이 1899년 설을, 이중거(1973) 등이 1901년 설을, 안종화(1962) 등이 1905년 설을 주장하였던 것이다.[12]

이들 주장은 각기 나름의 논리를 지니고 있으나, 영화의 대중 상영 소식을 담은 광고 기사를 통해 그 사실을 입증할 수 있는 1903년 설을 제외한 나머지, 특히 그 이전의 것들은 여타의 견해를 압도할 만한 명백한 증거(사료)를 제시하고 있지 못하다.[13] 그렇기에, 영화사 연구자들 사이에는 "심훈(沈熏)이 ≪朝鮮日報≫(1929.1.1)에 쓴 글을 그거로 김종원 등이 주장하고 있는 1897년 설, 버튼 홈즈(Burton Homes)의 여행기를 근거로 조희문이 주장하고 있는 1899년 설, ≪皇城新聞≫(1903.6.24)의 활동사진 광고를 근거로 한 이영일 등의 주장" 등이 현재까지도 여전히 공존하고 있는 것이다.[14]

영화 유입 시점에 대한 정확한 기록과 19세기 영화 촬영의 역사적 경험, 초창기 일본영화사에는 있지만 한국영화사에는 없는 두 가지라 할 만하다. 그리고 여기에는 제국주의를 지향하며 근대화와 서구화를 추진한 일본과, 국가의 자주성이 훼손되어 존립 자체가 위태로워진 조선 사이의 입지 차가 벌어져 가던 동시기 한일 양국의 역사적 상황이 그 배경으로 자리하고 있었다.

---

12) 조희문, 「초창기 한국영화사 연구: 영화의 전래와 수용(1896~1923)」, 중앙대학교 박사논문, 1992, 24쪽 및 김려실, 『투사하는 제국, 투영하는 식민지』, 삼인, 2006, 22, 29쪽 참조.
13) 이에 대해서는 김려실, 앞의 책, 25~27, 30~31쪽 참조.
14) 한상언, 『조선영화의 탄생』, 박이정, 2018, 13쪽.

2. 1903년의 영화사적 의의, 그 유사성과 차이

한일 양국에 있어 1903년은 영화사적 의의를 지닌다. 한국에서는 '활동사진(活動寫眞)'의 대중 상영을 예고하는 신문 광고가 게재된 해이면서, 일본에서는 활동사진 상설관(활동사진관)이 개관한 연도이기 때문이다.

당시 국명이 대한제국(大韓帝國, 1897~1910)이었던 한국의 경우를 살펴보자. 다음은 ≪황성신문(皇城新聞)≫ 6월 23일자 신문에 실린 활동사진 유료 상영을 예고하는 광고 기사의 전문이다.

> 東門 內 電氣會社 機械廠에셔 施術ᄒᄂᆫ 活動寫眞은 日曜 及 陰雨
> 를 除ᄒᆫ 外에ᄂᆫ 每日 下午 八時로 十時ᄭᅡ지 施行ᄒᄂᆫ디 大韓 及
> 歐美 各國의 生命都市 各種 劇場의 絶勝ᄒᆫ 光景이 具備하외다
> 許入 料金 銅貨 十錢
> 동대문 내 전기회사 기계창에서 시술(施術)하는 활동사진은 일요
> 일과 비오는 날을 제외한 매일 오후 8시부터 10시까지 시행하는데
> 대한제국 및 구미 각국의 생명도시 각종 극장의 절승한 광경이 구
> 비되어 있습니다. 입장 요금 동화 10전(번역-인용자)

상영 장소와 요일 및 시간, 활동사진의 내용과 요금 등이 명시되어 있는 바, 이를 통해 늦어도 1903년 6월 이전에는 한반도에서 영화가 일반 대중을 대상으로 유료 상영되고 있었음이 확인된다. 신문의 광고주는 동대문에 전차 기계 창고를 소유 중이던 한성전기회사15)였다.16)

---

15) 1897년 서대문~청량리 간 전철을 부설한 바 있는, 대한제국의 출자를 받아 미국인 콜브란(Arthur H. Collbran)과 보스트윅(H. R. Bostwick)이 운영하던 회사였다. 1904년에는 회사명을 한미전기회사로 변경한다. 김려실, 앞의 책, 37쪽 참조.

16) 이후 1905년에는 남대문 내에 '상동활동사진사무소'가, 1907년에는 애스터 하우스(Astor House)라는 이름의 호텔을 경영하던 프랑스인 알프레드 마르탱(Alfred

이렇듯 대한제국에서 활동사진의 대중 상영이 점차 늘어나고 있던 1903년, 일본에서는 활동사진을 전문적으로 상영하는 극장이 생겨났다. 도쿄 아사쿠사(淺草) 지역에 위치해 있던 전기관(電氣館)이 그것인데,[17] 경영 부진에 허덕이던 이곳에 요시자와상점(吉沢商店)이 1903년 10월부터 활동사진 필름을 수급함으로써 일본 '최초의 전문 영화관'이 되었다.

도쿄를 소재지로 두고 있던 요시자와상점은 가와우라 겐이치(河浦謙一)의 경영 하에 비단그림, 축음기, 사진기, 환등기 등의 무역업을 하던 '최초의 본격적인 영화회사'로, 1899년부터는 미국, 영국, 프랑스 등지로부터 영화 필름을 수입하고 수입 영사기를 국산 제품으로 개조하는 등 적극적인 활동을 펼쳤으며, 일본에서는 '북청사변(北淸事變)'이라고 칭하였던 의화단사건(1900) 등의 역사적 사건이나 고마쓰노미아 아키히토 친왕(小松宮彰人親王) 등 유명인의 장례식, 박람회를 비롯한 대규모 행사 등을 카메라로 담아 콘텐츠를 직접 '생산'하기도 하였다.[18]

1907년 7월에는 일본의 두 번째 활동사진 상설관인 센니치마에전기관(千日前電氣館)이 오사카에서 개관하였는데, 이곳을 세운 회사는 교토에서 활동사진 흥행업에 종사하던 요코타 에이노스케(橫田永之助)가 자신의 이름을 따서 1903년 6월에 설립한 요코타상회(橫田商會)였다. 이후 요코타상회는 요시자와상점과 함께 적극적인 영화 활동을 펼쳤으며, 그 과정에서 일본의 근린국인 대한제국과도

Martin)에 의해 호텔이 있던 서대문에 활동사진소가 영업을 하게 된다. 위의 책, 39쪽 참조. / 한편, 한성전기회사는 이후 한미전기회사로 이름을 변경하여 1907년까지 '동대문 내 전기회사 활동사진소'의 운영을 이어갔다. 한상언, 앞의 책, 44쪽 참조.

17) 요모타 이누히코는 이를 계기로 "도쿄의 서민 구역인 아사쿠사가 일본 대중 문화의 중심이 되는 결정적인 계기가 되었다"고 부연한다. 요모타 이누히코(四方田犬彦), 박전열 역, 앞의 책, 55쪽.

18) 佐藤忠男, 앞의 책, 99쪽 참조.

밀접한 관계를 맺게 되었다.

이와 같이, 1903년은 한국영화사에서도, 일본영화사에서도 의의를 띠는 시점이다. 즉, 한일 양국에서 활동사진이 대중오락으로 자리를 잡는 데 필요한 전환점이 된 때였던 것이다. 그러나 동시에 두 국가 간에는 적지 않은 차이도 존재하였다. 일본에서는 활동사진 상설관이 문을 엶으로써 영화가 하나의 대중문화로서 사람들 속에 뿌리를 내리고 있었던 데 반해, 대한제국의 경우 그것이 일상화되지 못한 채 일회성을 띤 '특별행사(Event)' 정도로 머물러 있었기에 그러하다. 또한 그것이 이미 활동사진 제작 능력과 경험을 보유한 자국의 활동사진 전문회사에 의해 취해졌던 일본과는 달리, 대한제국에서는 외국인이 소유권을 가진 전차 회사의 판촉 활동의 일환으로 행해졌다는 점에서 둘 사이의 간극이 컸다.

아울러 그 간극은, 영화사 초기 영화를 지칭하는 '활동사진'이라는 용어가 일본에서 사용되어 대한제국으로 '전파'되었다는 사실을 통해서도 확인 가능하다. 김려실에 따르면, 활동사진이 조선에 어떠한 경위로 들어왔는지는 알 수 없으나 1900년에 발생한 의화단사건의 모습을 담은 천연 활동사진 관람에 관한 기록이 ≪황성신문(皇城新聞)≫ 1901년 9월 14일자 <(활동)사진의 활동이 산 사람의 활동보다 낫다(活動寫眞勝於生人活動)>라는 제목의 논설 내용 속에 들어가 있는 바, 당시 조선에도 이 용어가 통용되고 있었음을 알 수 있다.19) 그런데, 일본에서는 이미 1897년 2월 28일 일본 ≪호치신문(報知新聞)≫에 '전기 세계 최신 발명 활동대사진 광고(電氣世界最新発明活動大写真広告)'라는 문구 등이 게재되었으며 동년 3월 5일 일본 ≪도쿄니치니치신문(東京日日新聞)≫의 광고에는 에디슨의 바이타스코프(Vitascope)를 가리켜 '편의에 의해 일본어로 활동사진으로 칭한다(便宜により邦語活動写真と称する)'라는 표현이 포함되

---

19) 김려실, 앞의 책, 39쪽 참조.

어 있었고, "그 이후에는 "활동사진"의 문구가, 일반에 고유명사로서 세간에 통용되었"다.20)

　나아가 그 간극이 동시기 두 나라 사이의 '힘(國力)'의 차이와도 비례하는 것이었음은 물론이며, 이러한 차이는 얼마 후 두 국가의 관계를 '제국'과 '식민지'로 위계화하는 빌미가 되기도 하였다. 그리고 그 과정에서 영화는 가장 유용한 선전 매체로 이용되었다.

---

20) 田中純一郎, 『秘話·日本の活動写真』, ワイズ出版, 2004, p.29.

02

국권의 침탈과 영화

1. 한일관계사와 일본영화사의 전환점으로서의 러일전쟁의 의미

프랑스의 뤼미에르 형제가 시네마토그래프를 개발, 이용한 일을 계기로 영화가 전 세계적으로 보급되기 시작한 1895년, 동북아시아의 국제 정세는 크게 요동치고 있었다. 1894년 7월 아산만에서 개시된 일본군과 청군 사이의 일련의 전투에서 일본 측이 일방적으로 승리하여 패권을 쥐었기 때문이다. 1895년 4월 17일 체결된 시모노세키조약(下關條約)을 통해 청나라는 일본에게 조선의 독립을 인정하고 군비 2억 냥을 배상하는 한편 랴오둥반도(遼東半島), 타이완(臺灣), 펑후도(澎湖島)를 할양하게 되었다. 그러면서 조선에 대한 일본의 발언권과 영향력이 더욱 커져 갔음은 물론이다.

그리고 10년 후, 이번에는 러일전쟁이 발발한다. 1904년 2월 뤼순항(旅順港)과 제물포항 등지의 전투로 촉발된 이 전쟁에서도 일본은 막강한 군사력을 앞세운 채 러시아를 무력화시켰다. 그리하여 전쟁 중이던 1905년 7월 29일 미국과 가쓰라-테프트(桂-Taft)밀

약에 합의하고 동년 9월 5일 미국의 중재로 러시아와 포츠머스 (Portsmouth)조약을 체결한 뒤 11월 17일에는 을사조약을 통해 대한제국의 외교권을 박탈함으로써, 일본은 조선에 대한 지배권을 획득하게 되었다. 이렇듯 러일전쟁은 청일전쟁과 더불어 근대 한일관계사에 있어 큰 의미를 지니는 사건이라 할 만하다.[21]

한편, 나카네 다카유키(中根隆行)의 지적대로 "청 그리고 러시아와 치른 근대전쟁은 일본열도의 미디어 산업을 비약적으로 성장시켰"는데, 그러면서 조선에 대한 새 '정보'의 유포를 통해 "조선 표상은 새로운 국면을 맞이"하였다. 즉, 두 전쟁을 거치면서 종군 기자 등에 의해 "조선에 그다지 관심이 없었던 사람들도 조선 정보를 발신하게" 되었던 것이다.[22] 그런데, 아직까지 영화의 '신문물'이 동아시아에 상륙하지 못하였던 청일전쟁 시기에는 주로 신문·잡지 등의 인쇄 매체를 통해 전쟁과 조선의 소식이 일본의 대중에게 전달되었던 데 비해,[23] 러일전쟁 당시에는 매스미디어 역할의 상당부분을 '영화'라는 영상 매체가 담당하였다는 점에서 둘 사이에는 커다란 차이가 존재하기도 하였다.

사토 다다오에 따르면, 일본의 초기 영화 산업은 다름 아닌 러일전쟁을 계기로 급속히 성장하였다. 전술한 바대로 요코타상회가 사업을 확장하며 1907년 센니치마에전기관을 세우게 된 것도, 아사쿠사전기관의 흥행 호조로 요시자와상점의 입지가 더욱 공고해진 것

---

21) 청일전쟁의 원인으로 당시 일본이 처한 경제적, 정치적 위기에 더하여 '일관된 대외팽창욕'을 들 수 있는 이유는, 강준만이 언급하는 바대로 그것이 마치 '러일전쟁을 위한 전초전'의 성격을 띠는 듯 보이기도 하기 때문이다. 강준만, 『한국 근대사 산책 2권』, 인물과사상사, 2007, 190쪽.

22) 나카네 타카유키(中根隆行), 건국대학교 대학원 일본문화언어학과 역, 『'조선' 표상의 문화지: 근대 일본과 타자를 둘러싼 지(知)의 식민지화』, 소명출판, 2011, 152~153쪽.

23) 참고로, 일본의 3대 일간지로 일컬어지는 ≪마이니치신문(每日新聞)≫(1872년), ≪요미우리신문(讀売新聞)≫(1874년), ≪아사히신문(朝日新聞)≫(1879년)이 창간된 것은 1870년대였다.

도 러일전쟁 시기 영화에 대한 대중적 열기와 수요의 증가 때문이었다. 특히 요시자와상점은 뤼순항 등 각 전투 지역에 카메라맨을 파견하여 생생한 영상 기록을 남기도록 하였고, 이로 인해 영화는 "신기한 볼거리에서 매스컴의 일부로 승격"될 수 있었다.24) 참고로, 뤼순 함락 때 러시아 장군 스테셀(Anatoly Mikhailovich Stessel)과의 회견을 위해 이동하는 노기 마레스케(乃木希典) 일행의 모습을 담은 단편 필름이 현존해 있으며,25) 러일전쟁의 영웅 도고 헤이하치로(東鄉平八郎)의 개선 장면의 경우 요시자와상점 소속의 지바 기치조(千葉吉藏)가 카메라를 품에 안고 촬영하였는데 이것이 "일본영화에 있어 이동촬영의 시초" 격이었다.26) 이렇게 러일전쟁은 일본에서 영화가 근대적 문화 산업이자 대중 매체로서 자리를 잡게 되는 전환점이 되었다고 할 수 있다.

2. 초대 통감 이토 히로부미와 정치적 도구로서의 영화

시모노세키조약 체결 당시 청의 리훙장(李鴻章)과 마주한 일본 측 대표는 바로 이토 히로부미(伊藤博文)였다. 메이지유신의 핵심 주도 지역인 조슈번(長州藩) 출신으로 영국과 독일 등지를 경험한

---

24) 佐藤忠男, 앞의 책, 107쪽.

25) 러일전쟁 관련 영상은 NHK에서 내놓은 DVD 타이틀 <영상의 세기 제1집: 20세기의 개막(映像の世紀 第一集: 20世紀の幕開け)>(NHK・NHKエンタープライズ21, 2008)과 <영상의 세기 제11집: 일본(映像の世紀 第十一集: JAPAN)>(NHK・NHKエンタープライズ21, 2008) 등에 수록되어 있다. 현존하는 필름을 살피건대, 영국인 카메라맨이 찍었다고 전해지는 여순 203고지 전투 장면도 보이고, 회견장으로 향하는 노기 장군과 스테셀 장군의 이동 장면 및 러시아군 포로들의 모습이 담긴 장면 등도 눈에 띈다. 이들 장면은 현지에서 직접 촬영된 것으로서, 미국의 영화사 등에서 만든 연출된 '재현 영화'와는 달리 사실성을 드러내고 있다.

26) 佐藤忠男, 앞의 책, 111쪽.

뒤 일본 초대 총리대신(1885)과 초대 추밀원(樞密院) 의장(1888)을 거치며 대일본제국 헌법(1889) 수립에 커다란 영향력을 행사한 그는, 1890년대에도 귀족원 초대 의장(1890)과 추밀원 의장(1891), 2차 및 3차 내각의 총리대신(1892, 1898) 등을 두루 역임하였다. 1900년대에는 입헌정우회 총재(1900), 4차 내각의 총리대신(1900)을 다시 맡은 뒤 1901년 5월 총사직 후에는 러시아와의 관계에서 중요 역할을 담당하였다. 그리고 러일전쟁 이후에는 대한제국을 일본의 '보호국'으로 만드는 데 앞장섰다.

포츠머스조약의 성립 후인 1905년 11월 18일, 이토 히로부미는 '대한제국 황실 위문 특파 대사'로서 '제2차 한일협약(을사조약)'을 체결함으로써 대한제국의 외교권을 박탈하였다. 동년 12월에는 통감부(統監府) 및 이사청(理事廳) 관제가 공포되어 '통감 시대'가 개막되었는데, 이때 그는 1906년 2월 23일부터 3년 넘게 통감부 의장(~3월 2일)과 초대 통감(1906.3.2~1909.6.14)을 지내면서 군대 해산(1907.8.1) 등을 통해 대한제국의 국권을 침탈하는 데 필요한 제반 여건을 마련하였다.

이성환에 따르면, 이토 히로부미는 "한국 사회의 실질적인 지배세력인 유학자들을 폄하하여 배제시키려는 정치적 의도"와 더불어 "한국 민중에 대한 기대와 함께 강한 불안감도 가지고 있었다."[27] 이에, 그는 "한국의 내셔널리즘을 완화하기 위한 몰가치적인 것으로 통감부의 통치를 정당화하기 위한 지배원리"로서 '문명론'을 강조하기도 하였다.[28]

주목되는 점은, 이러한 과정에서 이토 히로부미가 대한제국의 식민지화를 위해 정치적 도구로서 영화를 적극적으로 이용하였다는

---

27) 이성환, 「이토 히로부미의 문명론과 한국통치」, 『일본사상』 20호, 한국일본사상사학회, 2011, 60~61쪽.

28) 위의 논문, 67쪽.

사실이다.29) 즉, 한국의 식민지화에 대한 "일본 국내의 긍정적인 여론을" 조성하기 위해 "한국의 평온한 상황을 촬영하여 일본 국내에 소개하는" 한편 "일본의 우월성을 인식시키는 영화를 제작하여" 한국인으로 하여금 "일본에 대한 동화에 보탬이 되"도록 하였던 것이다.30) 그리하여 나온 작품이 순종 황제의 국내 순행을 담은 기록영화와 영친왕의 일본 생활을 담은 기록영화였다.

전자는 통감부 측이 요코타상회에 의뢰하여 순행 장소에 따라 부산항, 경성의 종로, 사범학당, 통감부, 황제 즉위식장, 남대문, 독립문, 대한제정관 대관문, 경복궁, 파고다공원, 인천 월미도 등지에서 촬영이 행해졌으며, 1908년 6월 일본 도쿄에서 <한국관(韓国觀)> 또는 <한국일주(韓国一週)>라는 제목으로 상영되었다.31)

후자의 경우, 1907년 7월 12일 만 10세의 나이에 황태자로 책봉된 고종의 일곱째 아들이자 순종의 이복동생인 영친왕이 동년 12월 5일 일본으로 '유학'을 떠난 뒤인 1908년부터 제작이 이루어졌다.32) 먼저 요코타상회에서 영친왕의 도일(渡日) 과정을 카메라에 담아 "1908년 봄, 서울 이현에 출장소를 개설하면서 한국황실에 헌납"하는 한편 "같은 해 창덕궁에서 상영회도 개최하였"으며,33) 일본 애

---

29) 복환모에 따르면, 여기에는 타이완에서의 경험이 바탕에 깔려 있었다. 이토 히로부미는 "언어가 통하지 않"는 타이완 사람들에게 "일본 문화의 우월성을 알려" 줌으로써 "인심을 안정시키는 것이 급선무"라고 피력하였으며, 실제로 타이완에서는 1901년 11월부터 순회영화회가 전역에서 열리게 되었다. 복환모, 「한국영화사 초기에 있어서 이토히로부미(伊藤博文)의 영화이용에 관한 연구」, 『영화연구』 28호, 한국영화학회, 2006, 254쪽.

30) 위의 논문, 255쪽.

31) 上田学, 「大韓帝国皇太子記録映画の日本における受容」, JSPS二国間交流事業共同研究シンポジウム 발표문, 2013, pp.6~7 참조.

32) 이는 1907년 10월 16일부터 20일까지 일본 황태자가 조선을 방문한 것에 대한 화답의 형식이 취해졌는데, 이를 계획 및 실행한 사람도, 11월 19일 순종으로 하여금 황태자의 일본행을 정식으로 명령토록 한 사람도 이토 히로부미였다. 복환모, 앞의 논문, 261쪽 참조.

33) 위의 논문, 265쪽.

국부인회(愛國婦人會) 한국 본부 및 요코타상회의 순회영사대를 통해 대중에게 공개되기도 하였다.[34] 또한, 대한제국에서 황태자의 안부에 대한 우려의 목소리가 커지자, 1908년 3월 7일에는 요시자와 상점의 사장 가와우라 겐이치와 촬영기사 고니시 아키라(小西亮)가 승마, 그네 타기, 군대 체조, 사슴 사냥, 공 던지기, 산책, 전쟁 연습 등 영친왕의 도쿄 일상을 촬영하기도 하였다.[35] 아울러, 요시자와상점에서는 1909년 8월 1일부터 23일까지 이어진 영친왕의 도호쿠(東北)-홋카이도(北海道) 지역의 여행 과정을 찍어 대한제국 황실로도 보내고 9월 8일에는 도쿄에서 상영하기도 하였다.

이러한 여정에 이토 히로부미가 동석해 있었으며, 당대 가장 사실적이고도 영향력 있는 기록 전달 매체였던 '영화'라는 기제로 각 순간의 모습을 담아 일본과 조선 양쪽에서 일종의 '문화 정치'를 구사한 장본인도 다름 아닌 이토 히로부미였다.[36] 1909년 10월 26일 그는 하얼빈(哈爾濱)역에서 안중근 의사의 총탄에 맞아 세상을 떠났고,[37] 이듬해 8월 29일 대한제국은 일본에 병합되어 '식민지 조선'으로 전락하였다.

---

34) 한상언, 『조선영화의 탄생』, 박이정, 2018, 90쪽 참조.

35) 이 기록영화는 "곧바로 한국 황실에 전달되어 같은 해 4월 2일 밤에 고종의 거처인 덕수궁에서 상영되었다." 위의 논문, 266쪽. / 한편, 관련 영상은 도쿄 인근 가나가와현(神奈川県) 오이소(大磯)에 위치한 이토 히로부미의 별장 근처 해안을 거니는 영친왕과 이토 히로부미 일행의 모습이 담긴 장면과 함께 NHK의 DVD 타이틀 <영상의 세기 제11집: 일본(映像の世紀 第十一集: JAPAN)>(NHK・NHKエンタープライズ21, 2008) 등에 수록되어 있다.

36) 다나카 준이치로는 영화를 통한 '초기의 기록과 선전'을 시도한 이토 히로부미를 가리켜 '영화 이용의 선각자'로 표현하기도 한다. 田中純一郎, 『日本映画発達史 Ⅰ』, 中央公論社, 1975, p.23 참조.

37) 이토 히로부미가 저격된 전후의 광경과 일본에서의 그의 장례 행렬 모습을 기록한 영상 또한 NHK의 DVD 타이틀 <영상의 세기 제11집: 일본(映像の世紀 第十一集: JAPAN)>(NHK・NHKエンタープライズ21, 2008) 등에 포함되어 있다.

3. 병합 전후 대한제국/조선에서의 활동사진 관리 및 감독

　1910년은 한국 근대사와 영화사 양쪽에서 시기 구분의 기준이 될 만한 커다란 역사적 '사건'이 발생한 해이다. 1910년 8월 29일 한일병합이 공식화되었고, 이보다 6개월여 앞선 동년 2월 18일에는 최초의 활동사진 상설관인 경성고등연예관(京城高等演藝館)이 개관되었기에 그러하다. '조선'에 대한 일본의 통치와 '조선영화업'에 있어서의 일본인의 주도적 활동이 비슷한 시점에 이루어진 것인데, 그러면서 식민지 권력의 영화 통제가 가해지기 시작하였으며 그 기조가 된 것은 관련 법규였다.

　식민지 조선에서는 영화의 제작이 1920년대 이후부터 본격화되었기에, 그 자체에 대한 검열이 법문화된 것도 1926년의 일이었다. 따라서 이전까지 '활동사진'에 대한 정책 당국의 관리 및 감독 행위는 주로 흥행 및 흥행장에 관한 감시 및 단속 법규를 기준으로 둔 채 행해지게 되었다.

　관련 법규가 처음으로 마련된 것은 '통감부 시대'의 일이었다. 1907년 7월 24일 '신문지법(新聞紙法)'에 이어 7월 27일 공포된 '보안법(保安法)'이 시초였다. 1900년 3월 9일 공포된 일본의 '치안경찰법(治安警察法)'을 토대로 하여 전문 10조로 구성된 보안법은 내부대신의 결사 해산 명령권과 거주지 퇴거 명령권, 경찰관의 집회 및 군집의 금지 및 해산권과 문서 게시·배포·발표 금지권 등을 보장함으로써 항일 세력을 견제, 억압하는 데 필요한 법제적 근거를 제공하였다.[38] 또한 1909년부터는 각 지방 관할 관청을 주축으로 "극장세, 연희원료 검열, 창부 단속, 공연 요건 취소관객수 규정 등 구체적인 법규 마련에 부심하기 시작"하였으며, 그 결과로 나온 것이 1910년 4월 1일 부산이사청령 제2호로 공포된 '흥행취체규칙(興

---

38) 한국민족문화대백과사전(http://100.daum.net/encyclopedia) 참조.

行取締規則)'이었다. 부칙 포함, 총 11조로 이루어진 이 규칙은 "흥행 관련 조항들만 제시되어 있"었다.39)

이후 "흥행장 및 흥행 규칙이 법제화되기 시작한 것은 1920년대에 들어와서"였다.40) 다시 말해, 조선에서 상설관이 증가하면서 활동사진 상영 및 관람 문화가 정착되어 가던 1910년대에는 (부산 이외의 지역에서는) 이에 대한 법규보다는 '기존의 관행'에 의한 감시와 단속이 주를 이루고 있었다고 할 만하다.41)

병합 후 조선총독부는 출판 언론 매체를 통해 공연을 통한 흥행물 및 흥행장에 관한 지도 방침을 게재하도록 하였다. 이에, 예를 들면 당시 총독부의 조선어 기관지였던 ≪매일신보(每日申報)≫에서는 논설, 기사, 기고문 등의 다채로운 형식으로 관련 글을 싣게 되었다. 그리하여 1911년경부터 ≪매일신보≫에는 연희, 연주, 연극, 극장, 활동사진의 폐해, 엄금, 개량 등을 둘러싼 견해와 주장을 담은 글들이 지면을 채우기도 하였다.

1910년 이후 일본은 한일병합과 조선통치의 정당성과 효율성을 확보하기 위해 조선 고유의 풍습 및 조선인의 생활습관 등에 대한 부정적 담론을 펼치면서 미신타파, 질서유지, 위생확립 등의 근대적 개선책을 조선인에게 강요하였다. 이러한 논지는 공연물의 제재, 내용, 형식에 관한 논의로 귀결되었고, 이후의 논점은 자연스레 공연장으로 옮겨지게 되었다. 이에 따라 신문 지상의 글은 공연장에서의 사건 및 사고, 이에 대한 관할경찰서의 단속 및 주의 등을 아우르는

---

39) 이는 부산의 사례로 국한되어 있으나, 관련 법규가 "여타의 지역에서도 제정·시행되었을 가능성"도 배제할 수 없다. 한국영상자료원, 『식민지 시대의 영화 검열 1910~1934』, 현실문화연구, 2009, 42쪽.

40) 위의 책, 43쪽.

41) 이에 관해 이승희는 "후일 도서과 사무관으로 재직한 고우 야스히코(高安彦)에 의하면 1913년 처음으로 흥행물의 내용을 조사한 후에 허가와 불허를 결정하는 취체에 관한 통첩이 내려졌고, 1917년에 6가지 표준을 세웠다고 하는데, 그 사실 여부는 아직까지 확인되지 않고 있다."라고 설명한다. 위의 책, 42쪽.

일반 기사로 확대되어 갔으며 풍속괴란, 질서문란, 위생방해, 시간
초과, 무료관람 등으로 내용 또한 다양해졌다.

그럼에도, 당시 조선에서는 활동사진 통제 정책이 여전히 체계성
을 갖추지 못하였고 조선총독부의 거시적인 지도 방침에 근거하여
공연장 주변의 관할 관공서가 자체적으로 관리·감독을 시행하고
있을 정도였다. 아울러 당시의 전반적인 공연 양태 및 여타 공연물
과의 연관성 등으로 인해 활동사진의 관리 및 감독은 연희, 연주,
연극 등을 포괄하는 공연 전반의 그것에 귀속되어 있었다. 하지만
이러한 중에서도 활동사진의 흥행 및 흥행장에 관한 당국의 감시
와 단속은 지속적으로 행해지고 있었으며, 그 영향으로 다음의 예
시들과 같이 출판 언론을 통해 그 사례가 '공표'되기도 하였다.

[표 1] 1910년대 전반기 활동사진 관련 ≪매일신보≫ 기사 목록[42]

날짜(지면)	종류	제목	주요 내용(흥행장 또는 관할서)
1912.5.30(1)	사고	활동사진 살풍경(殺風景)	활동사진 무료상영 중 10여명이 넘어져 부상 (영천군 공립보통학교)
1913.3.19(5)	단속	연예계의 엄체(嚴締)	활동사진관의 금지된 화면 상영
1913.4.23(3)	일반	우미관의 삼일관(三日觀)	변사의 무례와 점원의 악행 (우미관)
1913.5.3(3)	단속	우미관에 가일봉(가일봉)	불친절과 풍기문란으로 인한 영업 정지 (우미관, 북부경찰서)
1913.5.4(3)	일반	우미관의 부활동(復活動)	불친절 및 급료지발 시정약속으로 인한 영업 재개 (우미관)
1914.1.5(3)	사건	황금관의 대혼란	극장의 재매표 요구에 대한 관객의 항의 (황금관, 남부경찰서)

1910년대 후반기에도 활동사진에 대한 조선총독부의 통제 정책
이 크게 바뀌지는 않았으나, ≪매일신보≫ 지상(紙上)에서만큼은 공

---

42) 함충범, 「1910년대 전반기 식민지 조선에서의 활동사진에 관한 연구: 1910~1914
년 ≪매일신보≫를 중심으로」, 『영화연구』 37호, 한국영화학회, 2008, 419쪽.

연 전반에 관한 글의 수치가 줄어든 반면에 활동사진 및 활동사진 상설관의 단속에 관한 기사의 비중이 커졌다는 점에서는 변화가 있었다. <활동샤진관의 취톄>(1915.9.3, 3면), <경성풍기취체(京城風紀取締)>(1916.1.14, 3면), <극장의 풍기취체(劇場의 風紀取締)>(1916.4.1, 3면), <극장신축(劇場新築)>(1918.2.5, 4면) 등이 여기에 해당된다. 내용의 핵심은 대체로 활동사진에 의해 풍기문란이 만연되고 이것이 사회적 문제로 확대되지 않도록 당국의 엄중한 감시와 단속이 있을 것임을 예고함에 두어졌다.

일본에서 발생한 청소년 연쇄 살인강도 사건을 소개하는 1917년 8월 10일자 3면 기사의 경우, "이와 갓치 된 동긔는 활동사진의 됴치 못흔 영향이라 흐며 坐 이 ᄋ히들은 항샹 절도질을 흐야 군것질 흐기가 일이엿다 흐니 놀납지 안이흔가"43)라며 그 영향을 "활동사진의 죠지 못한 영향"으로 돌리고 있기도 하다. 또한 "그날의 일댱 활극은 훌륭흔 일폭의 활동샤진이얏스며 그 쟈는 그날도 네집에 침입흔 대적이라더라"44)라는 표현을 통해 확인되듯, 언론 매체부터가 범인 검거의 모습을 활동사진의 한 장면처럼 묘사하며 대중을 자극하는 예도 눈에 띈다. 이는 1910년대 후반기에 이르러 식민지 조선에서도 활동사진이라는 새로운 오락 산업이자 새로운 대중 문화가 사회 곳곳에 뿌리를 내리고 있었다는 사실에 대한 반증이라고도 하겠다.45)

한편, 일본에서는 이미 1900년대에 접어들면서부터 연극 및 연예 단속과 관련된 규칙이 만들어진 바 있었다.46) 그리고 1917년에는

---

43) <소학생도의 살인강도>, ≪매일신보≫ 1917.8.10, 3면.

44) <혈로(血路)! 완연일폭(宛然一幅)의 활동사진>, ≪매일신보≫ 1917.11.8, 3면.

45) 병합 후 ≪매일신보≫를 중심으로 한 활동사진 관리 및 감독 관련 내용은 함충범, 「1910년대 조선에서의, 일제의 식민지정책에 따른 활동사진정책에 관한 연구」, 『현대영화연구』 6호, 한양대학교 현대영화연구소, 2008, 203~208쪽 참조.

46) 극장(1장), 흥행(2장), 관객의 주의사항(3장) 및 벌칙(4장)과 부칙(5장) 등의 5장 구성으로 1900년 11월 경시청령 제41호로 공포된 「연극취체규칙(演劇取締規則)」, 이와 연동하여 동년 12월 훈령 갑 제97호로 마련된 「연극취체규칙집항심득(演劇

활동사진 흥행 단속에 관한 규칙도 마련되었다. 1920년대 초 조선
에서도 관련 규칙이 도입되는 바, 영화 정책 및 제도에 있어서도 일
본과의 시차와 일본으로부터의 영향이라는 양자의 관계성이 한국영
화사 초기부터 존재하였음을 알 수 있다.

4. 일본의 식민지 동화정책과 활동사진 활용정책

메이지유신(1868) 전후 정한론(征韓論)이 제창되면서 본격적으로
논의되기 시작한 일본의 조선 침략은 이후 수 십 년간 계획되고 진
행되어 갔다. 하지만 그 과정에서 조선인의 저항도 만만치 않았으며
특히 한일병합을 전후한 시기에는 그 움직임이 최고조에 이르렀다.
따라서 일본의 입장에서는 한일병합의 정당성을 확보하고 조선 민
중의 거부감을 상쇄시키는 일이 무엇보다 중요해졌다.

이에 일본은 문명화론(文明化論), 자립능력결여론(自立能力缺如
論), 병합유익론(倂合有益論) 등을 통해 한일 강제 병합의 필요성
과 불가피성을 강조하는 데 힘을 기울였다. 여기에 더하여, 일본은
무난하고 효율적인 조선 통치를 위해 동화정책을 추진하였으며 이
를 뒷받침할 만한 이론적 토대로 일조동조론(日朝同祖論)과 일조
동근론(日朝同根論)을 아우르는 '동조동근론(同祖同根論)'을 설파
하였다. 동조동근론은 일본인과 조선인은 그 '조상'과 '뿌리'가 일
치하며 그렇기에 조선인도 일본 천황과 부자(父子) 관계가 성립한
다는 취지의, 이토 히로부미의 주도로 제정된 메이지헌법(1889)
상에 명시되어 있는 "'천황=군주', '국민=신민'으로 공식화되는 특

取締規則執行心得)」, 그리고 1904년 5월 23일 오사카부령 제53호로 공포된 「오사
카관물장유람소취체규칙(大阪觀物場遊覽所取締規則)」 등이 이에 해당된다. 관련
내용은 한국영상자료원, 앞의 책, 393~422쪽 참조.

유의 가족국가주의를 조선에까지 확대하였던 특유의 논리"임에 다름 아니었다.[47]

이와 같은 1910년대 조선(인)에 대한 일본의 동화정책은 동시기 조선에서의 활동사진정책에도 반영되었다. 물론 당시는 조선에서 활동사진 제작이 이루어지기 전이었으므로, 이와 관련된 정책 양상은 대부분 상영 활동에 초점이 맞추어진 채 이루어졌다. 아울러 그 내용에 있어서는 일본 황실의 '대사(大事)'와 관련된 사항이 큰 부분을 차지하였다.

일례로, ≪매일신보≫ 1912년 10월 1일자 3면 <연예계(演藝界)>에는 1912년 7월 30일 사망한 메이지(明治) 일왕과 그를 따라 9월 13일 할복자살한 노기 마레스케의 장례를 촬영한 활동사진을 상영한다는 광고기사가 실렸다.[48] 물론 메이지 일왕이 위독하거나 그의 장례가 진행되고 있던 기간 중에는, 일본 본토의 경우처럼 활동사진을 포함한 일체의 흥행물의 공연이 중단되거나 흥행장 관련 행사가 취소된 바 있었다.[49] 또한, 1914년 4월 9일 사망한 메이지 일왕의 부인 쇼켄(昭憲) 황태후의 장례 기간 중에도 "'황태후씌셔 승하'하

---

47) 함충범, 앞의 논문, 209쪽.

48) "남대문 밧 어성좌에셔는, 거월 이십칠일브터 십월 일일신지, 오일 간을, 명치 텬황 어대상의와 고 닉목 대쟝 어쟝의 실디 샤진으로 활동ᄒ며, 여흥으로, 다른 샤진도, 활동ᄒ다 더라". ≪매일신보≫ 1912.10.1, 3면.

49) 관련 기사로는 다음과 같은 것들이 있다. "즁부 ᄉᆞ동 연흥샤(中部寺洞演興社)에셔 흥힝ᄒᄂᆞᆫ, 혁신단 림셩구 일힝(革新團 林聖九 一行)은, 일반샤회의, 됴흔 평판을 엇어, 더욱 흥힝ᄒᄂᆞᆫ 바 현금 텬황폐하씌옵셔 어환후가 어위독ᄒᄋᆞᆸ심에 디ᄒᄋᆞ야, 연극을 흥힝홈이, 신민된 도리에, 황송ᄒᄃᆞ고 작일 밤부터, 연극을 명지ᄒᄋᆞᆺ더라". <혁신단의 휴연>, ≪매일신보≫ 1912.7.30, 3면. / "경셩고등연예관(京城高等演藝舘)의 디방슌업디(地方巡業隊)ᄂᆞᆫ 디방에셔 슌업ᄒᄂᆞᆫ 즁이더니, 션뎨 어승하ᄒᄋᆞᆸ 경보를, 졉ᄒᄂᆞᆫ 동시에, 그 관쥬(舘主)ᄂᆞᆫ, 디방의 슌업을 폐지ᄒᆞ고 곳 올나오라ᄂᆞᆫ, 뎐보를 인ᄒᄋᆞ야, 모다 쳘귀ᄒᄋᆞᆺᄂᆞᆫ디, 그 일힝은, 죠례의 ᄯᅳᆺ을 표ᄒᆞ기 위ᄒᄋᆞ야, 근신ᄒᄂᆞᆫ 즁이라더라". <연예관의 근신>, ≪매일신보≫ 1912.8.2, 3면. / "高等演藝舘 희관에셔ᄂᆞᆫ, 금 삼십일일 밤에, 기관흔다ᄂᆞᆫ디, 대상 즁에ᄂᆞᆫ 근신을 표ᄒᄋᆞ야, 기관식을, 거힝치 안이ᄒᆞ고, 그 비용 즁에셔 금빅원을, 경긔도 ᄌᆞ혜의원에, 긔본금으로, 긔부ᄒᆞ기로 결명ᄒᆞ고, 그 젼달홈을, 남부경찰셔에 의뢰ᄒᄋᆞᆺ더라". ≪매일신보≫ 1912.8.31, 3면.

였다는 이유로 "각 연극장"이 "근신 상퇴"에 들어가"는[50] 등 비슷한 상황이 연출되었다.

반대로, 1915년 11월 10일 거행된 다이쇼(大正) 일왕의 즉위식을 촬영한 활동사진 상영회가 총독부의 조선어 일간지 ≪매일신보≫와 일본어 일간지 ≪경성일보(京城日報)≫의 공동주최로 1916년 4월부터 6월까지 수원, 인천, 대전, 전주, 군산, 광주, 목포, 마산, 진해, 대구, 부산, 개성, 평양, 원산 등 조선 전역에서 열리기도 하였다.[51]

한편, 일본은 조선 지배의 성과를 과시하고 향후 통치에 긍정적인 영향을 주기 위해 1915년 9월 11일부터 10월 31일까지 경복궁에서 '조선물산공진회(朝鮮物産共進會)'를 개최하였는데, 이때에도 활동사진은 동화정책의 홍보 및 선전 기제로서 적극적이고도 유용하게 사용되었다.[52]

---

50) <수운(愁雲) 참담(慘憺) 황태후께셔 승하 각 방면 근신 상퇴>, ≪매일신보≫ 1914.4.12, 3면.

51) 해당 기사 중 하나를 소개하면 다음과 같다. "客年 秋冬에 御擧行ㅎ신 今上陛下 卽位式의 盛儀는 我等民國의 一般이 奉祝홀 万歲不折의 大盛典이라 此 千古罕府의 御盛儀를 御大禮謹寫團 活動寫眞班에서 大禮使로브터 特히 許可後 謹寫혼 賢所移御의 鹵簿와 御大禮에 關ㅎ야 東京, 京都로브터 行幸 還幸의 全部及 東西 兩京市民奉祝의 熱誠흔 在鮮赤子一般의 拜觀에 供코져ㅎ야 弊社는 特히 國民拜觀會本部에 依囑ㅎ야 來 二十六日로쎠 開催ㅎ야 水原을 第一着으로ㅎ고 順次 南鮮要地를 巡行케 ㅎ기로 決ㅎ얏는딕 其開催地及 日程은 左와 如흠". <어즉위례(御卽位禮)의 대성의(大盛儀)>, ≪매일신보≫ 1916.4.25, 2면. / 이외에도 "관련 내용을 다룬 기사는 4월 26일자 2면, 4월 28일자 4면, 5월 2일자 2면, 5월 4일자 2면, 5월 6일자 2면, 5월 9일자 2면, 5월 11일자 3면, 5월 12일자 3면, 5월 13일자 4면, 5월 25일자 3면, 5월 28일자 3면, 6월 2일자 2면, 6월 13일자 3면 등 무려 13회에 이르렀으며 이들을 통해 변경 상영일정, 추후 상영계획, 최종 상영결과 등이 보도되었"음이 확인된다. 함충범, 앞의 논문, 212쪽.

52) 박성진에 따르면, 조선에서는 전례가 없던 대규모의 박람회가 개최된 이유는 크게 두 가지로 생각해 볼 수 있다. 첫째, 5년간의 식민통치의 치적을 과시하여 한일병합의 정당성을 재차 확인하는 한편 동화정책을 강화하기 위함이었다. 둘째, 조선통치의 안정성 및 조선경제의 잠재력을 내세워 일본인들에게 조선과의 교류 및 조선에의 투자를 권장하기 위함이었다. 박성진, 「일제 초기 '조선물산공진회' 연구」, 황민호 외, 수요역사연구회 편, 『식민지 조선과 『매일신보』: 1910년대』, 신서원, 2003, 95~96쪽 참조.

제1부 영화의 유입 및 정착 (1895~1919)

박람회장 내에는 '연예관(演藝館)'이라는 공간이 별도로 설치되어 있었는데, 이곳에서는 주로 활동사진이 상영되었다. 이때 주최 측에 의해 지방 관객을 대상으로 한 무료입장 등의 기획 행사가 마련되기도 하였으며, 대회 기간 동안 경성(京城) 소재 활동사진 상설관에서는 특별상영회가 이어지기도 하였다.53) 그리고 총독부의 의뢰를 통해 일본 닛카쓰(日活, 日本活動寫眞株式會社) 소속의 촬영기사가 박람회 광경을 촬영하기도 하였다.54)

이처럼, 1910년대 조선에서 활동사진 활용정책은 식민지 동화정책을 지탱하는 차원에서 행해졌으며, 그것은 상영 및 촬영 활동 양자를 아우른 채 황실의 대사나 국가적 행사 등을 대상화하고 여기에 정치성을 덧붙이는 방식으로 이루어졌다. 아울러 그 바탕에는, 당시 활동사진이 강력한 흡인력을 지닌 당대 최고의 대중오락이라는 장점을 보유하면서 공연 전반의 중심을 차지하였다는 점이 배경으로 자리하고 있었다.55)

---

53) 관련 기사로는 다음과 같은 것들이 있다. 무료의 활동사진 협찬회셔 남편 너른 마당에셔는 밤마다 주미 잇는 활동사진을 빗초이고 일반입장자의게 무료로 관람케 ᄒᆞᄂᆞᆫ 고로 밤마다 대셩황이라 디방의 관람쟈는 단톄로 이장ᄒᆞ야 쳐음 보는 활동사진에 그 신긔홈을 감탄ᄒᆞᄂᆞᆫ 것도 일대셩황이라 / 회장 이외의 연희장으로 말ᄒᆞ면 동곡 우미관에셔는 「인싱의 불, 비밀의 등딕」라는 쟝쳑의 됴흔 사진에 각종 진품의 활동사진을 영수ᄒᆞ며 동구 안 단셩사와 황금유원 광무딕에셔는 밤마다 각종 구연희로 디방관긱의 환영을 밧으며 명동의 오락원에도 입쟝쟈가 비상히 만터라 <극장과 관람물>, ≪매일신보≫ 1915.9.16, 3면.

54) 관련 기사로는 다음과 같은 것들이 있다. "공진회 대셩황에 쓸는 듯흔 경성을 긔념으로 박이기 위ᄒᆞ야 「총독부 렬도국」에셔 고빙흔 일본활동샤진쥬식회샤 「日本活動寫眞株式會社」의 관셔촬영소 「關西撮影所」 기ᄉᆞᄂᆞᆫ 지나간 일일부터 대활동을 시작ᄒᆞ얏더라 위선 공진회장 안 되는 각 진렬관은 물론이오 한원룽 「閑院宮」 량면하 퇴림이 광경이며 신무문 밧 축하회의 견경 갓흔 것을 ▲ 전부 화면에 박여 너엇더라 ᄯᅩ 렬도 관삼 층루상에셔 회쟝 늬외롤 ᄂᆞ려다보고 가진 사람들의 입장ᄒᆞᄂᆞᆫ 혼잡흔 광경을 박인 것도 잇고 다음 이튿날에 창덕궁 비원 안에셔 리왕면하 동비면하와 한원궁 량면하쎄셔 소요ᄒᆞ시는 광경을 박인 것도 잇스며 ᄯᅩ 여흥쟝에셔는 유명흔 기싱의 츔과 길비무 「吉備舞」 등도 썩 잘 박앗다 ᄒᆞ고 ᄯᅩ 수흔 날에는 공진회장인 근졍면 근쳐에셔 경회루 샹의 죠션 텰도 일쳔 마일 긔념 축하 광경을 박이엿다 ᄒᆞ더라". <활동화면 중의 공진회>, ≪매일신보≫ 1915.10.8, 3면.

03

1910 년대 식민지 조선의
영화 흥행 산업 및 관람 문화

1. 일본인에 의한 활동사진 상설관의 건립

1910년 2월 18일 경성 황금정 63통 7호 자리에 한반도 최초의 활동사진 상설관인 경성고등연예관이 문을 열었다.[56] 이후 1911년 9월 황금정 3번지로 이전하였고, 1912년 6월 황금정 도로 확장 뒤에는 건물의 일부를 개축한 뒤 동년 9월 16일에 다시 개장하였다.[57]

---

55) 함충범, 앞의 논문, 216~217쪽 참조.

56) ≪국민신보(國民新報)≫ 1909년 10월 5일자 등에 경성고등연예관이 '연중무휴 매야 7시 개장'한다는 광고가 게재된 바 있다. 경성고등연예관이 이로부터 4개월 이상 늦게 개업한 이유에 대해, 한상언은 "신문에 외관 사진이 실려 있는 것으로 보아 건축이 마무리되지 못한 것은 아니었"으며 "아마도 1909년 10월 26일 안중근 의사가 이토 히로부미를 암살한 사건으로 인"한 것이 이유였을 것으로 추정한다. (한상언, 앞의 책, 100쪽) 일리 있는 설명이기도 하나, 건물 내부의 공사때문이거나 활동사진 필름 수급 혹은 변사 영입 문제 등 여타의 원인이 있었으리라는 가능성도 배제할 수 없다. 무엇보다, 이토 히로부미의 암살 사건이 활동사진 상설관의 개업을 4개월 이상 늦어지게 한 직접적인 이유로 작용하였다는 근거가 충분치 않아 보인다.

한상언에 의하면, 경성고등연예관의 관주는 가네하라상회(金原商會)를 운영하던 일본인 가네하라 긴조(金原金藏)였고 1910년 3월까지 대리인은 사에키 히로시(佐伯澯)가, 이후에는 미야타 이스케(宮田伊助)가 맡았다. 경성고등연예관에서 상영되던 활동사진 필름의 배급은 'K다이아몬드상회(Kダイアモンド商會)'를 통해 이루어졌으며, 대표는 와타나베 도모요리(渡邊智賴)였다. ≪조선일보≫ 1929년 1월 4일자 <조선영화총관>에 실린 심훈의 설명을 참고하건대, 그는 태국에서 활동사진 사업을 하고 있었고 가네하라 긴조가 한때 그의 고용인이었다.58)

경성고등연예관은 K다이아몬드상회가 태국에서 상영한 바 있는 "파테 등 유럽에서 제작한 서양필름들과 일본에서 제작한 필름들, 자체적으로 제작한 실사영화들"을 조선인과 일본인을 아우르는 관객층을 대상으로 공급함으로써59) 이후 식민지 조선의 영화 흥행 산업과 관람 문화의 형성 및 발전에 토대를 세웠다.

그 과정에서 일본인의 역할이 가히 절대적이었다는 점은 부정할 수 없는 사실인데, 이는 한반도에 근대식 극장이 설립되기 시작하던 시절부터 이미 있어 왔던 현상이었다. 여기에는 한국의 전통 연희가 대체로 옥외 공간에서 비상업적으로 이루어졌던 데 반해 일본의 경우 실내에서 유료로 행해지는 것이 일반적이었다는 차이가 놓여 있었다. 활동사진을 비롯한 서양으로부터 건너온 근대식 흥행물과 그 관람의 형태가 후자 쪽에 적합하였음은 부연할 필요 없는 상식이다.

1876년 '강화도조약'의 체결 후 조선은 1877년 부산을 시작으로 1879년 원산, 1883년 인천을 개항하고 1897년에는 목포, 1899년에는 군산 등으로 대상 지역을 확대하였는데, 이들 개항장에는

---

57) 위의 책, 101쪽 참조.
58) 위의 책, 101~107쪽 참조.
59) 위의 책, 110쪽.

일본에서 건너온 사람들과 함께 그들의 공연 문화가 유입되었다. 그러면서 1890년대 이후 이들 항구 도시를 중심으로 한반도에는 근대적 일본인 극장들이 적지 않게 들어섰다. 인천에서는 1892년 5월 인부좌(仁富座), 1895년 협률사(協律社), 1897년 인천좌(仁川座) 등이, 부산에서는 1903년 이전에 행좌(幸座), 송정좌(松井座) 등이, 목포에서는 1904년 목포좌(木浦座), 1908년 상반좌(常盤座) 등이, 마산에서는 희락좌(喜樂座), 1907년 환서좌(丸西座) 등이 개관하였던 것이다.[60]

조선의 오랜 수도로 자리해 온 한성에도 1900년대부터 일본식 극장이 세워졌다.[61] 특히 러일전쟁을 계기로 조선 이주 일본인의 수가 급증하면서 이곳의 일본인 인구도 늘어났으며,[62] 이에 따라 일본인 극장의 설립 또한 활발해졌다. 자료의 부족으로 정확한 시점을 파악하기는 어렵지만, 1907년 이전에 경성좌(京城座), 경성가무기좌(京城歌舞技座), 용산좌(龍山座), 판본좌(板本座), 1909년 이전에 본정좌(本町座), 1909년 12월 1일에 낭화관(浪花館)이 개관되었고, 1908년에는 판본좌 자리를 수좌(壽座)가, 1912에는 본정좌 자리를 수관(壽館)이 대체하였다.[63]

이와 같이, 한반도 최초의 활동사진 상설관인 경성고등연예관의 설립과 운영은 일본인에 의해 이루어졌는데, 그 기저에는 1890년대

---

60) 위의 책, 26, 30~33쪽 참조.

61) 경성거류민단역소(京城居留民團役所)에서 편찬한 『경성발달사(京城發達史)』(1912)의 기록에 의하면, 1888년 한성의 일본인 거류민 348명 가운데 흥행업 종사자의 수가 2명이었는데, 이후에는 존재하지 않다가 1902년에 이르러 19명으로 늘어나게 되었다. 위의 책, 37쪽 참조.

62) 러일전쟁 발발 직전인 1903년 한성 주재 일본인 수는 모두 3,673명이었으나, 러일전쟁 종결 직후인 1906년에는 11,724명으로 증가하였다. 그리고 한일병합이 이루어지는 1910년에는 38,186명으로 또 다시 크게 늘어났다. 京城協贊會 編, 『京城案內』, 京城協贊會, 1915, p.40 참조.

63) 한상언, 앞의 책, 57~59쪽 참조.

부터 개항장과 한성 등지에 일본식 극장이 건립되어 왔다는 시대적 양상이 놓여 있었다. 이러한 사실은 초창기 한국영화사의 특수성을 보여주는 동시에, 1910년대 식민지 조선의 활동사진 산업과 문화의 형성 및 발전 과정에서 일본인의 비중과 역할이 매우 컸음을 예고 하는 것이기도 하였다.

2. 활동사진 상설 극장의 민족적, 공간적 분리

1900년대에 한성에는 근대식 조선인 극장이 등장하기도 하였 다.[64] 1902년 대한제국 황실에서 고종의 육순 및 즉위 40년을 기념 하여 봉상사(奉常寺) 내에 마련한 희대(戲臺)를 시작으로,[65] 1903년 한성전기회사의 기계창 내에 꾸며진 동대문활동사진소(1907년 광무 대(光武臺)로 개칭), 1907년 지명근, 박태일, 주수영 등 한성상인들 의 발기로 세워진 단성사(團成社), 1907년 송지만, 이준동, 이종진 등에 의해 건립된 연흥사(演興社), "1907년에서 1908년 사이에 만 들어진 것으로 추정"되는 장안사(長安社)가 차례로 문을 열었다.

이들 극장은 조선인에 의해 설립 및 운영되었으며, 관객층도 대 부분 조선인이었다. 여기서는 조선의 전통 연희로부터 일본에서 건 너온 신파극, 서양의 환등 및 활동사진 등 다양한 공연 레퍼토리가 펼쳐졌다. 1910년대에는 특히 활동사진의 비중이 현저히 커지게

---

64) ≪황성신문(皇城新聞)≫을 참고하건대, 1899년 시점에는 아현무동연희장(阿峴舞 童演戲場)이, 1900년에는 시점에는 용산무동연희장(龍山舞童演戲場)이 가설 형태 로 사용되고 있었다. 한상언에 따르면, 이와 같은 한성 주변 지역의 가설 연희장 은 "극장이 존재하지 않던 조선에서 근대식 극장이 설립되는데 있어 이행기적 특 징을" 보인 공간이었다. 한상언, 앞의 책, 40쪽.

65) 희대는 이 장소를 대여하여 공연을 행한 연희 회사의 명칭에 따라 협률사(1902)와 원 각사(1908)라는 이름으로 불리기도 하였다. 자세한 내용은 위의 책, 40~42쪽 참조

되었다. 이로 인해, 협률사에 이어 희대의 명맥을 잇고 있던 원각사(圓覺社)는 1912년 유광관(有光館)으로 개칭하여 활동사진을 상영하였고, 장안사도 같은 해 지만관(志滿館)으로 이름을 바꾸어 활동사진을 상영하였다. 광무대는 1913년 연극장을 폐쇄한 뒤 황금정(黃金町)에 위치한 황금유원(黃金遊園)[66] 안의 연기관(演技館)으로 자리를 옮겼으며, 단성사의 경우 1917년 2월 황금유원의 소유주 다무라 기지로(田村義次郎)에게 매각된 후 이듬해 활동사진 전용관으로 탈바꿈하였다. 그러나 단성사를 제외한 여타 조선인 극장들은 얼마 못가 폐관되거나[67] 활동사진 상영을 주요 흥행물로 삼지 않게 된다.[68]

대신에, 1912년 12월 11일 개관한 우미관(優美館)이 활동사진을 보려 하는 조선인 관객을 유치하였다. 우미관의 창업자는 석탄 및 잡화 판매업과 화폐 교환, 전당, 부동산업 등을 취급하는 하야시타상점(林田商店)의 경영자 하야시타 긴지로(林田金次郎)와 무교동에서 목욕탕을 운영하던 시마타 미요지(紫田三代治)였다. 우미관에서의 초기 활동사진 필름의 수급은 하야시타상점이 일본 요코하마(橫浜)에서 직수입하는 형태로 행해졌으며, 이후 5인 규모의 순회영사대를 통해 필름의 후속적 활용이 이루어졌다. 그리고 이러한 과정에서 우미관은, 단성사가 활동사진 전용관으로 거듭나는 1918년까지 "경성 유일의 조선인 극장"의 지위를 상당부분 유지하였다.[69]

---

66) 1913년 1월 1일 개원한 황금유원 내에는 "조선무용, 기타 흥업 중심의 연기관과 활동사진 중심의 황금관"이 포함되어 있었다. 함충범, 「1910년대 전반기 식민지 조선에서의 활동사진에 관한 연구: 1910~1914년 ≪매일신보≫를 중심으로」, 『영화연구』 37호, 한국영화학회, 2008, 423쪽.

67) 한상언에 따르면, 원각사는 1914년, 연흥사와 장안사는 1915년까지 영업한 것으로 추정된다. 이효인·정종화·한상언, 『한국근대영화사: 1892년에서 1945년까지』, 돌베개, 2019, 33쪽 표 참조.

68) 1930년까지 존속된 광무대의 경우이다.

69) 한상언, 앞의 책, 162쪽.

한편, 한일병합 이후 경성에는 일본인 관객을 대상으로 한 활동
사진 상설관도 등장하게 되었다. 경성 앵정정(櫻井町)에 세워져
1912년 11월 7일 개관한 대정관(大正館)이 그것이다. 대정관은 이
토 히로부미와의 친분으로 시모노세키(下關)에 위치한 고급 료칸(旅
館) 텐신루(天鎭樓)를 경영하다가 이토 히로부미가 대한제국의 초대
통감이 된 후 조선으로 건너와 관저 근처인 남산정(南山町)에 그것
을 다시 지은 닛타 마타베(新田又兵衛)의 셋째 아들인 닛타 고이치
(新田耕市)가 부동산업으로 큰돈을 벌어 지은 최초의 일본인 전용
활동사진 상설관이었다. 건축 허가를 받을 당시의 이름은 유락관(遊
樂館)이었으나, 활동사진 상설관으로서의 신축 공사 중이던 1912년
7월 30일 즉위한 일왕 요시히토(嘉仁)의 연호를 따라 관명(館名)을
바꾼 것이었다.[70]

　　1913년 1월 1일에는 황금유원 내에 일본인 전용 활동사진 상설
관인 황금관(黃金館)이 문을 열었다. 관주는 황금유원의 소유주였던
다무라 기지로였고, 운영은 초반부터 하야카와 마스타로(早川增太
郎)가 맡았다. 다무라 기지로는 대장성 소속으로 만주와 대만을 경
험한 뒤 러일전쟁을 계기로 조선에 건너와 고리대금업을 통해 부를
축적한 인물이었는데, 황금유원을 소유하면서 황금관과 더불어 연
극장인 연기관을 가지고 있었으며 1917년에는 단성사를 인수하기도
하였다. 하야카와 고슈(早川孤舟)라는 예명으로도 유명한 하야카와
마스타로는 러일전쟁 직후 함흥 주둔군에 편입되어 한반도에 발을
딛은 후 1906년부터는 3년간 대한제국 재정고문실에서 일한 뒤 용
달업, 대서업 등을 거쳐 대정관 내에 매점을 차리기도 하였다. 그리
고 1913년 설립된 황금관의 운영권을 획득하면서 본격적으로 활동
사진 흥행업에 뛰어들게 되었다.[71]

---

70) 위의 책, 125~128쪽 참조.
71) 위의 책, 142~143쪽 참조.

이와 같이, 1910년대 식민지 조선에서는 정치, 경제, 문화적 핵심 도시 경성을 중심으로 활동사진 상설관이 문을 열면서 본격적인 영화 흥행 및 관람의 시대로 접어들게 되었다. 당시 활동사진관의 설립자, 소유주, 운영자는 거의 대부분 일본인이었고, 경성을 위시한 식민지 조선의 영화 산업 구조 역시 이들 간의 경쟁에 의해 형성되고 개편되었다.

한편, 최초의 활동사진 상설관인 경성연예고등관의 경우 조선인과 일본인 모두를 관객으로 상정하여 연행 활동을 펼쳤으나, 1912년 대정관과 우미관이 개관된 이래에는 민족적 기준에 따라 대정관, 황금관, 유락관 등의 일본인 상설관과 우미관, 제2대정관, 단성사 등의 조선인 상설관으로 분리되어 갔다.[72] 그리고 이들 일본인 상설관과 조선인 상설관은 1900년대에 지어진 극장의 경우처럼, 청계천을 경계로 각각 남쪽 지역(남촌)과 북쪽 지역(북촌)에 편재되어 있었다. 그러면서 활동사진 연행 방식에 있어서도 남촌의 일본인 상설관과 북촌의 조선인 상설관 사이에는 일련의 차이가 나타나게 되었다.

3. 활동사진 흥행 방식의 민족별, 극장별 분화와 관객의 월경

앞서 언급한 바대로, 일본인을 주축으로 세워진 활동사진 상설관은 민족적 기준에 따라 조선인 극장과 일본인 극장의 틀을 유지한 채 분리되었으며, 경성의 사례를 통해 알 수 있듯 각각의 활동사진 상설관의 위치 또한 조선인 거주 지역과 일본인 거주 지역으로 나

---

72) 이는 활동사진 흥행 광고에도 영향을 주었던 것으로 보인다. ≪매일신보≫의 경우, 대정관이 경성고등연예관을 인수하여 이를 제2대정관으로 이름 짓고 조선인 관객을 대상으로 광고를 내보내기 시작한 1914년 6월 2일"부터 "1915년 4월 중순까지 우미관과 제2대정관이 약 1주일 간격으로 프로그램을 교체하며 ≪每日申報≫ 안에서 경쟁관계를" 유지하였다. 함충범, 앞의 논문, 423~424쪽.

닌 채 분포를 이루고 있었다.

활동사진관의 구조에 있어서는, 실내 공연을 전제로 하는 복층의 근대식 극장이었다는 점에서 전체적으로 유사성을 공유하였다. 즉, 우미관, 단성사, 연흥사 등 대표적인 조선인 극장은 1층과 2층의 관객석이 성별에 따라 '남자석(1층)/여자석(2층)' 혹은 입장료 차이에 따라 '하등석(1층)/상등석(2층)'으로 구분되었는데, 이는 1층에는 장의자가 배열되어 있고 2층에는 다다미(疊)가 깔려 있었다는 점과 더불어 일본인 극장과도 크게 다르지 않은 모습이었다.[73]

재조(在朝) 일본인에 의해 한반도에 건립된 근대식 극장을 통해서는 일본의 공연 문화 역시 함께 이식되어, "조선인들의 연극 문화에도 그대로 영향을 끼"치게 되었다. 첫째, 가부키(歌舞技), 나니와부시(浪花節), 구극(舊劇), 신파극(新派劇)을 망라하는 일본의 전통적, 동시대적 연희와 일본에서 제작된 활동사진 등으로 프로그램이 편성되었다. 둘째, 일본 소재 극단이 조선을 방문하여 공연을 펼치거나 재조 일본인 극단이 결성되어 공연 활동을 행하였다.[74] 셋째, 박진의 회고록 『세세년년(世世年年)』(경화출판사, 1966)에 기록되어 있는 바대로, "흥행물의 선전을 위해 출연자 등이 마을을 돌면서 홍보하는" 마치 마와리(町廻り)[75] - 음악 연주, 호객(呼客), 개문(開門), 번호표 배부, 관객 입장 등의 순으로 "극장 문을 여는" 개장(開場) - 개막(開幕)으로부터 무대인사까지를 포괄하는 본격적인 공연(公演)에 이르는 일본식 흥행의 전 과정이 도입, 정착되었다.[76]

---

73) 함충범, 앞의 논문, 427쪽 및 한상언, 앞의 책, 49~51쪽 참조.
74) 재조 일본인으로 구성된 극단 가운데 대표적인 예로는 "1906년부터 2, 3년 이상 꾸준한 활동을 보인" 기타무라 이코마(北村生駒)의 기타무라일좌(北村一座)를 들 수 있다. 한상언, 앞의 책, 73쪽.
75) 이에 따라 각 흥행장 주변에서는 "호적, 과리, 군악 등"이 "떠들썩하게 연주"되었다. 함충범 앞의 논문, 426쪽.
76) 한상언, 앞의 책, 72~78쪽.

이와 같은 극장 공연의 흥행 문화는 당연히도 활동사진 상설관으로 적용되었다.[77] 그러나 동시에 가장 근대적인 흥행물을 다루는 활동사진관 특유의 연행 방식이 병행되기도 하였다. 최초의 상설관인 경성고등연예관의 경우를 들여다보자. 이곳에서는 일본인 관객과 조선인 관객 양쪽을 대상으로 일본인 변사와 조선인 변사가 자신의 모국어를 통해 교차적으로 활동사진을 설명하였다. '상연'되는 활동사진 프로그램은 1권 가량의 단편 필름 10여편으로 구성되었다. 그 장르는 필름의 종류와 활동사진의 형식 및 내용에 따라 "실사, 골계, 착색, 염색, 장척, 희극, 정극, 탐정극 등으로 구분되"어 있었다. 아울러, 이들 필름 상연의 중간에는 연극, 무용 등의 공연이 삽입되는 경우가 많았다. 이렇게 구성된 공연은 통상 회당 3시간 정도가 소요되었다.[78]

그러던 것이, 일본인 상설관인 대정관과 조선인 상설관인 우미관이 설립된 1912년 말부터는 상영 프로그램을 중심으로 분화된 양상을 띠게 되었다. 조선인 관객을 상대하던 우미관의 경우 서유럽과 미국 등지에서 수입된 외국영화 위주로 상영이 이루어졌던 데 반해, 대정관, 황금관, 유락관 등 일본인 관객을 대상으로 하는 활동사진관에서는 이들 외국영화도 있었지만 "마지막 상영 프로그램은 언제나 일본 구극영화나 일본 신파영화가 차지"하였기 때문이다.[79] 그

---

77) 한상언에 따르면, 대정관, 우미관, 황금관 등의 유력 활동사진 상설관이 들어선 1913년 이후 "경성 흥행가의 중심은 각종 연희에서 활동사진으로 급격하게 바뀌"게 되었다. 그 영향으로 "1915년경 신파극을 주로 상연하던 연흥사와 꼭두극 등을 상영하던 장안사가 문을 닫"았고 이에 "조선의 신파, 구파 연희는 결정적인 타격을 입"으면서 "활동사진관의 막간 공연으로 전락"하고 말았다. 위의 책, 204～205쪽.

78) 위의 책, 199～200쪽.

79) 물론, 여전히 공통되는 부분도 있었다. 활동사진의 '종류'와 '장르'에 있어서는 "비극, 희극, 소극, 사극, 활극, 정극, 사회극, 골계, 탐정, 군사, 가정, 교훈 등 극영화"와 "기술(奇術), 마술, 전쟁, 풍경을 담은 실사(기록영화)" 필름은 물론, "천연색 사진"을 아우르며 다양성을 띠었다. 또한 상영 횟수는 보통 1일 1회였으나 일요일

리고 1910년대 중후반에는 극장별로 덴카쓰(天活, 天然色活動寫眞株式會社)의 키네마칼라(キネマカーラー), 유니버설(Universal)의 연속영화(serial film), 일본에서 유행하던 연쇄극(連鎖劇) 등으로 인기 프로그램 구성에 변화가 일기도 하였다.

하지만 이러한 환경 속에서도 경계를 넘나드는, 즉 월경(越境)하는 관객층이 존재하였던 것으로 보인다. 총독부의 조선어 일간지 ≪매일신보≫를 보건대, 1912년 대정관 개관 이후부터 "1913년 3월까지는 경성고등연예관, 대정관, 황금유원, 우미관 등 4곳의 상영관이 보통 1주~2주 간격으로 프로그램을 바꾸어가며 매일같이 활동사진 광고를 게재하"다가 "1913년 4월부터는 우미관 한 곳만이 활동사진 광고를 싣게 되었"다는 점을 단서로 삼을 만하다.80)

4. 식민지 조선에서의 변사 연행 문화와 일본의 영향 범주

한국영화사에서 활동사진 시대를 거쳐 무성영화 시대에 이르는 동안 빠질 수 없는 존재가 다름 아닌 변사(辯士)였다. 특히 상설관의 등장으로 활동사진 흥행과 관람이 일상화된 1910년대의 경우, '활동사진 변사(活動寫眞 辯士)'는 '활변(活辯)'으로도 불리며 당대 영상 대중문화의 중심에 위치하였다.

한상언은, 조선에서 '변사'라는 용어가 애국부인회의 의뢰로 원각사의 전신인 관인구락부(官人俱樂部)에서 '황태자 폐하의 활동사진'

및 공휴일에는 주야 2회 상영이 이루어졌다. 입장료는 ≪매일신보≫ 1917년 3월 2일자 4면 황금관 광고에 나와 있듯 좌석에 따라 15전에서 50전 사이였다. 그러나 ≪매일신보≫ 1917년 4월 3일자 유락관 광고가 보여주듯, 유명 대작에 대한 특별상영 시에는 최고 2원까지 오르기도 하였다. 학생이나 군인의 경우는 일반 입장료의 1/2에서 1/3정도였다. 함충범, 앞의 논문, 425쪽.

80) 위의 논문, 423쪽.

을 '거행'하기 전 대한제국 내부대신 송병준이 활동사진 변사들을 대상으로 '연설(演說)할 방침'을 내렸다는 내용의 ≪황성신문(皇城新聞)≫ 1908년 6월 24일자 신문 기사에 처음으로 등장하였다고 소개한다. 이때 공개된 황태자의 활동사진은 일본에서 생활하는 영친왕의 모습을 찍은 요코타상회 제작 필름들이었고, 기사에 소개된 정운복, 김상연, 한석진 등 "최초의 변사들이라 할 수 있는 인물들은 서구문물을 경험한" 근대화의 추종자이자 '웅변가'들이었다.[81] 이후 변사는 활동사진 설명뿐 아니라 변사극과 막간여흥 등을 통해 자신의 존재성을 드러내며 발성영화 제작 시기 이전까지 가장 핵심적인 활동사진 연행자로 군림하였다.

변사를 통한 활동사진 연행 문화는 "1886년경, 환등(幻燈) 즉 슬라이드가 일본에서 유행했을 때 이미 설명자가 있었다는 기록이 있다"는 요코마 이누히코(四方田犬彦)의 설명을 참고하건대,[82] 일본에서 조선으로 건너왔다고도 볼 수 있다. 그는 변사 출현의 "진정한 이유는 일본이 서양에서 들어온 영화를" 노(能), 가부키(歌舞技), 분라쿠(文樂), 가와치(河內), 민담(民談), 야담(野談) 등 "연기와 음성을 각기 다른 사람이 담당하는 전통 예능의 문화 흐름"과 "일본의 연극적 흐름 속에서 수용한 데에 있다"고 주장한다.[83] 하지만, 판소리나 탈춤 등 한국의 전통적 연희 속에도 변사를 연상시킬 만한 행위자가 없지 않았던 바, 한반도의 활동사진 변사를 일방적이고도 전적으로 일본으로부터 이식된 문화적 존재로 규정하기에는 무리가 따르는 것도 사실이다.[84]

---

81) 한상언, 앞의 책, 209～210쪽.

82) 그는 무성영화 시대까지 "일본 영화와 다른 영화와의 가장 큰 차이점"에 대해 "영화를 설명해 주는 사람인 '변사'라는 존재"의 유무를 꼽는다. 요모타 이누히코(四方田犬彦), 박전열 역, 앞의 책, 61쪽.

83) 위의 책, 62～63쪽.

84) 이러한 측면을 고려하여, 요모타 이누히코는 변사의 존재에 대해 "동아시아에 공

실제로, 조선에서 활동사진 변사의 연행 문화는 조선어와 일본어의 공존이라는 '언어'적 환경을 전제 조건으로 두었다. "변사시스템이 정착"되는 데 계기를 마련한 경성고등연예관의 경우, 조선인과 일본인 모두를 관객으로 받아들였기 때문에 "전설(前說)만을 일본어와 조선어로 두 번에 걸쳐" 행할 수밖에 없었다.85) 이와 같은 변사 연행 방식이 관객들로 하여금 정보를 습득하고 흥미를 유발하는 데 장애 요소로 작용하였을 터이다.

결국 변사를 통한 활동사진 연행 방식은, 경성에서의 경우 일본인 상설관과 조선인 상설관으로 활동사진 상설관이 분리된 이후 두 부류의 공간에서 다른 양태로 고착화되어 갔다. 먼저 대정관, 황금관, 유락관 등 일본인 관객을 대상으로 한 활동사진관에서는 일본인 변사가 일본어로 연행하였는데, "실사영화나 서양영화는 설명변사라 불리는 설명자가 나와 설명하는 식으로", "일본에서 제작한 신파영화나 구극영화는 일본에서처럼 연극변사라고 불리는 여러 변사가 동시에 나와 스크린 속 배역의 목소리를 연기하는 방식으로" 실연이 이루어졌다. 반면 조선인 관객을 대상으로 대부분 서양영화를 상영한 우미관, 제2대정관, 단성사 등에서는 조선인 변사가 조선어로 "자신의 설명 스타일에 맞춰 중설을" 하였는데, 이들 조선인 상설관

통되는 '구전(口傳) 예술'이라는 거대한 전통의 맥락 속에서 이해해야 할 부분이"라는 점을 강조하기도 한다. 위의 책, 10쪽. / 나아가 김대중은, 변사의 "명칭이나 유래는 일본에서 말미암"은 것이지만, "영화의 내러티브에 대한 해설"은 "소설책을 전문적으로 읽어 주는 강독사"인 전기수(傳奇叟)의 전통과, "초기 한국영화의 열린 텍스트적 성격과 변사의 창작자의 성격"과 관련해서는 판소리에서의 광대의 역할과, '변사의 스타성'에 있어서는 "조선 후기로부터 시작된 서민 대중문화 속에서 연희자와 향유자 사이에 형성되었던 독특한 관계성"과 친연성을 지니기 때문에 조선인 관객이 변사 시스템을 자연스레 수용할 수 있었다고 주장한다. 김대중, 『초기 한국영화와 전통의 문제』, 커뮤니케이션북스, 2013, 49~62쪽.

85) 즉, 활동사진 '상연'이 "먼저 스크린 오른편에서 일본인 변사가 등장하여 전설(前說)을 끝내고 들어가면 스크린 왼쪽에서 조선인 변사가 등장하여 조선인 관객을 위해 같은 내용을 다시 설명한 후 활동사진을 보여주"는 방식으로 진행되었다. 한상언, 앞의 책, 212쪽.

에는 연극변사 없이 설명변사만 존재하였다.[86] 이러한 차이는 일본인 상설관에 여성 변사가 소속되어 있었던 상황과[87] 1910년대 후반 일본으로부터 연쇄극이 전파될 때 일본인 상설관을 경유하는 과정으로도 이어졌다.[88]

한편, 활동사진 변사의 유명세에 있어서도 민족-언어별 경계가 뚜렷하게 그어졌다. 예컨대, 조선인들 사이에서는 경성고등연예관-우미관-제2대정관을 두루 거친 "자전거 클락션을 이용한 "뿡뿡이춤""의 소유자 서상호가 '최초의 스타'로, 재조 일본인들 사이에서는 "각종 스캔들의 주인공이었던 황금관의 일본인 변사 유모토 교하(湯本狂波)가 '최초의 스타 변사'로 등극하였다. 이렇듯 1910년대부터 1920대까지 식민지 조선의 최고 '연예인'이었던 인기 변사는 조선인 이상으로 일본인의 수가 다수를 이루고 있었다. 그러나 서상호를 비롯하여 김덕경, 이한경, 서상필, 우정식, 정운창 등의 "조선인 변사들이 꾸준한 활동을 한 것에 비해, 1910년대 초반 조선에서 활약한 일본인 변사들은 자주 바뀌"는 경우가 많았다.[89]

---

86) 다음 1913년 6월 20일자 ≪매일신보≫ 독자 투고란의 내용을 보건대, 동시기 조선인 상설관에서도 일본영화가 상영되었으나 이 경우 조선인 변사의 설명을 자세히 덧붙여지지 않아 관객의 불만이 있기도 하였음이 확인된다. "근일, 각 활동사진관에셔는, 자미잇는 일본 연극사진을, 만히 ᄒᆞ는 모양인듸, 일본사진 나올 ᄯᅢ는, 죠션변사가 설명을, 좀 잣셰히 ᄒᆞ야 쥬어야지, 심지어 엇더ᄒᆞᆫ 사진관에셔는, 일본사진 다음에, 셔양사진이 나올터이니, 일본사진 빗칠 동안에는 좀 참으라고 ᄒᆞ던가, 우리는 갓흔 돈 늬고, 자리치움ᄒᆞᆯ라고, 거릐 드러가 안젓나 「불평쟈」". <독쟈구락부>, ≪매일신보≫ 1913.6.20, 3면.

87) 가령, ≪매일신보≫ 1913년 2월 2일자에는 "황금뎡 황금유원에셔는, 다른 유희물 오락물도, 만히 잇거니와, 늬디 유명ᄒᆞᆫ 빅우 등이, 흥힝흔 연극으로, 믹일 셩황이오, 더욱이 녀편네로 설명ᄒᆞ는, 녀변ᄉᆞ(女弁士)도 잇다더라"라는 표현으로 여성 변사에 관한 사항이 소개되어 있다. 함충범, 앞의 논문, 424~425쪽 참조.

88) 한상언, 앞의 책, 218쪽.

89) 위의 책, 219~220쪽. 대정관과 황금관이 개장한 후 일본인 전용관으로 탈바꿈한 경성고등연예관이 도쿄에서 데려온 후지모토 류코(藤本龍光)의 경우처럼 일본에서 영입한 인물들이 다수였기 때문이라 할 수 있다.

　　　　　　　　　　　　　　　　　제1부 영화의 유입 및 정착 (1895~1919)

그렇지만, 이와 같은 차이에도 불구하고 식민지 조선에서의 변사 연행 문화가 일본으로부터의 영향으로 형성, 정착되었다는 점은 부정하기 어려운 사실이다. 아울러 그 바탕에 식민지 조선의 흥행 산업 자체가 일본인에 의해 좌우되었다는 시대적 배경이 자리하고 있었음은 물론이다.

5. 재조 일본인 주도의 활동사진 흥행업의 전개

한반도에서 흥행업은 이전에는 존재하지 않던, 그야말로 새로운 '근대 문화'였다. 한성-경성 지역의 경우, 1900년대 들어 황실 극장인 희대를 중심으로 모여든 예인들로 조직된 협률사, 동대문활동사진소를 임대한 광무대, 임성구의 혁신단(革新團), 이기세의 유일단(唯一團), 윤백남의 문수성(文秀星) 등 일련의 신파극단을 아우르는 '연예 단체'들이 속속 결성됨으로써 조선인의 활동에도 활기를 띠어 갔다.

이들 흥행 단체는 '조선인 극장'을 중심으로 "조선인 주도의 흥행업의 토대를 닦았"는데, 가령, 임성구의 혁신단을 비롯한 신파극 공연은 연흥사에서, 꼭두각시, 줄타기, 잡가 등 전통 연희는 장안사와 광무대에서, 보다 다양한 볼거리는 단성사에서 이루어졌다. 이들 극장은 "전황으로 인해 발생한 경영상의 어려움에도 불구하고[90] 이를

90) 러일전쟁 발발 직후인 1904년 2월 23일 '한일의정서'를 체결한 바 있던 일본은 동년 8월 22일 조선과 '한일협정서'를 체결하여 '제1차 한일협약'을 이루는데, 이를 통해 대한제국에서는 이른바 '고문정치(顧問政治)'가 실시되었다. 이때 대한제국 재정 고문으로 메가타 다네타로(目賀田種太郞)가 부임하는데, 그에 의해 대한제국의 재정 및 화폐에 대한 대대적인 정리 작업이 시행되었다. 그러면서 조선 상인들은 경제적으로 막대한 타격을 받게 되었다. 이러한 여파로 "단성사, 연흥사, 장안사 등 한성에 상설극장을 세우고 운영하는데 후원자가 되었던 한성상인들도 파산하기 시작"하였다. 한상언, 앞의 책, 94쪽.

극복하기 위한 여러 노력을 경주"하였던 것이다.[91] 그러나 "전황으로 인해 1910년대 초반까지 조선인 중심의 흥행업은 만성적인 불황에 시달렸"고,[92] 원각사가 1914년에, 연흥사와 장안사가 1915년에 결국 문을 닫으면서 그 입지는 더욱 좁아지게 되었다. 특히 1913년 안재묵을 거쳐 1915년 2월 18일 화재 이후 김연영으로 이전된 단성사의 소유권이 1917년 2월 황금유원을 가지고 있던 다무라 기지로에게로 넘어감에 따라, "경성 내 조선인이 소유한 극장은 아무것도 남지 않게 되었다."[93]

이에 반해, 한반도에서의 재조 일본인에 의한 흥행업의 경영 및 운영은 갈수록 활기를 띠었다. 여기에는 대한제국의 국권이 일본으로 넘어가는 과정에서 그들에게 경제적 이권이 부여되었다는 점과 더불어, 조선과는 달리 흥행업이 발달되어 온 상태에서[94] 거류민 시절부터 일본의 흥행 문화가 한반도 각지에 이식, 보급되었다는[95] 점이 요인으로 작용하였다.

이러한 배경 하에, 1910년대 들어서는 활동사진 상설관 건립에

---

91) 위의 책, 72쪽.

92) 위의 책, 94쪽.

93) 위의 책, 49쪽.

94) 이에 대해 한상언은 "돈을 지불하고 신기한 볼거리를 즐기는 흥행업은 유교국가인 조선에는 존재하지 않았지만" 일본에서는 에도시대(江戶時代) 대중문화의 주를 이룰 만큼 "오랜 전통이 있었"으며, 1873년 일본 최초의 근대식 공원으로 조성된 아사쿠사공원(淺草公園)의 경우처럼 일본의 흥행장은 "사람이 많이 모이는 사찰과 신사 주변에" 유곽, 상점 등과 함께 자리를 잡고 있었다고 설명한다. 그런데, "1910년경 아사쿠사 6구에만 10여개의 활동사진 상설관이 들어서" 있던 사실로부터 확인되듯, 당시 흥행업의 중심에는 활동사진이 자리하고 있었다. 위의 책, 53~54쪽.

95) 경성의 경우, 1897년 왜성대공원(倭城大公園, 1906년 경성공원(京城公園)으로 개칭), 19010년 한양공원(漢陽公園), 1919년 장충단공원(奬忠壇公園)을 아우르는 남산공원(南山公園) 등 '도시공원'이 조성되고 러일전쟁과 한일병합을 통과하며 신정유곽(新町遊廓), 신지유곽(新地遊廓), 도산유곽(桃山遊廓) 등 '유곽지역'이 형성되면서 일본식의 근대적 흥행장과 흥행업이 자리 잡을 만한 여건이 만들어졌다. 위의 책, 55~56쪽 참조.

　　　　　　　　　　　　　　　　제1부 영화의 유입 및 정착 (1895~1919)

따라 관람 문화가 정착됨과 함께 그 흥행의 주도권이 재조 일본인의 수중에 넘어가게 되었다. 앞서 살펴본 바대로 최고 중심지였던 경성 소재 극장주의 경우도 그러하거니와, 특히 활동사진 흥행업을 이끌던 대표적인 연예 단체인 닛타연예부(新田演藝部)와 하야카와 연예부(早川演藝部)의 활동이 주목된다.

닛타연예부는 대정관의 소유주 닛타 고이치가 결성한, 하야카와 연예부는 황금관(黃金館)의 운영자 하야카와 마스타로(早川增太郞)가 결성한 전문적인 흥행 단체였다. 이들 조직은 본격적으로 활동사진 흥행을 추진하며 1910년대 조선 내의 연예 사업을 선도하였다.

닛타연예부는 "설립 초기에는 영업주임과 지방부장을 두고" 대정관의 영업 수익을 챙기면서 지방의 "특약관을 관리"하는 안정적인 경영 전략을 구사하였다. 그러다가 1910년대 중후반부터 1921년까지 당시 일본 영화 산업에서 절대적인 영향력을 지니고 있던 닛카쓰 배급 영화에 대한 '독점적 지위'를 바탕으로 "전국적인 필름 유통망을 구축"하며 크게 성장하였다.[96]

한편, 닛타연예부는 경영난에 빠지게 된 경성고등연예관을 인수하여 1913년 10월 31일 이곳을 제2대정관으로 개칭하고 1914년 6월부터는 조선인 전용 활동사진 상설관으로 전용하였다. 그러나 제2대정관은 10개월여 만인 1915년 4월 세계관(世界館)으로 또 다시 개명하며 일본인 전용관으로 회귀하였다. 그리고 동년 9월, 세계관의 흥행권은 그것을 인수한 유락관(有樂館)으로 이관되었다.[97] 유락

---

96) 닛타연예부는, 1916년 닛카쓰의 '만선지방부(滿船地方部)'로 지명되어 인천의 표관을 인수하는 동시에 직영관에 두는 한편, 경성 소재의 우미관, 평양 소재의 앵좌(櫻座), 원산 소재의 수좌(壽座), 부산 소재의 보래관, 대구 소재의 금좌(錦座)와는 특약관 계약을 하였다. 그리고 1917년에는 닛카쓰의 조선총대리점(朝鮮總代理店)으로서 대정관을 비롯하여 용산의 용광관(龍光館), 인천의 표관, 부산의 상생관(相生館), 대구의 칠성관(七星館), 평양의 가무기좌(歌舞技座), 원산의 가무기좌를 특약관으로 삼고 출장원을 파견하였다. 위의 책, 134~136쪽 참조.

97) 흥행은 1915년 9월 20일부터 시작되었고, 개관식은 이보다 앞선 9월 12일에 거행

관은 재경성 일본인 자본가들의 출자로 설립된 것이었는데, 그들은 자본금 75,000원을 마련하여 오쿠라구미(大倉組)를 이끌던 오쿠라 기하치로(大倉喜八郎)를 중심으로 연예주식회사를 세우려 하였다. 극장의 운영은 지배인 체제로 이루어지다가 1916년부터는 출자자 가운데 한 명인 경성호텔의 나카하라 데쓰오미(中原鐵臣)가 담당하였다. 하지만 당국에 의해 활동사진 상영이 매월 2주 이내로 제한되어 있었기에, 시간이 갈수록 경영은 악화일로를 걸었다. 이러한 상황에서 유락관은 닛타연예부와 경쟁 관계에 있던 하야카와연예부에 매수되었고 1917년 3월 22일 하야카와연예부의 직영 상설관으로 재개장하게 된다.[98]

하야카와연예부를 이끌던 하야카와 마스타로는 1914년 설립되어 닛카쓰의 독주 체제를 위협하던 덴카쓰의 조선 및 만주(鮮滿) 지역 대리점을 경영하였는데, 이에 따라 그의 관리 하에 있던 황금관, 유락관 등의 활동사진 상설관에서는 덴카쓰의 배급 필름이 제공되는 경우가 많았다.[99]

이러한 토대 하에서 하야카와연예부는 1915년 현재 경성 소재의 황금관과 인천 소재의 표관(瓢館)을 직영관으로 삼고 평양 소재의 평안극장(平安劇場), 부산 소재 보래관(寶來館) 등에도 활동사진 필름을 제공하였다. 그러나 같은 해 우미관과의 계약이 해지된 후 우미관은 닛타연예부로부터 필름을 공급받게 되었으며, 얼마 뒤 인천의 표관마저 닛타연예부에 인수됨으로써 그 입지가 좁아지기도 하였다.

그러다가 하야카와연예부는 1917년 유락관을 인수하여 하야카와연예부의 직영 상설관으로 두었고, 7월 27일에는 당국의 허가를 받아 연중무휴의 활동사진 흥행이 가능해졌다. 하지만 이를 계기로 사

되었다. 위의 책, 131~134쪽 참조.
98) 위의 책, 173~176쪽 참조.
99) 위의 책, 143~144쪽 참조.

업의 본산과도 같았던 황금관과는 결별하게 된다. 하야카와연예부
의 공격적인 사업 확장에 거부감을 느낀 황금관의 소유주 다무라
기지로가 유락관에 대한 덴카쓰의 필름 수급을 문제 삼아 고소하고
이에 하야카와 마스타로 역시 손해배상과 명예훼손으로 역고소로
대응하였던 것이다. 결국 1917년 5월 30일 덴카쓰의 중재로 양자
간의 합의가 이루어지고 하야카와연예부가 덴카쓰와의 관계를 청산
하고 고바야시상회(小林商會) 및 고마쓰상회(小松商會)와 새롭게 손
잡음으로써 문제는 일단락되었다.[100]

이와 같이, 1910년대 조선에서는 닛타연예부와 하야카와연예부를
대표로 하는 재조 일본인이 결성한 흥행 단체에 의해 활동사진 흥
행업이 주도되었으며, 그 전개 과정에서도 또한 일본인들 간의 경쟁
과 견제, 갈등과 타협 등이 커다란 동기와 요인, 변수로 작용하는
경우가 많았다. 이는 당대 식민지 조선의 영화 문화적 특수성 가운
데 하나로 볼 수 있으며, 동시기 일본영화계와 조선영화계 사이의
관계성하고도 연결되는 지점이라고도 할 만하다.

6. 조선영화계와 일본영화계 간 활동사진 흥행 문화의 연동성

1910년대 식민지 조선에서는 영화 제작이 제대로 이루어지지 못
하고 있었는데, 이에 대해 한상언은 당시 "상영 필름의 가격이 저
렴"하였다는 것이 "가장 큰 이유"로 지목하며 이로 인해 "전통연희
를 주로 상연하였던 조선인 연극장이 경영난으로 사라진 것과는 반
대로 일본인 소유의 활동사진상설관은 사세를 확장하며 꾸준한 영
업 수익을 유지"하였다고 설명한다.[101]

---

100) 위의 책, 147, 181쪽 참조.
101) 한상언, 앞의 책, 202쪽.

임화의 표현대로 이러한 활동사진 '감상만의 시대'에 조선에서 활동사진 흥행업을 주도한 이들이 재조 일본인이었다는 점을 간과할 수 없다. 여기에는 1910년 이후 활동사진 상설관이 들어서게 된 데에 러일전쟁 이후인 1907년을 기점으로 일본에서 그것이 급격하게 증가하던 분위기의 영향이 있었고 더구나 이렇게 건립된 활동사진관에서 상영되는 필름 대부분이 일본에서 수입되던 것들이었다는 사실이 배경으로 자리한다. 요컨대, 1910년대 식민지 조선에서 활동사진 흥행 문화가 정착되는 과정에서 재조 일본인들은 일본의 흥행 문화를 조선에 이식하는 가장 핵심적인 주체가 되었던 것이다.

  하지만, 그들의 권한이 일본과 조선을 연결하는 '매개자'의 역할을 넘어서지는 못하였던 것으로 보인다. 제국과 식민지의 문화적 관계 구조 상 "당시 조선의 영화산업은 일본영화산업의 변동"에 민감하게 반응하며 그것에 '종속'될 수밖에 없었기 때문이다.[102] 이에 따라 1910년대부터 이미 조선영화계와 일본영화계 사이에서 활동사진 흥행 문화가 연동되는 양상이 펼쳐지기 시작하였는데, 특히 활동사진 필름의 배급과 기술적 변화의 면에서 이러한 특성이 두드러졌다.

  먼저, 1910년대를 통과하며 조선의 활동사진 흥행업을 양분하고 있던 닛타연예부와 하야카와연예부는 각각 1912년과 1914년에 설립되어 당대 일본 영화 산업을 주도하던 닛카쓰와 덴카쓰로부터 필름을 공급받았는데,[103] 이러한 이원적 필름 수출입의 조합 자체가

  ---

  102) 위의 책, 193~194쪽.

  103) 닛카쓰는 초창기 일본영화계를 대표하던 4개의 영화사, 즉 1908년 "일본에서 최초의 촬영소를 만든" 요시자와상점, "교토에서 외국영화의 수입을 성황리에 하고 있다가, 도쿄의 요시자와상점에 이어서 자사 제작도 시작"한 요코타상회, 그리고 1906년 7월 4일 우메야 쇼키치(梅屋庄吉)에 의해 설립되어 요코타상회와 "비슷한 시기에 영화 제작을 시작한" M·파테(M・パテー)와 다바타 겐조(田畑建造)를 대표로 1910년 7월 설립된 후쿠호도(福宝堂)가 M·파테(M・パテー)의 우메야 쇼키치의 기획으로 1912년 9월 10일 설립된 일본 최초의 독점적 메이저 영화

일본영화계의 산업적 구도와 궤를 같이하는 것이었다. 당시 닛카쓰와 덴카쓰를 비롯한 일본의 영화사들은 직영(直營), 특약(特約), 보합(步合) 등의 방식으로 상영관과 배급 계약을 맺었는데, 조선, 대만, 만주 등 해외의 경우 이와 같은 직접 배급보다는 대리점을 이용한 필름 공급이 일반적으로 행해졌다. 흥미로운 점은, 이렇게 일본으로부터 입수된 활동사진 필름이 조선 내에서 다시 경성을 거쳐 지방 주요 도시로 순차적으로 전달되었다는 사실이다.104) 그러면서 동시기 극동 지역 내 활동사진 필름의 공급과 수급이 '일본→조선(경성→지방)'이라는 위계적 방향을 띠었기에 그러하다.

다음으로, 1910년대 경성의 활동사진 흥행업자들은 관객 확보를 위해 자신과 계약 관계에 있는 일본의 영화사로부터 다양한 필름을 들여왔는데, 그 과정에서 당대 일본에서 시도되거나 유행을 이루던 여러 종류와 장르의 활동사진이 조선에서도 상영되어 관객층 형성에 자극제와 촉매제가 되기도 하였다. 예컨대, 경성고등연예관에서는 1913년 2월 "여흥을 강화하기 위해 기존의 전기응용용 방식을 대신할 키네오라마(キネオラマ)를 설치"한 바 있었고,105) 황금관에서는 1914년 4월 1일부터 하야카와연예부가 덴카

사였다. 佐藤忠男, 『日本映画史 第1券』(增補版), 岩波書店, 2006, pp.116~117, 120. / 덴카쓰는 닛카쓰에서 나와 도요상회(東洋商會)를 운영하고 있던 고바야시 기사부로와 야마카와 기치타로 등이 후쿠호도 출신 영화인들을 영합하여 키네마 칼라(キネマカーラー, Kinemacolor)를 중심으로 1914년 3월 17일에 세운 영화사였다. 田中純一郎, 『日本映画発達史 Ⅰ』, 中央公論社, 1975, p.213 참조.

104) 예를 들면, 닛카쓰로부터 닛타연예부가 수입한 활동사진 필름은 경성의 대정관에서 상영된 후 부산의 상생관(相生館)으로, 덴카쓰로부터 하야카와연예부가 수입한 필름은 경성 황금관(黃金館)에서 상영된 뒤 부산 보래관으로 보내진 바 있었다. 유락관의 경우, 하야카와연예부가 유니버설(Universal)이나 고바야시상회(小林商會)로부터 수입한 필름이 상영 후 부산 행관(幸館)으로 보내지기도 하였다. 한상언, 앞의 책, 195쪽 참조.

105) 위의 책, 121쪽 참조. / 키네오라마(Kineorama)는 키네마(キネマ, Kinema)와 파노라마(パノラマ, Panorama)의 합성어로, 메이지(明治) 말기부터 다이쇼(大正) 시대에 흥행물에 사용된 "파노라마에 색채 광선을 비추어 경치를 변화시켜 보이는

쓰로부터 공급받은 키네마칼라(キネマカーラー)를 배급하였으며,[106] 유락관에서는 개관 직후인 1917년 4월 6일부터 9일까지 개봉된 지오반니 파스트로네(Giovanni Pastrone) 감독의 이탈리아영화 <카비리아(Cabiria)>(1914)를 시작으로 장편 극영화가 상영되었다. 아울러 그 영향은 황금관과 대정관 등으로도 파급되었다.[107] 한편, 1916년 6월 10일 황금관의 신축 개장에 맞추어 하야카와연예부는 미국 유니버설(Universal)사에서 제작되어 일본에서도 대중 관객의 커다란 호응을 얻었던 연속영화(Serial Film)[108] <명금(The Broken Coin)>(1915)을 덴카쓰로부터 공급받

장치"를 지칭한다. 인터넷 구(goo) 사전(https://dictionary.goo.ne.jp).

106) 키네마칼라(Kinemacolor)는 보통 초당 16프레임으로 촬영되던 속도를 2배로 올려 32프레임으로 촬영하고 상영 시 빨간색과 초록색 필터를 통해 관객으로 하여금 색을 느끼도록 하는 기술로, 영국 출신의 영화 촬영기사 조지 앨버트 스미스(George Albert Smith)에 의해 1906년 개발되었다. 이후 찰스 어반(Charles Urban)에 의해 실용화 과정을 거친 뒤 1909년 3월 그가 설립한 천연색칼라회사(The Natural Color Kinematograph Company Ltd)에서 본격적으로 제작되었다. 일본에서는 1912년에 후쿠호도가 찰스 어반으로부터 아시아에서의 권리를 취득하여 1913년 10월 9일 당국으로부터 허가를 받아 도요상회로 이전된 바 있었으나, 후쿠호도의 닛카쓰 병합 시 그 권리는 포함되지 않았고, 결국 과거 후쿠호도와 도요상회 관련자들이 모여 설립된 덴카쓰가 특허권을 확보하게 되었다. 그러나 제1차 세계대전 등의 여파로 필름 가격이 급등하는 등의 이유로 제작비의 부담을 이기지 못한 채 덴카쓰에서의 키네마칼라의 제작은 1915년 10월을 기해 공식적으로 중단되기에 이른다. 한편, 조선에서는 닛타연예부가 이미 1914년 3월에 덴카쓰의 순회영사대를 초빙하여 수좌에서 <더 블랙 13(The Black 13, Vitas.)> 등을 상영한 바 있었다. 그러나 닛타연예부는 이미 닛카쓰와의 계약 관계에 놓여 있었기 때문에 키네마칼라의 독점권은 결국 하야카와연예부로 넘어갔다. 위키피디아 일본어판(https://ja.wikipedia.org/wiki) 및 한상언, 앞의 책, 148~149쪽 참조. / 하야카와연예부는 경성의 황금관과 인천의 표관을 1주일 간격으로 옮겨가며 "오사카(大阪)의 유명 비파사 고지마(兒島旭州)의 연주를 곁들인 비파활동사진(琵琶活動寫眞)을 상영하"기도 하였다. 위의 책, 153쪽.

107) 위의 책, 185쪽 참조.

108) 연속영화는 20여분 길이 2권 분량의 에피소드가 15편으로 나뉜 채 구성된 시리즈 필름을 의미한다. 백문임에 따르면, "1916년경부터 1925년까지 조선인 극장에 중심 프로그램으로 자리 잡"고 있던 미국 연속영화는 "미국산 단편 희극과 더불어 조선인 관객들로 하여금 '미국'을 중심으로 관객성을 형성하도록 만들었"다.

아 상영하였으며, 이와 동시에 조선인 상설관인 우미관에서도 공개하였다. 이를 계기로 조선에서는 유니버설 영화에 대한 인기가 높아졌고, 이후 유니버설에서 제작된 중편 영화와 장편 영화가 우미관을 중심으로 많이 상영되었다. 그러면서 우미관은 "할리우드 영화가 조선인 관객들에게 소개되는 창구와 같"은 곳이 되었는데,[109] 이러한 과정에서 "일본인 흥행업자 하리마 가쓰타로(播間勝太郎)"와 "유니버설의 전동양법정대표자(全東洋法定代表者)로 싱가포르에 파견되어 있던 톰 커크레인(Tom D. Cochrane)"이 세운 하리마유니버설(播間ユニバーサル)과 특약관 계약을 맺음으로써 1916년 12월 17일부터 "유니버설 영화만을 전문적으로 상영하"는 흥행 전략을 취하게 되었다.[110]

이처럼, 1910년대 식민지 조선에서는 활동사진 필름의 배급과 기술적 변화라는 측면에서 조선영화계와 일본영화계 사이에 활동사진 흥행 문화가 연동되어 갔다. 그리고 이러한 경향은 조선에서 본격적인 '영화' 시대가 개막되는 1920년대로도 이어진다.

한편 "일본에서 미국 연속영화가 배급, 상영되었던 방식"은 조선의 '관행'으로도 이어졌는데, 하지만 "일본이나 재조 일본인 극장에서 미국 연속영화는 일본영화와 지분을 나누거나 그것과 경쟁" 관계에 놓여 있었던 데 반해 "조선인 극장에서 미국 연속영화는 독점적인 지위를 차지하고 있었"다. 백문임, 「감상(鑑賞)의 시대, 조선의 미국 연속영화」, 『사이』 14호, 국제한국문학문화학회, 2013, 221~222, 230쪽.

109) 한상언, 앞의 책, 162쪽.
110) 위의 책, 163~165쪽.

제2부

영화 양식의 발전과 교류·관계성의 증대 (1919~1937)

01 영화 제작 시대의 도래와 작품 활동의 활성화

02 조선영화계와 일본영화계의 관계 지형

03 조선영화계와 일본영화계의 상호 교류

01

영화 제작 시대의 도래와 작품 활동의 활성화

---

1. 일본영화계의 재편과 조선으로의 파급

식민지 조선에서 활동사진 흥행 산업과 관람 문화가 정착되어 가던 1910년대, 일본에서는 닛카쓰(日活)와 덴카쓰(天活)를 중심으로 제작 활동이 활발하게 전개되었다. 요코타상회(橫田商會)의 의뢰 하에 <혼노지전투(本能寺戰鬪)>(1908)를 감독한 뒤 "일본 최초의 본격적인 영화 감독"으로 80편 이상의 작품을 내놓은 마키노 쇼조(牧野省三)는 일본의 고도(古都)인 교토(京都)를 배경으로 '대중 연극의 전통'의 영향을 반영하며 "일본 영화의 방향을 결정짓는 계기"를 마련하였다. 특히, 1910년에는 "일본 최초의 스타"가 되는 오노에 마쓰노스케(尾上松之助)를 주연으로 삼아 80여분에 이르는 장편 <주신구라(忠臣藏)>를 완성하기도 하였다. 그러나 이 작품은 전체적으로 한 신(scene)이 1~2분에 이르는 롱테이크(long take)로 이루어져 있었고 화면의 크기도 주로 롱쇼트(long shot)로 구사되어 있었기에, 마치 "가부키 무대의 실황 중계라는 인상을" 주기도 하였다.[1] 그리고 1912년 닛카쓰가 설립되어 도쿄촬영소(東京撮影所)의 신파

---

[1] 요모타 이누히코(四方田犬彦), 박전열 역, 『일본 영화의 이해』, 현암사, 2001, 56~58쪽.

극(新派劇)과 교토촬영소(京都撮影所)의 구극(舊劇)이 전문적으로 제작되기 시작한 이후에도, 이러한 활동사진의 '연극적 경향'은 여전히 유지되었다.

그러던 것이, 1910년대 후반에 이르러 거대한 변화의 움직임이 생겨났다. 이노우에 마사오(井上正夫) 감독은 1917년 <대위의 딸(大尉の娘)>에서 "클로즈업이나 이동 촬영, 컷백 기법"을 사용하였다. 가에리야마 노리마사(歸山教正)는 1917년 『활동사진극 창작과 촬영법(活動寫眞劇創作と撮影法)』을 집필하여 무대 각본대신 시나리오를, 온나가타(女形)대신 여배우를, 변사대신 자막을 활용할 것을 제안한 뒤, 1918년에는 덴카쓰에서 <생의 광채(生の輝き)>(1918)와 <심산의 처녀(深山の乙女)>(1918)를 연출하며 신극(新劇) 배우를 출연시키는 등 현장 활동을 시도하기도 하였다. 그러면서 1918년 일본에서는 연극을 위시한 무대 공연과는 구별되는 "영화를 둘러싼 인식론적 패러다임의 교체"를 지향한 '순영화극운동(純映畵劇運動)'이 전개되었으며, 이를 지칭하는 용어도 '활동사진(活動寫眞)'에서 '영화(映畵)'로 교체되기 시작하였다. 아울러 그 영향으로 1920년대 들어 일본영화계에서는 "감독의 위치가 확립되었"고 "여배우와 스타 시스템이 탄생"하였으며 기존의 신파와 구극이 "리얼리즘을 추구하"는 '현대극(現代劇)'과 '시대극(時代劇)'으로 발전해 갔다.[2]

동시에, 영화 산업적 변동 또한 크게 일었다. 1919년 덴카쓰가 해체된 뒤 12월 6일 고바야시 기사부로(小林喜三郎)에 의해 곳카쓰(國活, 國際活映株式會社)가 도쿄에, 1920년 4월에는 아사노 료조(淺野良三)를 대표로 하는 다이카쓰(大活, 大正活映株式會社)가 요코하마(橫浜)에, 1920년 5월에는 야마카와 기치타로(山川吉太郎)에 의해 데이키네(帝キネ, 帝國キネマ演藝株式會社)가 오사카(大阪)에 세워졌다. 특히, 1895년 오타니 다케지로(大谷竹次郎)가 교토 사카이좌(阪

---

2) 위의 책, 67~69, 73쪽.

井座)를 매수하여 흥행업을 하다가 1902년 마쓰다케합명회사(松竹合名會社)가 설립된 뒤 주로 가부키 공연과 여배우 양성을 이어가던 쇼치쿠(松竹)는, 1920년 2월 쇼치쿠키네마합명회사(松竹キネマ合名會社)의 설립과 11월 데이코쿠활동사진주식회사(帝國活動寫眞株式會社)의 설립을 거쳐 1921년 4월에는 후자가 전자를 합병하면서 쇼치쿠키네마주식회사(松竹キネマ株式會社)로 거듭났다. 그러면서 닛카쓰와 더불어 1920년대 일본의 영화 산업을 주도하게 된다.3)

　이와 같은 일본영화계의 '지각변동'은 식민지 조선의 영화 산업에도 절대적인 영향을 미치게 되었다. 덴카쓰의 해체와 곳카쓰의 설립이라는 '사건'도 그러하였지만, 특히 영화 제작-배급업계의 '신흥강자'로 부상한 쇼치쿠의 입지가 대단히 컸다. 영화 필름 대부분이 거의 일본으로부터 '공수'되고 있던 당시의 유통 구조 상 당연하면서도 어쩔 수 없는 현상이었다고 할 만하다. 이러한 배경 하에, 1920년대 들어 조선의 영화 흥행업계는 일본영화계의 상황 변화에 따라 그 배급 라인이 시시각각 바뀌면서 다소간의 혼돈 양상이 펼쳐지게 되었다. 여기에 영화 상영 활동과 관람 문화가 일상화되면서 그 저변이 확대되고 대중 관객의 수준이 전반적으로 높아져 갔다는 점도 간과할 수 없는 시대적 조건으로 볼 수 있다.

　경성의 사례를 들여다보자. 1919년 5월 8일, 하야카와연예부(早川演藝部)가 가지고 있던 유락관(有樂館)의 경영권이 나가사키(長崎)를 근거지를 두고 닛카쓰의 필름을 배급하던 만카쓰(萬活) 수중으로 들어갔다. 아울러 당일 일본 황태자의 성년식을 기념하여 그 이름도 희락관(喜樂館)으로 개명되었다. 이에 따라 경성에서 닛카쓰 계통의 영화 상설관은 조선에서 기존의 닛타연예부(新田演藝部) 직영의 대정관(大正館)과 만카쓰 직영의 희락관 등 두 곳으로 늘었다. 이에, 대정관과 희락관은 전자가 미키노 쇼조 연출, 이치카와 아네조(市川

---

3) 위키피디아 일본어판(https://ja.wikipedia.org) 참조.

姉藏) 주연의 닛카쓰 다이쇼군촬영소(大將軍撮影所) 제2부 영화를, 후자가 당대 최고의 인기 배우였던 오노에 마쓰노스케 주연의 제1부 영화를 배급받는 것으로 협약하기도 하였다. 그러나 1921년 4월, 이치카와 아네조의 갑작스런 사망을 계기로 닛타연예부는 닛카쓰와의 계약을 종료하고 1921년 12월 15일부터 쇼치쿠 영화를 상영하기 시작함으로써 쇼치쿠의 특약점으로 '전향'하였다. 이후 약간의 변동이 있기도 하였으나, 1920년대 중반까지 대정관은 쇼치쿠와의 특약 관계를 이어갔으며 1926년에는 쇼치쿠의 공영이 된다. 한편, 쇼치쿠는 1922년 9월 황금관(黃金館)을 직영하고, 1923년에는 잠시 중앙관(中央館)과 특약 관계를 맺기도 하였다.[4]

1921년부터 변사 출신 난고 기미토시(南鄕公利)가 운영하기 시작한 황금관의 경우, 1922년 봄까지 곳카쓰와 계약 관계에 놓여 있었다. 이후에는 유니버설사와의 제휴를 통해 다이카쓰와 쇼치쿠의 영화도 함께 상영하였다. 그러다가 1925년에는 데이키네 공영으로 운영되고, 1926년에는 1925년 6월 도아키네마(東亞キネマ)로부터 독립하여 마키노 쇼조가 세운 마키노프로덕션(マキノプロダクション)의 직영관이 된다.[5] 그리고 1934년에 이르러서는 쇼치쿠의 직영 극장으로 변모한다. 한편, 마키노프로덕션은 1921년 7월 19일 경룡관(京龍館)으로 개관한 뒤 1923년 5월 개칭한 경룡좌(京龍座)와 중앙

---

4) 1920년대 들어 대정관의 관리는 닛타 고이치와 영화관 운영을 같이한 둘째 형 닛타 슈키치(新田秀吉)가 맡게 되었다. 1923년 봄에는 대정관의 운영권이 잠시 인천 표관(瓢館)을 운영하던 닛타 고이치의 동생이자 넷째 형제인 닛타 마타헤이(新田又平)로 넘어갔다가 1923년 11월에 다시 닛타 슈키치로 돌아왔다. 이러한 과정에서 대정관은 닛타 마타헤이의 경영 시절에 곳카쓰와 계약하기도 하였으나, 이외의 시기에는 쇼치쿠와의 특약 관계를 유지하였다. 한상언, 『조선영화의 탄생』, 박이정, 2018, 138~139쪽 참조.

5) 마키노 쇼조는 1923년 6월 1일 마키노영화제작소(マキノ映畵製作所)를 설립하였으나, 이 제작소는 1924년 6월 도아키네마로 합병되었다. 도아키네마는 야마네 미키토(山根幹人)를 대표로 하여 1923년 12월 효고현(兵庫縣) 니시노미야시(西宮市)에 세워진 회사였다. 위키피디아 일본어판 참조.

관에 마키노영화제작소 시절이던 1924년 1월부터 필름을 공급하였다. 특히 "경성 내 일본인 실업가들이 중심이 된 조선활동사진주식회사(朝鮮活動寫眞株式會社)의 활동사진상설관"으로 1921년 10월 15일 개관한 중앙관에서의 경우, 도아키네마로의 합병을 전후한 시기에 걸쳐 공영(共營)하였으며 도아키네마로부터 독립한 이후에는 직영 관계를 맺기도 하였다.6)

이와 같이, 1910년대 말부터 일본을 강타한 영화계 재편의 조류는 조선에도 영향을 미쳤으며, 이로 인해 "일본 메이저 영화사의 경성 진출"7)과 경성 소재 일본인 영화관의 이합집산의 과정을 거치면서 조선의 영화 산업이 일본의 그것에 '종속'되는 식민지적 상황에 놓이게 되었다.

2. 연쇄극의 성행과 조선에서의 연쇄극 및 기록영화의 제작

연쇄극(連鎖劇, kino-drama)은 말 그대로 무대 위의 공연(연극)과 스크린 속 영상물(영화)이 '연결된 사슬(連鎖)'처럼 교차적인 결합을 이루며 하나의 서사(劇)를 이루는 독특한 양식의 흥행 장르를 지칭한다. 그러나 한국영화사에서 연쇄극은, 이와 같은 단순한 설명을 훨씬 뛰어넘는 중요한 비중을 차지하고 있다.8) '국가 영화사

---

6) 참고로, 경룡관은 개관 직후 닛카쓰 계통으로 가맹하고 1922년 5월에는 곳카쓰의 직영관이 된 바 있었다. 중앙관의 경우, 개관 이후 데이키네와 밀접한 관계를 맺어 1922년에는 잠시 그 명칭을 제국관(帝國館)으로 바꾼 적도 있었다. 그리고 1926년에는 다시 데이키네의 공영관이 되기도 하였다. 한상언, 앞의 책, 198쪽 참조.

7) 위의 책, 196쪽.

8) 연쇄극에 관한 한국 영화학계의 논의에 대한 구체적인 내용은 함충범의 논문(「한국 영화의 출발 기점에 관한 재고찰: 영화사에서의 '1919년론'을 중심으로」, 『아세아연구』, 고려대학교 아세아문제연구원 2019)을 참고 바람.

(national cinema history)'의 범주 내에서 한국에서 한국인이 영화 제작을 시도하고 '상연'하여 대중 관객의 호응을 얻은 첫 번째 사례가 다름 아닌 연쇄극을 통해 만들어졌기 때문이다. 그런데, 이러한 연쇄극이 그 시작은 물론이고 조선으로의 유입과 조선에서의 제작에 있어서도 일본(인)으로부터의 영향 및 일본(인)과의 관계성이 크게 작용하였다는 점 또한 무시할 수 없는 엄연한 사실이다.

최근 일본에서의 관련 연구를 정리한 정종화에 따르면, 일본에서 연쇄극의 맹아는 1904년부터 있었으며 1908년에 이르러서는 "연쇄극 특유의 유기적 연속성이 고안되었고, 사용된 필름 역시 독자성을 보"이기 시작하였다. 그러나 '연쇄극'이라는 이름이 신문 지상을 통해 보급된 것은 야마자키 초노스케(山崎長之輔) 일행이 1913년 6월 14일 고베(神戸)에 위치한 다이코쿠좌(大黑座)에서 초연(初演)한 일을 계기로 해서였다. 그는 이어 오사카, 교토(京都) 등 간사이(關西) 지방에서 흥행 몰이를 해 나갔고, 1915년 2월에는 도쿄에 위치한 혼코좌(本鄕座)에서도 상연하였다. 한편, 도쿄에서는 이미 1915년 1월 나카노 노부치카(中野信近)·시바타 젠타로(柴田善太郎) 일좌에 의해 아사쿠사(淺草) 지역의 영화 흥행장 미쿠니좌(みくに座)에서 연쇄극이 상연된 바 있었으며, 이후 연쇄극은 덴카쓰나 고바야시상회(小林商會) 등 영화사에서 다루어지는 일이 많았다. 이렇듯, 일본에서부터 연쇄극은 '연극과 영화관이라는 공간', 그리고 '신파극단과 영화회사의 주도라는 실행 주체'를 기준으로 '연극적 연쇄극'과 '영화적 연쇄극'으로 구분되어 있었다.9)

조선에서 연쇄극 공연이 시작된 것은 1915년 4월이었다. 1915년 3월 인천 가무기좌(歌舞技座)의 단원들이 오사카로 건너가 그곳에 위치한 스기키상회(杉木商會)와 특약을 맺고 연쇄극 속에 들어갈 필

---

9) 정종화, 「'영화적 연쇄극'에 관한 고찰: 일본 연쇄극 연구 동향을 기반으로」, 『영화연구』 74호, 2017, 208~210쪽.

름을 만든 후, 4월 1일부터 <기의 야람(磯の夜嵐)>을, 4일부터 <창일근(槍一筋)>을, 10일부터 <옥천염(玉川染め)>을 상연하여 흥행에 성공하였던 것이다. 이어 1915년 6월 19일에는 "자칭 연쇄극 상연의 원조"로 자부하던 시부사와 에이(渋澤榮) 일행이 경성 수좌(壽座)에서 <유극(流劇)>을 시작으로 총 4회에 걸쳐 연쇄극을 상연하였다. 시부사와 일좌는 곧이어 6월 30일에는 인천 가무기좌에서 2회 공연을 하였으며, 8월 13일에는 평양 앵좌(櫻座)에서도 상연 활동을 펼쳤다. 그런데 "특기할 점은 평양에서는 대동강을 배경으로 연쇄극 필름을" "오사카에서 초빙해 온 촬영기사"의 손으로 찍었다는 데 있다. 이는 기록 상 "조선을 배경으로 만들어진 최초의 연쇄극"이라는 의의를 지니기 때문이다.[10] 이후에는 1917년 3월 황금관에서 상연된 <문명의 복수(文明の復讐)>나 1917년 10월 수좌에서 상연된 <노도의 달(怒濤の月)>의 사례에서처럼 경성을 배경으로 촬영한 필름을 장면으로 구성한 연쇄극이 제작, 공연되기도 하였다.[11]

일본에서 건너온 사부사와(寒風澤) 일좌가 경성, 인천, 평양 등 조선 곳곳을 누비며 연쇄극을 상연한 이래, 1910년대 후반에는 일본의 연쇄극단들이 속속 조선으로 건너와 연쇄극 상연을 행하였다. 1915년 10월부터 11월까지는 미즈노 간게쓰(水野觀月) 일행이 경성, 인천, 평양에서, 1917년 9월부터 10월까지는 기시노야(義士廼家) 일좌가 경성에서, 1918년 4월에는 기시노야 일좌와 나카노 여우단(中野女優團)이 경성에서, 1918년 5월에는 세토나이카이(瀨戶內海) 일행이 경성에서, 1918년 9월부터 10월까지는 다시 기시

---

10) 한상언, 「식민지 조선에서 연쇄극의 유입과 정착에 관한 연구」, 『영화연구』 64호, 2015, 207~211쪽.

11) <문명의 복수>에 관한 구체적인 내용은 김종원·정중헌, 『우리 영화 100년』, 현암사, 2001, 60쪽을 참고 바람. / <노도의 달>에 관한 구체적인 내용은 호시노 유우꼬, 「'경성인'의 형성과 근대 영화산업 전개의 상호 연관성 연구」, 서울대학교 석사논문, 2012, 84~85쪽 참고 바람.

노야 일좌와 나카노여우단이 경성과 부산에서 공연을 펼쳤던 것이다. 이들은 "연극 공연 중 몇 장면을 활동사진으로 구성한" '연극 본위의 연쇄극'을 상연하였는데, 때문에 대체로 경성의 수좌와 같이 "일반 흥행장이었음에도 영사시설이 구비"된 극장에서 공연이 이루어졌다.12)

그러나 이렇게 일본의 극단이 조선으로 넘어와 연극적 연쇄극을 공연하는 경우는 많지 않았으며, 하야카와연예부가 운영하고 있던 황금관과 유락관에서 '영화 본위의 연쇄극'이 상연되는 일이 보다 일반적이었다. 1916년 8월 10일 당관(當館) 소속 변사들의 출연으로 구극 연쇄극 <매천충병위(梅川忠兵衛)>가 황금관에서 상연되었는데, 이를 포함하여 하야카와연예부는 황금관의 운영권을 반환하는 1917년 3월 19일까지 이곳에서 적어도 28편의 연쇄극을 공연하였다.13) 그 과정에서 필름은 주로 덴카쓰나 고바야시상회로부터 제작, 수입된 "3권~5권 정도의 연쇄극용 활동사진"이 쓰였으며 여기에 가미된 2장 분량의 실연은 "스크린 뒤에서 목소리연기를 주로 담당하는 다수의 성색변사(聲色辯士)"에 의해 행해졌던 것으로 보인다.14)

한편, 연쇄극의 성행은 결국 조선인에 의한 연쇄극 제작으로 이어지게 되었다. 본거지는 1918년 12월 조선인 대상의 활동사진 상설관으로 '새출발'한 단성사(團成社)였다. 닛카쓰 계통의 서양영화를 공급받아 상영하던 우미관(優美館)의 경우와는 달리, 단성사는 덴카쓰의 영화를 상영하는 한편 일본인 상설관 가운데 유일한 양화관(洋畫館)이었던 유락관 스타일의 운영 전략을 구사하였다. 그 과

---

12) 한상언, 앞의 논문, 212~213쪽.
13) 편수는 해당 기간 ≪경성일보(京城日報)≫를 참고하여 작성한 한상언의 위의 논문, 216~217쪽 <표>의 내용을 참조한 것임.
14) 위의 논문, 215~216쪽.

제2부 영화 양식의 발전과 교류·관계성의 증대 (1919~1937)

정에서 단성사에서는 1919년 5월부터 변사극이 시도되었으나 성공을 이루지는 못하였다. 이에, 단성사의 변사 김덕경이 운영자 박승필에게 신극좌를 이끌던 김도산과 혁신단을 이끌던 임성구를 소개하는 한편 김도산에게는 세토나이카이 일좌의 연쇄극과 같은 작품을 제작할 것을 권유하였는데, 이를 계기로 박승필이 김도산과 신극좌를 후원함으로써 최초로 조선인의 손에 의해 만들어진 <의리적 구토(義理的 仇討)>가 1919년 10월 27일 단성사에서 상연되기에 이른다.15)

<의리적 구토>의 제작 과정에서는 박승필이 5,000원을 출자하고, 김도산이 각본 및 연출을 맡았다. 촬영과 편집은 덴카쓰 소속의 촬영기사가 담당한 것으로 알려져 있다. 주인공 송산 역은 김도산이, 계모 역은 여장배우 김영환이 담당하였다.16) 전체적인 서사는 일반적인 신파극과 같이 가정 인정극의 구조를 띠는 동시에17) 활극적

---

15) 안종화, 『한국영화측면비사』, 춘추각, 1962, 38쪽 참조.

16) 1919년 10월 20일자 ≪매일신보(每日申報)≫에 게재된 <의리적 구토>에 관한 기사의 내용은 다음과 같다. "근래 활동사진이 조선에 많이 나와 애극가의 환영을 비상히 받아 오나, 첫째 오늘까지 조선배우의 활동사진은 아조 없어서 항상 유감 중에 그를 경영코자 하니 돈이 많이 드는 까닭에 염두를 내지 못하던 바 이번 단성사주 박승필씨가 5천원의 거액을 대어 신파 신극좌 김도산 일행을 다리고 경치 좋은 장소를 따라가며 다리와 물이며 기차, 전차, 자동차까지 이용하여 연극을 한 것을 적적히 백인 것이 네 가지 되는 예제인데 모다 좋은 활극으로만 박여 심사를 하였다 하여 그 사진은 일전에 나왔으므로 오는 27일부터 단성사에서 봉절하여 가지고 상장한다는데 먼저 그 사진의 시험을 하여본 즉 사진이 선명하고 미려할 뿐더러 배경은 말할 것 없이 서양사진에 뒤지지 않을 만큼 하게 되었고 배우 활동도 상쾌하고 신이 날 만큼 되었더라." / 다음은 1919년 10월 27일자 ≪매일신보≫에 게재된 <의리적 구토>의 광고 문구이다. "이미 아시는 바와 같이 조선의 활동 연쇄극이 없어서 항상 유감이 역이던 바 한 번 신파 활동사진을 경성의 제일 좋은 명승지에서 박혀 흥행할 작정으로 본인이 5천원의 거액을 내어 본월 상순부터 경선 내 좋은 곳에서 촬영하고 오는 27일부터 본 단성사에서 봉절개관을 하고 대대적으로 상장하오니 우리 애활가 제씨는 한 번 보실 만한 것이올시다. 조선 신파의 활동사진은 금고에 처음 단성사주 박승필 근고"

17) <의리적 구토>의 이야기 줄거리에 대해서는, 안종화의 기억을 토대로 한 설명이 가장 구체적인 편이다. 그 내용은 다음과 같다. "松山은 본시 부유한 집 아들로 태

성격이 가미되며 이루어졌다.[18) 이 작품은 총 8막 28장으로 구성되었으며, 관람료가 평균보다 비싼 금액이었음에도 불구하고[19) 1개월 장기 공연이 이루어질 만큼 흥행에 성공하였다.[20)

이후 조선인 제작의 연쇄극은 단성사, 우미관, 그리고 1922년 11월 6일 문을 연 조선극장 등 조선인 영화관이나 흥행장에서 1923년 10월까지 지속적으로 상연되었다.[21) 주요 작품으로는 신극좌의 <시

어났으나, 일찌기 모친을 잃고 계모 슬하에서 불우하게 자라난 몸이었다. 집안이 워낙 부유하고 보니, 재산을 탐내는 계모의 간계(奸計)로 말미암아 가정엔 항상 재산을 둘러싼 알력이 우심하였고. 송산은 이리하여 새 뜻을 품되 이 추잡한 가정을 떠나 좀더 참된 일을 하다가 죽으려는 결심을 하게 되는데, 우연히 뜻을 같이 하는 竹山과 梅草를 만나 의형제를 맺고 정의를 위해 싸울 것을 다짐한다. 한편, 계모의 흉계는 날로 극심해 가서 드디어는 松山을 제거하려는 음모까지 모의하게 된다. 松山의 신변이 위태로와짐을 알게 된 의동생 竹山과 梅草가 격분해서 정의의 칼을 들려 하지만, 松山은 조금도 동요하지 않고 이를 말린다. 松山인들 어찌 고민이 없을까마는, 그는 오직 가문과 부친의 위신을 생각해서 모든 것을 꾹 참고 견디자는 것이었다. 그러자니 자면 마음이 울적하고 괴로운 松山은 매일을 술타령으로 보내는 것이었다. 하지만, 이러한 松山의 은인자중(隱忍自重)도 보람이 없이 드디어 최후의 날이 오고야 만다. 계모 일당의 발악이 극도에 올라 松山의 가문이 위기에 이르게 된 것이다. 이제는 더 이상 좌시할 수 없게 되자, 松山은 竹山과 梅草의 독촉도 있고 해서 눈물을 머금고 정의의 칼을 드는 것이었다." 위의 책, 46쪽.

18) <의리적 구토>를 비롯한 이후의 조선인 제작 연쇄극은 대부분 연극 본위의 연쇄극이었다. 이에 대해 한상언은 "김덕경이 김도산에게 연쇄극의 제작을 권유하면서 예로 든 것이 수좌에서 상연한 세토나이카이일좌의 연쇄극이었다"는 점을 이유로 든다.(한상언, 앞의 논문, 221~222쪽) 일리 있는 설명이나, 여기에 1919년부터 1923년까지 조선인의 손에 의해 만들어진 연쇄극이 주로 신극좌, 문예단, 혁신단, 취성좌 등 '신파극단'에 의해 제작, 상연되었다는 사실을 덧붙여야 할 것으로 여겨진다.

19) 요금은 특등석 1원 50전, 1등석 1원, 2등석 60전, 3등석 40전이었고 군인 및 학생은 반액이었다.

20) 김종원·정중헌, 앞의 책, 48~50쪽 참조.

21) 백문임의 조사에 따르면, 현재까지 기록이 확인되는 조선인 제작의 연쇄극은 1919년 10월 27일 단성사에서 신극좌에 의해 상연된 <의리적 구토>부터 1923년 10월 29일 조선극장에서 문화극단에 의해 상연된 <장한몽(長恨夢)>과 <희생자>까지 총 37건, 34편이었다. 1921년은 한 건도 상연되지 않았으며, <장한몽>의 경우 1920년 4월 28일 문예단, 1922년 3월 12일 혁신단, 1923년 6월 7일 김소랑 일행, 1923년 10월 29일 문화극단에 의해 모두 4번에 걸쳐 연쇄극으로 만들어졌다. 백문임, 「조선 영화의 '풍경'의 발견: 연쇄극과 공간의 전유」, 『동방학지』 158집, 2012, 304~306쪽 부록의 표 참조.

제2부 영화 양식의 발전과 교류·관계성의 증대 (1919~1937)

우정(是友情)>(1919), 문예단의 <지기(知己)>(1920),[22] 혁신단의 <학생절의(學生節義)>(1920),[23] 취성좌의 <춘향가(春香歌)>(1922) 등이 있었다. 그러면서 조선인 관객의 기호가 충족되는 한편, 조선인 주도의 영화 제작에 필요한 인적, 물적 기반이 구축되어 갔다.

조선인 신파극단에 의한 연쇄극 제작 과정 중에 기록영화가 별도로 촬영되었다는 사실 또한 영화사적으로 중요한 지점이라 할 수 있다. 일례로 김도산 일행은 <의리적 구토>를 만들면서 <경성 전시의 경(京城 全市의 景)>과 <경성 교외 전경(京城 郊外 全景)>을 동시에 완성하여 단성사에서 함께 상연-상영하였으며, 1920년 4월 1일 및 11월 14일에는 <부산 대구 전경(釜山 大邱 全景)> 및 <부산 범어사(釜山 梵魚寺)>를 찍어 단성사에서 상영하기도 하였다.

물론 이들 기록영화의 제작 과정에서 덴카쓰 촬영 기사의 역할이 매우 컸기에 그 과정에서 조선인의 기여도는 얼마 되지 않았을 터이나, 이러한 작업이 훗날 단성사 촬영부에서 박정현 감독의 <장화홍련전(薔花紅蓮傳)>(1924)을 제작할 때 조선인 최초의 촬영기사 이필우가 동아일보사 주최로 열린 '제2회 전선(全鮮)여자정구대회'를 촬영하여 기록영화로 만드는 과정에서 참고 사례의 기능을 하였다고 볼 수 있다.

---

22) 내용은 다음과 같다. "조선공(操船工)인 을룡(안광익 분)은 마을의 처녀인 순이(이응수 분)를 짝사랑하고 있다. 그러나 을룡은 순이가 갑부 명문의 아들 재영(윤혁 분)이와 이미 깊은 애정관계에 있음을 알고 질투한 끝에 순이의 부친(변기종 분)을 살해하고 그 죄를 재영에게 뒤집어씌운다. 그러나 재영에게는 인수(이기세 분)라는 좋은 친구가 있어 재영의 혐의 대신 뒤집어쓰고 체포된다. 양심의 가책을 받은 을룡은 자수를 하고 재영도 순이를 아내로 맞이해 미국유학의 길을 떠난다." 이영일, 『한국영화전사』(개정증보판), 소도, 2004, 63쪽.

23) 내용은 다음과 같다. "어느 부호의 소실이 청지기와 정을 통해 눈이 뒤집힌 나머지, 그 집 재산을 독차지할 생각으로 계략을 꾸민다. 즉 그녀는 장정들을 돈으로 매수해서 본부(本夫)의 아들을 감금케 하고 병들어 누워 있는 남편인 주인을 독살코 병사한 것처럼 가장하자는 것이다. 그러나 사필귀정으로, 그 집에 드나들던 육군 대위에 의해 진상이 폭로되어, 위기에 빠진 아들과 재산이 구출된다." 안종화, 앞의 책, 47쪽.

한편, 이미 그 전에 "미일 공동제작 장편 기록영화"로 <해뜨는
나라(日出の國)>가 기획, 제작, 상영되기도 하였다. "미국 보스턴에
본사를 둔 뉴잉글랜드무빙픽쳐사"와 "일본인 키요구무라(玉村) 팀"
이 속한 제작사에서 '일미친선(一米親善)'을 내걸고 공동으로 만든
이 영화는 "일본의 풍속과 습관, 명승지 등을" 약 27,000피트 분량
으로 촬영한 후 부산, 경성 등 조선의 모습을 2,500피트 정도 첨가
한 뒤 요코하마에서 후반작업을 행함으로써 완성되었다. 그리고
1917년 미국 뉴욕에서 처음으로 일반에 공개된 후 1918년 1월부터
3월까지 부산 행관(幸舘) 등지에서 상영되었다.[24] 비록 조선에 적을
둔 영화 단체에 의해 제작된 것은 아니었지만, 이렇게 만들어진 영
화가 조선에서도 상영됨으로써 일종의 자극제 효과를 일으켰을 가
능성도 없지 않다. 아울러 그 과정에 일본(인)이라는 존재가 결부되
어 있었다는 점도 부정하기 힘든 부분이라 하겠다.

3. 조선에서의 영화 제작과 일본(인)의 위상

살펴본 바대로, 1919년부터 1923년까지 식민지 조선에서는 조선
인에 의한 연쇄극의 제작과 흥행이 활발하게 진행되었다. 그리고 민
중극단을 이끌던 윤백남이 조선총독부 체신국의 의뢰를 받아 연출
한 '저축 계몽' 주제의 극영화 <월하의 맹세(月下의 盟誓)>(1923)가
1923년 4월 9일 경성호텔에서 공개된 이후에는 조선인 주도의 극영

---

24) 촬영 중 부산에서는 "1916년 8월 27일 용두산공원을 비롯한 수산회사, 부두, 조선
은행 부산지점 등 부산의 주요 건물과 풍경, 그리고 어린이들을 부두 근처에 모아
찍는 등 5백척이나 촬영"하였고, 8월 29일 상경하여 경성의 "고궁은 물론, 승무,
검무를 추는 모습, 하수도 공사 중인 조선 인부 모습, 남대문 시장 등 2천 척을 촬
영"하였다. 이렇게 부산과 경성의 풍경이 찍힌 장면은 <해뜨는 나라> 총 12편 가
운데 제9편과 10편에 수록되었다. 홍영철, 『부산근대영화사: 영화상영자료(1915~
1944)』, 산지니, 2009, 31~32쪽.

화 제작 활동 역시 활기를 띠게 되었다.25)

　그런데, 이전까지 조선에서 영화 제작의 움직임이 아예 없었던 것은 아니다. 1900년대만 하더라도, 가령 버튼 홈즈(Burton Homes) 일행이 영화 상영을 위해 대한제국 황실을 방문하기에 앞서 "서울 시내를 돌며 촬영하"였다는 기록이 그가 남긴 『버튼 홈즈 강의록(Burton Homes Lectures)』(Little Preston Company, 1901) 중에 수록된 「서울, 한국의 수도(Seoul, the Capital of Korea)」편에 실려 있고,26) 요시자와상점(吉沢商店)과 요코타상회의 순회영사대 소속 기사들이 초대 통감 이토 히로부미(伊藤博文)의 의뢰를 받아 정치적 성격의 기록영화들을 촬영한 바 있었기 때문이다.

　하지만 이들 사례는 한반도에 적(籍)을 둔 인물이나 단체에 의한 영화 제작이 아니었다는 점에서 이후의 활동과는 구별된다. 1910년대 들어서는 가장 먼저 경성고등연예관(京城高等演藝館)의 움직임이 눈에 띈다. 극장 신축 이전을 앞둔 시점에서 운영자인 가네하라 긴조(金原金藏)가 조선으로 넘어와 가네하라상회(金原商會)를 신설하고 그 산하에 연예부, 판매부와 함께 사진부를 두어 여기에서 활동사진 및 환등의 제작을 행하였다는 기록이 남아 있기에 그러하다.27)

---

25) 1923년 4월 7일자 ≪매일신보≫에 게재된 <월하의 맹세>의 제작에 관한 기사의 내용은 다음과 같다. "체신국에서는 우편 저금의 장려 보급을 위하여 각종의 시설을 강구하여 오던 바 이번에는 새로이 경비 일천 책백여 원을 드리어 조선인 배우 십오 인을 출연케 하여 경성과 인천을 배경을 삼아 가지고 「월하의 맹세」라고 하는 활동사진을 작정하였다는데 이것은 윤백남 씨의 작으로 조선 민중극단 일좌의 활동으로 된, 전 2권인 바 3월 하순에 촬영을 맞추었으매 불일간 경성에서 시사할 터이며 그 후는 순회 영사에 의하여 순차로 각 지방에서 공개한다 하며 그 개요는 어떠한 집의 삼촌이 방탕하여 그 집안은 궁경에 빠졌으며 그 가운을 만회하고자 가련한 남매 두 명은 야색이 창망한 달 아래서 결심하고 그 위급한 비운을 바로 자고자 한 것으로 근래 활동사진이 민중 오락으로 되는 각종 사업의 선전용으로 극히 유효히 보급되는 이때에 이것을 이용하여 저금 장려를 보급함은 적절한 시설이겠으며 또는 내지 저금국의 특설된 국지관 씨의 작품인 저금 장려극 「사상(沙上)의 가(家)」도 함께 공개한다더라." <월하맹세 영화>, ≪매일신보≫ 1923.4.7, 3면.
26) 김려실, 『투사하는 제국, 투영하는 식민지』, 삼인, 2006, 25쪽.

1910년대 말에 이르러서는 황금관(黃金館), 하야카와연예부 등 일본인 상설관과 일본인 주도의 흥행 단체에서 극영화 제작이 시도 되었다. 황금관에서는 "경성일보사 기자의 지도"와 "황금관 운영자인 아라키 다이스케(荒木大組)"의 각본으로 "부산의 출정군인 나카후치 센타로(中淵仙太郎) 일가의 비참한 삶을 그린 <누의 가(淚の家)>(1919)를" 직접 제작하였는데, 이렇게 만들어진 "총5권 분량의 활동사진"은 1919년 2월 21일 상영되었다. 또한, 황금관을 운영한 전력이 있던 하야카와연예부는 1919년 4월 "용산 원정심사고등소학교(元町尋常高等小學校)에서 발생한 화재의 책임을 지고 자결한 이 학교의 교장 스즈키 시즈에(鈴木志律衛)의 이야기를 소재로" 한 <오호 영목 교장(嗚呼鈴木校長)>(1919)을 만들기도 하였다.[28] 실제 사건과 실존 인물을 소재로 삼았다는 부분과 이를 통해 교훈적, 계몽적 주제성이 드러난다는 지점을 공통분모로 꼽을 만하다.

1920년대 초에는 가장 핵심적인 식민지 권력 기구인 조선총독부와 이를 떠받치고 있던 언론 기관인 경성일보사의 영화 제작 활동이 두드러졌다.

먼저, 총독부에서는 1919년 9월에 부임한 사이토 마코토(斎藤實) 총독 체제 이후인 1920년 4월 관방 서무부 문서과 내에 활동사진반이 설치되었다. 3.1운동(1919)의 여파로 일본에 대한 반감이 진하게 남아 있던 조선인들의 민심을 잡고 자신들의 조선 통치의 정당성과 안정감을 대내외에 알리기 위한 목적이었다. 1920년 11월

---

27) 이에 한상언은 "1911년 10월 한시적으로 언문판을 발간한 적이 있는" ≪조선신문(朝鮮新聞)≫ 1911년 10월 1일자 기사의 내용을 바탕으로 당시 경성고등연예관에서 "고종의 후궁 순헌황귀비(純獻皇貴妃) 엄씨의 장례"를 실사로 찍은 활동사진 <엄비국장(嚴妃國葬)>과 환등 형식의 <금강산환등(金剛山幻燈)>이 제작되었을 것으로 추정한다. 한상언, 『조선영화의 탄생』, 박이정, 2018, 113~114쪽.

28) 이에 대해 한상언은 이들 극영화가 기시노야(義士廼家) 일좌가 제작한 연쇄극 <노도의 달>의 경우처럼 "재조선일본인들의 터전인 조선을 배경으로 한다는 면에서" 영화적 연쇄극의 영향이 확인된다고 주장한다. 한상언, 앞의 논문, 219~220쪽.

20일에는 총독부에 정무총감 미즈노 렌타로(水野練太郎)을 위원장으로 하는 정보위원회가 조직되고 이어 1921년 1월 정보위원회에서의 결정 사항 실행을 위해 서무부 문서과에 정보계가 신설되었는데, 이를 계기로 조선총독부 활동사진반의 소속이 정보계 안으로 편성되었다. 1924년 12월 정보위원회가 해체되면서 내무국 사회과로 소속 변경이 이루어질 때까지 활동사진반은 이곳에서 활발한 영화 제작 및 상영 활동을 펼치게 된다.29) 이러한 시기에 활동사진반에서는 내지(內地) 일본인들에게 보여주려는 목적 하에 <조선사정(朝鮮事情)>(1920), <조선여행(朝鮮旅行)>(1923) 등과 조선인들을 대상으로 <내지사정(內地事情)>(1920), <군수단 내지 시찰 여행(軍需團內地視察旅行)>(1923) 등의 기록영화를 제작, 상영하였다.30)

조선총독부 내에서는 이외의 부서에도 활동사진반이 설치되었는데, 대표적인 경우가 경무국 위생과의 활동사진반이었다. 여기서는 1920년 7월부터 기존의 환등에 신파극과 활동사진, 연쇄극 등을 이용한 위생 관련 계몽·선전 활동을 펼쳐갔다. 그리고 1922년에는 3권 분량의 위생 계몽 극영화 <생의 과(生の誇)>(1922)를 직접 제작, 상영하기도 하였다. 이 작품은 애초부터 극영화로 기획된 것으로서, 1922년 2월 각본 발표, 3월 각색 완료 및 촬영 개시, 4월 편집 작업을 거친 후에 1922년 6월 15일부터 22일까지 파고다공원과 앵정소학교(櫻町小學校)에서 성황리에 무료 상영되었다.31) 그리고 이러한 활동은 윤백남 감독의 <월하의 맹세>를 제작한 체신국 등 여타 부

---

29) 김정민, 「1920년대 초반 조선총독부의 활동사진에 대한 인식과 활용에 대하여: 영화의 적극적 이용 정책의 성립과정을 중심으로」, 『인문과학연구』 27집, 성신여자대학교 인문과학연구소, 2009, 155~160쪽 참조.

30) 이들 작품에 대한 구체적인 내용은 복환모의 논문(「1920년대 초 조선총독부 「활동사진반」의 역할에 관한 연구」, 『영화연구』 24호, 한국영화학회, 2004)을 전체적으로 참고 바람.

31) 한상언, 앞의 책, 275~276쪽 참조.

서나 관공서 등에서도 행해졌다.

다음으로, 총독부의 일본어 일간지 ≪경성일보≫를 발행하고 있던 경성일보사에서도 영화 제작이 이루어졌다. 여기서는 1921년 9월 지령 5,000호를 기념하여 지국이 개설된 전국 28개 도시를 순회하는 방식으로 '독자위안대회'가 기획되었는데, 그러면서 프로그램 속 '활동사진순회영사대회'에서 상영될 극영화의 제작이 시도되었던 것이다. 대회는 총 3회에 걸쳐 열렸는데, 1차는 1921년 9월 16~10월 20일, 2차는 1922년 4월 15일~5월 22일, 2차는 동년 9월 24일~11월 2일 기간 동안 진행되었다. 3차에 걸친 경성일보사의 영화 순회영사대회에서는 각각 <생익(生ひ翼)>(1921), <애의 극(愛の極み)>(1922), <사의 휘(死の輝き)>(1922)라는 작품이 상영되었다.

≪경성일보≫ 기자인 쓰지모토 세쓰도(辻本雪堂)의 원작으로 "내선동화를 표방하고 만들어진" <생익>은, 연쇄극단 키네마회 연쇄극대일좌(キネマ會 連鎖劇大一座)가 경룡관 개관 직후인 1921년 7월 29일부터 3일간 이곳에서 상연한 연쇄극이었다. 그런데, 한상언에 따르면 동년 9월 16일 경룡관에서 있었던 경성일보사 주최 제1회 순회영사대회에서는 "전14장의 연쇄극이 전4권 분량의 영화극으로 바뀌었"던 것으로 보인다.[32]

제2회 대회에서 공개된 5권 분량으로 만들어진 <애의 극>의 경우,[33] 역시 ≪경성일보≫ 기자인 야지마 류도(八島柳堂)가 각본, 연

---

32) 위의 책, 279~281쪽.

33) 김정민은 이 작품을 가리켜 "조선에 있어 최초의 영화"라고 명시한다.(金廷珉,「1920年代前半における『京城日報』製作映画に関する研究: 『愛の極み』を中心に」, 『マス・コミュニケーション研究』, 日本マス・コミュニケーション学会, 2012, p.181) 이는 한상언의 해석대로 "<생익>을 연쇄극으로 보고 있다는" 의미이자(한상언, 앞의 책, 281쪽) <생의 과>(1921), <누의 가>(1919) 등 이전에 조선에서 제작된 극영화들이나 조선총독부 등에서 만들어진 일련의 기록영화의 존재를 인식 혹은 인정하지 않은 상태에서 나온 판단으로 볼 수 있다.

출, 촬영을 맡았으며 연기는 마침 경성 수관(壽館)에서 공연 중이던 구제 료(久世亮)가 이끄는 도쿄가무극협회(東京歌舞劇協會)의 신극부원들이 담당하였다. 이 작품은 "네 명의 젊은 남녀를 주인공으로 조선인과 일본인 사이의 사랑과 결혼"에 관한 이야기를 담았고 "월미도, 경성시내, 금강산 등 조선의 명승지에서 촬영"이 이루어졌다. 이 작품은 사이토 조선총독으로부터 우수하다는 칭찬을 받고 조선인 영화관인 단성사에서 상영될 만큼 성공적인 반응을 이끌어내었다.[34]

제3회 대회에서는 <사의 휘>가 상영되었는데, 이 작품 역시 야지마 류도의 각본, 연출, 촬영으로 제작된 것이었다. 영화의 서사는 1922년 7월 28일 마산에서 있었던 실화를 중심으로, "수영연습 중이던 한 생도를 구하려 바다에 뛰어들어 목숨을 잃은" 도요타 이쓰라(豊田一良)의 미담과 일생을 바탕으로 구성되었다. 그가 교유(教諭)로서 근무한 대구중학교의 학생들과 대구 지역 주민들이 제작 과정에 참여하였고, 작품 완성 뒤의 순회영사대회 역시 대구 및 마산 지역을 시작으로 개최되었다. 그러나 영화의 공개일을 전후하여 《경성일보》와 그 경쟁지인 《조선신문(朝鮮新聞)》, 《경성일일신문(京城日日新聞)》 사이에서 "토요타 교유의 죽음을 둘러싸고 일어난 진실게임"의 영향 때문이었는지, 1922년 11월 3일 춘천을 끝으로 영화 순회영사대회를 위한 경성일보사의 제작 영화는 더 이상 출현하지 않는다.[35]

이와 같이, 1919년경부터 식민지 조선에서는 일부 활동사진 상설관과 경성일보사, 조선총독부 활동사진반 등에서 극영화의 제작이 시도되었으며 실제로 완성·상영까지 이루어졌다. 주로 신파적 애정극이나 위생, 융화, 희생 등을 주제로 한 계몽적 성격을 지닌 2~

---

34) 한상언, 앞의 책, 281~283쪽.
35) 위의 책, 283~285쪽.

5권 분량의 서사물이었고, 총독부를 비롯한 관공서 내 활동사진반의 경우 일련의 기록영화를 양산하기도 하였다. 특히 그 과정에서 일본인의 참여도가 높았고 일본의 영향력도 컸다는 점이 주목된다.[36] 이러한 양상이 1923년 이후 본격적으로 펼쳐지는 식민지 조선에서의 민간 영화사 설립과 영화 제작 과정에서도 일정부분 반복되기 때문이다.

4. 민간 영화사의 설립과 영화 제작 과정에서의 일본인의 역할

1923년 9월 1일 발생한 간토대지진(關東大地震)의 여파로 도쿄 지역의 영화 제작 및 상영 시설이 상당부분 파괴됨으로써 일본영화계 전반에 거대한 변화의 소용돌이가 일어난다. 일본영화 자체에 대한 변혁도 가해졌다. 무코지마촬영소(向島撮影所)를 폐쇄한 닛카쓰에서는 온나가타(女形) 대신 여배우를 기용하기 시작하였으며, 무라타 미노루(村田實), 아베 유타카(阿部豊), 미조구치 겐지(溝口健二) 등의 유능한 현대극 감독들이 기량을 펼쳤다. 역시 가마타촬영소(蒲田撮影所)를 잃은 쇼치쿠에서는 기도 시로(城戸四郞)의 주도 하에 1926년경부터 오즈 야스지로(小津保次郞), 고쇼 헤이노스케(五所平之助), 사이토 도라지로(齋藤寅次郞), 우시하라 교히코(牛原虛彦) 등의 연출로 소박하고 명랑하며 서정적이면서 건전한 현대극 영화들이 양산되었다. 닛카쓰와 마키노(マキノ) 등에서는 여전히 교토를

---

36) 텍스트 내부에 있어서도 그러하였다. 예컨대 <사의 휘>의 경우, 쇼치쿠(松竹)에서 만들어져 "1922년 8월, 황금관과 대정관에서 상영하여 대흥행기록을 세웠던" <희소야훈도(噫小野訓導)>를 모델로 삼아 그것을 "따라 만든" 작품이었다. 위의 책, 283쪽.

중심으로 시대극 영화를 쏟아내었는데, 그러면서 오노에 마쓰노스케, 반도 쓰마사부로(阪東妻三郎), 오고치 덴지로(大河內傳次郎), 이치카와 우타에몬(市川右太衛門), 쓰키가타 류노스케(月形龍之助), 가타오카 지에조(片岡千惠藏) 등의 수많은 스타가 탄생하였다. 또한, 사회주의 운동의 영향으로 '프로키노(プロキノ)' 혹은 '경향영화(傾向映畵)'처럼 새로운 지향의 작품군이 출현하거나 기누가사 데이노스케(衣笠貞之助) 감독의 <미친 한 페이지(狂った一頁)>(1926)와 같이 전위적인 예술 실험이 행해지기도 하였다.[37]

동시기 식민지 조선의 경우 일본영화계에 불어 닥친 변화의 영향으로 조선영화계의 배급, 상영 부문에도 커다란 변동이 있었음은 물론이거니와, 비로소 전문적인 영화 제작사가 설립되고 이곳에서 상업적인 장편 극영화가 제작되는 전례 없는 경험을 하게 되었다. 그리고 이러한 과정에서도 일본인의 역할은 대단히 컸다. 대표적인 예를 들여다보자.

먼저, 극동영화구락부(極東映畵俱樂部)에서 제작된 극영화 <국경(國境)>이 1923년 1월 13일 단성사에서 개봉된 일을 들 수 있다. 1922년 9월에 발족된 극동영화구락부는 그 설립 주체들이 1920년 8월에 나카무라 히코(中村彦) 외 2명의 자본금 50만원과 불입금 12만 5천원의 출원을 통해 세워진 조선활동사진주식회사(대표:關繁太郎)의 주요 관계자이면서 경성의 일본인 실업가들이었는데, 1921년 10월 15일 일본인 영화관으로 개관한 중앙관(中央館)을 건립한 것도 이들이었다.[38] 극동영화구락부에는 조직의 주요 인물이던 나리키요 다케마쓰(成淸竹松)의 아들 나리키요 에이(成淸榮)가 전속 촬영기사로 있었는데, 그는 쇼치쿠의 촬영기사 출신이었다. 그리고 중앙관에서의 연쇄극 공연의 경험이 있던 고미 분노스케(五味文之助)

---

37) 요모타 이누히코(四方田犬彦), 박전열 역, 앞의 책, 76~87쪽 참조.
38) 한상언, 앞의 책, 198, 269, 286쪽 참조.

의 연쇄극단의 단원들이 전속 배우가 되었다. 이러한 인적 토대 위에서 제작된 <국경>은, 그러나 "신의주 부근 국경에 출몰하는 마적을 토벌하는 내용"으로 인해 "조선인의 공분을 사"서 상영이 중지되고 말았다.39)40)

다음으로, 동아문화협회(東亞文化協會)에서 조선의 전통적 이야기 및 신파 서사 등을 제재로 삼아 일련의 극영화를 제작한 일을 들 수 있다. 동아문화협회는 황금관(黃金館), 유락관 등의 영화 상설관을 운영하고 하야카와연예부를 통해 흥행업을 주도하며 연쇄극 <문명의 복수>(1917), 극영화 <오호 영목 교장>(1919) 등을 제작한 바 있던 하야카와 마스타로(早川增太郞)는 유락관의 경영을 만카쓰에 이관한 뒤 세운 순회 흥행 단체였다. 하야카와 마스타로는 1919년 10월 5일부터 24일까지 경복궁에서 열린 조선부업공진회 행사에 맞추어 2만 3천 원이라는 거액을 투자하여 남원 로케이션 촬영을 통해 <춘향전(春香傳)>을 완성하였다. 연출은 하야카와 고슈(早川孤舟)라는 예명으로 본인이 직접 담당하였고, 이몽룡 역은 변사 출신 김조성에게, 성춘향 역은 한명옥에게 맡겨졌다. 이 작품은 10월 5일 단성사에서, 10월 18일 군산좌(群山座)에서 개봉되어 공전의 히트를

---

39) 한상언, 앞의 책, 285~288쪽 참조. / 이 사건을 다룬 ≪조선공론(朝鮮公論)≫ 기사의 내용은 다음과 같다. "경성에 극동영화구락부(極東映畫俱樂部)라는 큰 이름을 가진 조그만 영화촬영 그룹이 있다. 그 구락부가 제작한 영화에 국경(The Border,國境)(1923)은 최근에 시내 ×××에서 상영되었다. 그런데 일부 학생관객들이 너무나 야유를 많이 보내 급기야는 중지할 수밖에 없는 상황에 이르렀다고 한다. 아무리 영화가 형편없는 것일지라도 직접적인 야유를 보내 중지시켰다는 것은 심히 좋지 않은 일이다. 이것이 조선인이다." 松本輝華, <映畫夜話 螺鈿の木机に靠れての噺>, ≪朝鮮公論≫ 11卷2號, 1923.2, p.107.(김태현 편역, 『일본어잡지로 보는 식민지영화 1』, 도서출판문, 2012, 279쪽에서 재인용)

40) 이에 대해 한상언은, "<국경>이 상영되던 하루 전인 1월 12일 의열단원 김상옥(金相玉)은 종로경찰서에 폭탄을 투척하였고" 이에 "경성의 조선인들은 소문으로 김상옥의 활약을 알았고 마음으로 그를 응원하고 있었다"는 점을 가장 큰 이유로 제시한다. 이효인·정종화·한상언, 『한국근대영화사: 1892년에서 1945년까지』, 돌베개, 2019, 79쪽.

기록하였으며 10월 21일에는 공진회 활동사진관에서도 상영되었다. 이후 조선극장(朝鮮劇場)의 운영권도 거머쥐게 된 하야카와 마스타로는 "기생 강명화와 거부 장길상의 아들 장병천의 정사(情死)를 소재로 한" 후속작 <비련의 곡(悲戀의 曲)>(早川孤舟 감독, 1924)을 내놓고 다시 흥행에 성공한다. 동아문화협회에서는 이어 <놀부 흥부>(김조성 감독, 1925)와 <토끼와 거북>(早川孤舟 감독, 1925) 등의 제작도 이루어진다.41)

마지막으로, 조선키네마주식회사(朝鮮キネマ株式會社)에서 일본 수출을 염두에 둔 일련의 극영화를 내놓은 일을 들 수 있다. 조선키네마주식회사는 자본금 75,000원, 불입금 18,750원으로 1924년 7월 11일 부산에 설립되었다. 총포화약상이던 나데 오토이치(名出音一)가 대표에 이름을 올렸고, 1916년 5월 자신의 이름을 딴 '가토소아과'를 자택에 개원하여 운영해 온 가토 세이치(加藤淸一)와 니치렌종(日蓮宗) 출신으로 부산 묘각사의 주지였던 다카사 간초(高佐貫長)가 취체역을 맡았다. 아울러 변호사 구보타 고로(窪田梧樓)와 다나카 요시노리(田中美登)는 감사, 아쿠쓰 마사아키(阿久津正明)는 지배인 역할을 하였다. 특히, 다카사 간초는 왕필렬(王必烈)이라는 조선식 예명을 쓰며 창립작인 <해의 비곡(海の悲曲)>(1924)을 비롯하여 <신의 장(암광)>(1925) 등의 연출을 담당하였다. 영화의 주요 배역은 이주경 등의 전속 배우와 더불어 안종화, 주인규, 남궁운, 나운규 등 무대예술연구회(무대예술연구회) 소속의 조선인 회원들에게 돌아갔다. 윤백남의 경우, 신파와 구파의 2원 제작 체제 속에 "구파영화의 책임자로 초빙되어 제2 촬영팀을" 이끌면서42) <총희의 연(운영전)>(1925)을 연출하게 되었다.

이처럼, 1923년 이후 조선에서는 극동영화구락부, 동아문화협회,

---

41) 위의 책, 80~83쪽.
42) 위의 책, 92쪽.

조선키네마주식회사 등의 민간 영화사가 세워졌으며, 이곳에서 <국경>, <춘향전>, <해의 비곡> 등 상업적 성격의 장편 극영화가 속속 만들어졌다. 그런데, 살펴본 바대로 이들 회사의 설립 주체들은 거의 모두가 재조(在朝) 일본인이었고, 연출, 촬영 등 영화 제작 상의 주요 업무도 그들이 담당하는 경우가 대부분이었다. 하지만 변화도 있었다. <춘향전>과 <해의 비곡>에서는 주요 배역을 조선인이 맡았고, 조선키네마주식회사에서는 회사의 2회 작품 <총희의 연>의 감독이 조선인 윤백남이었다.

물론, 일본인과 조선인 사이에 경쟁 관계가 형성되고 갈등이 표출되기도 하였다. 1924년 7월 단성사에 이필우 등 조선인 위주로 촬영부가 개설되고 여기에서 박정현 감독의 <장화홍련전>(1924)이 제작된 데에는 동아문화협회와 <춘향전>의 자극이 있었을 것이다. 반대의 경우도 그러할 터, 1924년 9월 5일 <장화홍련전>의 단성사 개봉에 맞추어 조선극장에서 <춘향전>이 재개봉된 일은 유명한 일화로 남아 있다. 또한, <총희의 연>을 둘러싼 제작 과정에서의 불화와 영화의 흥행 실패로 인해 윤백남, 이경손 등이 조선키네마주식회사를 탈퇴한 뒤 상경하여 백남프로덕션, 고려키네마 등을 세우고 영화 제작 활동을 주도하려 하였다는 점에 주목할 필요가 있다. 이러한 면에서, 무성영화 제작 초기인 1920년대 민간 영화사의 설립과 영화 제작 과정에서의 일본인의 역할은 당시로서도 그러하거니와 영화사적 차원에서도 무시할 수 없는 의의를 지닌다고 하겠다.

02

조선영화계와 일본영화계의 관계 지형

1. 조선 무성영화의 일본 소개

1923년부터 조선에서 민간 영화사에 의한 영화 제작이 개시된 일은, 한일 양국의 영화 교류·관계사적 측면에 있어서도 커다란 의의를 지닌다. 이전까지는 일본영화가 조선에 수용될 뿐 반대의 경우는 거의 없었기에 양국의 영화 텍스트 교류의 동선이 일방향적이었던 데 반해, 비록 정도와 비중의 차이는 여전히 남아 있을지라도 이후부터는 조선영화가 일본에 전해짐으로써 제한적이나마 쌍방향적 흐름을 나타내었기에 그러하다.

김려실은, 일본 내무성 경보국에서 발간된 『활동사진필름검열규칙보(活動寫眞フィルム檢閱規則報)』와 『영화검열시보(映畵檢閱時報)』에 따르건대 일본에서 '활동사진필름검열규칙(活動寫眞フィルム檢閱規則)'이 도입된 1925년 5월부터 1944년 2월까지 "조선에서 제작되어 내무성의 검열을 받은 필름은 102편"으로 확인되며, "이 중 과반수가 넘은 67편이" 조선총독부 제작의 기록영화라고 설명한다.[43]

---

43) 김려실, 「조선을 「조센」화하기: 조선영화의 일본 수출과 수용에 대한 연구」, 『영

바꾸어 말하면, 약 20년에 가까운 세월동안 일본 내무성의 검열 대상이 된 조선 극영화가 현재 기록에 의하면 35편 정도밖에 되지 않았다는 것이다. 그 바탕에는 조선에서 제작되는 영화의 편수가 워낙 소수였던 데다가, 조선 발성영화 제작 초기인 1936년 오사카부(大阪府)에서 조선어 문제를 이유로 조선영화의 상영을 금지한 사례에서 확인되듯 정책적인 면에서의 현실적 한계도 자리하고 있었을 터이다. 그렇다면, 아직은 언어 문제가 결부되지 않았던 무성영화의 경우는 어떠하였을까? 일본 영화잡지를 통해 대강의 흐름을 짚어보자.

1924년부터는 조선인의 가세로 영화 제작이 활성화되기 시작하였으며, 1920년대 중반을 지나면서는 다수의 영화사가 설립되고 다양한 작품들이 만들어지게 되었다. 포문을 연 것은 재조 일본인 3인의 발기로 부산에 세워진 조선키네마주식회사였다. 여기서 <해의 비곡>(王必烈[44] 감독, 1924), <총희의 연>(윤백남 감독, 1925), <신의 장>(王必烈 감독, 1925) 등이 잇달아 제작·개봉되었는데, 이들 영화는 동시기 일본으로도 수출되었다. 배급은 닛카쓰의 라인을 탔으며, 첫 작품인 <해의 비곡>의 경우 1924년 11월 28일 도쿄의 산유관(三友館)과 니혼바시극장(日本橋劇場)에서 상영되었다.[45]

그러면서 이들 작품에 관한 정보와 평가가 ≪키네마준포(キネマ旬報)≫에 실리기도 하였다.[46] 현존하는 세계 최고(最古)의 영화잡지로도 유명한 ≪키네마준포≫는, 1919년 악보 출판으로 시작하여 1921년 발행처를 기존의 구로가메사(黑甕社)에서 키네마준포사(キ

『화연구』 34호, 한국영화학회, 2007, 97쪽.

44) '왕필렬(王必烈)'은 조선키네마주식회사를 세운 3명의 일본인 중 1인인 다카사 간초(高佐貫長)의 예명이다.

45) <雜報 日活と朝鮮キネマの提携>, ≪キネマ旬報≫ 1924.12.1, p.33.

46) 양인실, 「일본의 영화저널과 조선영화를 보는 시선」, 한국영상자료원 편, 『일본어 잡지로 본 조선영화 2』, 현실문화연구, 2011, 329~331쪽 참조.

ネマ旬報社)로 변경한 뒤 독자층을 확보해 가다가 관동대지진(1923) 이후에는 일본영화에 대한 본격적 소개 및 비평으로 저변을 넓히면서 당시에도 일본의 대표적인 영화잡지로 자리하고 있었다. 이러한 유력 영화잡지에 조선영화에 관한 내용이 포함되었다는 점은, 조선영화에 대한 관심이 동시기 일본에서도 생성되었음을 반증하는 예라 하겠다.

　이후에도 ≪키네마준포≫는 이따금씩 조선영화 관련 내용을 담았다. 무성영화 시대 조선영화의 대표작으로 일컬어지는 조선키네마프로덕션(朝鮮キネマプロダクション) 제작, 나운규 감독의 <아리랑>을 비롯하여,47) <승방비곡>(1930),48) <노래하는 시절>(1930),49) <바다와 싸우는 사람들>(1930),50) <화륜>(1931),51) <임자 없는 나룻배>(1932)52) 등에 관한 소개와 비평이 짧게나마 지면을 채웠던 것이다. 이러한 분위기 속에서, <역류에 서서(逆流に立ちて)>(1924), <대지는 웃는다(大地は微笑む)>(1925) 등에 이어 조선적 소재를 다룬 일본영화 <아리랑의 노래(アリランの唄)>(1933)53)와 <반도의 무희(半島の舞姬)>(1936)54)에 관한 소식도 전해졌다. 이밖에 ≪키네마준포≫에는 조선영화를 일람하는 기서(奇書)가 실리기도 하였으

---

47) 동시기 일본 영화잡지에는 감독 이름이 이 영화의 제작을 담당한 쓰모리 슈이치(津守秀一)로 표기되어 있다. ≪キネマ旬報≫ 1926.12.11, p.49 참조.

48) <読者寄稿欄 朝鮮映画『僧房悲曲』: 小評論(授賞作)>, ≪キネマ旬報≫ 1930.6.21, p.87 참조.

49) <日本映画紹介『歌う時節』>, ≪キネマ旬報≫ 1930.7.11, p.61 참조.

50) <『海と闘う人たち』>, ≪キネマ旬報≫ 1930.11.11, p.72 참조.

51) <『火輪』>, ≪キネマ旬報≫ 1931.1.21, p.88 참조.

52) <日本映画紹介『主なき渡し船』>, ≪キネマ旬報≫ 1932.10.11, p.56 참조.

53) <主要日本映画批評『アリランの唄』(6券, 1,569メートル)>, ≪キネマ旬報≫ 1933.3.21, p.75 참조.

54) 이 작품에서는 무용가 최승희가 주연을 맡았다. <日本映画紹介『半島の舞姬』>, ≪キネマ旬報≫ 1936.3.1, pp.127~128 참조.

며,55) 조선 전체나 경성, 부산, 평양 등지의 영화 상설관을 중심으로 조선영화계의 동향을 살피는 글도 심심찮게 게재되었다.

이제껏 살펴본 조선 무성영화의 일본 배급 및 상영 여부는 <아리랑>이나 <임자 없는 나룻배> 등 일부 작품을 제외하곤 현재로서는 불투명하다. ≪키네마준포≫에 관련 사항이 명기되어 있지 않기 때문이다. 1918년 ≪활동평론(活動評論)≫으로 창간되어 이듬해 이름을 바꾸며 다이쇼(大正) 시기(1912~1926) 일본의 "상업적 영화 전문지" 가운데 하나로 자리하고 있던56) ≪활동구락부(活動俱樂部)≫에는 동아문화협회 제작, 하야카와 고슈 감독의 <춘향전>(1923)에 관한 소개 글이 실려 있기도 하다.57)

김려실은 그밖에도 <심청전(深靑傳)>(1925), <도적놈>(1930), <수일과 순애>(1931), <무지개>(1935) 등의 작품이 일본으로 수출되었다고 설명한다. 그는 근거가 되는 출전을 정확하게 제시하지는 않고 있으나, 일본에서 발간된 영화잡지 이외의 신문이나 종합잡지 등에 일본에서 배급, 상영되는 조선영화에 관한 소개 혹은 광고 지면이 게재되었을 가능성은 충분히 남아 있다.58)

한편, 김려실의 지적대로 "1920년대 일본으로 수출된 조선영화는 모두 재조(在朝)일본인이 설립한 영화사들의 작품이"라는59) 부분이야말로 주목해서 볼 필요가 있는 지점이라 하겠다. 1920년대 중반 일본영화계가 대대적으로 변화되고 조선 무성영화 제작이 본격적 개시되는 와중에도 일본과 조선을 잇는 일본인의 인적 네트워크가

---

55) <奇書 搖籃期の朝鮮映画>, ≪キネマ旬報≫ 1928.5.21, p.69 / <奇書 朝鮮映画を巡って>, ≪キネマ旬報≫ 1928.9.1, p.220 등

56) 양인실, 「영화저널리즘과 연감의 사회사」, 한국영상자료원 편, 『일본어 잡지로 본 조선영화 6』, 현실문화연구, 2015, 305~306쪽.

57) <『烈女春香傳』>, ≪活動俱樂部≫ 1924.2, p.88~89 참조.

58) 김려실, 앞의 논문, 102쪽 <표2> 참조.

59) 위의 논문, 103쪽.

조선영화의 일본 수출을 실현시킨 중요한 매개로 작동하였음을 반증하기 때문이다.

2. 재조 일본인의 영화 담론

1920년대 중반 이후 조선영화가 일본으로 수출되기 시작하면서, 조선의 영화 및 영화계 관련 소식들이 심심치 않게 저널리즘을 통해 내지 일본인들에게도 전해졌다. 일본을 대표하는 영화잡지로서 조선영화(계) 관련 정보를 지속적으로 전달한 ≪키네마준포(キネマ旬報)≫를 예로 들면, 1935년경까지 여기에는 일본에서 배급 및 상영이 행해진 조선영화에 관한 광고 기사 및 소개 글, '방화 좌담' 및 경성, 인천, 부산, 평양 등의 영화계 통신, 조선영화 최신작들 관련 기서(奇書), 조선영화(계)의 과거 및 현 상태, 조선영화에 대한 평론 및 잡관(雜觀), 조선영화를 둘러싼 좌담회, 조선 소재 영화관 목록, 영화 통제 정책 관련 내용 등이 꾸준히 게재되었다.[60]

1920년대 중반을 지나면서 조선에서 영화 제작이 본격화됨에 따라 조선인에 의한 영화 비평 활동 또한 점차 활기를 띠었다.[61] 그러면서 1920년대에는 "한국영화를 분석하고 미학적으로 체계화하려는 작업"이 "소위 프로 영화인들의 해석"과 "소위 민족주의 영화인들의 해석"이라는 크게 두 가지 흐름을 보이며 자리를 잡아 갔다.[62] 호시노 유코에 따르면, "1920년대 중반까지도 조선영화계는 외국영

---

60) 한국영상자료원 편, 『일본어 잡지로 본 조선영화 2』, 현실문화연구, 2011, 15~108쪽 참조.

61) 한국영화사에 대한 최초의 서술 중 하나로 알려진 이구영의 <조선영화계의 과거-현재-장래>가 ≪조선일보≫에 연재된 것도 1925년 11월 23일부터 12월 15일의 일이었다.

62) 정재형 편저, 『한국 초창기의 영화이론』, 집문당, 1997, 10~11쪽.

화의 수입으로 영화 상영을 중심으로" 한 산업 기반이 마련되어 있었기에, "비평에 있어서도 한동안 수용자 중심의 담론"이 "생산"되어 있었다.[63] 예를 들면, 윤갑용의 진단 중 하나인 "관객의 현실과 무대의 현실 간의 괴리라는 '현실성'의 문제"가 조선영화에 적용되기도 하였고,[64] 심훈에 의해 "'조선민족'에 초점을 맞"춘 '민족주의적 사실주의'론이 설파되기도 하였다.[65] 이러한 영화 담론이 공전의 히트를 기록하며 조선영화의 새로운 이정표를 세운 <아리랑>(1926)을 비롯한 당대 조선영화에 적용되었음은 물론이다. 더불어, "영화의 장르적 특성인 '서사성'과 '영상성'"이 영화 제작에서 중요한 문제로 대두되어 갔다.[66]

그렇다면, 영화사 초창기부터 식민지 조선의 영화 문화를 선도해 온 동시기 재조 일본인 사회의 영화 담론의 양상은 어떠하였을까? 호시노 유코는 적어도 1920년대 중반까지 재조 일본인 사회 내에서도 ≪경성일보≫를 비롯한 대중 출판 매체를 통해 수용자 중심의 영화 담론이 주류를 이루고 있었으며, 특히 "일본 내지의 영화계(생산자)가 새로운 주제, 형식에 대한 탐색을 끊임없이 시도하고 있었던 것과는 별개로 재조일본인 관객들의 영화 취향은 전통연희를 중심으로 형성되어 있었"다고 설명한다. 즉, 재조 일본인들 사이에서도 미국영화를 위시한 서양영화에 대한 관심은 상존하였으나, 영화 배급, 상영, 흥행, 관람은 어디까지나 일본 시대극 위주로 행해지고 있었다는 것이다. 하지만 그는 "일본인 수용자의 영화비평 담론은 조선인 수용자의 경우와 달리 민족적 색깔이 비평의 잣대로 쓰이지 않"았음을 지적한다. 그러면서 "'선호 장르'가 비평의 준거로 쓰였

---

63) 호시노 유우꼬, 앞의 학위논문, 104~105쪽.
64) 위의 학위논문, 106쪽.
65) 위의 학위논문, 109쪽.
66) 위의 학위논문, 111쪽.

다는 점이 조선인 수용자의 비평 담론과의" 가장 "분명한 차이"라고 부연한다.[67] 기실, 재조 일본인의 영화 담론의 중심에는 조선(에서 제작된)영화보다는 일본영화가 자리하고 있었으며 이는 식민지 조선에서 영화 상영 및 흥행이 일상화되는 1910년대 이른바 '활동사진 시대'부터 이어져온 현상이었다.

한편, 이에 따라 재조 일본인에 의한 영화 담론은 이미 1910년대부터 시작되었다. 1912년 1월 창간된 《조선급만주(朝鮮及滿洲)》와 1913년 4월 창간된 《조선공론(朝鮮公論)》 등 일본어 종합잡지가 그 통로 역할을 하였는데, 특히 《조선급만주》가 "1914년 5월에 영화 관련기사를 처음 게재한" 데 비해 《조선공론》의 경우 1913년 8월부터 기사를 실으면서 영화 담론의 주도권을 잡아 갔다. 게재된 기사의 수적인 면에서도 차이가 드러나는데, 임다함의 조사에 의하면 《조선급만주》에 실린 영화 관련 게재물의 수가 1914~1941년 사이에 총 51편인데 비해 《조선공론》의 경우 1913년부터 1942년까지 총 232편으로 집계된다.[68]

이에 《조선공론》을 중심으로 1910년대 이후 영화 담론의 흐름을 짚어보자. 1910년대에는 주로 '독자의 소리(読者の声)'란을 통해 변사의 자질이나 영화 프로그램에 질적 부분에 대한 비난과 요구가 있었는데, 그 기저에는 "경성의 취미 오락 기관으로서 가장 큰 영향력을 지닌 것이 다름 아닌 활동사진, 즉 영화라는 인식이 존재"하였으며 "이른바 '영화팬'이라 부를 만한 사람들이 등장하고 있었다는 사실"이 자리한다. 한편, 1919년 3월부터는 "경성에 있는 극장·영화 상설관의 연극과 활동사진 프로그램을 소개하는 '경성 연예 풍문록(京城演藝風聞錄)'이 신설됨으로써 "각 영화관별로 보다 상세한

---

67) 위의 학위논문, 113~114쪽.

68) 임다함, 「잡지 『조선공론』 영화란의 탄생과 재조선 일본인 영화문화의 태동」, 『비교문학』 65집, 한국비교문학회, 2015, 325~326쪽.

영화 관련 소식과 비평이" 이루어졌다.69) 그리고 사회 및 연예면을 담당하던 이시모리 히사야(石森久弥)가 초대 사장 마키야마 고조(牧山耕臟)에 이어 조선공론사 사장으로 취임한 1921년 8월 이후에는 '경성 키네마계(京城キネマ界)', '키네마계 통신(キネマ界通信)', '연예계 통신(演藝界通信)' 등의 정보란과 '영화의 나라(映画の国)', '영화팬의 영역(フィルム・ファンの領分)' 등의 독자란 등이 마련되어 "영화 관련 콘텐츠"가 "특화"를 이루게 되었다.70) 이러한 데에는 1921년 10월부터 1928년까지 ≪조선공론≫의 영화 관련 담당자로 일한 마쓰모토 데루카(松本輝華, 본명:마쓰모토 요이치로(松本與一郎))의 활약이 컸다. 1921년부터 1928년까지 그는 ≪조선공론≫ 영화란의 편집과 기획을 담당하는 동시에 영화 관련 이벤트 기획에도 관여하였는데, 이를 통해 "영화를 통한 "일선융화(一鮮融和)"의 실현"을 도모하였다.71)

한편, 1920년대 초 마쓰모토 데루카가 "조선인 전용 영화 상설관을"조선에서 최고로 손꼽히는 고급 서양극 전문관 "이라고 평가하"는가 하면 ≪조선공론≫을 통해 "조선인 전용관 근황도 함께 전"해졌는데, 이를 통해 재조 일본인들 가운데는 양화(洋畵) 감상을 위해 조선인 영화관을 드나드는 "적극적인 영화팬들이 분명히 존재하고 있었"음이 확인된다.72) 특히, 조선에서도 무성영화 제작이 활기를 띠면서 영화 담론의 중심이 기존의 '수용자 담론'에서 '생산자 담론'으로 이동하는 1920년대 중후반을 통과하면서는 "정보와 흥미 위주의 메시지를 전달하는" "지극히 상업적" 담론에서 보다 구체적인 내용을 다루는 것으로 전개되어 갔다. 그러면서 재조 일본인들은

---

69) 위의 논문, 330~331쪽.
70) 위의 논문, 333쪽.
71) 위의 논문, 348쪽.
72) 위의 논문, 335~336쪽.

"영화산업에의 투자 미비, 영화 관객의 낮은 영화 취향, 일본에 비해 제한된 수입영화의 종류, 선호 장르, 상설관 부재 등을 언급"하는 한편 조선인 여배우나 제작자, 제작사 등에 대한 관심을 표명하기도 하였다.[73]

이는 1930년대로도 이어지며 조선인과 일본인을 막론하고 "'소자본'의 '예술성' 있는 영화 제작"을 강조하는 것으로 초점화되었다.[74] 그리고 이러한 영화 담론은 1930년대 중후반 조선영화에 대한 일본에서의 담론 양상과도 연결성을 지니게 된다.

3. 일본과 조선의 흥행(장) 단속 규칙과 활동사진 관련 규칙들

1910년대까지 식민지 조선에서는 흥행(장) 단속에 관한 법제화가 현실화되지 못하였던 데 반해, 일본의 경우 이미 '활동사진'이라는 단어가 포함된 관련 규칙이 마련되었다. 1917년 7월 14일 도쿄부 경시청령(警視廳令) 제12호로 공포되고 동년 8월 1일부터 시행된 '활동사진흥행취체규칙(活動寫眞興行取締規則)'을 예로 들 만하다. 제6장과 부칙으로 구성된 이 규칙에는 '흥행장(제2장)', '필름의 검열(제3장)', '설명자(제4장)', '흥행(제5장)', '벌칙(제6장)'에 관한 내용이 망라되어 있었다. 1921년 7월에는 경시청령 제15호로 '흥행장급흥행취체규칙(興行場級興行取締規則)'이 공포되었는데, 이와 동시에 '관물장취체규칙(觀物場取締規則)'(1891), '연극취체규칙(演劇取締規則)'(1900), '활동사진흥행취체규칙(活動寫眞取締規則)'(1917) 등 기존의 관련 규칙들이 폐지되고 이

---

73) 호시노 유우꼬, 앞의 학위논문, 117~120쪽.
74) 위의 학위논문, 124쪽.

것으로 통합, 적용되었다.

　1920년대에 들어서는 조선에서도 관련 규칙이 도입되었다. 1922
년부터 평안남도,[75] 경기도,[76] 충청북도,[77] 함경북도[78] 등에서 '흥
행취체규칙(興行取締規則)' 또는 '흥행장급흥행취체규칙'(경기도)이
공포, 시행된 것이다. 취체 규칙은 크게 흥행장 건설, 구조, 설비,
위생, 소방 및 저속 예인, 변사, 기타 사용인을 포함한 흥행장 관련
조목과, 흥행 허가・정지・취소, 시간, 좌석, 관계자, 관객, 정원, 요
금, 검열 등을 포함한 흥행 관련 조목으로 구분되었던 바,[79] 그 명
칭과 내용에 있어 1921년 7월에 도입된 일본 경시청의 취체 규칙과
상당부분 유사성을 띠었다.

　경기도 훈령 제11호로 전문 38조로 구성되어 1922년 공포되고
1923년 흥행시간 단축 내용이 첨가된 채 개정된 '흥행장급흥행취체
규칙'의 경우, 기존의 규칙에 각본, 필름 검열과 변사 검정에 대한
규칙을 추가한 것이었다. 이를 위해 1923년 필름검열소가 설립되었
으며 1924년부터 여기에서 필름 검열이 이루어졌으며, 1925년부터
는 검열세 징수가 실시되기도 하였다. 그리하여 이후 영화에 대한
통제는 '상영장소'에서 '작품' 자체로 옮겨지게 되었다. 하지만, 그

---

75) '조선총독부 평안남도령 제2호 흥행취체규칙', 지방청 공문, 조선총독부관보 제
　　2861호, 1922.2.28.
76) '조선총독부 경기도 훈령 제11호 흥행장급흥행취체규칙', 지방청 공문, 조선총독부
　　관보 제2909호, 1922.4.27.
77) '조선총독부 충청북도령 제12호 흥행취체규칙', 지방청 공문, 조선총독부관보 제
　　3019호, 1922.9.4.
78) '조선총독부 함경북도령 제14호 흥행취체규칙', 지방청 공문, 조선총독부관보 제
　　3448호, 1924.2.18.
79) 이에 따라 해당 지역에서는 연극 각본, 필름, 필름설명서 별로 상연 및 상영 전에
　　검열을 거친 것만이 흥행될 수 있었다. 1926년 이전까지는 연극과 영화의 검열처
　　가 동일하였던 바, 각본은 각본대로, 필름은 필름대로 검열을 하였다. 그러나 당시
　　필름 검열이 체계적으로 이루어지지 않고 있었던 터라, 연쇄극의 경우 각본에 크
　　게 의존되어 있었을 가능성이 크다. 한국영상자료원, 앞의 책, 48쪽.

때까지도 전국적인 활동사진 검열 체제는 구축되지 못하였다.

그러던 중, 1926년 7월 5일 조선에서 총독부령 제59호로 활동사진필름검열규칙이 공포되었다. 전문 13조와 1호 및 2호 양식으로 구성된 이 규칙을 계기로, 그때까지 각 지방 경찰서에서 관할하던 영화 상영 허가 관련 사무는 조선총독부 경무국 고등경찰과 도서실 주관으로 전국적으로 일원화되었다. 그런데 이 규칙은 일본에서 이미 1925년 5월 26일 내무성령 제10호로 공포되고 동년 7월 1일부터 시행된 동명의 규칙에 포함되어 있던 모든 내용을 거의 그대로 차용한 것이었다. 이로써, 영화 법제에 있어 지역적 일원화 뿐 아니라 '제국' 일본과 '식민지' 조선 간의 일원화도 현실화되었다.[80]

그러다가, 1930년대에는 식민지 조선에서만 영화에 대한 취체 규칙이 도입되기도 하였다. 1934년 8월 7일 조선총독부령 제82호로 공포되고 동년 9월 1일부터 시행된 '활동사진영화취체규칙(活動寫眞映畵取締規則)'이 그것이다. 이 단속 규칙의 핵심 내용은 "사회공익영화의 검열 면제, 조선총독부의 강제 상영 허용, 외국영화에 대한 규제 등"으로 요약되는데, 이는 "1930년대 초중반 식민정책의 변화와" 연동되는 성격을 지녔다.[81] 이 규칙의 도입으로 조선에서는 "보여주어야 할 영화"의 "일정한 상영 비율"이 보장되었다. 보여주어야 할 영화는 구체적으로 '사회교화적인 영화'와 '국산 영화'를

---

80) 활동사진필름검열규칙이 조선에도 적용된 배경으로는 1920년대를 통과하며 조선영화의 제작 편수가 증가하고 영화사의 숫자도 늘어났다는 점을 들 수 있을 터이다. 하지만 당시 조선의 영화업은 산업 규모만을 놓더라도 일본의 그것과는 비교가 되지 않는 여전히 영세적인 수준에 머물러 있었다. 그럼에도, "상설관 수가 18개관에 불과한 조선에 1,100가 넘는 상설관이 있는 일본 '내지'와 마찬가지로 3미터당 5전씩의 과도한 수수료"가 검열 시마다 부과되어, "극장주와 배급업자들의 불만이 폭주"하였다. 이에, 조선에서는 3차에 걸친 검열 수수료 인하 운동이 펼쳐졌다. 이 과정에서 극장주와 배급업자 간의 불화도 있었지만, 결국 일본에서의 검열 수수료 인하 조치와 연동되면서 조선에서도 검열 수수료가 인하되기에 이른다. 이효인·정종화·한상언, 앞의 책, 98쪽.

81) 한국영상자료원, 앞의 책, 123쪽.

가리키는 바, 전자를 통해서는 영화의 선전 기능을 확보하고 후자를 통해서는 일본영화(내지영화+조선영화)를 보호하려는 데 그 목적이 두어졌다. 특히 "식민지 조선뿐 아니라 제국 일본을 통틀어 최초의 스크린쿼터제였"던 후자에 있어서는,[82] 관련 시행세칙에 의해 기존의 외국영화 점유율을 일본영화가 대체할 만한 여건이 조성되었다.[83] 아울러, 이를 계기로 일본의 주요 영화사들이 "배급부터 제작까지 조선영화산업 전반에 관심을 가지기 시작"하였다.[84]

한상언은 "영화가 상영되는 공간에 관한" 흥행장및흥행취체규칙, "필름 내용을 검열하는" 활동사진필름검열규칙 등 기존의 규칙들에 "검열 이후 활동사진 영화 흥행자의 흥행 업무에 관한 취체에 초점을 맞춘" 활동사진영화취체규칙이 더해짐으로써 '조선영화령(朝鮮映畫令)'이 공포, 시행되는 1940년까지 "영화에 관한 제반 규정들이 정비되었다"는 점에서 활동사진영화취체규칙에 의의를 부여한다.[85] 일견 타당한 설명이나, ≪고쿠사이에가신분(國際映畫新聞)≫ 등 "일본 내지에서 발간된 영화잡지들"의 기사 내용의 동향을 살펴보건대, "식민지조선의 영화국책이 본격적으로 논의되고 가동되기 시작한 것은 1933년 후반의 일이"었음을 감안한다면[86] 그 영화사적 맥락을 동시기 일본이라는 공간으로 확대해서 짚어보는 일도 가능할 것이다.

---

82) 이화진, 「두 제국 사이 필름 전쟁의 전야(前夜): 일본의 '영화 제국' 기획과 식민지 조선의 스크린쿼터제」, 『사이』 15호, 국제한국문학문화학회, 2013, 49~50쪽.

83) 이에 따라, 1개월간 1개 흥행장에서 상영이 허용되는 외국영화의 비중은 필름의 총 길이(m)를 기준으로 1935년까지 3/4 이내로, 1936년에는 2/3 이내로, 1937년에는 1/2 이내로 제한되었다.

84) 정종화, 「1940년대 초반 경성의 영화흥행계」, 한국영상자료원 편, 『일본어 잡지로 본 조선영화 4』, 현실문화연구, 2013, 344쪽.

85) 이효인·정종화·한상언, 앞의 책, 98~99쪽.

86) 정종화, 「한국영화사의 탈경계적 고찰: 1930년대 경성 영화흥행계 분석을 중심으로」, 한국영상자료원 편, 『일본어 잡지로 본 조선영화 1』, 현실문화연구, 2010, 344~346쪽.

4. 일본과 조선의 프롤레타리아 영화 운동

영화가 지니는 다양한 기능 중에 빼놓을 수 없는 것이 바로 그 정치적 기능이라 할 수 있다. 영화 매체가 발명된 후 얼마 지나지 않은 시기부터도 그러하였거니와, 특히 러시아의 볼셰비키혁명(1917) 이후에는 전 세계적으로 사회주의 이념이 확산되면서 영화를 하나의 이데올로기적 도구로 이용하려는 움직임도 활발해져 갔다.

일본에서는 이것이 소위 '프로키노(プロキノ)' 운동으로 발현되었다. 관련 영화로는 "1921년 7월 고베(神戸) 가와사키조선소(川崎造船所)의 파업을 다룬 기록영화 <등불을 내건 사람들>(灯をかげた人々)" 등이 이미 나온 바 있었으나,[87] 보다 본격적으로는 1927년 5월 사사 겐주 (佐々元十)가 프롤레타리아극장(プロレタリア劇場) 내에 프롤레타리아 영화반(プロレタリア映画班)을 조직하여 9.5밀리 필름 카메라를 가지고 <1927년 메이데이(1927年メーデー)>를 촬영함으로써 시작된 것으로 알려져 있다. 그리고 1928년 3월 25일 전일본무산자예술단체협의회(全日本無産者芸術団体協議会, Nippona Artista Proleta Federacio), 이른 바 '나프(NAPF, ナップ)'가 결성됨에 따라 동년 4월에는 프롤레타리아 극장과 전위극장(前衛劇場)이 통합하여 도쿄좌익극장(東京左翼劇場)이 설립되었으며, 그러면서 기존의 프롤레타리아극장 영화반이 좌익극장 영화반이 되었다. 여기서는 노다간장공장(野田醬油工場)에서 일어난 시위를 촬영하였는데, 이것이 큰 반향을 일으키며 프로키노 결성에 계기를 제공하였다. 한편 당시 일본에는 "영화잡지를 통한 비평활동"을 중심으로 프롤레타리아 영화운동의 다른 한 조류도 있었는데, 이들 "영화운동 집단은 1928년 10월에 통합"을 이루었다.[88]

이러한 분위기 속에서 1929년 2월, 사사 겐주, 이와사키 아키라

---

87) 이효인, 『한국근대영화의 기원』, 박이정, 2017, 155쪽.
88) 위의 책, 157쪽.

(岩崎昶), 기타가와 데쓰오(北川鉄夫) 등에 의해 일본프롤레타리아영화동맹(日本プロレタリア映画同盟, Japana Prolet－Kino Unio), 즉 프로키노가 결성되었다. 프로키노에서는 그 직후인 1929년 3월 일본프롤레타리아 운동의 거물인 노동농민당(労働農民党)의 야마모토 센지(山本宣治)의 도쿄에서의 고별식(8일)과 교토에서의 장례식(9일)을 촬영하는 한편, 동년 9월에는 좌익 영화잡지 ≪신코에가(新興映画)≫(新興映画社)를, 1930년 8월에는 ≪프롤레타리아영화(プロレタリア映画)≫를 발간하는 등의 활동을 펼쳤다. 특히 동년 5월 31일 '프롤레타리아 영화의 밤(プロレタリア映画の夕)'의 개최로 <스미타가와(隅田川)>(潼田出 감독, 1930), <어린이(子供)>(佐々元十 감독, 1930), <프로키노 뉴스 제1보(プロキノニュース第1報)>(1930), <제11회 도쿄 메이데이(第11回東京メーデー)>(岩崎昶 감독, 1930) 등이 상영되고 6월에는 모금 활동을 거쳐 도쿄에 영화공장이 건립되는 등 "1930년은 그야말로 프로키노 활동의 황금기였다"고 할 만하다.[89] 1931년에도 활동이 이어지는 하였으나, 만주사변(滿洲事變) 이후의 정세 변화와 공안 당국의 억압 등으로 인해 위축되는 경향을 보였다. 그러던 중에 1932년 음화예술연구소(晉画芸術研究所)가 프로키노의 교토 지부 소속의 마쓰자키 게이지(松崎啓次)와 기무라 소토지(木村荘十二)에 의해 설립되고, 이듬해에는 기무라 소토지 감독의 <강 건너의 청춘(河向ふの青春)>(1933)이 만들어지기도 하였다. 그리고 1934년 프로키노는 해체를 맞이하게 되었다.[90]

한편, 조선영화계에서도 1927년경에는 <아리랑>(1926)의 성공으로 활발한 영화 활동을 구가하던 나운규 그룹, '영화를 찬양하는' 언론인 중심의 모임인 찬영회(讚映會)와 더불어 카프 계열 영화인들이 "각자 조선의 대중문화 장에서 유리한 위치를 선점하기 위해"

---

89) 위의 책, 161쪽.

90) 위키피디아 일본어판 및 일본영화데이터베이스(http://www.jmdb.ne.jp) 참조.

분투하며 '새로운 판'을 짜기 시작하였다.[91]

이 중에서 카프 계열 영화 운동의 시발점은 "신간회 영향과 <아리랑>의 성공이라는 두 가지 요인"을 배경으로 이경손, 안종화, 김을한, 이우, 일본인 촬영기사 니시카와 히데오(西川秀洋) 등이 "일본 수출까지" 도모하며 "예술적이며 체계적인 프로덕션을 지향"하는 조선영화예술협회를 설립한 1927년 3월이라 할 수 있다.[92] 그리고 1928년, 협회의 '터줏대감'이던 안종화가 전년 12월에 가입한 김유영과의 감독 권한을 사이에 두고 벌인 헤게모니 싸움에서 패한 뒤 모임에서 축출된 이후,[93] 김유영을 비롯하여 서광제, 강호, 주인규, 김태진(남궁운), 나웅, 석일양, 추적양 등의 인물들이 새로운 활동을 펼쳤다. 그 직후 김유영 등은 윤기정의 주선으로 조선프롤레타리아예술가동맹(Korea Artista Proleta Federacio), 이른바 '카프(KAPF)'에 가입하게 되었다.[94]

이후 카프 영화인들은 김유영 감독의 <유랑>(1928)을 시작으로 서울키노의 <혼가>(김유영 감독, 1929), 남향키네마의 <암로>(강호 감독, 1929), 청복키노의 <지하촌>(강호 감독, 1931), 제2기 서울키노의 <화륜>(김유영 감독, 1931) 등을 내놓으며 제작을 이어갔다. 그러나 극심한 검열 당국의 작품 검열과 경찰의 관련 인사 구속, 이념과 시류에 편승한 노선 간의 갈등 및 핵심 인물들의 전향, 대중의

---

91) 이효인·정종화·한상언, 앞의 책, 127쪽.

92) 위의 책, 142~143쪽.

93) 조선영화예술협회에서는 연구부를 두고 신인 연구생을 모집하였는데, 이때 김유영, 임화, 서광제, 박영호, 조경희 등 20명이 선발된 바 있었다.

94) 1917년 러시아혁명의 여파로 1922년 이적효, 이호, 김홍파, 김두수, 최승일, 심훈, 송영, 김영팔 등이 조선에서 염군사(焰群社)를 조직하고 1923년에는 김기진, 박영희, 안석영, 이익상, 김복진, 이상화 등이 파스큘라(PASKULA)를 조직하였다. 그리고 1925년 8월 23일, 이두 조직이 통합되면서 카프가 발족되었다. 1927년 카프에서는 '무기로서의 예술'을 슬로건으로 '카프전국대회'가 개최되었는데, 그러면서 문학동맹, 연극동맹, 미술동맹, 영화동맹 등이 조직되었다. 영화동맹 대표 및 연맹 서기장은 윤기정이었다.

외면과 흥행 부진으로 인한 제작 기반의 취약 등의 문제가 겹쳐졌다. 그럼에도, 1934년 3월 카프 중앙집행위원회가 "각 부문 운동의 독자적인 활동을 권고"한 뒤에도 "카프영화계는 1934년 5월 카프영화부의 잔존 인력 대부분을 망라한 단체 조선영화제작연구소를 결성하"였다. 하지만 비슷한 시기 '신건설사사건'[95]을 계기로 발생한 '2차 검거'로 인해 카프 조직은 결국 1935년 5월 공식적으로 와해되고, 카프 영화 운동 역시 종말을 고하게 되었다.[96]

이렇게, 1920년대 말부터 1930년대 초까지 일본과 조선에서는 프롤레타리아 예술 운동의 일환으로 영화 운동이 전개되었다. 프로키노와 카프 영화를 이끌었던 사사 겐주와 김유영의 경우에서 나타나듯, 그 일원들은 "그야말로 '신흥' 이데올로기였던 사회주의에 깊게 매료되어 있었"으나 "각기 다른 역사적 환경에 처해 있"었기에 상이한 성향을 보이기도 하였다.[97] 즉, 전자가 "정통 맑스주의의 입장"에서 '영화 행동'을 중요시한 반면, 후자는 "새로운 영화적 현상" 하에서 벌여나갈 '영화 예술운동'에 중점을 두었던 것이다. 이효인의 진단대로 이는 "맑스레닌주의적 세계관과 예술관으로 무장된 프로키노와 초기 사회주의 예술관과 미래파 등을 체계 없이 수용한 위에서 출발한 카프영화의 차이"와 동류의 것이었다.[98]

그런데, 더욱 주목되는 점은 두 조직 간 교류의 자취 및 영향 관계가 존재하였다는 사실이다. 일례로, 1929년 12월 김유영은 서울키노의 명칭을 '신흥영화예술가동맹'으로 바꾸는데, 이효인에 의하면 이는 ≪신코에가≫를 발간하던 "일본 프롤레타리아 영화운동 단

---

95) "카프의 연극부인 신건설사의 전주 공연 중 발견된 전단"이 문제가 되어 "1934년 5월부터 10월까지 약 100여명"이 검거되고 이듬해 6월 최종적으로 23명이 기소된 사건이다. 이효인·정종화·한상언, 앞의 책, 175쪽.
96) 위의 책, 195~196쪽.
97) 위의 책, 169쪽.
98) 위의 책, 175~176쪽.

체인 프로키노의 영향으로” 볼 수 있다.99) 이는 “프로키노의 영화
운동론을 소개하는” 최초의 글인 <영화가에 입각하여: 최근 영화운
동의 당면문제를 논함>이 ≪조선지광(朝鮮之光)≫ 제10권 11호에
실린 시점이 같은 해 11월이었다는 점에서도 어렵잖게 유추 가능
하다.

역으로 얼마 후 ≪신코에가≫에도 카프 영화 관련 글이 실렸는데.
1930년 1월 특집호를 시작으로100) 3월에는 김유영이 참여한 ‘신코
에가 좌담회’의 기록,101) 우에다 이사오(上田勇)가 쓴 ‘조선의 프롤
레타리아 영화 운동’ 관련 글,102) 임화가 기고한 ‘조선영화의 제 경
향에 대한’ 글103) 등이 게재되었다. 그리고 1930년 10월에는 일본
프롤레타리아 영화동맹과 연극동맹의 기관지 ≪프롤레타리아영화≫
와 ≪프롤레타리아연극(プロレタリア演劇)≫의 조선 총지사가 서울
키노 사무실에 설치되기도 하였다.

아울러 이러한 교류의 양상은 좌익 운동의 탄압 시기로 접어든
1931년 이후에는 김유영, 강호, 박완식 등이 신문이나 잡지에 실은
글들을 통해 “조선에서의 프로키노 운동론의 수렴이라는 형태로”
영향 관계를 보이며 방향성을 달리하게 된다.104)

---

99) 위의 책, 150쪽.
100) 群山弘史, <朝鮮映画に就いて>, ≪新興映画≫ 1號, 1930.1, pp.131~133 참조.
101) <新興映画座談會>, ≪新興映画≫ 2~3號, 1930.3, pp.66~77 참조.
102) 上田勇, <朝鮮のプロレタリア映画運動>, ≪新興映画≫ 2~3號, 1930.3, pp.112~
    114 참조.
103) 林和, <朝鮮映画の諸傾向に就いて>, ≪新興映画≫ 2~3號, 1930.3, pp.115~124 참조.
104) 이효인, 앞의 책, 159~160쪽.

03

조선영화계와 일본영화계의 상호 교류

1. 1920년대 이후 조선영화 속 일본인 배우

조선에서의 변사의 존재와 연행 방식은 무성영화 시기로 접어든 1920년대로도 계속해서 이어진다. 1922년부터는 경기도 경찰부 주관으로 변사 자격시험이 실시되기도 하였다.[105] 1922년 4월 4일 공포되어 5월 1일부터 시행된 '흥행장급흥행취체규칙'의 정책적 영향 하에 기획된 것이었다.[106] 그러나 한편으로, 1920년대 이후 식민지 조선에서 변사의 대중적 위상은 결국 변화를 보이게 된다. '은막(銀幕)'의 주인공으로서의 '배우'라는 존재가 부각되어 갔기 때문이다.[107]

여기에는 다음과 같이 여러 요인들이 배경으로 자리하고 있었다.

---

105) 1922년 6월 17일에 실시된 제1회 시험에는 총 54명이 응시하였는데, 이 가운데 여성이 4명이었고 조선인은 13명이었다. <활동변사의 상식시험>, ≪동아일보≫ 1922.6.28, 3면.

106) <활동변사도 검정>, ≪동아일보≫ 1921.6.1, 3면.

107) 함충범, 「1920년대 중반 식민지 조선에서의 일본인 영화 배우에 관한 연구」, 『동아연구』 34권1호, 서강대학교 동아연구소, 2015, 72~73쪽 참조.

우선, 예술적, 산업적 차원에서 일본영화계의 전체적인 지형 변동이다. 첫째 1918년 일본에서 이른바 '순영화극 운동'이 전개됨에 따라, 자연스레 공연 문화의 매개자인 변사보다는 영상 문화의 아이콘인 배우의 위상이 높아졌다. 둘째 1920년 쇼치쿠(松竹)가 영화 제작업을 개시하면서 도쿄 부근 가마타(蒲田) 지역에 현대극 전문 촬영소를 건립하고 배우 양성소를 설치하여 신극 운동을 하던 오사나이 가오루(小山内薰)를 책임자로 두었다.108) 다음으로, 흥행 및 제작 환경에 있어 조선영화계의 전반적인 환경 변화이다. 첫째 1920년대 들어 경성을 중심으로 한 조선의 영화관이 일본 유력 영화사에 체인화됨으로써, 일본영화계의 변화상이 보다 직접적으로 반영되었다. 둘째 1920년대 중반을 지나면서 조선에서도 영화의 제작이 본격적으로 이루어지게 되었다. 특히 1923년 4월 제작, 공개된 체신국 제작의 저축 계몽 극영화인 <월하의 맹세>를 통해 "윤백남이 최초의 영화감독및 시나리오작가로서 등장한 것"과 더불어 "이 작품에서 주연한 이월화가 최초의 여배우로서 데뷔"하기도 하였다.109)110)

---

108) 요모타 이누히코에 따르면, "쇼치쿠는 할리우드를 모방한 스타 시스템을 채용"하여 그(녀)들이 "이전의 배우들과는 근본적으로 다른 연기 영역을" 펼치도록 유도하였다. 요모타 이누히코(四方田犬彦), 박전열 역, 앞의 책, 71쪽.

109) 이영일, 『한국영화주조사』, 영화진흥공사, 1988, 366쪽.

110) 조선 신파극단에 의해 제작되어 1922년까지 유행을 탄 연쇄극에서 여성 등장인물 역할은 '여형(女形, 온나가타)'로 일컬어지던 남자 배우에게 맡겨졌다. <의리적 구토>에서의 경우, 주인공 송산(김도산 분)의 계모 역할을 맡은 인물은 김영덕이었다. 그렇기에, <월하의 맹세>를 통해 "육감적인 매력을 과감하게 드러내는 여배우"로서 "그 자신의 생물학적인 성과 신체를 연기의 기반으로 삼고 이를 전면에 내세"워 영화 관객을 매료시킨 이월화의 존재성이 대중적으로 크게 각인될 수밖에 없었다. 이화진, 「여배우의 등장: 근대 극장의 신체와 섹슈얼리티」, 이상우 외, 『월경하는 극장들: 동아시아 근대 극장과 예술사의 변동』, 소명출판, 2013, 299쪽. / 한편, 조선총독부 경무국 위생과에서 제작된 <생의 과>(1922), 경성일보사에서 제작된 <생익>(1921), <애의 극>(1922), <사의 휘>(1922), 극동영화구락부에서 만들어진 <국경(國境)>(1923) 등의 극영화서에는 대체로 일본인 극단의 일원들이 주요 배역을 맡았으나, 종두법 시행을 기념하여 제작된 계몽영화 <생의 과>에서만큼은 김소랑이 이끌던 신파극단 취성좌 소속 조선인이 출연

1923년에서 1926년경까지의 조선영화 중에는 내용 상 '일본'에 관한 것이 많지 않았다. 이와 연동하여 극중 인물이 일본인으로 설정된 예도, 일본인 배우가 조선영화에 출연한 예도 찾아보기 어렵다. 예컨대, <춘향전>(1923)에서는 춘향 역은 당시 유명세를 타고 있던 '한명옥'이 본명인 기생 한룡이, 이몽룡 역은 취성좌의 배우 경력을 지닌 조선극장의 주임 변사 김조성이 맡았다. <장화홍련전>(1924)에서도 장화와 홍련 역할은 기생 김옥희와 김설자가, 원님 역은 오랫동안 인기 변사의 지위를 누려온 우정식이 맡았다. 1회 작 <해의 비곡>(1924)을 비롯하여 조선키네마주식회사에서 제작된 영화들에서 역시 신극 창작과 공연을 도모하던 조선인 극단인 '무대예술연구회' 동인들이 대거 출연하였다. 이들 작품이 거의 단성사, 조선극장 등 조선인 영화관에서 상영되었다는 점에 부합하는 바라 할 수 있다.[111]

그런데, 특이한 사례도 발견된다. 먼저, <해의 비곡>, <심청전>, <장한몽>에 출연한 주삼손(朱三孫)의 경우이다. 그는 <해의 비곡>에서는 주인공의 친구로, <심청전>에서는 임금으로, 그리고 <장한몽>에서는 주인공인 이수일 역으로 등장하였다. 그의 본명은 오사와 야와라(大澤柔)였으며, 1920년대에 일본에서 건너온 것으로 알려졌다. 주삼손이 조선영화계에 발을 들이게 된 계기는 부산 "로서아(러시아-인용자) 영사관 자리 2층 10조첩 방" 배우합숙실에서 무대예술연구회의 동인들과 교류를 하기 시작하면서부터였다.[112] 그는 "본관이 물 건너 땅이"었으나 "의식주며 언어까지 조선사람으로 융화"되었던 터라 조선인과 친분을 쌓는 일에 큰 장애가 없었다.[113]

하였을 가능성이 존재한다.

111) 함충범, 앞의 논문, 79~80쪽 참조.

112) <초창기의 비화 (4) 영화편 (1) 나군의 발뒷굼치>, 《동아일보》 1939.3.27, 3면.

113) <조선영화인 언파레드>, 《동광》 23호, 1931.7.5, 63쪽.

그리하여 조선키네마주식회사에서 내분이 발생하였을 때에는 윤백남을 따라 경성으로 떠나기도 하였다. 그는 "미남자"[114]로 유명하였고 "전실한 예풍(藝風)으로 퍽으나 그 장래"가 촉망되는 배우였다.[115] 이러한 장점으로 인해, <장한몽> 촬영 도중 잠적하여 물의를 일으키기도 하였으나[116] 이후 다수의 조선영화를 통해 연기 활동을 이어 갈 수 있었다.[117]

그러나 1930년대 중반 이후 주삼손의 모습은 스크린에 거의 비추어지지 못하였던 것으로 보인다.[118] 이 무렵 조선에서는 외국영화의 수입을 단계적으로 제한하는 활동사진영화취체규칙이 도입되고(1934) 발성영화 제작이 개시되었으며,(1935) 조선영화계와 일본

---

114) <여우 엔. 파레-드 연극편 (7) 전옥 양>, 《동아일보》 1931.6.26, 5면

115) <미희(美姬) 신일선 양을 싸고도는 삼인의 남성>, 《삼천리》 6권5호, 1934.5.1, 173쪽.

116) "윤백남 안종화와 더불어 영화의 개척자로 꼽히는 이경손이 감독한 작품 중에서 유명한 것은 「장한몽」. 이수일과 심순애의 이야기로 당시 뭇사람들의 심금을 울려준 이 영화에는 재미있는 에피소드가 있다. 촬영도중 주연인 주삼손의 실종 사건이 발생, 부득이 대역을 구해 촬영할 수밖에 없었다. 그 결과 얼굴이 다른 두 사람의 이수일이 스크린에 나와 관객들을 어리둥절하게 만들었다. 이때 대역을 맡은 미남 청년이 다름 아닌 「상록수」의 심훈." <여적>, 《경향신문》 1977.1.17, 3면.

117) 함충범, 앞의 논문, 80~81쪽 참조.

118) 이러한 상황 속에 조선인 중에는 과거 무성영화 시대를 기억하면서 다음과 같이 주삼손을 떠올리는 이(들)도 있었다. "본 일홈을 (오택)이라고 한다. 낯서른 조선 영화게에 발을 드려 논지도 벌서 십여년이나 된다. 괴로운 영화게에서 아모런 불평도 없이 함께 울고 함께 우서왔다. 조선 음식을 먹고 조선 옷을 입고 조선 말을 하고 조선 글을 썼다. 고요하고 아름다운 성격은 일반뿐 아니라 영화인 사이에서도 사랑을 받았다. 그러나 시시각각으로 닥처오는 생활고를 어찌 할 수 없어 영화계를 물러갓다. 최근까지는 남쪽 어느 지방에서 사진업을 한다드니 요즈음에는 그 소식조차 없으니 지금은 어떻게나 지내는지 몸이나 건강한지-이 분이 앞으로 영화게에 다시 나온다면 토-키에 어떻게 출연할 수 있을가 문제다. 그러나 나는 이 분의 예술적 교양과 련마 여하로서 출연할 기회는 얼마든지 있으리라고 생각한다. 왜냐하면 지금의 조선영화는 그 내용의 재료채택으로나 배급망으로나 조선에만 국한할게 아니고 일본내지 만주 등지까지도 배경으로 하게 될 것이므로 그렇게 될 때 이 분도 크게 활동할 수 있으리라고 생각한다." <사라진 명우군상(名優群像), 생각나는 사람 보고 싶은 사람>, 《삼천리》 10권11호, 1938.11.1, 152쪽.

영화계의 합작이 시도됨에 따라(1937) 일본 소재 영화사에 소속되어 있던 일본인 배우가 조선에서 제작되는 영화에 출연하는 경우가 늘어났다. 이러한 배경 하에, "작품 속 인물이 재조선 일본인으로 설정됨은 물론 이들과 조선인이 일본어 대사로 대화를 나누는 장면이 삽입되는 경우도 많아져 갔음에도 불구하고, 그 배역은 대개 조선의 제작사와 합작을 하던 일본 메이저 영화사 소속의 배우에게 맡겨"지게 되었다. 이는 주삼손이 조선영화계에서 활약을 펼치고 있던 무성영화 시기와는 상이한 사회적 상황과 영화계 환경에 기인한 일련의 시대적 흐름이었다고 할 수 있다.[119]

2. 일본 배우의 조선 방문과 스타덤 현상

1920년대 이후 식민지 조선에서 영화는 최고의 대중적 연예물로서의 지위를 획득해 갔으며, 재조 일본인들 사이에서는 더욱 인기를 끌었다.[120] 당시 일본인 영화관에서도 외국영화가 상영되고는 있었으나, 여전히 일본 영화사 계열의 일본영화가 프로그램의 중심을 것이 통상적인 일이었다. 한편, 1920년대 중반을 거치며 일본의 영화 배우들이 조선에서도 유명세를 타는 경우가 많아졌다.[121] 그러면서, 재조 일본인들 사이에서의 일본 배우에 대한 관심은, 이때까지 활동 사진 변사에 대한 것을 점차 대체하게 되었다.[122]

---

119) 함충범, 앞의 논문, 82쪽.

120) 1925년 시점에서 1년간 "영화관객의 통계를 보면 혼마치(本町) 관내(내지인 측)가 약 70만 명이고 종로서 관내(조선인 측)가 약 40만 명이"었다. 참고로 동시기 경성의 인구는 약 30만 명이었다. 松本輝華, <映畫春秋>, ≪朝鮮公論≫ 14卷4號, 1926.4, p.85.

121) 일례로, 1924년 무렵부터 조선의 대표적인 일본어 종합잡지 ≪조선공론≫과 ≪조선급만주≫에는 일본의 영화배우, 특히 여배우에 관한 글이 크게 늘어났다.

122) 함충범, 앞의 논문, 86~87쪽 참조.

이러한 분위기 속에, 일본영화계에서 활동 중인 일본인 배우의 조선 방문과 팬들과의 만남이 성사되기도 하였다. 대표적인 경우로, 1925년 여름에 일본 시대극 영화의 당대 최고 스타인 반도 쓰마사부로(阪東妻三郎, 1901~1953) 일행이 경성에 왔던 '사건'을 꼽을 수 있다. 방문단은 반도 쓰마사부로를 비롯하여 마키노 데루코(マキノ輝子), 오카지마 쓰야코(岡島艶子), 이즈미 하루코(泉春子) 등 여배우들과 남자배우 나카네 류타로(中根龍太郎), 그리고 이들이 소속되어 있던 마키노프로덕션의 핫토리(服部) 전무 등 모두 11명으로 구성되었다. 이들의 조선 방문은 마키노프로덕션과 계약 관계에 있던 중앙관(中央館)의 요코야마(橫山) 지배인의 주선으로 극히 "갑작스레" 이루어진 것이었으나, "경성은 끓어오를 듯이 열광하는 쓰마사부로 일행 환영 소동을 연출"하였다.[123] 일본영화계에서 활동 중인 현지(現地)의 배우가 조선을 방문하였던 예는 "이것으로 두 번째"였는데, 그러나 "일전에 다카지마 아이코, 미나미 고메이" 일행의 경우 "대구까지만 오고 위로 올라오지 않아 경성에 올 기회는 없었"던 것으로 알려져 있었다.[124]

성황리에 끝난 반도 쓰마사부로의 경성 방문의 영향으로, 1926년 초에는 인천에서 발간되던 일본어 일간지 ≪조선신문(朝鮮新聞)≫의 기획 하에 일본 영화배우에 대한 인기투표가 실시되었다. 그리고 이때 "최고점의 영광을 받은" 시대극 영화의 원조 대스타였던 닛카쓰

---

123) ≪조선공론≫ 8월호에는 반도 쓰마사부로 일행의 경성 방문에 관한 글이 다음의 내용으로 실렸다. "일행이 경성에 도착한 날 밤, 경성역은 인산인해였다. 또 길가 양쪽으로는 어마어마한 군중으로 메워졌고, "쓰마사부로, 쓰마사부로"하는 환영의 소리가 들끓었다. 마치 어딘가의 귀빈이라도 맞이하는 듯한 소란이었다. 그도 그럴 것이 쓰마사부로는 미남자라고 한 번 본 사람은 생각한다. 여배우란 아름다운 거구나 하고 생각하는 사람도 있었다. 경성 팬은 아무튼 충만된 기분을 느꼈음에 틀림없다." 松本輝華, <京城キネマ界風聞錄>, ≪朝鮮公論≫ 13卷8號, 1925.8, p.124.(김계자 편역, 『일본어잡지로 보는 식민지영화 2』, 도서출판문, 2012, 195쪽에서 재인용)
124) 위의 기사, 같은 쪽.(김계자 편역, 앞의 책, 196쪽에서 재인용)

전속의 오노에 마쓰노스케를 "조선박람회125) 개최 중에 일주일 정도의 예정으로" 초빙하려는 계획도 세워졌다.126) 그러나, 오노에 마쓰노스케의 조선 방문은 실현되지 못하였다. 그가 <협골 초승달(俠骨三日月)>(池田富保 감독, 1926) 촬영 도중 쓰러졌기 때문이다. 이 작품은 완성되어 7월 14일 대중에게 공개되었지만, 오노에 마쓰노스케는 결국 1926년 9월 11일 세상을 떠나게 되었다.127)

그 대신, 조선박람회 개최를 즈음한 1926년 5월에 "전국 모든 계층에 걸쳐 알려진" 스타 야마모토 가이치(山本嘉一), "기예가 출중한" 사카이 요네코(酒井米子), 고이즈미 요시스케(小泉嘉輔), 기누가와 미쓰코(衣川光子) 등 오노에 마쓰노스케와 같은 닛카쓰 소속의 동료 배우들이 조선을 방문하였다. 이들은 닛카쓰 직영 "희락관의 무대에서 경성 팬에게 인사"를 건넸으며, 이에 대해 조선공론사에서는 야마모토 가이치와 사카이 요네코에게 "꽃다발을 보내 경의를 표"하기도 하였다.128)

이에, 1926년 초봄에는 다시 마키노프로덕션 소속의 유명 인기 배우 이치카와 우타에몬, 쓰키가타 류노스케, 다카미 우타코(環歌子), 모리 시즈코(森靜子) 일행의 조선 방문 가능성이 타진된 바 있었고,129) 결국 1926년 초여름 나카네 류타로 일행 15명이 영화 촬영을 겸하여 경성을 찾게 되었다. 나카네 류타로는 1925년에도 반도 쓰마사부로와 함께 경성을 방문한 경험이 있었기에, 더 큰 관심을 받았다.130)

---

125) 조선박람회는 조선신문사의 주최로 1926년 5월 13일부터 6월 21일까지 남산 왜성대 총독부 구청사(제1회장)와 1915년 조선물산공진회가 열렸던 경복궁(제2회장), 용산역 등 3곳에서 개최되었는데, 40일간 총 665,527명의 관람객을 유치하였다.

126) 松本輝華, <映畵春秋>, ≪朝鮮公論≫ 14卷4號, 1926.4, p.87.

127) 함충범, 앞의 논문, 87~90쪽 참조.

128) 松本輝華, <映畵春秋>, ≪朝鮮公論≫ 14卷6號, 1926.6, p.135.(김계자 편역, 앞의 책, 226쪽에서 재인용)

129) よしを小生, <映畵王國 噂の聞書>, ≪朝鮮公論≫ 4卷2號, 1926.2, p.73.

130) 함충범, 앞의 논문, 90~91쪽 참조.

이후에도 일본 영화 '스타'들의 조선 방문은 끊이지 않았을 것으로 보이나, ≪조선공론≫이나 ≪조선급만주≫ 등의 종합잡지에 대대적으로 기화된 경우는 찾아보기 쉽지 않다. 그럼에도, 1920년대 중반 일련의 '붐'을 이루었던 일본 영화배우들의 조선 방문과 스타덤 현상은 당시 일본과 조선의 영화 문화가 일면 동시대성을 띠고 있었음을 말해 주는 하나의 사례로서 영화사적 의의를 지닌다고 하겠다.

3. 조선 출신 배우의 일본영화계 진출

1926년 6월, 두 번째로 조선을 방문한 일본의 유명 영화배우 나카네 류타로 일행 가운데는 특별한 인물들도 포함되어 있었다. 여배우 마쓰우라 쓰키에(松浦月枝)와 남자배우 마시로 미쓰오(眞城光雄)가 그들이다. 두 배우는 모두 부산 출신의 재조 일본인이라는 독특한 이력을 지녔다. 마쓰우라 쓰키에는 "부산의 어느 요정의 딸"로 당시 일본영화계에 떠오르는 신예였고, 마시로 미쓰오의 경우 "장래성이 아주 좋"다는 평을 받던 중이었다.[131] ≪조선공론≫의 지면을 통해 이들의 방문을 소개한 마쓰모토 데루카(松本輝華)는, 마쓰우라 쓰키에를 지목하면서 "우리는 조선이 낳은 유일한 여우에 대해 가능한 한 성원해줄 필요가 있다."라며 동조를 구하기도 하였다. 마쓰우라 쓰키에도 인터뷰에서 "제가 경성에 온 것은 이번이 처음이에요. 부산에는 친구도 많이 있고 남쪽 해변이나 용두산 등에서 장난치며 놀았어요."라고 말하였다.[132]

1907년 11월 5일 대한제국 부산에서 태어난 마쓰우라 쓰키에의

---

131) 松本輝華, <映畫春秋>, ≪朝鮮公論≫ 14卷6號, 1926.6, p.135.

132) 위의 기사, 같은 쪽.(김계자 편역, 앞의 책, 225쪽에서 재인용)

본명은 오노 쓰키에(大野月枝)였다. 그녀의 일본영화계 입문은 반도 쓰마사부로(阪東妻三郎)의 조선 방문과 관련되어 있었다. 1925년 여름 반도 쓰마사부로가 마키노프로덕션 영화의 무대 인사 차 경성을 방문하기 위해 부산을 경유할 때, 조선에서 마키노 영화의 배급을 맡고 있던 사쿠라니와 후지오(櫻庭藤夫)가 그에게 마쓰우라를 소개한 것이 계기가 되었던 것이다. 마쓰우라 쓰키에는 마키노프로덕션의 대표 마키노 쇼조의 권유에 따라 1926년 마쓰우라 쓰키에로 개명하였으며, <낭인지옥(浪人地獄)>(高見貞衛 감독, 1926)을 시작으로 연기 인생을 걷게 되었다. 1932년 1월에는 마키노 쇼조의 아들 마쓰다 사다지(松田定次)와 결혼도 하였다. 이후 1965년 은퇴할 때까지 마키노 토키제작소(マキノトーキー製作所), 도요코영화(東横映畵), 도에이(東映) 교토촬영소(京都撮影所) 등 여러 영화사들을 옮겨 다니며 다수의 영화에 출연하였다.[133]

이밖에, 나카네 류타로 일행의 귀국 길에 게이샤(芸者)로 일하고 있던 '도시에이(年榮)'라는 이름의 재조 일본인이 그들을 따라 도일(渡日)하기도 하였다. 하지만 후일 "촬영소 내의 내부 사정의 추함에 질려 조선으로 돌아"왔다는 이야기가 신문을 통해 전해졌던 바,[134] 일본영화계에서의 생활이 만만하지만은 않았던 듯하다. 그럼에도, 일본영화계에서 활동하는 조선 출신의 일본인 영화배우는 계속해서 배출되었다.[135]

예컨대, ≪경성일보≫에 기록된 바에 따르면, 1929년부터 1933년까지 경성 출신의 일본인 배우가 출연한 일본영화가 대정관과 희락관에서 상영된 것은 모두 8건이었다. 4명의 배우(大山建二, 大川建二郎, 大島屯, 佐久間妙子)가 8편의 작품(<肉園美>, <孝行やり直し>,

---

133) 위키피디아 일본어판 및 일본영화데이터베이스 참조.

134) 松本輝華, <映畵春秋>, ≪朝鮮公論≫ 14卷9號, 1926.9, p.73.

135) 함충범, 앞의 논문, 91~92쪽 참조.

<花嫁選手>, <起死同生北滿の偵察>, <滿洲事變北滿の偵察>, <二人の新學士>, <大地に立つ大會>, <港の雨>)에 출연한 것이었다.136)

이들 가운데 쇼치쿠(松竹) 가마타촬영소에서 제작된 '모던영화' <육원미(肉園美)>(1929.2.26, 대정관)와 '현대 희극' <새색시 선수(花嫁選手)>(1930.3.25, 대정관)에 출연한 오야마 겐지(大山建二)는 1904년 후쿠시마현(福島縣)에서 태어나 소학교를 졸업한 뒤 부모를 따라 경성으로 이주한 재조 일본인이었다. 그는 경성약학전문학교를 나와 병원에서 근무하다가, 1925년 도쿄 쇼치쿠 가마타촬영소 내 연구소에 발을 들이면서 영화계와 인연을 맺었다. 그리고 연구소 졸업 직후인 1926년 3월, 공개 오디션을 거쳐 <사랑의 힘은 눈이라도 녹인다(愛の力は雪でも溶かす)>(大久保忠素 감독, 1926)에 출연함으로써 배우의 길을 걷게 되었다. 이후 <여자는 소매를 조심(女は袂を御用心)>(成瀬巳喜男 감독, 1932)을 계기로 주연 배우로 성장하였으며, 1936년부터는 쇼치쿠 오후나촬영소(大船撮影所)로 자리를 옮기기도 하였다. 전후에는 도호(東寶), 신도호(新東寶), 다이에이(大映, 大日本映畵製作株式會社)를 두루 거쳤으며, 1959년 이후 다이에이 텔레비전(大映テレビ)의 연속극에도 모습을 드러내며 1969년까지 활동을 지속하였다.137)

또한, 닛카쓰에서 제작된 <만주사변 북만의 정찰(滿洲事變北滿の偵察)>(1933.5.24, 희락관)에 출연한 사쿠마 다에코(佐久間妙子)는 1908년생이며 본명은 니시지마 시즈코(西島靜子)였다. 1927년부터 닛카쓰 다이쇼군촬영소와 우즈마사촬영소(太秦撮影所)에서 활동하다가 1933년부터는 다이토(大都)로 자리를 옮겼고 전후에는 도에이(東映)에서 활동한 것으로 기록되어 있다.138)

---

136) 호시노 유우꼬, 앞의 학위논문, 58쪽 표 [경성출신 배우를 사용한 영화] 참조.
137) 위키피디아 일본어판 및 일본영화데이터베이스 참조.
138) 위키피디아 일본어판 참조.

다른 한편, 일본영화계에서 연기 경력을 쌓은 조선인 배우도 있었다. 대표적인 이가 강홍식이었다. 1902년 평양에서 태어난 그는 1917년 평양고보를 다니던 중 미술 교사와 다툰 사건으로 학교에서 퇴학을 당하고 일본으로 건너가 도쿄가극단(東京歌劇團) 연구생 생활을 하게 되었다. 거기서 무용계의 거성 이시이 바쿠(石井漠)를 만나 무용과 성악을 사사받고 1919년 이시이 데루오(石井輝男)라는 예명으로 가극 배우를 하다가 연극계에 발을 들여 사와다 쇼지로(澤田正二郎)의 문하생을 거치기도 하였다. 이후 교토에 위치한 닛카쓰 다이쇼군촬영소에 입사하여 쇼치쿠(松竹)에서 자리를 옮겨온 현대극 분야의 유명 감독 무라타 미노루 감독의 <청춘의 노래(靑春の歌)>(1924)에 출연하여 배우로서 영화계에 입문하였다. 그리고 잠시 조선으로 건너가 이구영 감독의 <쌍옥루(雙玉淚)>(1925)와 <장한몽(長恨夢)>(1926)에 조연으로 나오기도 하였으나, 다시 일본으로 돌아와서 이나 세이치(伊奈精一) 감독의 <철완 기자(鐵腕記者)>(1926), 다사카 도모타카(田坂具隆) 감독의 <정의의 강자(正義の强者)>(1927), 기토 시게루(木藤茂) 감독의 <A38호실(A38號室)>(1927), 우치다 도무(內田吐夢) 감독의 <경쟁 3일간(競爭三日間)>(1927) 및 <신발(靴)>(1927) 등에 연이어 출연하였다. 후일 일본영화계의 거장으로 성장하는 여러 감독들의 작품에서 연기 경험을 쌓았던 것이다. 그러던 중, 1927년 봄에 <장한몽>의 주인공을 맡은 바 있던 심훈이 교토에 있던 강홍식을 찾아갔는데, 강홍식의 주선으로 이후 6개월 동안 닛카쓰 다이쇼군촬영소 신극부 연구생으로 있던 심훈이 그를 설득하여 둘은 조선으로 돌아와 함께 영화 작업에 착수한다. 그래서 나온 작품이 <먼동이 틀 때>(1927)였다. 이후 강홍식은 김소랑의 취성좌에서 입단하기도 하고, 레코드 발매로 유명세를 타기도 하였으며, 1940년대 들어서는 전창근 감독의 <복지만리(福地萬里)>(1941)에서 연기한 뒤 '진훈'이라는 예명을 가지고 최인규 감독의 <집 없는 천사(家なき天使)>(1941), 이마이 다다시(今井正) 감독

의 <망루의 결사대(望樓の決死隊)>(1943), 방한준 감독의 <거경전(巨鯨傳)>(1944), 최인규 감독의 <태양의 아이들(太陽の子供たち)>(1944) 등 일련의 국책영화에 출연하며 영화배우로서 활발한 활동을 벌였다. 그리고 해방 후에는 북한으로 넘어가 1947년 2월 설립된 북조선국립영화촬영소의 연출부장에 임명된 뒤 기록영화 <38선>(1948)과 북한 최초의 극영화 <내고향>(1949) 등을 감독하며 북한영화사에 족적을 남겼다.[139]

이외에도 1920년대에는 박누월과 김일해가 데이코쿠키네마(帝國キネマ) 소속 배우로 활동하였다. 특히, 1906년 수원 출생인 김일해(본명:김정석)는 1926년 도아키네마에서 조명기사로 일하고 있던 김성춘과 박누월의 소개로 데이코쿠키네마에서 연기자의 길을 걷기 시작한 뒤 스즈키 시게요시(鈴木重吉) 감독의 <사랑의 재즈(愛のジャズ)>(1929)와 야마시타 슈이치(山下秀一) 감독의 <내일은 결승(明日は決勝)>(1929)을 비롯한[140] 20여 편의 영화에 출연하며 1932경년까지 신코키네마(新興キネマ) 등지에서 일본영화계의 경력을 쌓았다.[141] 이후 조선으로 돌아와 <살수차>(방한준 감독, 1935), <춘풍>(박기채 감독, 1935) 등의 무성영화와 <순정해협>(신경균 감독, 1937), <오몽녀>(나운규 감독, 1937), <도생록(圖生錄)>(윤봉춘 감독, 1938) 등의 작품에 출연하였고, 1940년대에는 식민지 조선에서 가장 왕성한 연기 활동을 펼친 인물 중 한 명이 되었다. 해방 후에도 <수우>(안종화 감독, 1948), <출격명령>(홍성기 감독, 1955) 등에 모습을 비추었고 이두용 감독의 <장남>(1984)에 출연하는 등 1980년대까지 배우 활동을 이어갔다.

이들의 일본 경험은 개인적으로는 견문과 인맥을 넓혀 연기 생활

---

139) 한상언, 『강홍식 전(傳)』, 한상언영화연구소, 2019, 14~56쪽 참조.

140) 정종화, 「조선 무성영화 스타일의 역사적 연구」, 중앙대학교 박사논문, 2012, 174쪽 참조.

141) 강옥희 외, 『식민지 시대 대중예술인 사전』, 소도, 2006, 60쪽 및 민족문제연구소, 『친일인명사전』, 삼화인쇄, 2009, 565쪽 참조.

에 자양분을 제공하는 한편142) 대중문화사적으로는 한국과 일본 간 교류 활동의 일부를 채운다는 점에서 의의를 지닌다고 할 수 있다.

4. 조선영화계에서의 일본인 활동

식민지 조선에서 영화가 만들어지기 시작한 것은 1920년 전후의 일이다. 그렇기에 한국영화사에서 1920년대는 무성영화의 제작이 실현되고 본격화된 시기로 구분된다. 그 기저에는 여러 가지 환경적 요인이 자리하고 있었다. 우선, 3.1운동(1919)을 계기로 일본의 대 조선 식민지 정책이 기존의 무단통치에서 문화정치로 변화하였다는 점이 시대적 배경으로 작용하였다. 더불어, 세계적으로도 1920년대 는 미국에서 할리우드 시스템이 구축되고 유럽에서는 표현주의(독 일), 인상주의(프랑스), 몽타주(소련), 여타 아방가르드 영화 등이 유 행함으로써 영화의 산업적, 예술적 기반이 갖추어진 시기였다. 일본 의 경우도 1910년대 후반 이른바 '순영화극운동'을 거친 뒤 1920년 대에는 영화 제작이 보다 활발하게 이루어졌다.

그런데, 1910년대 조선에서의 '활동사진' 흥행이 기본적으로 관 객층의 민족적 구성에 의거하여 '조선인/일본인' 변사의 '조선어/일 본어' 설명이 붙는 상설관으로 분리된 반면, 1920년대 이후 제작 활동의 경우 그러한 구분이 명확히 유지되지는 않았다. 주로 일본인 을 독자층으로 두고 있던 경성일보사에서 제작된 <생익>(1921), <애의 극>(1922), <사의 휘>(1922)나 경성일보 기자로 있으면서 왕 성한 시나리오 활동을 펼친 미쓰나가 시초(光永紫潮)의 각본이 토대

---

142) 이와 관련하여, 이순진은 "무성영화 시대의 대표적인 남성 스타" 나운규에 이어 이원용, 이경 선 등을 제치고 김일해가 "발성영화 시대를 대표하는 남성 스타로" 등극할 수 있었던 이유를 "일본 시절에 쌓은 전문성과 인맥"에서 찾는다. 이순진, 「식민지시대 조선영화 남성 스타에 대한 연구: 나운규와 김일해를 중심으로」, 『영화연구』 34호, 한국영화학회, 2007, 14, 35쪽.

가 된 <복수(復讐)>(1922) 등의 예처럼 일본인이 주가 되어 만들어진 적도 있었지만, 이들 작품은 대체로 계몽, 홍보를 목적으로 한 2~3권 정도의 단편 필름들이었다. 그 외의 주류적인 조선영화는 대개 조선인이 주축을 이루거나 조선인과 일본인의 협업을 통해 제작되는 경우가 일반적이었다.

이 가운데 후자가 주목되는 바, 무성영화 제작 초기 영화사적 시대 구분의 분기점이 되는 주요 작품에서의 제작 과정이 조선인과 일본인의 공동 작업의 형태를 띠고 있었기 때문이다.

1920년대 식민지 조선에서는 영화 제작이 개시되었고 이와 함께 제작업계에서 일본인의 활동도 활발히 이루어졌다. 초반에는 일본인이 제작, 연출, 기술 부문을 주도하고 조선인은 주로 연기 파트에 속해 있었으나, 시간이 갈수록 조선인의 담당 영역이 커지게 되었다.

상업적 장편 극영화 형식의 띠며 각광을 받은 <춘향전>(1923)은 이 작품의 제작을 행한 동아문화협회를 세운 재조 일본인 하야카와 고슈가 감독을, 미야카와 소노스케(宮川早之助)가 촬영을 맡았고, 춘향은 기생 출신 한룡(본명:한명옥)이, 이몽룡은 취성좌 배우 출신 변사 김조성이 연기하였다. 나데 오토이치를 대표로 부산에 세워진 조선키네마 주식회사(朝鮮キネマ株式會社)에서 만들어진 <해의 비곡>(1924), <신의 장>(1925) 등은 재조 일본인 다카사 간쵸(高佐貫長)가 왕필렬(王必烈)이라는 이름으로 감독하였고, <총희의 연>(1925)의 경우 조선인 윤백남이 연출을 맡았다. 촬영은 <해의 비곡>을 사이토(斎藤)와 스도(須藤)가, <신의 장>을 니시카와(西川)가, <총희의 연>을 미야시타(宮下)가 담당하였으며, 배우진은 대부분 조선인들로 구성된 무대예술연구회의 일원들로 짜여졌다.

조선영화에 대한 일본인의 참여 양상은 무성영화 제작이 궤도에 오르는 1920년대 중후반으로도 계속해서 이어졌다. <농중조>(이규설

감독, 1926), <아리랑>(나운규 감독, 1926), <풍운아>(나운규 감독, 1926), <들쥐>(나운규 감독, 1927), <금붕어>(나운규 감독, 1927), <뿔 빠진 황소>(김태진 감독, 1927) 등 당대를 대표하는 영화를 제작한 조선키네마프로덕션의 설립자 요도 도라조(淀虎藏)와 제작 실무를 주도한 그의 조카사위 쓰모리 슈이치(津守秀一), <불망곡>(이규설 감독, 1927)과 <홍련비련>(이필우 감독, 1927)을 제작한 것으로 알려진 덕영프로덕션(德永プロダクション)의 도쿠나가 구마이치로(德永熊一郞), <나의 친구여>(유장안 감독, 1928), <지나가의 비밀>(유장안 감독, 1928) 등을 만든 대륙키네마(大陸キネマ)의 가와바타 모토미즈(川端基水), <금강한>(나운규 감독, 1931), <남편은 경비대로>(시마타 아키라(島田章) 감독, 1931) 등을 제작한 원산프로덕션(遠山プロダクション)의 도야마 미쓰루(遠山滿), 조선 최초의 발성영화 <춘향전(春香傳)>(이명우 감독, 1935)을 비롯한 다수의 작품을 내놓은 경성촬영소(京城撮影所)의 와케지마 슈지로(分島周次郞) 등의 경우처럼, 특히 제작 분야에 있어서는 일본인의 비중이 작지 않았다.

물론, 일본의 중견 감독 출신으로 '김소봉(金蘇峯)'이라는 조선명을 가지고 <전과자>(1934), <대도전>(1935)을 비롯한 다수의 영화를 연출한 야마자키 후지에(山崎藤江), 많은 작품에서 조선의 대표적인 감독 나운규와 호흡을 맞추었던 촬영기사 가토 교헤이(加藤恭平), <춘향전>의 완성을 위해 교토에서 건너온 녹음기술자 나카가와 다카시(中川堯司), <해의 비곡>을 시작으로 <심청전>, <개척자>(이경손 감독, 1925), <장한몽>(이경손 감독, 1926), <풍운아>(나운규 감독, 1926), <금붕어>(나운규 감독, 1927) 등을 거치며 시대를 풍미한 배우 주삼손(일본명:大澤柔) 등과 같이, 조선영화의 제작에는 일본인의 참여가 상당 부분 개입되어 있었다.

무성영화 제작 시기 식민지 조선영화는 거의 대부분 조선인을 관객의 주요 대상으로 하던 '조선인 영화관'에서 공개되었으며, 그 내용 및 형식, 기술 및 문화 등에 있어 동시기 일본영화와 차이를 보였다. 그럼에도 당시 조선영화 제작 과정에서 일본인의 역할은 무시하기 어려울 만큼 컸다. 그리고 이는 1930년대 중후반 조선과 일본 간 영화 교류 증대의 밑거름이 되었다고 볼 수 있다.

5. 조선인의 일본영화계 경험과 귀국 후 활동

무성영화에서 발성영화로의 기술적 전환이 일어나던 1930년대 중반, 조선영화계를 새롭게 이끌어갈 인력이 상당수 충원되었다. 그런데, 주류를 이룬 이들이 바로 "일본 영화스튜디오의 도제를 거쳐 조선으로 돌아"와 "당대의 가장 영향력 있는 영화사인 경성촬영소를 선택하지 않"은 채 "신규 제작사를 통해 무성영화를" 제작한 사람들이었다.[143] 주요 감독들을 중심으로 면면을 살펴보자.

1904년생인 이규환은 1922년 도일(渡日)하여 도쿄 간다(神田) 소재 일본영화예술연구소(日本映畵藝術研究所)에서 6개월 동안 경험을 쌓고 조선으로 돌아온 뒤, 1928년부터 다시 교토에 위치한 데이코쿠키네마의 우즈마사촬영소(太秦撮影所)에서[144] 도요타 시로(豊田四郞)와 스즈키 시게요시(鈴木重吉) 밑에서 조감독 생활을 하였다.[145] 이후 1932년 3월에 다시 귀국하여 무성영화 <임자 없는 나룻배>(1932)와 <무지개>(1935), 문화영화 <밝아가는 인생>(1934), 발성영

---

143) 정종화, 「조선 무성영화 스타일의 역사적 연구」, 중앙대학교 박사논문, 2012, 163쪽.

144) 우즈마사촬영소는 1931년 8월 이후 신코키네마(新興キネマ) 촬영소로 바뀐다.

145) 정종화는 그가 스즈키 시게요시 감독의 <사랑하기 위해(愛すべく)>(데이코쿠키네마 제작, 1931)와 <무엇이 그녀를 죽였는가(何が彼女を殺したか)>(신코키네마 제작, 1931)의 프로덕션 과정에 참여한 것으로 추정한다. 정종화, 앞의 학위논문, 167~168쪽 참조.

화 <나그네(旅路)>(1937), <창공(돌쇠)>(1941) 등을 연출하며 활동을 이어갔다.[146]

방한준은 강원도 본적의 1906년생으로,[147] 일본 도쿄 근교의 쇼치쿠키네마(松竹キネマ) 가마타촬영소와 교토의 신코키네마(新興キネマ) 현상소 등에서 근무한 것으로 알려져 있다. 뒤 조선으로 돌아와 영화 활동을 이어갔다. 그가 일본으로 건너간 정확한 시점은 알 수 없으나, 1930년대 초반 일본에서의 영화 활동이 여럿 포착된다.[148] 1930년대 중반 귀국하여, 조선중앙영화사의 창립작으로 기획된 무성영화 <살수차>(1935)에서 메가폰을 잡고, 이후 발성영화 <한강>(1938), <성황당>(1939), 일본어 문화영화 <승리의 뜰(勝利の庭)>(1940) 등을 연이어 연출하였다. 이후에도 최인규에 이어 <수업료(授業料)>(1940)의 1/3 가량을 연출하고 <풍년가(豊年歌)>(1942), <거경전>(1944), <병정님(兵隊さん)>(1944) 등을 감독하며 가장 왕성한 연출 활동을 펼쳤다.

광주 출신의 1906년생 박기채는 1927년 무렵 일본으로 건너가 교토에 있는 도시샤대학(同志社大學)을 다녔고 1930년에는 의탁생

---

146) <나그네>의 경우 신코키네마와의 협업으로 제작이 이루어졌으며, <밝아가는 인생>에서는 신코키네마 출신의 촬영기사 후지이 기요시(藤井淸)를 초빙하고 <무지개> 제작 당시 후지이 기요시가 소개한 닛카쓰의 감독 후카가와 히사시(深河ひさし)에게 일본 판권을 주는 대신 촬영 장비와 현상 작업의 원조를 받기도 하였다. 위의 학위논문, 168쪽 참조.

147) 그의 학력은, 비교적 최근에 발간된 『친일인명사전』 등에서는 보통 선린상업고등학교로 표기되어 있으나,(친일인명사전편찬위원회, 『친일인명사전』, 민족문제연구소, 2009, 185쪽 참조) 1942년 발행된 '영화 제작 종사자 등록 명부(映畵製作從事者登錄名簿)'에는 소학교로 기록되어 있다.(田中三郎, 『昭和17年映画年鑑』, 日本映画雜誌協会, 1942, pp.7∼23 참조) 한편, 출생지에 관해서는 한성(한일병합 뒤인 1911년 경성으로 개칭됨)과 강원도로 그 설명이 갈려 있다.(함충범, 「방한준 감독의 영화 미학적 특징 연구: 1930년대 연출 작품에 대한 분석적 접근을 통해」, 『인문과학』99집, 연세대 인문학연구원, 2013, 127쪽 각주 3)번 참조)

148) 일례로, 박누월이 발간하던 『영화시대』1931년 6월호에 데이코쿠키네마에서 이창용, 정기탁 등의 영화인들과 함께 찍은 사진과 이름이 게재된 적도 있다. 김진송, 『현대성의 형성: 서울에 딴스홀을 許하라』, 현실문화연구, 1999, 162쪽 사진 참조.

으로서 도아키네마에 입사하였다. 이후 다카라즈카키네마(寶塚キネマ)에 조감독으로 들어가서 1933년 12월에는 정식으로 감독이 되기도 하였다.[149] 그러다가 1934년 귀국하여 무성영화 <춘풍>(1935), 발성영화 <무정>(1939)을 연출하고 조선영화제작주식회사의 극영화 1회작 <조선해협(朝鮮海峽)>(1943)의 감독을 맡는 등 영화 활동을 꾸준히 이어갔다.

1912년생인 신경균의 경우 1930년 즈음에 도일하여 교토의 일본영화연극학원(日本映畵演劇學院)을 다닌 후, 1933년부터 신코키네마와 J.O.스튜디오(J.O.スタヂオ)에서 스텝으로 영화 작업을 경험한 것으로 알려져 있다. 그리고 1934년 조선으로 돌아와 ≪조광≫에 연재된 동명의 함대훈의 소설을 각색하고 감독까지 맡아 발성영화 <순정해협>(1937)을 연출하였다.[150]

이외에도, 카프 영화계 출신의 김유영과 서광제가 1930년 5월 무렵 교토 영화계를 경험한 일이 있었고, 배우 중에서는 강홍식과 심훈, 박누월과 김일해 등이 1920년대를 중심으로 일본영화계에서의 경력을 쌓았다. 1914년 덴카쓰 고사카촬영소(小阪撮影所)에서부터 일본 활동의 이력을 써간 이필우 이래로 기술 담당자의 일본행도 계속되었다. 대표적으로 조명기사 김성춘, 촬영기사 양세웅 등은 1927년경부터 도아키네마 등에서 일한 뒤 조선으로 돌아와 이후 많은 작품에서 기술 부문을 담당하였다. 촬영 부문의 김학성이나 고려영화협회를 통해 제작자로 활약한 이창용 등도 일본에서의 경험을 가진 인물들이었다.

이와 같이, 1930년대 중반을 통과하며 일본영화계에서의 경험을 지닌 많은 영화인들이 귀국하였는데, 이들은 조선에서 자신의 전문

---

149) 이와 관련하여, 정종화는 박기채가 다케다 가즈오(竹田一夫)라는 일본식 이름으로 <청춘의 비가(靑春の悲歌)>(1933)와 <항구의 협아(港口の俠兒)>(1933)를 연출하였을 가능성이 매우 크다고 주장한다. 정종화, 앞의 학위논문, 176쪽.

150) 위의 학위논문, 180쪽 참조.

분야에서 적극적인 활동을 펼침으로써 1930년대 중반 이후 조선영화의 제작 경향을 주도하게 되었다. 그리고 이러한 양상은 1940년대로도 계속된다.

6. 조선에서 제작된 일본 원작 영화와 일본에서 제작된 조선 소재 영화

문화가 지니는 여러 가지 속성들 중에 '전파'의 성격이 포함되어 있음을 염두에 둘 때, 특정한 예술 작품의 경향이 지역에서 지역으로 전해지고 변형되는 일은 지극히 당연한 현상이라 할 수 있다. 특히 과학과 기술, 교통과 통신의 발달로 인해 서로 다른 문화권 간의 거리가 현저히 좁아진 근대 이후에는 그러한 추세가 더욱 가속화되는 양상을 보였다. 이는 한국 근대 문예사를 통해서도 확인되는 사실이다.

가령, 한국 근대 문학의 선구자로 알려진 이인직의 『혈의 누』(1906)를 비롯한 개화기 신소설과 한국 근대 문학의 개척자로 알려진 이광수의 『무정』(1917)을 위시한 일제강점기 근대소설 가운데 적지 않은 작품들이 이전 시기 혹은 동시기 일본 문단의 영향을 받았다는 점부터가 그러하다.[151]

---

151) 2000년대 이후 한국에서 발표된 논문들 가운데 관련 내용을 담은 연구로는 다음과 같은 것들이 있다. 윤일 · 서은선, 「일본 명치기 '사회소설'과 한국 개화기 '신소설' 비교 연구: '사회소설'과 '신소설'의 특성」, 『일본어문학』 45집, 일본어문학회, 2009 / 서은선 · 윤일, 「일본 사회소설 『흑조(黑潮)』와 한국 신소설 『은세계(銀世界)』 비교 연구: 장르 특성과 서사 구성」, 『동북아문화연구』 21집, 동북아시아문화학회, 2009 / 박태규, 「이인직의 연극개량 의지와 『은세계』에 미친 일본연극의 영향에 관한 연구」, 『일본학보』 47집, 한국일본학회, 2001 / 강우원용, 「일본문학의 수용과 변용: 이광수의 「사랑인가(愛か)」와 『무정(無情)』을 중심으로」, 『일본학보』 103집, 한국일본학회, 2015

공연예술에서 역시 마찬가지였다. 서연호에 따르면, "한국인이 공연한 최초의 근대극 기록은 1908년 11월 15일 원각사에서 광대들이 만든 <은세계>였"는데, 여기에는 1902년 8월 최초의 극장인 희대(戲臺)가 만들어진 이후의 공연물이 "모두 판소리를 재구성한 전승연희"였던 것이 "무려 6년 만에 새 작품이 탄생된 것"이라는 점 이외에, <은세계>가 일본의 영향을 받은 이인직이 1908년에 발표한 동명의 신소설을 원작으로 삼은 작품이라는 점에서도 시대적 특수성이 결부되어 있었다. 더구나 임성구가 이끌던 혁신단의 창립 공연작이자 조선인 극단에 의해 만들어진 최초의 신파극으로서 1911년에 11월 어성좌(御成座)에서 공연된 <불효천벌>은 일본 신파극 <뱀의 집념(蛇の執念)>을 번안한 작품으로 알려져 있다.[152]

영화 분야의 경우도 예외가 아니었다. 대표적인 사례로 기쿠치 유호(菊池幽芳)의 소설 『나의 죄(己が罪)』(1899)를 조일제(조중환)가 번안하여 ≪매일신보≫에 연재(1912.7.17∼1913,2,3)한 것을 각색한 이구영 감독의 <쌍옥루>(1925)와, 오자키 고요(尾崎紅葉)의 소설 『금색야차(金色夜叉)』(1897∼1902)를 역시 조일제가 번안하여 ≪매일신보≫에 연재(상편:1913.5.13∼10.1, 중·하편:19155.25∼12.26)한 것을 원작으로 삼은 <장한몽>을 들 수 있다. 모두 일본의 통속소설의 줄거리를 기반으로 연예 비극, 가정 비극을 다루었다는 공통점을 보인다.

특히 <장한몽>은 연쇄극과 영화를 합쳐 총 3회에 걸쳐 제작되었다. 먼저, 문예단을 이끌던 이기세가 연출하고 '한국 최초의 카메라 감독' 이필우가 촬영을 맡은 연쇄극 <장한몽>(1920)에는 이응수, 이기세와 함께 '우리나라 최초의 여배우'로 일컬어지는 마호정[153]이 등장하여 화제가 되었다. 영상 촬영본은 3권이었으며, 1920년 4월

---

152) 서연호, 『한국연극사 근대편』, 연극과인간, 2003, 61∼62쪽.
153) 김종원·정중헌, 『우리 영화 100년』, 현암사, 2001, 56쪽 참조.

24일부터 28일까지 단성사에서 상연되었다.[154] 다음으로, 『나의 죄』와 『금색야차』를 번안한 장본인인 조일제가 세운 계몽영화협회에서 제1회 작품으로 내놓은 이경손 감독의 영화 <장한몽>(1926)에는 강홍식, 주삼손, 김정숙, 이규설, 나운규, 정기탁, 남궁운 등 내로라하는 배우들이 출연하였다. 주인공 이수일 역을 맡은 일본인 배우 주삼손이 촬영 도중에 자취를 감추어 심훈이 대역 역할을 하는 등 우여곡절도 있었으나, 니시카와 히데오가 9권 분량으로 촬영, 편집하여 1926년 3월 18일부터 22일까지 단성사에서 개봉되었다.[155] 마지막으로, 대경영화양행(大京映畵洋行)의 제1회 작품으로 기획된 시마타 아키라 제작, 이구영 감독의 <수일과 순애>(1931)에서는 이명우가 각색을, 손용진이 촬영을 맡고 윤봉춘, 주삼손, 이경선, 김연실, 박제행, 심영 등이 배역을 담당하였다. 역시 9권 분량으로 완성되어 1931년 3월 13일부터 19일까지 단성사에서 개봉되었다. 이 영화의 경우, 당대 관객으로 하여금 "각색에 있어 사족(蛇足)이 없"지는 않으나 "기술방면에 있어서 상당히 성공한 작품"이며, 그리하여 "출연자의 연기"도 "빛나게 한 곳이 많다"는 호평을 얻기도 하였다.[156]

1926년에는 데이코쿠키네마 제작, 마쓰모토 에이치(松本英一) 감독의 일본영화 <새장의 새(籠の鳥)>(1924)[157]를 참고한 <농중조(籠中鳥)>(1926)가,[158] 재조 일본인 요도 도라조가 세운 조선키

---

154) 김종욱 편, 『실록 한국영화총서 제1집(1903~1945.8) (상)』, 국학자료원, 2002, 139~140쪽 참조.

155) 위의 책, 243~244쪽 참조.

156) 위의 책, 749~751쪽.

157) <새장의 새>는 1922년 치노 가오루(千野かおる) 외 2인이 작사하고 돗토리 슌요(鳥取春陽)가 작곡한 유행가였는데, 1924년 영화화됨으로써 유명세를 타게 되었다. 특히 이 영화를 통해 여배우 우타가와 야에코(歌川八重子)가 일약 스타덤에 오르기도 하였다. 그러나 1923년 11월 공포된 '국민정신작흥에 관한 조서(国民精神作興ニ関スル詔書)'를 기준으로 다소 퇴폐적인 가사가 문제시되어, 영화관 내에서 관객의 합창은 물론 노래 자체가 금지되기도 하였다. 倉田喜弘, 日本大百科全書(ニッポニカ)の解説. 야후 재팬(www.yahoo.co.jp) 참조.

네마프로덕션의 창립작으로 기획되어 쓰모리 슈이치 총지휘, 이규설 연출로 만들어졌다. 이 작품에는 복혜숙, 이규설, 나운규, 노태미, 박제행, 박인양, 박미은 등이 출연하였으며, 가토 교헤이의 촬영을 거쳐 8권 분량으로 완성된 후 1926년 6월 19일부터 25일까지 단성사에서 개봉되었다. 이 영화는 이규설과 나운규가 개작 및 각색을 시도하기는 하였으나, 《동아일보》 1926년 6월 27일자에 게재된 영화동호회 소속의 김을한의 감상평에서처럼 "'장한몽' 이상의 모방(模倣)"이 가해져 "번안(飜案)이 아니라 거의 직역(直譯)인 것이 적지 않은 유감(遺憾)이" 드는 작품이라는 평가를 받기도 하였다.159)

한편, 동시기 일본에서는 조선을 촬영 장소 혹은 극중 배경으로 두거나 조선인 배우 및 배역을 등장시키는 등의 여러 방식으로 조선을 소재화한 영화가 나오기도 하였다. 1925년에는 일본의 영화사가 조선을 촬영지로 삼아 "조선을 영화 카메라에 담는 것이 최근 일본에서 유행하고 있"었다. 일례로 "닛카쓰의 사에구사 겐지로(三枝源次郎) 감독은 미나미 고메이(南光明), 다카지마 아이코(高島愛子) 등을 동반하고 일전에 부산에 상륙해 바로 촬영에 착수할 예정이었는데, 부산은 요새지대여서 중지하고 대구를 본진을 두고 대구 근처 일대에서 연속활극 『북해의 여왕(北海の女王)』(1925) 촬영에 착수해 왕성히 활약하고 돌아"간 일도 있었다. 닛카쓰에서는 "『국경을 지키는 사람들(國境を護る人々)』 촬영을 개시하고 장면의 많은 부분을 전부 경성과 압록강 호반에서 촬영"하려는 계획 하에 6월

---

158) 이 작품에 대해, 호현찬은 "일본의 신파극 <농중조(籠中鳥)>를 그대로 모작한" 것으로 설명하고,(호현찬, 『한국영화 100년』, 문학사상사, 2000, 36쪽) 김종욱의 경우 『금색야차』의 작가 '오자키 코오요오(尾崎紅葉)'의 원작 '농조(籠鳥)'를 이규설과 나운규가 '개작 각색'을 거쳐 만든 영화로 표기한다.(김종욱 편, 앞의 책, 569쪽) 하지만, 이에 관한 근거는 제시되어 있지 않으며 이를 뒷받침할 만한 자료도 찾아보기 어렵다.

159) 위의 책, 569, 575쪽.

초 와카야마 오사무(若山治) 감독이 배우 10여명을 대동하고 조선을 방문할 예정이기도 하였다.[160]

일본에서 촬영을 진행하면서 작품 내적으로 조선을 배경으로 설정한 영화들도 제작되었다. 1924년작 <역류에 서서(逆流に立ちて)>(安田憲邦 감독)가 이러한 경우에 속하였는데, 1925년에는 조선인 엑스트라 300여명이 동원된 전3편 <대지는 웃는다>(牛原虛彦·島津保次郎 감독)가 나오기도 하였다. 쇼치쿠(松竹) 가마타촬영소에서 제작된 이들 작품은 조선의 풍물과 자연, 풍습과 의상 등을 일본인의 취향에 맞게 이국적으로 묘사함으로써 대중 관객에게 신선함을 선사하려 하였다.[161]

일본영화 가운데는 조선인 배역이 포함된 작품도 있었다. 시미즈 히로시(淸水宏) 감독의 <고마운 아저씨(有りがたうさん)>(1936)가 하나의 예였다. 이즈반도(伊豆半島)를 배경으로 한 이 영화의 주인공 버스 운전사 역은 유명 배우 우에하라 젠(上原謙)이 맡았는데, 조연들 가운데는 조선인 여성 역도 설정되어 있었다.[162] 역할을 소화한 배우는 구하라 요시코(久原良子)였다.

이어 <반도의 무희>(1936)에 이르러서는 조선인 배우가 주연에 오르기도 하였다. 신코키네마(新興キネマ) 도쿄촬영소에서 곤 이데미(今日出海)의 감독 데뷔작으로 제작된 이 작품에서, 무용수인 주인공 백성희 역은 실제 최고의 조선인 여성 무용가로 유명세를 타고 있던 최승희가 맡았다. 1936년 4월 1일 도쿄에서 개봉된 이 영화는 "특이한 소재, 즉 현재 상당한 인기가 있는 반도의 무희가 주연한 자전적 영화라는 점과 그 무용이 조금 호기심을 자아낸다"는

---

160) 松本輝華, <京城キネマ界風聞錄>, ≪朝鮮公論≫ 13卷6號, 1925.6, pp.97~98.(김계자 편역, 앞의 책, 189~190쪽에서 재인용)

161) 양인실, 「식민지기 일본영화의 내/외부에 있던 조선(인) 시론」, 한국연구재단 지원 한일협력연구 세미나 발표문, 2012 참조.

162) 佐藤忠男, 『日本映画史 第1券』, 岩波書店, 1995, p.376 참조.

평 등을 얻었다.163)

　이상의 예에서 확인되듯, 1920에서 1930년대에 걸쳐 조선과 일본 간에는 일종의 영화 텍스트 차원에서의 교류가 행해졌다. 다만, 조선에서는 일본에서 나온 소설 원작이 영화화되는 경우가, 일본에서는 조선을 소재로 한 영화가 제작되는 경우가 있었다. 비록 이들 사례가 주류나 다수를 이루었던 것은 아니지만, 이러한 교류 활동이 1930년대 중반 이후 본격화되는 조선영화계와 일본영화계의 합작 시도에 일정부분 밑거름 기능을 하였다고 볼 수 있다.

---

163) 水町靑磁, <半島の舞姬>, ≪キネマ旬報≫ 1936.4.21, p.119.

제3부

전시체제 하 제작-배급-상영의 체계화 (1937~1945)

01 조선 발성영화의 일본 수출과 합작의 성행
02 영화 통제의 강화와 정책, 제도, 단체, 기관의 연계
03 일본인의 영화 활동 영역과 비중의 확대
04 조선영화/일본영화 간 경계 약화 현상의 단면들

01

조선 발성영화의 일본 수출과 합작의 성행

1. 1930년대 중반 조선 발성영화의 일본 수용

　　재조(在朝) 일본인 와케지마 슈지로(分島周次郎)가 운영하던 경성 촬영소에서 <춘향전(春香傳)>(1935)이 이명우의 연출로 만들어져 1935년 10월 4일부터 13일까지 단성사(團成社)에서 개봉됨으로써 조선영화의 새 장이 열렸다. 이렇게 개시된 '발성영화 제작 시대'에는 1937년경까지 기존의 무성영화와 새로운 발성영화가 공존을 이루다가, 이후에는 발성영화로 본격화되는 흐름을 나타내었다. 주목되는 점은 이러한 제작 경향과 조선영화의 일본 수출 양상이 여러 접점을 가지면서 유사한 동선을 보였다는 사실이다.

　　발성영화 제작 초기 식민지 조선에서는, 무성영화 시대의 경우과도 유사하게 <장화홍련전(幽靈は語る)>(홍개명 감독, 1936), <홍길동전 후편(洪吉童續編)>(이명우 감독, 1936), <심청(深靑)>(안석영 감독, 1937) 등 조선 후기부터 서민층 사이에서 향유되어 오던 고전소설을 영화화한 작품들이 주류를 이루었다. 민족적 고유성을 내세워 조선영화의 정체성을 제시하고 이를 통해 관객성을 확보하려

는 기획 전략의 일환으로 볼 수 있다. 일본영화의 장르 기준에 따른 다면 '시대극(時代劇)' 범주에 들어갈 이들 영화는 전통적인 의상, 분장, 배경 등을 통해 시각적 볼거리를 제공하며 대중의 관심을 끌려고도 하였지만, '권선징악(勸善懲惡)'이라는 다소 획일화된 주제와 상호 동질적인 서사 구조 등으로 인해 작품성에 한계를 보였던 것도 사실이다.

그럼에도, 이들 조선 발성영화에 대한 일본에서의 관심은 매우 컸다. 이를 반증하듯, <춘향전(春香傳)>이 조선에서 개봉하기도 전인 1935년 9월 1일자 ≪키네마준포(キネマ旬報)≫에는 이 작품의 제작을 둘러싼 사항이 다음과 같이 소개되어 있다.

> 경성 혼마치에 촬영소를 가지고 있는 와케지마 슈지로(分島周次郎) 씨가 경영하는 경성촬영소에서는 이번에 동 스테이지[12칸, 8칸을 방음 스테이지로 개장하고 그 밑에 이(李), 명(鳴) 두 형제 감독이 촬영 제작 중인 문예물 <춘향전>을 조선영화 제1회 토키로 하기 위해, 코토로부터 초청한 나카가와(中川)식 토키 나카가와 다카시(中川尭司) 기사의 손으로 녹음 크랭크 중이다. <춘향전>은 조선의 <주신구라(忠臣藏)>라고 불릴 정도로 인기가 있는 이야기이며, 와케지마 씨는 이 조선어 토키에 일본어 자막을 넣어 내지에 보내 내지인의 감상을 기대하고 있는 이외에도, 내지에 살고 있는 수많은 조선인을 위한 오락영화로 만들기 위해 앞으로도 계속적으로 토키를 제작할 의지를 보였다.[1]

이렇듯 '최초'의 조선 발성영화 <춘향전>은 와케지마 슈지로 제작, 이명우 감독, 이필우 촬영, 나카가와 다카시 녹음이라는 제작 담당자 및 일본인과 조선인 관객의 민족적 구성에서도 그러하거니와,

---

1) <發聲映畵製作に着手し: 朝鮮映畵の躍進´ 京城撮影所の活力>, ≪キネマ旬報≫ 1935.9.1, p.30.(한국영상자료원 편역, 『일본어 잡지로 본 조선영화 2』, 현실문화 연구, 2011, 107~108쪽에서 재인용)

조선어 토키에 일본어 자막을 넣었다는 언어적인 면에서도 이전의 작품과는 구별되는 지점을 지니고 있었다.

그리하여, <춘향전>에서 <장화홍련전>, <홍길동전 후편>으로 이어지는 고전 소설을 영화화한 작품들뿐 아니라 영화 속 시간적 배경을 동시기로 설정한 <아리랑 고개(アリラン峠)>(홍개명 감독, 1936) 등 경성촬영소에서 제작된 일련의 발성영화가, 무성영화 시기부터 조선영화를 일본에 수입해 온 산에이사(三英社)의 배급을 거쳐 도쿄(東京)와 오사카(大阪) 등지에서 상영되었다.

이 가운데 <장화홍련전>의 경우 오사카의 신세카이파크(新世界パーク)와 도쿄의 도쿄구락부(東京俱樂部) 등에서 개봉되어 "일본인과 조선인들 사이에 호평을 누"리기도 하였다. 그러나 1936년 7월 15일 신세카이파크에서 2주간의 상영 예정으로 공개된 <홍길동전 후편>이 "돌연히 오사카부 보안과로부터 일주일 만에 상영 중지 명령을 받"은 사건이 발생하였고, 이어 "동화 운동에 장애가 된다"는 점과 "극장의 위생에 좋지 않다는 점"을 이유로 "조선영화의 상영은, 이를 계기로 앞으로 일체 금지한다"는 오사카부 보안과의 발표가 내려지기도 하였다.[2]

하지만, 이러한 당국의 견제 방침에도 불구하고 1937년 이후에도 조선 발성영화는 일본으로 수출되어 영화관 스크린을 통해 관객에게 비추어지고 영화잡지 등을 통해 비평 담론의 대상이 되었다. 그 바탕에는 <나그네>(1937)를 시작으로 조선과 일본의 합작이 유행하였다는 점과 중일전쟁 발발(1937)을 계기로 '제국'과 '식민지' 간의 문화 교류가 더욱 활성화되었다는 환경적 요인이 자리하고 있었다.

---

2) <朝鮮映畫大阪で上映禁止: 內鮮融和を沮害>, ≪キネマ旬報≫ 1936.7.21, p.6.

2. 합작의 유행과 제작의 분업화

1930년대 후반, 식민지 조선에서 발성영화 제작이 궤도에 오르면서 조선과 일본의 영화 합작이 현실화되기도 하였다. <나그네>(이규환 감독, 1936)를 비롯하여 <군용열차(軍用列車)>(서광제 감독, 1938), <어화(漁火)>(안철영 감독, 1939) 등 여러 작품들이 조선과 일본의 협업으로 만들어졌던 것이다.

<나그네>는 대구의 성봉영화원이 제작을 주도하고 일본의 신코키네마(新興キネマ)가 기술을 제휴하는 형태로 합작이 성사되었다.[3] 즉, 성봉영화원 측에서 원작·각색·연출 및 배우 섭외·로케이션 비용 등을 책임지고 신코키네마 측에서 제작 지도 및 세트·촬영·현상·녹음·편집 등 기술적인 부분을 담당하는 방식으로 역할 분담이 이루어졌다.[4] 이러한 데에는 영화의 원작·각색·연출을 맡은 이규환 감독의 신코키네마에서의 경력과 인맥이 매개로 작용한 측면이 컸는데, 일본 활동 시절 그의 스승이었던 스즈키 시게요시(鈴木重吉)가 영화의 제작 지도를 맡았다는 사실을 대표적 예증으로 들 수 있다.

이렇듯 "'내지' 개봉까지 고려해 조선의 영화사와 일본 '내지' 영화사가 합작한 첫 번째 사례였"던[5] <나그네>는 1937년 4월 24일

---

3) 일본영화의 토키화는, 알려져 있는 바대로 고쇼 헤이노스케(五所平之助) 감독의 <마담과 아내(マダムと女房)>(1931)가 개봉된 1931년부터 본격화되었다. 비슷한 시기 사력(社歷) 12년의 데이코쿠키네마(帝国キネマ)가 1920년 설립된 후 메이저 영화사로 자리매김해 있던 쇼치쿠(松竹)에 합병되는데, 데이코쿠키네마 연예부에 종사한 인력을 중심으로 1931년 8월 28일 설립된 영화사가 바로 신코키네마였다. 이 회사는 "문자 그대로 신흥의 의기(意氣)"를 보이며 일본 발성영화 제작이 활성화되는 데 기여하였다. 田中純一郎, 『日本映画発達史: 無声からトーキーへ』, 中公文庫, 1976, p.181.

4) 주요 배역은 조선인 배우들, 촬영은 오쿠보 다쓰이치(大久保達一)의 몫이었고, 주로 로케이션 촬영은 대구 지방에서, 세트 촬영은 신코의 오이즈미촬영소(大泉撮影所)에서 행해졌다.

경성 우미관과 명치좌에서 동시에 개봉되었다. 조선인 영화관인 우미관에서는 조선판 프린트(<나그네> 버전)로, 일본인 극장인 명치좌에서는 일본어 자막이 삽입된 '국제판' 프린트(<여로(旅路)> 버전)로 영사되었다는 점 역시 특징적이었다. 아울러 이 영화는 애초부터 조선 및 만주, 중국 쪽 판권은 이규환이, 일본에서의 판권은 신코키네마 측이, 여타 해외 판권은 스즈키 시게요시가 보유하는 것으로 기획된 상태였다.6) 한편, 조선 내 배급은 일본영화계에서 경력을 쌓은 바 있던 이창용이 세운 고려영화사가, 일본 내 배급은 유럽영화 전문 배급사로 알려져 있던 도와상사(東和商社)가 맡았다. 일본 개봉은 1937년 5월 5일부터 1주일 동안 신코키네마 직영의 도쿄 소재 5개 영화관에서 행해졌다. 이 작품은 조선과 일본 양쪽에서 관객 동원에도 성공하고 평단에서도 호평을 받았다. 조선의 '현재'를 영화의 소재로 삼아 '향토색(鄕土色, local color)'을 강조하는 한편7) 조선영화계와 일본영화계의 합작을 통해 구조적 한계를 돌파(하려)한 기획 전략이 결실을 맺은 것이라 할 만하다.

이어 성봉영화원은 도호(東寶)와의 합작을 통해 후속작 <군용열차>를 내놓았다. 이 작품에는 <나그네>의 경우처럼 조선의 현실 및 향토색과 더불어 중일전쟁 이후 조선의 지정학적 위치가 중요시되는 '시국(時局)'적 상황이 가미되어 있었다.8) <나그네>의 감독 이규

---

5) 정종화, 「조선영화는 어떻게 「반도예술영화」로 호명되었는가: 『한강(漢江)』의 일본 배급을 중심으로」, 『사이』 20호, 국제한국문학문화학회, 2016, 186쪽.

6) <新興の朝鮮トーキー映画『旅路』完成>, ≪キネマ旬報≫ 1937.2.21, p.34 참조.

7) 서사는 밀양강 기슭의 가난한 마을에서 고기잡이 품팔이로 가정을 이끌던 이복룡(왕평 분)이 자신의 부친을 죽인 후 어린 아이를 둔 아내 옥희(문예봉 분)마저 겁탈하려 한 같은 동네 이발사 박삼수(독은기 분)를 죽인 뒤 자수하여 검찰청에 송치되며 가족을 떠나는 것으로 이루어졌다. 이 영화는 현실 상황을 사실적 기법으로 다루면서 조선의 풍물을 향토색 짙게 전시하여 조선과 일본에서 커다란 반향을 일으켰다.

8) 이야기 줄거리는, 철도 기관사 김점용(왕평 분)의 친구 원진(독은기 분)이 자신의 연인이자 과거 점용의 철도학교 학비를 마련하기 위해 기생이 된 점용의 동생 영

환이 원작을 쓰고 기쿠치 모리오(菊池盛夫)와 조영필이 각색을 맡은 뒤 일본영화계에서의 활동 경험을 가지고 있던 서광제가 메가폰을 잡고 도호의 기술적 협업이 가미된 이 영화에서는, 특히 도호 소속의 일본 배우가 모습을 보이기도 하였다. 열차 기관사인 주인공 김점용(왕평 분)의 상관 기관구장 역으로 고바야시 주시로(小林重四郞)가, 점용의 애인이자 식당차걸 역으로 사사키 노부코(佐々木信子)가 출연하였던 것이다. 그러나 조선에서는 1938년 6월 29일, 일본에서는 동년 7월 13일 <군용열차>는 흥행과 비평 양면에서 <나그네>의 성과에 훨씬 못 미치는 결과를 낳았다.

극광영화제작소가 쇼치쿠(松竹)와 합작하고 시마즈 야스지로(島津保次郞)의 감수를 받아 만든 <어화>(1939)도 있었다. 호리우치 게이조(堀內敬三)가 음악을, 오후나(大船) 관현악단이 연주를 담당하는 등 쇼치쿠 측에서 기술적인 부분을 지원한 이 작품은 일본인 배우를 등장시키지는 않지만, <나그네>의 경우처럼 조선의 '현실'이라는 소재로 이야기를 구성하고 '제국' 권역의 한 '지방'으로서의 조선의 풍속과 풍물을 전시하는 방식으로 관객을 소구하였다.9) 조선에서는 1939년 1월 7일 약초극장(若草劇場)에서 개봉된 데 반해, 일본에서의 경우 오히려 이보다 앞선 1938년 8월 11일 다이쇼극장(大勝劇場)과 무사시노극장(武蔵野劇場)에서 개봉되었다는 점에서도 특징을 보였다. 그러나 이 작품 역시 조선과 일본을 막론하고 흥행 및 비평 양면에서 소기의 성과를 보이지는 못하였다.

하지만, 1940년대에도 조선영화계와 일본영화계의 협업에 의

심(문예봉 분)을 자유롭게 해주기 위해 스파이(김한 분)의 꼬임에 넘어가 철도 관련 기밀을 넘겨주지만 양심의 가책과 점용의 설득으로 자백한 뒤 스파이 일당이 검거된 이후 유서를 남긴 채 군용열차에 뛰어들어 속죄한다는 내용으로 구성되었다.

9) 이 영화는 한 어촌의 가난한 어부의 딸(박노경 분)이 같은 마을의 채권자인 부잣집 아들 철수(나웅 분)의 꼬임에 넘어가 경성에서 몸을 더럽히고 기생 생활을 하던 중 그녀에게 순정을 준 천석(박학 분)과 같은 마을 출신 버스 안내원 옥분(전효봉 분)의 도움으로 자유의 몸이 되어 고향으로 돌아온다는 내용을 담았다.

한 조선영화의 합작 시도는 계속되었다. 조선 최초의 '아동영화'로 알려진 고려영화협회 제작, 최인규·방한준 감독의 <수업료(授業料)>(1940)에서는 일본의 저명한 시나리오작가 야기 야스타로(八木保太郎)가 각본을 담당하고 일본 신치쿠치(新築地) 극단에서 활약하던 배우 스스키다 겐지(薄田研二)가 주인공 극중 주인공 소년의 담임 교사로 출연하였다. 조선군 보도부(朝鮮軍報道部)에서 제작된 지원병제 선전 극영화 <그대와 나(君と僕)>(1941)에서는 일본영화계에서 활동하고 있던 조선인 허영(일본명:히나쓰 에이타로(日夏英太郎))이 메가폰을 잡았는데, 각본 작업은 허영과 일본의 저명한 평론가 이지마 다다시(飯島正)가 담당하였고 유명 감독 다사카 도모타카(田坂具隆)가 연출 지도를 맡았다. 일본어로 제작된 이 작품에는 쇼치쿠, 도호 등 일본의 주요 영화사 소속의 일본 배우들이 다수 출연하였다. 1938년 5월부터 촬영 일정에 돌입한 전창근 감독의 <복지만리(福地萬里)>(1941)의 경우 고려영화협회와 만주영화협회(滿洲映畵協會, 만영(滿映))의 합작이 성사되어 1940년 1월 만주에서, 1941년 3월에는 조선에서 개봉되었다. 만영 측에서 진지중(陣鎮中), 왕은파(王銀波), 왕미운(王美雲), 동파(董波), 장혁(張奕), 장상(張翔) 등의 배우들과 녹음 시설을 갖춘 촬영소를 제공하였으며, 조선, 일본, 만주 등지가 로케이션 장소로 활용되었다.10)

한편, 조선-만주 국경 지대 경찰 경비대와 조선인 부락민들이 힘을 합쳐 공비와 마적을 물리친다는 내용을 담은 도호 제작, 이마이 다다시(今井正) 감독의 일본영화 <망루의 결사대(望樓の決死隊)>(1943)의 경우, 고려영화협회의 협업을 통해 최인규가 감독보 역할을 담당하고 강홍식, 김신재, 심영, 주인규, 전옥, 전택이, 김현 등이 조연으로 출연하였다.

---

10) 김려실, 『만주영화협회와 조선영화』, 한국영상자료원, 2011, 83~89쪽 참조.

조선 유일의 영화 제작 회사로 1942년 9월 29일 창립된 조선영화제작주식회사에 영화 제작 행위가 집중화되는 1943년 이후에도, 도요타 시로(豊田四郎) 감독의 <젊은 자태(若き姿)>(1943)와 박기채 감독의 <조선해협(朝鮮海峽)>(1943)을 시작으로 최인규 감독의 <사랑과 맹세(愛と誓ひ)>(1945)에 이르기까지 일본 영화인과의 협력을 통한 조선영화의 합작 시도가 빈번히 있었으며, 그 과정에서 조선영화계와 일본영화계, 조선인과 일본인의 분업화가 이루어졌다. 이러한 특수적 조건 하에서 동시기 식민지 조선영화의 시대적 특징이 형성되었음은 물론이다.

3. 일본에서의 조선영화 비평 담론의 전개

조선 발성영화 제작이 개시되면서 일본에서도 이에 대한 관심이 높아졌고, 이에 당시 일본의 영화잡지에는 이들 작품을 둘러싼 소개 및 비평 글이 실리기도 하였다. ≪키네마준포(キネマ旬報)≫를 들여다보건대, <춘향전>(1935)에 관해서는 "조선영화계 최초의 올토키영화"임을 강조하는 간략한 해설과 이야기 줄거리 정도만이 있었으나[11] <장화홍련전>(홍개명 감독, 1936), <홍길동전 후편>(이명우 감독, 1936) 등 두 작품에 대해서는 전체적인 줄거리와 감상평, 흥행 가치 등이 첨가되었음을 알 수 있다.[12] 두 글 모두 작성자는 시게노 다쓰히코(滋野辰彦)였는데, 그는 동시기 일본영화에 비해 수준은 떨어지지만 '조선의 토키영화'라는 특수성을 고려해서 볼만하다는 의견을 제시하였다. 즉, 각본이나 기술의 수준은 미치지 못

---

11) <『春香傳』>, ≪キネマ旬報≫ 1935.9.21, p.108.

12) <『幽靈は語る』(薔花紅蓮傳)>, ≪キネマ旬報≫ 1936.7.1, pp.127~128 및 <『洪吉童 續編』>, ≪キネマ旬報≫ 1936.7.21, p.99 참조.

하나, 조선의 '전설'을 소재화하여 조선인 배우의 연기를 통해 표현하였기에 조선인 관객의 눈에는 흥미로울 수 있다는 것이었다.

한편, <나그네>(1937)의 흥행은 조선과 일본 양쪽에서 모두 성공적이었으며, 이 작품은 이후 만주 등 일본의 여타 '제국' 권역으로도 수출되기에 이른다. 주목되는 점은 영화평까지도 대체로 호의적이었다는 사실이다.13) 이화진이 설명하듯, "몇몇 장면을 두고 평가에 인색한 글도 없지 않았"으나 다수의 평자들은 이 영화에 '조선적인 것', 즉 '향토색'이 잘 묻어나 있다는 점에 동의하였다.14) 이는 1920년대 이후 촬영의 문제점과 자본의 영세성, 배급 라인의 열악함 등을 조선영화의 고질적 병폐로 꼬집어왔던15) 일본 평단의 다소일률적이면서도 고정화된 평가에서 일정부분 벗어난 것이었다.

그리하여 1930년대 후반에는 일본 영화잡지에 <한강>(방한준 감독, 1938), <도생록>(윤봉춘 감독, 1938), <무정>(박기채 감독, 1939), <국경>(최인규 감독, 1939) 등 조선적 색채를 드러낸 작품이나 <군용열차>(서광제 감독, 1938), <어화>(안철영 감독, 1939) 등 여기에 조선과 일본의 협업을 더한 작품에 관한 광고 및 소개·비평을 담은 글들이 점차 많은 지면을 장식하게 되었다. 즉, 1938년 이후 조선영화에 대한 소개 및 비평 등을 다룬 횟수가 증가하게 된 것이다.16)

---

13) <나그네>에 관한 기사 및 소개 비평문은 ≪키네마준포≫ 이외의 일본 영화잡지에도 게재되곤 하였다. 예를 들면 아래와 같다. <映畵界月報 朝鮮語『旅路』近日完成>, ≪日本映畵≫ 1937.4.1, p.152 / <內外映畵批評『旅路』朝鮮映畵>, ≪日本映畵≫ 1937.7.1, pp.103~105 / <映畵館の宣傳の實際 朝鮮語トーキー『旅路』の上映に朝鮮語を使った特異な宣傳>, ≪國際映畵新聞≫ 1937.6.上旬, pp.30~31. 제목으로 드러나듯, ≪니혼에가(日本映畵)≫에는 작품의 완성 소식과 영화 비평이, ≪고쿠사이에가신분(國際映畵新聞)≫에는 조선어를 이용한 영화관의 선전 방식의 사례가 소개되어 있었다.

14) 이화진, 「식민지 영화의 내셔널리티와 「향토색」: 1930년대 후반 조선영화 담론 연구」, 『상허학보』 13집, 상허학회, 2004, 369~370쪽.

15) <奇書 朝鮮映畵を巡って>, ≪キネマ旬報≫ 1928.9.1, p.220 참조.

16) ≪키네마준포≫를 살펴보건대, <한강>은 문자 광고 3회, 시사평 1회, 줄거리 및

그러면서 조선영화는 '일본영화'라는 개념적 범주 내에서 '반도영화'로 명명되며 자신의 위치를 조정해 갔다.[17] 정종화에 따르면, '반도영화(半島映畵)'는 중일전쟁(1937.7.7) 이후 "일본영화의 새로운 개척으로서의 '대륙영화'"와 동일 선상에 놓인 채 "'내지'영화계와의 연결"을 전제로 조선영화에 덧붙여진 이름이었다.[18]

이를 뒷받침하듯, 1930년대 후반 일본에서 배급-상영된 조선영화 중에서도 '시국(時局)'적 내용과 주제를 가미한 <군용열차>에 대한 관심이 현저히 높게 나타났다. 특히, "신문사와 상설영화관을 주 독자층으로" 두고 "영화경제 전문 잡지를 표방하"며 1927년에 창간된 이래 1930년대까지 ≪키네마준포≫와 함께 일본 영화잡지계를 이끌던 ≪고쿠사이에가신분(国際映画新聞)≫의 경우가 눈에 띈다.[19] 조선영화계의 정책 및 교육, 산업 및 흥행 상황 등에 관한 소식을 전하는 데 초점을 맞출 뿐 조선영화 작품에 대한 내용을 거의 다루지 않아 왔던 이 잡지에,[20] <군용열차> 관련 글만큼은 이례적으로 다

해설 1회, 비평문 1회 등 총 6회에 걸쳐 가장 큰 반향을 일으켰고, <도생록>은 문자 광고 1회, 사진 광고 1회, 줄거리 및 해설 1회 등 총 3회, <무정>은 줄거리 및 해설 1회, <국경>의 경우 문자 광고 3회, 줄거리 및 해설 1회 등 총 4회를 기록하였음이 확인된다.

17) 일본 영화잡지 내에서 조선영화 관련 내용은 초기부터 '일본영화란', '일본영화소개', '일본영화비평' 등에 게재됨으로써 철저하게 '일본영화'의 일부로 다루어져 왔던 것이 사실이다. 다만, 1930년대 중반 이후에는 관련 편수와 지면이 늘어나면서, 조선영화가 마치 생소한 '외국영화'와도 같이 여겨지거나 다루어지던 과거의 인식 및 취급 방식으로부터 탈피하는 정도의 변화가 생겼다고 볼 수 있다.

18) 여기서 '대륙영화'는 만주영화협회, 중화영화(中華映畵), 화북전영(華北電影) 등 일본의 중국 점령지에 세워진 영화사와 일본영화계와의 합작영화를 지칭하는 용어였다. 정종화, 앞의 논문, 199쪽. / 1930년대에 제작된 영화로는, 양쪽 모두 1937년에 설립된 만영(滿映)과 도호의 협업으로 만들어진 <동유기(東遊記)>(1939), <백란의 노래(白蘭の歌)>(1939) 등이 있었는데 이들 영화에는 만영의 스타 이향란(李香蘭)이 출연하였다. 김려실, 앞의 책, 52쪽 참조.

19) 이 잡지의 발행처 이름은 1930년 1월호까지는 고쿠사이에가신분사(国際映画新聞社)였다가 1930년 2월호부터 고쿠사이에가쓰신사(国際映画通信社)로 변경되었다.

20) 참고로, <군용열차>를 제외하고 1930년대 중후반에 만들어진 조선영화 관련 글은

수 게재되었기 때문이다. 구체적으로 살펴보자. 가장 먼저 1938년 2월 하순에 도호 기획과 소속의 다니구치 센기치(谷口千吉)가 합작 준비를 위해 2월 5일 경성을 향해 도쿄를 출발하였다는 소식이 전해졌다. 그리고 4회(1938년 4월 하순, 6월 상순, 6월 하순, 7월 하순)에 걸쳐 영화의 광고가 실렸다.21) 이를 통해 영화의 녹음 작업을 위해 문예봉 등 조선의 유명 배우가 도쿄로 '상경'하였다는 소식과22) 이 작품이 1938년 8월 1일 도쿄에서 개봉된다는 소식23) 등이 공개되었다. 아울러 1938년 6월 상순에는 <군용열차>의 완성 소식을 중심으로 조선영화의 제작 현황이 개괄되기도 하였다.24)

특이한 사항은, 1938년 2월 하순의 기사와 더불어 4월 하순에 실린 광고에서 "지원병제도가 발포"된 당시의 상황을 환기시키며 이 영화를 "반도의 길목을 지키는 철도종사원들의 열성"을 다룬 작품으로 소개하고 있다는 부분이다.25) 이를 통해 동시기 조선영화의 존립 근거와 역할에 대한 ≪고쿠사이에가신분≫의 인식을 읽을 수 있다. 그것은 중국대륙을 비롯한 '제국 권역' 내 일본영화의 국제적 영역 확장이라는 원론적 지향과 궤를 같이하는 것이었다.

동시기 조선 영화인의 경우는 어떠한가. 급변하는 산업 환경과 주변 정세에 대처하여 영화계를 새롭게 변모시키고자 하는 의지와 노력이 아예 없었던 바는 아니지만, 나름의 능동성과 창조성을 발휘

<심청>(1937)의 완성을 알리는 기사(1937년 11월 상순), <한강>의 광고(1938년 4월 상순 및 동년 8월 상순), <국경>의 광고(1939년 8월 상순 및 동년 8월 하순) 등 모두 합쳐 5건 정도에 불과하다.

21) <内鮮が手を繋ぐ 『軍用列車』準備のため谷口氏京城へ>, ≪国際映畫新聞≫ 1938.2. 下旬, p.4 참조.

22) <広告 『軍用列車』>, ≪国際映畫新聞≫ 1938.6.上旬 참조.

23) <広告 『軍用列車』>, ≪国際映畫新聞≫ 1938.7.下旬 참조.

24) <'朝鮮映画'躍進 『軍用列車』等続々発表 半島の文芸復興時代>, ≪国際映畫新聞≫ 1938.6.上旬 참조.

25) <広告 『軍用列車』>, ≪国際映畫新聞≫ 1938.4.下旬.

함으로써 변화를 주도하는 데까지는 나아가지 못하였던 것으로 보인다. 가령 1930년대 후반 일본 수출을 염두에 둔 채 기획·제작된 조선영화 속 '조선적인 것'은 "비판과 저항의 기능보다 숙명론적 세계관을 강화시키는 작용을" 하게 되는데, 이는 당대 "문화 엘리트"였던 조선 영화인들이 "제국의 식민지적 욕망"을 "내면화"한 결과라고도 할 만하다.26)

이러한 배경 하에, 당시 조선영화는 대부분 일본에서 소기의 성과를 거두지 못하게 되었다. 배급사 표기조차 찾기 어려운 <도생록>과 <무정>, 산에이사가 배급을 담당한 것으로 기재된 <국경> 등의 작품은 개봉이 무산되거나 이슈화되는 데 실패하였던 것으로 보인다. 1938년 8월 첫째 주와 둘째 주에 각각 도호와 쇼치쿠의 배급망을 타고 극장 개봉에 성공한 조선과 일본의 합작영화 <군용열차>27)와 <어화>28)의 경우 혹독한 질타를 받았다. '반도 예술영화'로 포장된 <한강>29) 정도만이 긍정적 평가와 부정적 평가가 공존하는 형국을 띨 뿐이었다.

1940년대 들어서는 일본 정부의 출판물 통폐합 조치의 일환으로 영화잡지의 지형 변화가 크게 일어난다. 이러한 여파 속에 1930년

---

26) 이화진, 「식민지 영화의 내셔널리티와 「향토색」: 1930년대 후반 조선영화 담론 연구」, 『상허학보』 13집, 상허학회, 2004, 383쪽.

27) 무라카미 다다히사(村上史久)의 경우, 이 영화를 <나그네>에서 보이는 "조선 특유의 지방색"이 결여된, 이야기가 유치하고 기술이 부족한 '인정 활극'으로 평가한다. <日本映画批評『軍用列車』>, ≪キネマ旬報≫ 1938.8.11, p.78.

28) <장화홍련전>과 <홍길동전 후편>의 평을 쓰기도 한 시게노 다쓰히코의 경우, 이 영화를 "신파와 같은" "값싼 스토리"에만 몰두하여 "자연 풍경을 놓친", 자신이 본 "조선영화 중에서는 가장 떨어지는 작품"으로 평가한다. <日本映画批評『漁火』>, ≪キネマ旬報≫ 1938.9.1, p.75.

29) 이다 신비(飯田心美)는 "향토를 사랑하는 작가의 마음"이 조선적인 풍경과 풍물을 통해 카메라에 담겨 잘 표현된 작품으로 평가한다. <各社試写室から『漢江』>, ≪キネマ旬報≫ 1938.5.21, p.46. / 반면, 시게노 다쓰히코는 "풍물을 소재로 한 것"을 장점으로 꼽으면서도, 서사 구조가 "유치"하고 "풍물의 묘사"도 효과적이지 못하다고 지적한다. <日本映画批評『漢江』>, ≪キネマ旬報≫ 1939.8.11, p.81.

대까지 영화 담론을 주도해 왔던 ≪키네마준포≫와 ≪고쿠사이에가
신분≫ 등이 폐간되고, 그 자리를 ≪니혼에가≫, ≪에가효론(映畵評
論)≫, ≪에가준포(映畵旬報)≫ 등 소수의 관변 잡지들이 차지하였
다. 그리고 이들 잡지에 조선영화(계) 관련 소식이 더욱 많이, 그리
고 자주 실리게 되었다.

이는 미국영화 등 서양영화의 수입 금지와 전시 하 일본영화 제작
편수 제한 이라는 현실 상황 때문이기도 하였지만, 전쟁 수행에 있
어 식민지 조선(인)의 역할이 부각되고 영화의 계몽 및 선전 기능이
중요시되면서 생긴 현상이기도 하였다. 이때 기록된 글들은 조선에
서 만들어지는 국책 합작 일본어 영화의 제작 과정이나 조선영화계
에 대한 통제 정책 및 제도의 변화상을 알려 주는 귀중한 자료임에
는 틀림없지만, 현재적 관점에서는 그것이 조선영화의 본연의 모습
과 지향을 드러내었는가 하는 약간의 의구심이 드는 것도 사실이다.

이러한 면에서, 발성영화 제작 시대의 도래와 더불어 조선영화가
본격적으로 일본에 수입(수용)되고 그 특성과 가치에 관한 여론(반
응)이 영화잡지를 중심으로 집중화되기 시작한 1930년대 중후반이
라는 시간대가 재차 주목된다.

02

영화 통제의 강화와
정책, 제도, 단체, 기관의 연계

1. 일본 영화법과 조선영화령의 관계성

일제강점 말기 조선총독부의 정책에 의한 영화계의 전반적인 변화를 1단계 '영화인의 통합'과 2단계 '영화사 통합'으로 구분하는 이영일의 설명대로, 중일전쟁 이후 제국-식민지 권력은 '인력'과 '자본'을 장악하여[30] '작품'의 제작 경향에 영향력을 행사하려는 취지에서 영화 제도와 조직과 체계를 정비하였다. 당시 총독부는 영화의 법적 제도, 인적 조직, 제작-배급-상영 체계를 더욱 통제하였는데, 통제의 정착화라는 차원에서 영화 법령에 방점이 찍혀 있었음을 주목할 필요가 있다.[31]

1940년 1월 4일 조선총독부 제령 제1호로 제정·공포된 '조선영화령(朝鮮映畵令)'은 1939년 4월 5일 법률 제66호로 공포되고 동년

---

30) 이영일, 『한국영화전사』(개정증보판), 소도, 2004. 195~196쪽.

31) 함충범, 「중일전쟁 이후 식민지 조선에서의 영화 법령과 조직의 특징적 양상 (1937~1941): '과정'과 '관계'를 중심으로 일제말기 한국영화사 다시 보기」, 『현대영화연구』 14호, 한양대학교 현대영화연구소, 2012, 263쪽 참조.

10월 1일 시행된 일본의 '영화법(映畵法)'을 토대로 한 것이었다. 그렇기에, "영화 제작 및 배급업의 허가제(제2조)와 영화 종사자의 등록제(제5조), 그리고 영화의 상영, 수입, 수출의 검열 및 제한을 골자로 하는 일본영화법32)의 거의 모든 내용이 전문 22조와 부칙으로 구성된 조선영화령에 그대로" 적용되었다.33)

영화 법령 또는 규칙을 둘러싸고 일본의 '범례(範例)'가 조선으로 적용되는 경우는 이전에도 종종 있었다.34) 그러나 조선영화령은 이것이 조선 내 모든 영화 관련 제도, 조직, 체계에 대한 전반적 변화의 법제적 근거로 작용되었으며, 특히 이를 매개로 조선영화계와 일본영화계가 보다 직접적으로 연동되었다는 점에서 그 중요성이 크다고 하겠다. 그렇다 하더라도, 일본의 영화법을 모태로 한 조선영화령이 도입되는 과정에서 조선총독부와 일본 정부 사이에 다소의 견해차는 있었으며 결국 조선총독부가 독자성을 취하거나 주도권을 행사하지 못한 상태에서 일본 정부의 의사가 직간접적으로 반영되었음은 간과할 수 없는 사실이다.35)

이렇게 마련된 조선영화령은, 여기에 1940년 7월 25일 조선총독부령 제181호로 전문 64조의 '조선영화령시행규칙(朝鮮映畵令施行

---

32) 영화법 전문은 나가노문고(中野文庫) 법령 사이트(http://www.geocities.jp/nakanolib/hou/hs14-66.htm) 참조. 한국어 번역본의 경우 김동호 외, 『한국영화정책사』, 나남출판, 2005, 536~540쪽을 참조 바람.

33) 이는 "영화의 제작·배급·상영 기타 영화에 관하여는 영화법 제19조의 규정을 제외하고 동법에 의한다. 다만, 동법 중 칙령은 조선총독부령으로, 주무대신은 조선총독으로 한다."라는 문구를 통해 명시되어 있기도 하다. 함충범, 앞의 논문, 264쪽.

34) 예컨대, 전체 13조와 부칙, 제1호 양식, 제2호 양식으로 구성된 "최초의 전국적 단위의 영화 검열 규칙"인(한국영상자료원, 『식민지 시대의 영화 검열 1910~1934』, 현실문화연구, 2009, 113쪽) '활동사진필름검열규칙(活動寫眞フィルム檢閱規則)'이 있다. 이 규칙은 1925년 5월 26일 내무성령 제10호로 공포되고 동년 7월 1일 시행되었는데, 이듬해 그대로 조선에 도입되어 1926년 7월 5일 조선총독부령 제59호로 제정되고 동년 8월 1일 시행된 바 있었다.

35) 함충범, 앞의 논문, 264~265쪽 참조.

規則)'이 공포된 후 8월 1일부터 실시되었다.36) 식민지적 특수성에 따라 일부 항목에 대한 약간의 생략, 수정, 추가 작업이 행해졌을 뿐, 이를 제외한 "문화영화 지정 상영, 외국영화 상영 제한, 배급업의 허가제도, 각 도에 흥행협회 설치, 영사기사 시험제도, 연출, 연기, 촬영의 등록 유예 등 구체적인 내용에서" 일본 본토의 경우와 궤를 같이하였다.37)

이후에도 이와 같은 기조는 유지되었으며, 영화 법령 및 세칙의 개정에 있어서도 비슷한 양상을 띠었다. 일본에서는 1940년 9월 9일 영화법 시행규칙 일부가 개정됨으로써 뉴스영화의 제작 및 배급 통합, 지정 상영 등이 내용에 포함되었고, 1940년 12월 21일과 22일에는 영화법 시행령 개정을 통해 내각 정보국 체제의 출범에 따른 보도, 계발, 선전의 일원적 통제 운용과 2시간 30분으로의 상영 시간 단축이 법제화되었다.38) 조선에서의 경우, 영화령 시행규칙은 1941년 7월 17일, 동년 8월 20일, 1942년 5월 11일 등 모두 세 차례에 걸쳐 개정되었는데,39) "구체적인 시기와 방식에 다소의 차이를 보였을지언정 영화를 통해 국가권력을 강화하고 전시체제를 확립하며 국민을 선전·선동하려 하는 취지와 기조에 있어서는 '내지'의 그것과 궤를 같이 하"고 있었다.40)

아울러 "이를 근간으로 하는 영화계 전반의 새로운 변화에 있어서도, 식민지 조선은 전체적인 틀과 흐름에서 지속적이고도 단계적

---

36) 이와 더불어 조선총독부령 제180호 '조선영화령시행의건(朝鮮映畵令施行の件)'이 공포됨으로써 조선영화령 실시를 둘러싼 법률적 토대가 마련되었다.

37) 함충범, 앞의 논문, 268~269쪽.

38) <映画法二周年史>, ≪映画旬報≫ 1941.10.1, pp.43~44.

39) 이와 관련하여 박영정은 "제37조, 제38조, 제50조, 제64조의 내용"이 변경된 세 번째 개정을 통해서는 "영화를 국민교육의 수단으로 활용하고자 하는 일제의 의도가 더욱 분명히 드러났다."고 설명한다. 박영정, 『연극/영화 통제정책과 국가 이데올로기』, 월인, 2007, 73~74쪽.

40) 함충범, 앞의 논문, 269~270쪽.

으로 제국-식민지라는 관계 선상에 노출된 채 일본으로부터 영향력을 행사 받게" 되었다.[41]

2. 영화인 조직 구조의 연동성

1939년 8월 16일, 일본에서의 영화법 시행을 앞두고 경성호텔에서 전(全) 조선의 "영화계 유지들을 망라"한 영화인 조직인 '조선영화인협회(朝鮮映畵人協會)'가 발족되었다. 그런데, 안종화를 회장으로 하는 이 조직의 출범은 조선영화령의 도입을 적극적으로 추진하려 한 조선총독부의 기획 하에 이루어진 것이었다. 이에, 조선영화인협회는 단번에 조선의 영화 조직을 포괄하는 가장 유력한 단체로 자리하였다. 그리하여 "조선 최초의 씨나리오 작가 협회"[42]인 '조선영화작가협회(朝鮮映畵作家協會)'의 회원들이 기존의 단체를 해체하고 "기후(其後) 탄생한" 조선영화인협회에 합류하기도 하였다.[43][44]

조선영화인협회에서는 협회규약 중 제29조[45]를 근거로 1940년 12월 18일 '기능심사위원회(技能審査委員會)'를 설치하였다. 이것은 조선영화령 제5조를 토대로[46] 영화인 등록을 위한 자격 심사를 행하려는 목적 하에 구성된 기구였다. 위원장은 조선총독부 도서과장 혼다 다케오(本多武夫)가 맡았으며, 위원회는 일본인과 조선인으로

---

41) 위의 논문, 270쪽.

42) <조선 최초의 씨나리오 작가 협회>, 《동아일보》 1939.7.28, 5면.

43) <씨나리오 작가도 영화인협회에 합류>, 《동아일보》 1939.9.17, 5면.

44) 함충범, 앞의 논문, 270~271쪽.

45) "제29조 등록에 관한 기능증명서는 따로 설하는 기능심사위원회의 의를 경하여 이를 발행함." <조선영화인협회규약>, 《삼천리》 1941.6, 193쪽.

46) "제5조 영화의 제작업에 관하여 주무대신의 지정하는 종류의 업무에 종사하고자 하는 자는 명령이 정하는 바에 의하여 등록을 받아야 함. 14세 미만자는 차한에 부재함."

구성되었다.[47] 영화인 기능 심사는 1940년 12월 18일 기능심사위원회의 첫 번째 회합을 겸하며 "영화인 등록 실시에 앞서 준비 수속을 밟는" 차원에서 행해졌다.[48]

그런데, 영화인에 대한 기능심사제도는 비단 조선에만 도입된 것이 아니었다. "일본에서는 이미 1년 전인 1940년 2월 말일을 기해 제1회 기능심사를 서면(書面) 방식으로 개시하여" 2차에 걸친 기능심사를 통해 연출, 연기, 촬영 담당자에 대한 부/적합 여부를 결정한 바 있었다.[49]

눈에 띄는 사실은, 업무를 총괄한 곳이 "내무성 안에 위치를 둔 대일본영화협회"[50]이었다는 점이다. 1935년 설립된 대일본영화협회가 1933년부터 도입의 당위성이 정치권 일각에서 제기된 "일본의 영화법과도 매우 깊은 관련이 있"을 뿐더러 "영화 사업을 위해 반민반관 조직의 필요성"에 따라 "문부성과 내무성 장관의 허가하에 재단법인"으로 출발한 조직이었기 때문이다.[51] 이에, 영화법 시행일 다음날인 1939년 10월 2일부터 내무성은 공고 제482호를 근거로 대일본영화협회에서 기능증서를 발행하도록 하였고,[52] 1940년 1월 15일에는 기능증명서 발행 규정을 정하여 대일본영화협회 안에 기능심사위원회를 두고 초대 위원장에 내무성 서기관 미즈이케 료(水池亮)를 임명하였다.[53]

---

47) <조선영화인협회의 기능심사위원 결정>, ≪매일신보(每日新報)≫ 1940.12.19, 4면 참조.

48) 심사 신청자는 120명 정도였고, 이에 대한 영화인 등록은 6개월간의 '유예기간'이 끝나는 1941년 1월 31일에 1차로 마감되었다. 당시 등록을 마친 영화인은 모두 58명이었는데 감독이 9명, 배우가 42명, 촬영자가 7명이었다. <신체제영화진용 영화인 오십팔명 등록>, ≪매일신보≫ 1941.2.4, 3면 참조.

49) 함충범, 앞의 논문, 273~274쪽.

50) 김정혁, <조선영화감독론: 등록된 연출자 푸로필>, ≪삼천리≫ 1941.6, 226쪽.

51) 양인실, 「일본의 영화저널과 조선영화를 바라보는 시선」, 『일본어 잡지로 본 조선영화 2』, 현실문화연구, 2011, 333쪽.

52) <映画法二周年史>, ≪映画旬報≫ 1941.10.1, p.40.

이와 같은 양상은 총독부의 주도 하에서 기능심사위원회가 조선영화인협회 내에 설치되는 과정과 상당히 유사하다. "조선에서의 기능심사제도가 조선영화령을 토대로 하는 것이었고 조선영화령이 일본영화법으로부터 비롯되었다면, 조선의 기능심사제도가 일본영화법을 근간으로 하는 일본의 기능심사제도와 밀접하게 관련 맺고 있었음은 지극히 당연한 일"이었을 런지 모른다.54)

동일한 원리 하에, 조선영화인협회를 비롯한 각종 영화 관련 단체들 역시 동시기 일본영화계와 밀접히 연결되어 있었던 것으로 보인다. 대표적으로, 조선영화인협회부터가 '전일본영화인연맹(全日本映畫人聯盟)'의 지부로 위치 지어졌다.55) 또한, 조선영화인협회가 발족되고 얼마 되지 않은 시점에 조선을 방문한 시나리오작가 출신의 전일본영화인연맹 역원(役員) 야기 야스타로가 조선영화협회 임원들과 관련 담화를 나눈 일은 하나의 상징적 사건이라 할 만하다.56)

물론, 이러한 양상이 비단 조선영화인협회와 전일본영화인연맹 사이에만 해당되는 것은 아니었다. 단적으로, 조선영화작가협회부터가 "일본영화작가협회"의 "조선 지부"로서 결성된 것이었다.57) 또한, 1938년 6월에는 <군용열차>(1938)의 서광제, <도생

---

53) 위의 기사, p.41.

54) 영화인의 등록은 영화법 제5조에 명시된 사항이었으며 관련 규정은 동 시행규칙 제7조를 바탕으로 하고 있었다. 함충범, 앞의 논문, 275쪽.

55) 전일본영화인연맹은 일본영화감독협회, 일본영화작가협회, 일본카메라맨협회, 일본영화미술감독협회, 일본영화배우협회 등의 단체에 의해 1939년 4월 11일 결성된 '전일본영화인평의회(全日本映畫人評議會)'가 일본영화감독신인협회까지를 포함시키고 그 명칭을 바꾸며 1939년 6월 1일 재출범한 일본을 대표하는 영화 조직이었다. <五協会連携で日本映画人評議会結成>, ≪キネマ旬報≫ 1939.4.21, p.30. / 일본영화・텔레비전미술감독협회 홈페이지 (http://www.apdj.or.jp/kyokai/index.php) 참조.

56) <조선영화인협회 일본영화연맹 지부로 개조될 뜻>, ≪동아일보≫ 1939.8.28, 3면.

57) <조선 최초의 씨나리오 작가 협회>, ≪동아일보≫ 1939.7.28, 5면. / <『조선영화

록>(1938)의 윤봉춘, <애련송>(1939)의 김유영, <나그네>(1937)의 이규환, <심청전>(1937)의 안석영(안석주), <무정>(1939)의 박기채, <한강>(1938)의 방한준, <어화>(1939)의 안철영, <인생항로>(1937)의 안종화, <복지만리>(1941)의 전창근 등 10명이 입회 신청을 통해 일본영화감독협회에 가입한 후 서광제의 자택에 '조선 지부'를 설치한 바 있었다.[58] 1940년 2월에는 대일본활동사진협회 해산 후 영화사 21개를 망라하여 '대일본영화업자연합회(大日本映畫業者聯合會)'가 설립되었는데,[59] 조선에서는 동년 12월 10일 영화 제작사 대표들의 모임인 '조선영화제작자협회(朝鮮映畫製作者協會)'가 결성되기도 하였다.[60]

흥행 부문에서는 전국 주요 도시의 극장주들로 구성된 '흥행협회'가 있었다. 그런데 '경성흥행협회(京城興行協會)'를 가장 유력한 산하 단체로 두고 있던 이 협회도 1942년 1월 7일 '조선흥행연합회(朝鮮興行聯合會)'로 재출범하게 되었다.[61] 참고로, 일본에서 흥행 체제의 전국적 일원화를 도모하는 차원에서 '대일본흥행협회(大日本興行協會)'가 발족된 것은 1943년 4월 10일이었다.[62]

작가협회』 근근 결성회를 거행>, ≪매일신보≫1939.7.28, 4면.

58) <朝鮮の監督十名が監督協會へ入會>, ≪キネマ旬報≫ 1938.6.21, p.26 참조.

59) 田中純一郎, 『日本映画発達史 Ⅲ』, 中央公論社, 1980, p.15 참조.

60) 조선영화제작자협회는 당초 조선영화주식회사, 고려영화협회, 명보영화합자회사, 한양영화사, 조선예흥사, 경성영화제작소, 조선구기영화사, 조선문화영화협회, 경성발성영화제작소 등 9개의 회사의 대표 모임으로 시작되었으나, 이후 조선예흥사가 탈퇴하고 평양에 위치한 동양토키영화촬영소와 16mm 전문의 선만기록영화제작소가 참가함으로써 10개사로 개편되었다. 高島金次, 『朝鮮映画統制史』, 朝鮮映画文化研究所, 1943, p.32 참조.

61) "영화령의 정신에 기초하여 국민 문화의 진전에 적극적으로 협력함으로써 영화사업 및 연극의 건전한 발전을 도모하고 회원 상호의 친목을 기도하며 전 회원 협력일치, 황국신민의 책무를 다하는 것"을 설립 취지로 삼은 "조선흥행연합회 역시 경성에 사무소를 둠과 동시에 경우에 따라 각 지방에 지부를 설치하였다. <朝鮮主要映画關係團體紹介>, ≪映画旬報≫ 1943.7.11(朝鮮映画特輯), pp.40~41.

62) 加藤厚子, 『総動員体制と映画』, 新曜社, 2003, p.150.

이들 영화 단체는 "시간이 흐를수록 일본인에 의해 주도·관리되고 동시기 일본영화계의 그것과 보다 직접적으로 연결·연동되"었는데, 이 또한 "1941년 이후 본격적으로 진행되는 이른바 '영화신체제(映畵新體制)'의 거대한 흐름 속에 예술적, 상업적 방면에서 점차 동력을 상실해 가는 식민지 조선의 영화인과 영화계의 현실을 대변하는" 모습 가운데 하나였다고 할 수 있다.63)

3. 일본과 조선에서의 영화 상영 및 제작 통제

일본에서 1941년 1월부터 공식화된 이른바 '영화신체제'는 '7.7금령(7.7禁令)'으로 일컬어지는 '사치품등제조판매제한규칙(奢侈品等製造販賣制限規則)'의 실시를 계기로 도입되었다. 일본 국민에게 견실한 사상, 풍속, 습관 등을 심으려는 국가적 요구가 표면화되어 나타난 7.7금령이 영화계로 파급됨으로써, 영화 통제가 전시통제의 범위 안에 포함되었고 이에 따라 영화에 대한 검열도 강화되었다. "이윤추구에서 생산본위로"의 경제신체제의 흐름 속에 등장한 영화신체제의 핵심 내용은 극영화 제작편수 제한 및 상영시간 제한에 있었다.64) 이에 따라, 1940년 9월 관민간담회 이후 극영화의 제작편수는 쇼치쿠(松竹), 닛카쓰(日活), 도호, 신코(新興), 다이도(大都)의 경우 연간 48편 이내, 젠쇼(全勝), 교쿠도(極東)의 경우 연간 24편 이내로 제한되었다. 상영 시간은 3시간에서 2시간 30분으로 변경되었다. 또한 영화법 시행규칙 제35조가 개정되어 강제 상영의 대상이 기존의 문화영화에서 문화영화와 시사영화(뉴스영화)로 확대됨으로써, 영화 상영의 기본 형태가 '극영화+문화영화+

---

63) 함충범, 앞의 논문, 281쪽.
64) 加藤厚子, 앞의 책, p.80.

시사영화'로 갖추어졌다.[65]

이러한 조치는 1940년 7월 22일 제2차 고노에 후미마로(近衛文
麿) 내각이 수립하고 동년 9월 일본군이 프랑스령 인도차이나 북부
를 점령하는 한편 일본이 독일, 이탈리아와 삼국동맹을 체결하는 시
대적 배경과 맞물려 있었다. 특히, 1940년 10월 12일 '대정익찬회
(大正翼贊會)'가 세워짐으로써 일본 내 모든 조직이 이를 중심으로
일원화되는 '신체제(新體制)'적 정치 상황과 공명하는 것이었다.[66]

대정익찬회 설립 나흘 뒤인 1940년 10월 16일 조선에서는 '국민
총력운동(國民總力運動)'이 벌어졌다.[67] 이 운동은 중일전쟁 1주년
을 기념하여 1938년 7월 7일부터 실시되어 오던 국민정신총동원운
동에서의 정신 동원의 측면을 계승하면서도 고도국방체제(高度國防
體制)의 확립이라는 목표를 분명히 하였다. 그리하여, 국민총력운동
은 국민정신총동원운동과는 달리 철저하게 관의 주도와 중앙 조직
을 중심으로 진행되었다. 그 영향으로 국민총력운동은 국민총력조
선연맹(國民總力朝鮮聯盟)을 정점으로 하여 조선 내 모든 조직을 일
원화하였다. 1940년 12월에는 국민총력조선연맹 사상부로부터 문화
부가 분리·조직되었는데, 조선인 23명과 일본인 45명으로 구성된
의원 중에는 방한준, 안종화, 이창용, 최남주 등 영화 감독 및 제작
자도 포함되어 있었다.[68]

아울러, "조선에서도 1940년 11월부터 경성, 평양, 대구, 부산
등 4대 도시의 영화관에서 우선적으로 총독부 경무국과 학무국이

<hr>

65) 함충범, 「전시체제 하의 조선영화, 일본영화 연구 (1937~1945)」, 한양대학교 박
   사논문, 2009, 66쪽.

66) 위의 학위논문, 68쪽 참조.

67) 조선총독부는 조선인의 병역 의무와 관련하여 수면 위로 떠오르고 있던 참정권
   요구 등의 정치적 움직임을 봉쇄하기 위해, 대정익찬회를 중심으로 진행되고 있던
   일본의 신체제운동과는 구별되게 그 명칭을 '국민총력운동'으로 정하였다.

68) 함충범, 「1940년대 초반 식민지 조선에서의 영화 정책의 특징적 양상 (1940~
   1942)」, 『서강인문논총』 35집, 서강대학교 인문과학연구소, 2012, 330쪽 참조.

지정하는 문화, 과학, 시국, 교육, 예술 등을 다룬 문화영화가 회당 250미터 이상 의무적으로 상영되었"으며 "1941년 1월부터는 전 지역으로 적용되었으며, 흥행 시간도 3시간 이내로" 제한되었다.[69] 대정익찬회 설립과 국민총력조선연맹의 설립의 경우처럼, 영화 상영에 있어서도 일본과 조선의 통제 양상이 연동성을 띠고 있었음이 확인된다.

그리고 이러한 연동성은 영화 제작 부문으로도 이어졌다. 1941년 12월 8일 태평양전쟁 발발과 더불어 일본영화계는 당국의 통제정책의 영향으로 '영화임전체제(映畵臨戰體制)'에 돌입하였다. 그리하여, 1941년 5월 영화법에 기초하여 실시된 영화 제작 부문에 대한 심의에서 사업 허가를 얻은 총 14개의 영화사 가운데[70] 도호, 쇼치쿠(松竹), 그리고 1942년 1월 27일 닛카쓰-신코(新興)-다이도(大都) 등 3사 통합으로 설립된 다이에이(大映) 등 3개사만이 극영화 제작업을 이어가게 되었다.

참고로 뉴스영화(시사영화)와 문화영화 제작에 있어서는 1941년 5월 이들 영화에 대한 제작·배급을 겸하는 '사단법인 일본영화사(社團法人日本映畵社)'가 재조직되고[71] 기록영화와 과학영화를 아우르는 문화영화 부문의 제작이 니혼(日本), 리켄(理究), 덴쓰(電通) 등 3사로 추려진 바 있었다.

1942년 들어 식민지 조선에서도 새로운 형태의 영화 제작사의 설립에 어느 정도 가닥이 잡혀갔다. "전황에 따른 당국의 조치에 의한 것"이기도 하였으며, "일본에서의 영화임전체제 진행 과정에 영향을 받은 것"이기도 하였다.[72] 그리하여, 1942년 9월 29일 자본금 200

---

69) 위의 논문, 332~333쪽.

70) 田中純一郎, 앞의 책, pp.19~20.

71) 이는 1940년 4월 기존의 시사영화(뉴스영화) 제작사의 동맹단체로서 발족된 '사단법인 일본뉴스사(社團法人日本ニュ-ス社)'

72) 함충범, 앞의 학위논문, 119쪽.

만원, 1회 불입금 80만원 규모의 '조선영화제작주식회사(朝鮮映畵製作株式會社, 조영(朝映)'이 탄생하였다. "반도 유일의 제작회사"이면서 "일본 제4의 제작회사"로서의 위상을 지닌 조영의 설립은 곧 일본의 "영화제작 통제"의 "마무리" 작업이기도 하였다.[73]

중역, 고문, 촉탁 등의 직책과 서무과, 자재과, 업무과, 회계과, 선전과, 제1제작과(극영화 담당), 제2제작과(문화영화 담당), 제3제작과(시사영화 담당), 기술과, 촬영과, 진행과, 연기과, 미술과, 관리과, 기획과, 연출과, 인사과, 비서, 도쿄출장소[74] 등의 부서로 조직되었다. 사장은 사단법인 조선영화배급사(社團法人朝鮮映畵配給社, 조선영배(朝鮮映配)) 사장과의 겸직으로 경성상공회의소 부회장으로 있던 다나카 사부로(田中三朗)가 맡았으며, 이하 중역진과 부서의 고위직도 상당부분 일본인이 차지하였다.

이후 조영은 연간 극영화 6편 및 상영용 프린트 5벌, 문화영화 5종류 및 상영용 프린트 6벌, 시사영화 12종류 및 상영용 프린트 6벌을 제작 목표로 둔 채 조선총독부 도서과의 지도 하에서 국책의 반영을 회사의 최우선 과제로 삼으며 영화 제작활동을 이어갔다.

4. 영화 배급 기구와 계통의 일원화, 그리고 조선영배의 기능

태평양전쟁 발발(1941.12.8)을 계기로 일본에서 영화임전체제가 수립되어 '국민 오락'과 '선전 매체'로서의 영화의 기능이 강조되고 이에 대한 정책 당국의 통제 수위가 높아지게 되어, 영화 상영 제도 및 제작 회사 등에 대한 대대적인 정비가 있었음은 앞서 살펴본 바

---

73) 高島金次, 앞의 책, p.135.

74) 조영의 도쿄출장소는 1943년 3월경에 개설되었다. <短信: 朝映東京出張所開設>, ≪映畵旬報≫ 1943.3.21, p.6.

와 같다. 그런데, 영화임전체제의 완성은 다름 아닌 배급 부문을 통해 실현되었던 것이 사실이다.

1942년 2월 1일, 일본의 영화 배급 기구에 대한 일원화가 현실화되었다. 일본 내 모든 영화사 산하 영업부의 통합으로 '사단법인 영화배급사(社團法人映畵配給社, 영배(映配))'가 설립되었다. 동년 4월에는 매주 장편 극영화를 각 계통마다 1편씩 개봉하는 이른바 '2계통상영제(二系統上映制)'가 도입되었는데, 이를 통해 당시 2,000여 곳에 달하는 일본 전국 영화관의 1/2 이상이 홍백(紅白) 양 계통으로 편성되었다.[75] 그럼으로써 일본영화계의 배급 라인이 획기적으로 조정되었다. 아울러 특정 영화사 체인으로 묶여 있던 극장에서도 여타 회사의 작품을 상영하는 데 가해졌던 제약이 소거됨으로써, 영화 상영과 흥행의 폭이 보다 넓어졌다.[76]

이와 같은 일본 내 영화 배급 체제의 변화는 식민지 조선에도 직접적으로 파급되었다. 식민지 조선에서 영화 배급의 통제는 비교적 일찍부터 실시된 바 있었다.[77] 하지만 그것이 체계적으로 이루어진 것은 아니었기에, 배급업자들 간에 협정 위반 등의 사건이 간혹 발생하기도 하였다. 이에, 조선총독부는 조선영화령 실시를 계기로 통제 회사 설립을 목표로 1941년 4월경부터 당시 40여개에 달하던 배급사를 압박하기 시작하였다. 동년 10월에는 조선 유일의 배급 회사를 위한 설립취의서와 인가신청서가 접수되는 등 사전 준비 작업이 이루어졌다. 그리고 1942년 2월에는 일본에서의 영배 설립 및 조선

---

75) 그리하여 기존의 직영관은 소속 영화사와 관계없이 홍계통이나 백계통으로 존속하게 되었다. 프로그램 편성은 극영화, 문화영화, 시사영화 각 한편이 기본이었으나, 극영화의 경우 생필름의 부족현상으로 1~2개월에 한 번씩 '구영화(舊映畵)'를 개봉하기도 하였다.

76) 함충범, 앞의 학위논문, 114쪽 참조.

77) 1934년 배급권 쟁탈을 방지하는 차원에서 조선총독부의 지도 하에 있던 임의적 성격의 단체인 조선내외영화배급업조합이 결성된 일을 예로 들 수 있다.

에서의 "독자적 배급기관" 설치 움직임에 따라 조선영화 흥행업계에서 일본 측 자본이 회수되기 시작하였다.[78] 그리고 1942년 4월 조선영화제작주식회사(조영)와 더불어 회사 설립 및 업무 신청이 완료되고, 동년 5월 1일 양자에 대한 허가가 동시에 나옴으로써 사단법인 조선영화배급사(조선영배)의 업무가 개시되었다. 조선영배의 사장은 1942년 9월 29일 설립되는 조영의 사장 다나카 사부로가 겸임하였고 임원도 조영과 마찬가지로 총독부에 의해 임명되었다.[79]

영화 배급 방식으로는, 일본에서의 경우와 똑같이 홍백(紅白) 두 계통을 통한 필름 배급이 채택되었다. 이로써 조선의 영화 배급 라인이 일본의 배급 라인과 연결되어, 조선의 배급 시장은 구조적으로 일본의 배급 시장에 종속되는 형국이 연출되었다. 그렇지만 요금 산정에 있어서는 일본의 그것에 기준을 두면서도 조선의 사정에 맞는 방식이 부수적으로 채택되기도 하였다.[80]

기실 동시대 영화 담론에서는 조선영배의 설립의 의의를 "종래의 영리 본위의 배급 방법을 시정하는 의미에서, 이 역시 내지(內地)의 일원적 배급 기관 설립에 호응하여, 조선 독자의 배급 기구가 수립되었다는" 데 두었고,[81] "조선 독자의 회사가 운영되기" 직전인 1942년 4월 한 달간 "조선 내 배급은 내지 영배가 대행하는 형식을 취하"기도 하였다.[82]

한편, 영배 설립 후 일본에서의 움직임과 동일하게, 조선영배 설립을 계기로 이동영사 시스템의 구축에도 영화 행정 당국에 의한 정책의 주안점이 두어졌다. 그 "이면에는 1942년 1월 현재 2,400만 명의

---

78) <朝鮮通信: 半島興行界より內地資本退却>, ≪映畵旬報≫ 1942.3.21, p.32 참조.

79) 함충범, 앞의 학위논문, 122쪽 참조.

80) 가토 아쓰코(加藤厚子)는 그 이유에 대해, 당시 조선에서 극장 분포의 편중이 극심하였기 때문이라고 설명한다. 加藤厚子, 앞의 책, p.217 참조.

81) <朝鮮総督府映画行政の沿革と統制経緯>, ≪映画旬報≫1943.7.11, p.24.

82) 高島金次, 앞의 책, p.189.

인구가 있는 조선 전 지역을 통틀어 155개 남짓의 영화관이 존재하며, 그조차도 대부분 각 도를 대표하는 대도시에 집중되어 있다는" 문화적 환경이 놓여 있었다. 이러한 상황 속에 이미 1941년 7월에 이미 조선총독부 정보과를 주축으로 '조선영화계발협회(朝鮮映畵啓發協會)'가 만들어진 바 있었는데, 1942년 12월에는 태평양전쟁 1주년을 기해 조선영배 산하에도 이동영사반이 조직되었다. 조선영배 이동영사반은 각 도(道) 1반씩 총 13반을 기본으로 하여 본사 직속반 3반, 예비반 5반, 수리반 등으로 구성되었는데, 여기서는 "상설관이 없는 곳에서의 촉탁 이동영사반에 의한 정기 이동영사, 학교, 관청, 공장 등 각종 단체의 임시 신청 후 직속 이동영화반에 의해 행해지는 임시 출장영사, 도, 부, 군 등의 기관에 영화 필름과 기자재를 대여하는 자주 이동영사" 등을 통해[83] 활발한 영사 활동이 펼쳐졌다.[84]

그런데, "1942년 시점에 식민지 조선에서 단행된 영화 배급 기구와 제도의 정비는 제작 통제를 견인하며" 이루어졌다. 즉, "조선영배의 금전적 이익이 영화 제작으로 환원되는 구조를 통해 '조선영화의 특수 사정'을 견지하는 차원에서" 행해졌던 것이다. 단적으로, 조영에서는 경영 업무를 총괄하는 초대 상무이사로 닛카쓰 다마카와촬영소(多摩川撮影所) 제작부장 출신 실무자 나카타 하루야스(中田晴康)가 영입된 데 반해, 조선영배의 경우 전라북도 경찰부 경제경찰과장 출신 관료 오카다 준이치(岡田順一)가 등용되었다는 점은 두 회사의 관계를 여실히 드러내는 사례라 할 만하다.[85]

---

83) 1942년 12월부터 1943년 3월까지의 실적은 영사 일수 991일, 횟수 1,109회, 관객 동원 수 807,657명이었다. <社團法人朝鮮映画配給社概況>, ≪映画旬報≫1943.7.11, pp.36~37.

84) 함충범, 「1940년대 초반 식민지 조선에서의 영화 상영의 제도적 기반 연구: 1942년 시점의 배급, 흥행 부문 신체제 구축을 중심으로」, 『인문과학연구논총』 35권2호, 명지대학교 인문과학연구소, 2014, 149~150쪽.

85) 위의 논문, 135쪽.

아울러, 영화 분야에서의 '새로운 체제' 구축 과정 중 "배급 통제
는 상영 부문을 아우르기"까지 하였다는 점이 주목된다. 오카다 준
이치의 말대로 "여러 경위를 거쳐 영화신체제는 수립되었지만, 제
작, 배급, 상영의 세 부문 중 제작, 상영의 두 부문은 예전의 형태이
고, 배급 부문만을 공익법인으로서 신체제 추진의 중추 기관으로"
상정하였기에 그러하다.[86] 요컨대 조선영배는 "제작의 기초는 조선
에 있는 편이 합당하다고 여기"는 조영 관리를 위한 도구로서,[87] 동
시에 "민간에 산재할 수밖에 없는 영화관(극장) 흥행을 관리하기 위
한 수단으로서 중간적 위치를" 차지하고 있었던 것이다.[88]

---

86) 岡田順一, 「映畵配給社の使命」, 高島金次, 앞의 책, p.294.
87) 다나카 사부로의 발언 중 일부이다. <座談會 朝鮮映画の特殊性>, ≪映画旬報≫1943.7.11,
p.13.
88) 함충범, 앞의 논문, 136쪽.

03

일본인의 영화 활동 영역과 비중의 확대

1. 영화 전시체제의 구축과 일본인의 역할

중일전쟁 발발(1937.7.7) 이후 전황에 따라 일본뿐 아니라 식민지 조선에서도 전시체제가 구축되었음은 주지의 사실이거니와, 그러면서 당대 최고의 대중 영상 매체로 자리하던 영화 분야에서도 이른바 '신체제(新體制)', '임전체제(臨戰體制)', '결전비상조치(決戰非常措置)' 등의 명목으로 정책과 제도가 정비되어 갔다. 아울러 그 과정에서 적지 않은 일본인들이 요직을 차지한 채 중요한 역할을 행사하고 있었음이 주목된다.

우선, 조선영화령(1940) 도입 당시 조선총독부 경무국 도서과가 일본 내각의 내무성(內務省), 문부성(文部省)과 협의를 하였던 것으로 보이는데, 그 과정에서 도서과 소속 사무관 이데 이사무(井手勇)가 이미 1939년 7월에 "『영화령』의 총독부안을 휴행하고" 도쿄로 건너가 "내무, 문부 양성 각 관계 기관과의 세목에 대하야 타합"하기도 하였다.[89] 또한, 영화법 도입의 준비를 위해 1939년 8월 16일

---

89) <이입허가제와 배급통제 조선 『영화령』>, ≪동아일보≫ 1939.7.25, 5면.

발족된 조선영화인협회의 결성 모임에 회장 "안종화와 이사 서광제, 안석영, 이명우, 이창용 등 주요 영화인들뿐만 아니라 조선총독부 도서과 소속의 이사관 시미즈 쇼조(淸水正藏)도 참석하였"던바, 이는 "영화 통제를 강화하고자 하였던 당국의 의도"에 따른 상황이었다.[90] 영화인 등록을 위해 협회 내에 설치된 기능심사위원회(技能審査委員會)의 경우 조선영화인협회 측에서는 회장 안종화(창씨명:安田辰雄), 연출 부문의 이규환(창씨명:岩本圭喚)과 안석영, 연기 부문의 김한과 서월영, 촬영 부문의 이명우과 양세웅(창씨명:三原世雄)이 위촉된 것과는 별도로, 일본인 위원으로 총독부 측에서 도서과 사무관 야노 스스무(失野晉), 이사관 시미즈 쇼조, 편집관 나카무라 에이코(中村榮孝), 경성제대 교수 가라시마 다케시(辛島驍)가 선임되었다. 위원장은 총독부 도서과장 혼다 다케오가 맡았다.[91]

아울러, 전(全) 조선의 제작사와 배급사의 통폐합을 전제로 1940년 12월 10일 설립된 조선영화제작자협회[92]와 1939년 1월에 조직 개편을 한 조선내외영화배급업조합(朝鮮內外映畵配給業組合)[93]에서는 조선인과 일본인이 비교적 골고루 배치되어 있었으나, 1942년 1

---

90) 함충범, 「중일전쟁 이후 식민지 조선에서의 영화 법령과 조직의 특징적 양상 (1937~1941): '과정'과 '관계'를 중심으로 일제말기 한국영화사 다시 보기」, 『현대영화연구』 14호, 한양대학교 현대영화연구소, 2012, 270쪽.

91) 간사로는 "도서과의 영화담당 검열주임 오카다 준이치와 조선인 검열관 김성균, 그리고 작가 출신 영화인 김정혁이" 임명되었다. 위의 논문, 271쪽.

92) 처음에는 조선영화주식회사, 고려영화협회, 명보영화합자회사, 한양영화사, 조선예흥사, 경성영화제작소, 조선구기영화사, 조선문화영화협회, 경성발성영화제작소 등 9개 회사로 시작되었으나, 후에 조선예흥사가 탈퇴하고 평양의 동양토키영화촬영소와 16mm 전문의 선만기록영화제작소가 합세하여 총 10개 사로 구성되었다. 高島金次, 앞의 책, p.32 참조.

93) 조합장은 닛카쓰의 와타나베 쇼타로(渡邊庄太郎)가, 부조합장은 고려영화협회의 이창용과 기신양행의 이기세가, 평의원은 RKO, 쇼치쿠(松竹), 도와상사(同和商社) 소속의 일본인 담당자 1명씩이 맡았다.

월 7일 설립된 조선흥행연합회의 경우 회장에 오르는 마지마 우메키치(間島梅吉), 오이시 사다시치(大石貞七)를 위시하여 7인으로 구성된 위원 자리 대부분이 일본인의 차지였다. 조선흥행연합회의 회원은 각 지역의 극장주들이었는데, 그들은 거의 일본인이었기 때문이다.

한편, 조선 유일의 통제 배급사로 1942년 5월 1일 업무를 시작한 사단법인 조선영화배급사의 설립 과정에서는 '재조 일본인'과 '내지 일본인'들 사이에 의견 충돌이 발생하기도 하였다. 즉, 일본에서 이미 사단법인 영화배급사(社團法人 映畫配給社, 영배(映配)) 체제가 확정되어 가던 중에 "정보국 관계자등 일본 정책 담당자들"은 조선 영배 설립의 "불필요성을 역설"하고 척무성(拓務省)에서는 "조선독자의 회사를 세우되 그것을 일본 영화 배급기구의 지사로 하여 운영은 총독부에 배급은 일본 배급회사에 일임하자는" 안(案)을 내놓았던 데 반해, "조선총독부의 입장"은 "조선 독자의 영화배급사 설립"에 있었다. 그리고 이러한 주장의 관철을 위해 영배의 업무 개시(1942.2.1) 직전인 "1942년 1월 총독부 도서과 사무관 무라카미 쇼지(村上正二)와 서기 히루타 요시오(晝田義雄)가 도쿄를 방문하여 정보국 제5부 2과장 후와 스케토시(不破祐俊)와 영배 사장 우에무라 야스지(植村泰二) 등을 만나 동의를 구하"기도 하였다.[94]

영화 통제 회사 설립을 둘러싼 일본과 조선의 권력 기구 간 갈등은 조선영화제작주식회사(조영) 설립 과정에서도 있었는데, 이때에는 정보국이 "생필름의 조선 배급량을 더욱 감소시"키는 방식으로 총독부와 조선영화제작자협회 측을 압박하여 영화사 통폐합을 현실화시켰다.[95]

---

94) 함충범, 「1940년대 초반 식민지 조선에서의 영화 상영의 제도적 기반 연구: 1942년 시점의 배급, 흥행 부문 신체제 구축을 중심으로」, 『인문과학연구논총』 35권2호, 명지대학교 인문과학연구소, 2014, 131~132쪽.
95) 함충범, 「1940년대 초반 식민지 조선에서의 영화 정책의 특징적 양상 (1940~

이렇게 설립된 조영과 조선영배에서는 다나카 사부로(田中三朗)가 사장을 겸직하고 일본영화계에서 활동하던 나카타 하루야스가 전자의, 경찰 관료 출신 오카다 준이치가 후자의 실무를 책임지는 상무 자리에 올랐다. 이들 회사에서는 설립을 위한 준비 단계 역시 일본인이 주도하였는데, 조영의 경우 "통제회사가 접수하게 될 각 회사의 기계, 설비의 사정(査定)은 다이에이의 기술과장" 출신 요코타 다쓰유키(橫田達之)에게, "법적, 행정적 서류의 작성은 조선은행 출신" 곤도 렌이치(近藤廉一)와 요식업자 나카자와 마사히코(中澤正彦) 등에게 맡겨졌다.[96] 단 회사의 발기인 구성에 있어서는, 한상언에 따르면 총 40명 가운데 신원을 알 수 있는 이는 29명인데 이 중에서 조선인은 "화신백화점 사장인 박흥식, 경성방직의 김연수" 등 모두 13명이었다.[97] 그러나 회사의 기본 진용에 있어서는, 조직의 상층부에 일본인이 포진되고 그 하위 자리의 상당 부분을 조선인이 채우는 구도를 나타내었다.[98]

이밖에, 사단법인 조선영화배급사 직속의 이동영사반, 총독부 학

1942)」, 『서강인문논총』 35집, 서강대학교 인문과학연구소, 2012, 341쪽.

96) 한상언, 「일제말기 통제 영화제작회사 연구」, 『영화연구』 36호, 한국영화학회, 2008, 405쪽.

97) 위의 논문, 406~408쪽.

98) 조선영화제작주식회사가 해산되고 관련 업무가 사단법인 조선영화배급사로 흡수되는 방식으로 1944년 4월 7일 창립된 사단법인 조선영화사의 초기 인사 구성을 살펴보자. "사장에는 기존의 두 사단법인 영화 회사를 맡고 있던 다나카 사부로(田中三郎)가 연임되었으며 상무 두 자리는 총무 겸 배급부장 오카다 준이치(岡田順一)와 제작부장 노자키 신조(野崎眞三)로 채워졌고" "과장, 계장, 주임, 주재원 등의 직급에도 대부분 일본인이 포진되었다." 또한, 1944년 7월 7일에는 도호의 유명 감독 출신 구마가이 히사토라(熊谷久虎)가 노자키 신조를 대신하여 "이사 대우의 촉탁으로 영입되어 제작 수뇌부를 차지하"는 한편 "쇼치쿠 기획부 출신의 요네타 오사무(米田治)의 입사까지 성사됨으로써" 다시 한 번 내지 출신 일본인들을 중심으로 통제 영화사의 진용이 갖추어졌다. 함충범, 「1944년 식민지 조선영화계의 정책적 특수성에 관한 연구: '결전비상조치'에 따른 제도적 변화상을 통해」, 『동북아연구』 30권2호, 조선대학교 사회과학연구원, 2015, 142~144쪽.

무국 산하 조선교육영화연맹(朝鮮敎育映畫聯盟), 총독부 정보과 직속의 조선영화계발협회 등 이동영사 조직 구성 역시 일본인으로 이루어졌음은 물론이다.[99] 특히 군 산하에 설치된 영화 관장 부서인 조선군 보도부의 경우, 조직의 특성 상 전원이 일본인으로 구성될 수밖에 없었다.[100] 가령, "1938년 10월 설립된 조선군사령부 내 보도부의 초대 보도부장으로 임명된 인물"은 후지오 노부히코(藤尾信彦)였는데, 그의 계급은 육군 소장이었다. 아울러, 조선군 보도부 창설 당시 그의 휘하에는 "중좌, 소좌, 대위, 하사관, 통역관, 촉탁, 사무원 등 모두 11명"이 구성원에 포함되어 있었다.[101]

이와 같이, 중일전쟁 이후 식민지 조선에서의 전시체제 구축의 흐름과 맞물리며 영화 정책, 법령, 제도, 조직, 단체, 기구 등 다방면에서 일본인의 역할이 증대되거나 여전히 컸다. '일제말기'라는 시대적 특수성을 감안하건대, 당연한 현상으로 바라볼 여지는 충분히 있다고 할 만하다. 오히려 역으로, 그럼에도 불구하고 일본의 식민 통치가 막을 내릴 때까지 조선영화의 제작 과정 중 연출, 연기, 기술 등 실질적 핵심 파트에서 조선인의 역할 비중이 상당하였다는 점에 주목할 필요성도 존재한다.

---

99) 이들 조직은 "1944년 7월 1일, 조선 내 이동영사 조직에 대한 통합적 정비"를 통해 사단법인 조선영화계발협회(社團法人 朝鮮映畫啓發協會)로 일원화되었는데, 이때에도 "협회의 총재로 엔도 류사쿠(遠藤柳作) 정무총감이 추대되었고, 전무이사에는 마에다(前田)가 임명되었으며, 고문 자리에는 군·관·민 유력 인사들이 배치되었다." 위의 논문, 147~148쪽.

100) 1940년 현재 조선군 보도부의 업무 담당자와 분담에 관한 내용은 한상언, 「조선군 보도부의 영화활동 연구」, 『영화연구』 41호, 한국영화학회, 2009, 160~161쪽 참조.

101) 고려대학교 글로벌일본연구원 재조일본인 정보사전 편찬위원회, 『개화기·일제강점기(1876~1945) 재조일본인 정보사전』, 보고사, 2018, 596쪽.

2. 일본인 시나리오작가의 조선영화(계) 활동

1930년대 일본 및 여타 '제국' 권역으로 수출된 조선영화에 대한 부정적 평가 중 큰 부분을 차지한 것은 신선함이 결여된 소재, 박력이 떨어진 템포, 세련되지 못한 전개 등 주로 시나리오와 관련된 사항들이었다. 이러한 상황 속에 1940년대에 접어들면서 조선영화는 그 주류라 할 만한 장편 극영화를 중심으로 각본 담당자가 기존의 조선인에서 일본인으로 대체되어 갔다.

즉, 1940년 총 3편 가운데 1편이, 1941년 7편 가운데 2편이, 1942년 2편 가운데 1편이 일본인 작가의 시나리오로 만들어지다가, 1943년 3편, 1944년 3편, 1945년 1편 등 당시 제작된 모든 극영화의 각본이 일본인에 의해 작성되기에 이른다.[102] 다음은 당시 식민지 조선에서 제작·공개된 극영화 중에서 일본인에 의해 집필이 이루어진 작품에 관한 내용을 도표화한 것이다.

[표 2] 1940년대 조선 극영화의 제작 및 개봉 사항[103]

연도	개봉일	제목(일본어)	감독	제작	권수	시나리오	보존 상황
1940	4.30	수업료(授業料)	최인규, 방한준	고려영화협회	8	八木保太郎	필름 보존 각본 보존
1941	2.19	집 없는 천사(家なき天使)	최인규	고려영화협회	10	西龜元貞	필름 보존 각본 보존
1941	6.16	그대와 나(君と僕)	허영	조선군 보도부	10	飯島正, 허영	필름 일부 각본 보존

---

102) 함충범, 「1940년대 식민지 조선에서의 일본인 시나리오작가의 영화 활동 연구」, 『동양학』 67집, 단국대학교 동양학연구원, 2018, 51쪽 참조.

1942	1.14	풍년가(豐年歌)	방한준	고려영화주식회사		西龜元貞	
	4.5	우러르라 창공(仰げ蒼空)	김영화	고려영화협회 기획, 조선영화제작 주식회사	8	西龜元貞	
1943	6.16	조선해협(朝鮮海峽)	박기채	조선영화제작 주식회사	9	佃順	필름 보존 각본 보존
	12.1	젊은 자태(若き姿)	豊田四郎	조선영화제작 주식회사	9	八田尚之	필름 보존 각본 보존
	2.24	거경전(巨鯨傳)	방한준	조선영화제작 주식회사	8	佃順	각본 보존
1944	6.16	병정님(兵隊さん)	방한준	조선군 보도부	8	西龜元貞	필름 보존 각본 보존
	11.4	태양의 아이들 (太陽の子供たち)	최인규	사단법인 조선영화사	8	西龜元貞	
1945	5.24	사랑과 맹세 (愛と誓ひ)	최인규, 今井正	사단법인 조선영화사	12	八木隆一郎	필름 보존

보이는 바와 같이, 1940년대 제작·개봉된 조선 극영화의 각본을 쓴 일본인 시나리오작가로는 야기 야스타로, 니시키 모토사다(西龜元貞), 쓰쿠다 준(佃順), 이지마 다다시, 핫타 나오유키(八田尚之), 야기 류이치로(八木隆一郎) 등이 있었다.

다사카 도모타카 감독의 <이 어머니를 보라(この母を見よ)>(1930) 이후 닛카쓰와 도쿄발성(東京発声) 등을 거쳐 도호에서 유명 각본가로 활동해 온 야기 야스타로는, 1939년 6월부터 고려영화협회 제작의 아동영화 <수업료>의 시나리오를 맡게 되었다. 원작은 광주 북정(北町)심상소학교 4학년생 우수영이 쓴 일본어 수기였으므로, 그가

---

103) 함충범, 앞의 학위논문, 90쪽 [표 7]과 137~138쪽 [표 8]의 내용을 편집, 수정·보완한 것임.

담당한 일은 그것에 대사와 지문을 붙여 각색 작업을 하는 것이었다. 작품 속 조선어 대사는 극작가 유치진이 작성하였다. 또한 야기 야스타로는, 1939년 8월 16일 조선영화인협회 결성 직후에는 전일본영화인연맹의 임원으로서 조선을 방문하여 조선영화인협회를 전일본영화인연맹의 지부로 개조하는 문제에 대해 조선 영화인들과 협의하기도 하였다. 이후에도 그는 조선영화제작주식회사(조영)의 촉탁에 이름을 올리는 등 조선영화계와의 교류를 지속해 갔다.

1930년대 후반 고려영화협회 문학부에 입사한 니시키 모토사다는, <수업료>의 기획을 맡은 바 있었으며 이후에는 <집 없는 천사(家なき天使)>(최인규 감독, 1941), <풍년가(豊年歌)>(방한준 감독, 1942), <우러르라 창공(仰げ蒼空)>(김영화 감독, 1943)의 각본을 담당하였다. 1939년부터 1년 정도 조선총독부 경무국 도서과의 촉탁을 겸하였고, 조영 설립 후에는 기획과 사원으로 정식 입사하였다. 아울러 1944년 4월 7일 사단법인 조선영화배급사가 조영을 흡수하여 '사단법인 조선영화사(社團法人 朝鮮映畵社)'로 개편된 뒤에는 제작부 산하 계획과 각본계로 소속을 옮겼다. 조선군 보도부 제작의 <병정님(兵隊さん)>(방한준 감독, 1944)과 사단법인 조선영화사 제작의 <태양의 아이들(太陽の子供たち)>(최인규 감독, 1944) 등 징병제 선전영화의 시나리오 또한 계속해서 집필하였다.

쇼치쿠 가마타촬영소(蒲田撮影所) 제작의 <어영가지옥(御詠歌地獄)>(1925), <폭풍(嵐)>(1926) 등의 각본을 집필한 바 있던 쓰쿠다 준 역시, 조영 기획과 사원으로 입사한 뒤 <조선해협>(박기채 감독, 1943)과 <거경전>(방한준 감독, 1944)의 시나리오를 내놓았다.

이들 인물은 "당대 조선에서 활약한 대표적인 일본인 시나리오작가로 꼽을 수 있겠는데, 그 중에서도 활동의 본거지를 조선에 두고 있던 니시키 모토사다와 쓰쿠다 준은 재조선 일본 영화인으로 칭할" 수 있을 것이다.

한편, 동시기 일본에서 유명 영화 평론가였던 이지마 다다시는 히타쓰 에이타로(日夏英太郎)라는 일본식 이름으로 활동하고 있던 허영과 공동으로 <그대와 나>(1941)의 시나리오를 썼다. 1928년 데 뷔하여 <젊은 사람(若い人)>(1937) 이래 도요타 시로와 여러 편의 영화를 함께 작업해 온 핫타 나오유키는 도요타 시로 감독의 <젊은 자태>의 각본을 맡았으며, 우치다 도무(内田吐夢) 감독의 <흙 (土)>(1939)의 각본가 야기 류이치로는 일제강점기 공개된 마지막 조선영화인 <사랑과 맹세(愛と誓い)>(최인규 감독, 1945)의 각본을 담당하였다. 이들 일본인 시나리오작가의 집필 활동은 비록 단발성 을 띠는 데 그치기는 하였으나, 그 자체가 "일본과 조선의 위계적 영화 교류의 단면을 드러내"고 있다는 점에서 영화사적 의의를 지 닌다고 할 수 있다.104)

3. 조선영화 속 일본인 배우 및 배역

영화의 서사 전개와 주제 암시는 등장인물의 성격이나 이들 간 갈등관계 등에 의해 이루어진다. 대표적이고도 직접적인 재현 방식 은 발화나 대화로 구성되는 대사 혹은 인물의 표정이나 동작이라 할 수 있으며, 다시 그것들은 배역-배우(들)의 입과 몸짓(신체)을 통 해 표면화된다. 그렇기에 일본어 문학론을 탐구하는 데 있어, 영화 분야에서는 특히 일본인 배우와 배역에도 초점을 맞추어 볼 필요성 이 엿보인다.

이때 식민지 조선영화의 역사에서 특별히 주목되는 시기는, 역시 1940년대이다. 일본인 시나리오작가의 각본이 영화화되면서 영화,

---

104) 과경일본어문학·문화연구회, 『재조일본인 일본어문학사 서설』, 역락, 2017, 473~475쪽.

즉 발성영화 속 언어가 일본어 중심으로 통일되어 갔으며 그러면서 작품 내 일본인 배우와 배역의 비중이 커지게 되었기 때문이다. <군용열차>(서광제 감독, 1938)에서 도호 소속의 고바야시 주시로가 기관구장 역으로, 사사키 노부코가 점용의 연인이자 식당차걸 역으로 나온 바 있으나, 조선 극영화 속에 일본인이 주요 인물로서 등장하는 경향이 전반적으로 짙어진 것은 1940년대에 접어들면서부터였다.

<수업료>(최인규·방한준 감독, 1940)에서는 일본의 신치쿠치극단(新築地劇團) 소속 배우로 왕성하게 활동 중이던 스스키다 겐지가 영입되어 주인공 소년의 담임교사 역할을 맡았다. 1941년에는 보다 많은 영화 속에 다수의 일본인이 모습을 비추었다. <그대와 나>(허영 감독, 1941)의 경우, 쇼치쿠에서 아사기리 교코(朝霧鏡子)와 미야케 구니코(三宅邦子), 고아키네마(興亞キネマ)에서 고스기 이사무(小杉勇), 도호에서 가와즈 세이자부로(河津淸三郎)와 마루야마 사다오(丸山定夫), 다이이치협단(第一協團)에서 오비나타 덴(大日方傳), 만주영화협회에서 이향란(李香蘭, 일본명:야마구치 요시코(山口淑子)) 등이 참여하여 조선인 지원병과 교제를 하게 되는 상대역, 그녀의 가족, 또는 훈련소 교관 등의 역할을 맡아 연기하였다. 한편, 이 해에 공개된 여타 극영화에 동시기 일본에서 활동하던 배우가 출연한 예는 없었으나, 영상 자료가 현존하는 <집 없는 천사>(최인규 감독, 1941), <지원병(志願兵)>(안석영 감독, 1941), <반도의 봄(半島の春)>(이병일 감독, 1941)을 보건대 비록 조연이나 엑스트라급으로 일본인 배역이 등장하고 있음이 확인된다.

조선영화 속 일본인 등장의 양상 또한 1943년부터 본격적으로 이루어졌다. 조선영화제작주식회사(조영)의 1회작으로 개봉된 <조선해협>(박기채 감독, 1943)에서는 쓰바키 스미에(椿澄枝)가 여주인공의 절친한 벗으로 나왔다. 조영의 창립작으로 기획되고 일본인 감독 도요타 시로에 의해 연출된 <젊은 자태>(1943)에서는 상당수의 일본

인 배우들(丸山定夫, 永田靖, 月形龍之介, 高山德右衛門, 加原武門, 佐分利信, 大山健二, 西村靑児, 三田國夫, 龍崎一郎, 三谷幸子 등)이 다양한 역할을 소화하였다.

또한, 사단법인 조선영화사의 첫 번째 극영화인 <태양의 아이들>(최인규 감독, 1944)에서는 다이도(大都)의 배우 미즈시마 미치타로(水島道太郎)가 주연급인 국민학교 교장 역할을 맡기도 하였다. 식민지 조선에서 제작·개봉된 마지막 극영화인 <사랑과 맹세(愛と誓ひ)>(최인규 감독, 1945)에서는 다카타 미노루(高田稔), 다케히사 치에코(竹久千惠子), 시무라 다카시(志村喬) 등 일본의 저명한 배우들이 각각 주인공 소년의 일본인 양부모와 자살 특공으로 전사한 무라야마(村山) 소위의 부친 역을 담당하였다. 이 작품에서 무라야마 소위 역할은 독은기가 행하였는데, 극 중 일본인 역을 조선인 배우가 맡았다는 점에서 특징이 드러난다. 물론 <지원병>이나 <반도의 봄> 등 1940년대 초반 개봉된 작품들에서도 비슷한 사례를 찾아볼 수 있다.[105]

조영에서 제작이 완성된 <우러르라 창공>(김영화 감독, 1943)의 경우도 그러한데, 교사로 나오는 아오키(靑木), 의사로 나오는 시라카와(白川) 등의 역을 나웅, 마완영 등 조선인 배우가 맡았던 것이다. 특히, 이 작품에서는 주인공 소년의 이름이 남정길, 동생이 영길인데, 두 아역 배우의 이름은 각각 히라타 에이테쓰(平田永徹), 시라카와 마사루(白川勝)로 기록되어 있다.[106] 이러한 일본식 이름은 창씨개명된 것으로도 보인다. 아울러, <거경전>(방한준 감독, 1944)의 경우처럼 거의 모든 배역을 조선인 배우들이 맡고 있으면서 극 중 인물의 성명 자체가 창씨개명 식의 일본 이름으로 된 경우도 발견된다.[107]

---

105) 함충범, 「1940년대 식민지 조선영화 속 일본인에 관한 연구: 극영화를 중심으로」, 『국학연구』 35집, 한국국학진흥원, 2018, 502~514쪽 참조.

106) <新映画紹介>, ≪映画旬報≫ 1942.4.1, p.59.

107) 함충범, 앞의 논문, 523~526쪽 참조.

이와 같이, 일제강점기에 제작된 조선 극영화 가운데 일본인 배우가 출연한 예는 얼마 되지 않았다. 그러다가 1940년대에 들어서면서부터는 영화 속 일본인 배역이 현저히 늘어났고, 내지에서 활동하던 일본인 배우의 출연 사례도 많아졌다. 그 원인으로는 발성영화 시대 조선영화의 제작 여건과 전쟁의 확대와 전시체제 강화라는 역사적 환경을 지목할 만하겠지만, 이러한 산업적 측면과 시대적 측면이 맞물려 있었다는 점이 중요하다. 나아가 영화 속 일본인 등장과 출연의 양상은 제작 시기, 주체, 목적 등에 따라 다양성과 다중성을 지녔다. 1940년대 식민지 조선영화 속 일본인 배우들은, 처음에는 주로 조연으로 참여하였으나 영화 속 배역의 비중이 커져 갔다. 또한 극중에서 대개 일본인으로 등장하였으나 조선인으로 설정되는 경우도 있었다. 반대로 일본인 배역을 맡은 이들 중에 조선인 배우가 포함된 예도 존재하였다. 영화 속 일본인들은 전반적으로 정의롭고 성실하며, 강건한 의지와 인내심의 소유자로 나온다. 조선인 주인공과 동행하며 그(녀)에게 커다란 영향력을 행사한다는 면에서도 공통점을 지닌다. 물론 젠더나 민족에 따라 그 안에서 인물 간 차이점과 차별적 경향도 발견된다. 1940년대 조선 극영화 속 일본인에 관한 고찰은 당대 조선영화의 시대적 특수성을 이해하는 통로가 됨과 동시에, 여러 가지 연구 과제들을 파생시키기도 한다.[108]

4. 일본 감독의 조선영화 제작 참여

최초의 전문적인 영화감독으로 꼽히는 마키노 쇼조(牧野省三)의 등장 이래, 일본에서는 영화 오락의 성행과 예술의 발전과 문화의

---

108) 위의 논문, 495~496쪽.

확산 등에 힘입어 1920년대 '무성영화 시대'를 지나 1930년대를 통과하면서도 수많은 걸출한 감독들이 배출되었다. 일본 특유의 도제(徒弟)식 스튜디오 제작 시스템 속에서 그들의 입지는 꽤 탄탄하였고, 때문에 일본에서 영화 경력을 쌓았던 조선인들을 통해 이들의 명성과 존재감은 조선(영화계)으로도 전해지는 경우가 적지 않았다.

그런데, 발성영화 제작이 일반화되면서 조선과 일본의 영화 합작 시도가 연속적으로 이루어짐에 따라, 일본의 유명 감독이 어떠한 형태로든 조선영화 제작에 참여하는 일도 생겨났다. 그 유형은 크게 '지도(指導)'나 '감수(監修)' 등으로 공식화된 간접적 참여와, 연출(혹은 조연출)을 통한 보다 직접적인 참여로 구분된다.

먼저, '간접 참여'의 사례를 살펴보자. 대구 성봉영화원과 신코키네마(新興キネマ)의 오이즈미촬영소(大泉撮影所)의 합작으로 만들어진 <나그네>(1937)에서는 이규환이 감독을 맡았는데, 이때 일본 측에서는 스즈키 시게요시(鈴木重吉)가 연출 작업에 참여하였다. 당시 ≪키네마준포(キネマ旬報)≫의 기사 및 광고에는 그의 역할이 '공동 감독'[109] 혹은 '제작 지도'로 소개되어 있다.[110] 1900년생인 스즈키 시게요시는 쇼치쿠(松竹) 가마타촬영소 제작의 <흙에 빛나다(土に輝く)>(1926)를 시작으로 1920년대부터 1930년대까지 소위 '경향영화(傾向映畫)'를 중심으로 53편의 영화를 연출하는 등 활발한 작품 활동을 하였으며, 특히 데이코쿠키네마에서 제작된 <무엇이 그녀를 그렇게 만들었는가(何が彼女をさうさせたか)>(1930)를 통해 유명 감독군에 이름을 올렸다.[111] 이규환과는 1928년 데이코쿠키네마 우즈마사촬영소(太秦撮影所)에서 만나 도제(감독-조감독) 관계를 맺은 바 있었다.

---

109) <新興の朝鮮トーキー映画『旅路』完成>, ≪キネマ旬報≫ 1937.2.21, p.34 참조.

110) <『旅路』>, ≪キネマ旬報≫ 1937.4.1, p.187 참조.

111) 위키피디아 일본어판(https://ja.wikipedia.org) 및 일본영화데이터베이스 (http://www.jmdb.ne.jp) 참조.

극광영화제작소와 쇼치쿠의 합작으로 만들어진 <어화>(안철영 감독, 1939)에서는 시마즈 야스지로가 감수를 맡았다.[112] 1897년생인 그는 <어화>를 연출한 안철영과 친분 관계에 있는 것은 아니었지만 쇼치쿠의 '간판' 영화감독이라고도 할 만큼 왕성한 창작 활동을 펼치고 있었다. <쓸쓸한 사람들(寂しき人々)>(1921)로 감독 데뷔하여 1944년까지 무려 160여 편에 달하는 작품을 내놓은 그의 연출작 중 140편이 넘은 작품이 쇼치쿠에서 제작되었기 때문이다.[113]

일본영화계에서 활동하던 허영 감독, 조선군 보도부 제작의 <그대와 나>(1941)의 경우, 다사카 도모타카가 처음으로 메가폰을 잡는 허영을 '보도(補導)'하는 역할을 맡아[114] '제작 지도'를 행하였다.[115] 1902년생인 다사카 도모타카는 닛카쓰 다이쇼군촬영소(大將軍撮影所)에서 제작된 <호박의 소동기(かぼちゃ騷動記)>(1926)로 감독 데뷔하여, 이후 우즈마사촬영소(太秦撮影所)와 다마카와촬영소(多摩川撮影所)를 거치며 1945년까지 닛카쓰에서만 40편의 영화를 연출하였다. 특히 1938년 휴머니즘적 시선으로 불우 아동을 그린 <길가의 돌(路傍の石)>, 중일전쟁에 참전한 한 부대의 전우애를 담은 <5인의 척후병(五人の斥候兵)> 등을 내놓으면서 더욱 큰 명성을 얻었다. 아울러 이듬해에도 정장을 걷는 군인들의 인내를 묘사한 <땅과 병사(土と兵隊)>(1939)를 연출하였는데, <5인의 척후병>이 제6회 베니스영화제에서 '이탈리아민중문화상'을 수상한 데 이어

---

112) <『漁火』>, ≪キネマ旬報≫ 1938.8.1, p.78 참조.

113) 일본영화데이터베이스에는 시미즈 히로시의 연출작이 158편, 조연출작이 2편으로 기록되어 있다. 이 가운데 쇼치쿠에서 만들어진 작품이 145편(조연출작 2편 포함)이었으며, 1940년부터 만들어진 나머지 작품들 대부분은 도호에서 제작되었다. 한편, 그의 각본 작품은 총 71편(각색 1편 포함), 원작 작품은 48편으로 집계되어 있다. 이 역시도 대부분 쇼치쿠의 작품들이었다. 일본영화데이터베이스 참조.

114) <畵報>, ≪新映畵≫ 1941.11 참조.

115) <畵報>, ≪新映畵≫ 1941.10 참조.

<땅과 병사>는 제7회 베니스영화제에서 '일본영화종합상'을 받으면서 화제가 되기도 하였다. <그대와 나>가 일본 육군성(陸軍省)의 후원을 받은 영화라는 점을 감안할 때, 이 작품에 다사카 도모타카가 참여한 데에는 이러한 그의 이력 때문으로 보인다.

이어, 조선영화제작주식회사(조영)의 창립작으로 기획된 <젊은 자태>(1943)에서는 도요타 시로가 메가폰을 잡았다. 1906년생인 그는 <물든 입술(彩られる唇)>(1929)로 감독 데뷔한 이래 주로 쇼치쿠 가마타촬영소에서 감독 및 조감독 생활을 하다가, 1936년 도쿄발성으로 옮겨 연출 활동을 이어갔다. 특히 이시자카 요지로(石坂洋次郎)가 쓴 동명의 소설을 영화화한 <젊은 사람>(1937)과 하야시 후미코(林芙美子) 원작의 <울보 녀석(泣虫小僧)>(1938)이 흥행과 비평 양면에서 성공을 거두면서 1941년까지 도쿄발성에서 총 13편의 작품을 연출하였다.[116] <젊은 자태>는 쇼치쿠, 도호, 다이에이 등 일본의 극영화 제작 3사의 지원을 받아 만들어졌는데, 특히 배우진의 협연이 광범위하게 이루어졌다.[117] 아울러 각본은 <젊은 사람>, <울보 녀석> 등의 시나리오를 쓴 바 있던 핫타 나오유키가, 촬영은 <메오토젠자이(夫婦善哉)>(1940) 등의 촬영 경력을 지닌 미우라 미쓰오(三浦光雄)가 맡았는데, 이들 작품은 모두 도요타 시로 감독 영화였다.[118]

이마이 다다시의 경우, 조선 영화인과의 합작으로 도호에서 제작된 <망루의 결사대>(1943)의 감독을 맡은 뒤 사단법인 조선영화사 제작의 <사랑과 맹세(愛と誓ひ)>(1945)에도 참여하였다. "1935년경

---

116) 위키피디아 일본어판 및 일본영화데이터베이스 참조.

117) "주연인 마루야마 사다오[丸山定夫]를 비롯하여 다이에이에서 나가타 야스시[永田靖] 쓰키가타 류노스케[月形龍之介] 다카야마 도쿠에몬[高山德右衛門](스스키다 겐지의 본명) 등이, 쇼치쿠에서 구와하라 부몬[加原武門] 사부리 신[佐分利信] 오야마 겐지[大山健二] 니시무라 세이지[西村靑児] 등이, 도호에서 미타 구니오[三田國夫] 류자키 이치로[龍崎一郎] 미타니 사치코[三谷幸子] 등이 참여하"게 되었다. 함충범, 「1940년대 식민지 조선영화 속 일본인에 관한 연구: 극영화를 중심으로」, 『국학연구』 35집, 한국국학진흥원, 2018, 521쪽.

118) <広告>, ≪日本映画≫ 1943.12.1 참조.

압록강-두만강 변 국경지대 주재소를 배경으로 조선인과 일본인으로 구성된 경찰관과 주민들이 강을 건너 침입해오는 만주 지역의 마적단에 맞서 싸워 마을을 지켜내는 과정을 다룬 <망루의 결사대>"에서는 시나리오(山形雄策・八木隆一郎), 촬영(鈴木博), 특수촬영(円谷英二) 등 기술진은 물론이고 배우진에 있어서도 일본영화계에서 활약을 펼치던 다카타 미노루와 하라 세쓰코(原節子)가 주연을 맡았는데, 여기에 "조선영화제작주식회사 측의 '제작응원' 형태의 제휴가 있었으므로 고려영화협회 출신의 최인규가 연출보좌를 담당하고 진훈, 전택이, 심영, 주인규, 전옥, 김신재 등 조선의 유명 배우들이 주요 배역의 절반 정도를" 차지하였다.[119] 그런데, 식민지 조선의 마지막 개봉 극영화인 <사랑과 맹세>를 둘러싸고, 한국에서는 최인규가 연출을 맡은 것으로, 일본에서는 최인규와 이마이 다다시의 공동 감독 작품으로 알려져 있다.

한편, 시미즈 히로시(清水宏)는 조선총독부 철도국의 의뢰를 받아 단편영화 <친구(ともだち)>(1940)와 <경성(京城)>(1940)을 연출하였다. 전자는 "중후한 조선의 중심으로서 오아궁 내 건물을 묘사하고, 그 속에 내선(內鮮) 어린이들의 우정을 넣은" 극영화였고,[120] 후자는 경성에 대한 소개를 위한 기록영화 형식의 '관광 문화영화'였다.[121] 이들 작품은 총독부 철도국이 선전용 문화영화를 만들기 위해 쇼치쿠 문화영화부에 제작을 의뢰하고 쇼치쿠 측에서 다시 오후나촬영소 소속의 시미즈 히로시에게 작업을 배정함으로써 제작이 이루어진 것이었다.[122] 1903년생인 시미즈 히로시는 1924년 <고개 저편(峠の彼方)>의 메가폰을 잡은 이래 수많은 작품들을 연출하며

---

119) 함충범, 「도호의 특수촬영 기술과 한일 영화 교류・관계사의 양상」, 『인문학연구』 30집, 인천대학교 인문학연구소, 2018, 418~419쪽.

120) 水井れい子, <朝鮮映画界をくりかえて>, ≪新映画≫ 1943.11, p.92.

121) 주은우, 「식민지도시와 근대성의 영화적 재현: 기록영화 <경성>과 식민권력의 자기재현」, 『사회와역사』 92집, 한국사회사학회, 2011, 43, 53쪽 참조.

122) 위의 논문, 60쪽 참조.

쇼치쿠의 대표적인 감독으로 자리하였다. 특히 쓰보타 조지(坪田讓治)의 아동 소설을 영화화한 <바람 속의 아이(風の中の子供)>(1937)과 <아이의 사계절(子供の四季)>(1939)을 비롯하여 1941년에는 부랑아들의 모습을 다룬 <미카에리의 탑(みかへりの塔)>을 내놓으며 반향을 일으켰고, 태평양전쟁기에는 대만에서 <사용의 종(サヨンの鐘)>(1943)을 연출하기도 하였다.

조선영화제작주식회사에서 제작된 3권 분량의 문화영화 <쇼와 19년(昭和19年)>(1943)을 연출한 모리나가 겐지로(森永健次郎)도 있었다. 1909년생인 그는 1934년 닛카쓰 다마카와촬영소에 입사하여 1936년 <일식은 피로 물든다(日蝕は血に染む)>(首藤寿久와 공동연출)로 감독 데뷔를 하였고, 이후 같은 곳에서 <국화(お菊ちゃん)>(1938), <공습(空襲)>(1939), <아버지에게 빈다(父に祈る)>(1940), <환성을 받으며(歓声を浴びて)>(1941) 등의 작품을 만들었다. 아울러 <쇼와 19년> 이후에도 아사히영화사(朝日映画社)에서 단편영화 <전환 공장(転換工場)>(1944)을 연출하기도 하였다.[123]

조선에서 무성영화의 제작 수준이 어느 정도 올라서는 1920년대 중반 이후 재조 일본인이 영화감독으로 활동하는 예는 많지 않았다.[124] 이러한 추세 속에 일본영화계에서의 활동 경험을 가진 일본인 감독이 조선으로 넘어와 연출 부문에 관여하였다는 것은[125] 영화사적으로도 적지 않은 의미를 지니는 사례로 볼 수 있다.

---

123) 위키피디아 일본어판 참조.

124) 1930년대 이후에는, <남편은 경비대로>(1931)의 감독 시마타 아키라(島田章)와 '김소봉'이라는 예명으로 <전과자>(1934), <대도전>(1935) 등 다수의 영화를 연출한 야마자키 후지에(山崎藤江) 정도를 꼽을 만하다.

125) 조선문화영화협회 제작의 일본어 문화영화 <국기 아래서 나는 죽으리(国旗の下に我死なん)>(1939), <바다의 빛(海の光)>(1940), <산촌의 여명(山村の黎明)>(1940) 등의 감독 이름에 '전창태(田倉太)', '산중유(山中裕)'라는 일본식 이름이 기록되어 있는 바, 이에 관한 보다 정확하고도 자세한 조사가 덧붙여질 필요성이 존재한다.

04

조선영화/일본영화 간 경계 약화 현상의 단면들

1. 일본 뉴스영화의 조선에서의 파급력

1910년 한반도가 일본의 식민지로 편입되면서 대한제국이 '조선'으로 환원되던 때, 경성을 중심으로 활동사진 상설관(활동사진관)이 들어서며 영화 상영이 일상화되었음은 주지의 사실이다. 그런데, 조선인/일본인, 조선어/일본어라는 민족·언어로 나뉜 활동사진관에서는 영화 발명 초창기부터 만들어져 온 서구의 뉴스영화과 1914년경부터 제작이 이루어진 일본의 뉴스영화가 상영되었다. 아울러 1920년대 이후 조선에 대한 일본의 식민지 정책 기조가 이른바 '문화 통치'로 전환되고, 조선에서 (무성)영화 제작 활동도 활발해졌다. 그러면서 1920년대를 통과하며 1920년 설립된 조선일보사, 동아일보사 등 조선어 민간지 발행사와 1929년 세워진 조선인 민간 조직체인 동아상공영화뉴쓰사를 통해 조선인을 주축으로 뉴스영화 제작이 시도되기도 하였다.[126]

---

126) 함충범, 「중일전쟁 이전 시기 한반도에서의 뉴스영화, 그 역사적 궤적 및 특수성 연구: 일본과의 관련성과 더불어」, 『국학연구』 22집, 한국국학진흥원, 2013,

그러다가 1937년 7월 7일 발발한 중일전쟁을 계기로 동시기 일본에서처럼 식민지 조선에서도 정책, 산업 양면에서 뉴스영화의 비중이 보다 확대되었다. 즉, 관변 단체, 군대 기구, 관공 기관에서는 '시국인식' 강화와 전시체제 확립이라는 목적 하에 강연회와 영화회를 결합한 각종 대중 집회를 보다 적극적으로 마련하였다. 특히 조선총독부의 조선어 신문과 일본어 신문을 발행하던 매일신보사와 경성일보사의 활동이 두드러졌다. 이곳에서는 주로 '시국영화(時局映畵)'가 상영되었다. 그 중에서도 특히 '사변뉴스(事變ニュース)'로 불리던 중일전쟁을 다룬 뉴스영화가 큰 부분을 차지하였다. 또한, "중일전쟁 이후 일본 뉴스영화는 세계 각국으로 판로를 넓혀가고 있었는데, 일본에서 가장 가까운 곳에 위치한 식민지 조선에도 그 영향력이 파급되"기에 이르렀다. 경성일보사가 운영하던 경일문화영화극장(京日文化映畵劇場, 1939년 12월 개관)과 화신영화관(和信映畵館, 1940년 5월 개관) 등 소위 '뉴스영화 전문관'이 등장하였던 것이다.127)

한편, 중일전쟁 이후 일본에서는 뉴스영화의 유행이라는 흐름을 타고 이에 대한 일원화 작업이 진행되었다. 그 결과, 1940년 4월 15일 '사단법인 일본뉴스영화사(社團法人日本ニュース映畵社)'가 창립되고 일본 유일의 뉴스영화 <일본뉴스(日本ニュース)>가 1940년 5월 14일부터 제작, 6월 11일부터 영화관에서 상영되었다. 1941년 5월 1일에는 문화영화의 배급을 겸하는 '사단법인 일본영화사(社團法人 日本映畵社)' 체제가 성립되었다. 일본에서 가장 영향력을 지닌 뉴스영화로 자리한 <일본뉴스>는 처음부터 조선에도 커다란 파급력을 행사하였다. 경성일보사를 통해 배급 라인이 구축되고 뉴스

439~440쪽 참조.

127) 함충범·정태수, 「중일전쟁 이후 식민지 조선에서의 뉴스영화 연구 (1937~1941): 뉴스영화 제도화의 제 양상을 중심으로」, 『한국민족문화』 49집, 부산대학교 한국민족문화연구소, 2013, 473~474쪽.

영화 전문관을 중심으로 상영 활동이 행해졌다. 게다가 일본과 연동을 이루며 1940년부터 1942년까지 순차적으로 진행된 제작, 배급, 흥행 부문에서의 통제화 과정에서 도입된 '문화영화와 뉴스영화의 강제 상영'이라는 제도적 장치가 이를 지지하였다. <일본뉴스>는 일본 본토와 대략 1주일여의 시간 차를 유지하며 식민지 조선에서도 배급, 상영되었다. 물론 그것이 일률적이거나 안정적이었던 것만은 아니었고 상영 시기, 지역, 방식, 상황 등에 따라 그 양상에 조금씩 차이는 있었다. 아울러 <일본뉴스>에는 조선 관련 뉴스도 일부 포함되기도 하였는데, 이를 통해 일본이 부여한 조선(인)의 표상이 '전시 동원'이라는 기치 하에 화면에 제시되기도 하였다. 그러면서 <일본뉴스>는 조선 유일의 뉴스영화였던 <조선시보(朝鮮時報)>를 대체하며 그 위상을 계속해서 유지하였다.[128]

그런데, 1940년대에는 식민지 조선에서도 정기적 성격의 뉴스영화 제작의 시도가 지속적으로 있었다. 1941년 조선문화영화협회에서 <조선뉴스(朝鮮ニュース)>가 만들어진 바 있었으며, 1942년 9월 29일 통제 영화 제작사인 조선영화제작주식회사가 설립된 뒤에는 여기에서 12월부터 <조선시보>가 제작되었다. <조선시보>는 동시기 일본뿐 아니라 일본의 식민지 전역에서 가장 큰 영향력을 과시하던 <일본뉴스>와 구성, 형식, 내용 등의 측면에서 일정 부분 공통점과 차이점을 드러내었다. 또한 대체로 조선 지역을 촬영 및 상영의 대상으로 삼아 1개월 당 1회라는 제작 주기를 설정한 <조선시보>는 조선 유일의 뉴스영화로서의 위치를 점하고는 있었으나, "'제국' 권역을 범위로 삼아 1주일에 1회 정기 발행하던 <일본뉴스>가 꾸준하게 조선에서 상영되는 상황에서 뉴스영화로서의 한계를" 표출시키기도 하였다. 이로 인해 "1944년 이후에는 식민지 조선에서

---

128) 함충범, 「1940년대 식민지 조선에서의 <일본뉴스>」, 『인문과학』 54집, 성균관대학교 인문학연구원, 2014, 223~224쪽 참조.

의 뉴스영화의 공급처가 사단법인 일본영화사의 <일본뉴스>로 집약
되"는 양상을 보였다. "중일전쟁의 장기화와 태평양전쟁의 발발에
따른 전시체제의 공고화와 식민지 본국 일본과 그 대상국 조선의
종속적 위계화의 심화가 영화 분야로도 확대되고 뉴스영화 부문에
도 이어"진 하나의 사례라고 할 만하다.129)

2. 조선영화 속 언어의 문제

대략 1930년대까지 식민지 조선 극영화 속 언어는 대개 조선어로
이루어졌다. 무성영화 시기에는 조선인 상설 영화관에서 조선인 변
사에 의해 조선어로 연행되었고 발성영화는 애초에 조선어로 녹음
되었기 때문이다. 물론, 일본에 수출된 조선영화의 경우 현지에서
일본인 변사의 입이나 더빙 작업을 통해 일본어로 변환되는 예도
있었을 것이다. 요컨대, 식민지 조선에서의 민족·언어에 의한 영화
문화의 분리 현상이 제작된 작품에서만큼은 조선인과 조선어로 치
우친 경향을 띠었다.

그러던 것이, 1930년대 후반부터 변화를 보이게 되었다. 조선영
화 속에 일본인 배우가 모습을 드러내고 일본인 등장인물이 나오는
한편, 그러면서 일본어가 쓰이는 장면이 생기게 된 것이다. 그리고
이러한 경향은 시간이 갈수록 점점 짙어지게 된다. 여기에는 조선영
화계와 일본영화계의 합작 시도와 인적 교류, 전시체제 하에서의 정
책 및 제도적 연동성 등이 배경으로 작용하였다. 그러면서 식민지
조선영화에 대한 일본인의 비중과 영향력 또한 계속해서 커져 갔다.
작품 별 이야기 줄거리를 개봉 순서대로 간략히 정리해 보자.

---

129) 함충범, 「식민지 조선의 뉴스영화 <조선시보>에 관한 연구」, 『인문과학연구』 21
집, 대구가톨릭대학교 인문과학연구소, 2014, 119쪽.

<수업료>(최인규·방한준 감독, 1940)는 학비를 못내 고민하던 소학교 4학년 학생이 일본인 담임교사와 학우들의 배려와 격려를 통해 힘을 얻고 등록금 문제도 해결된다는 이야기를, <집 없는 천사>(최인규 감독, 1941)는 나쁜 어른들에게 착취를 당하며 고생하던 고아 출신의 소년 소녀 남매가 헤어진 후 고아원을 운영하는 독지가와 그의 처남인 의사에게 도움을 받아 재회한다는 이야기를 다루었다. 두 영화는 조선을 대표하는 아동영화로 만들어졌는데, 아동영화는 1930년대 후반 일본에서 유행한 바 있던 장르였다. 조선군 보도부 제1회 제작 영화인 <그대와 나>(허영 감독, 1941)에서는 지원병 훈련소 과정을 마친 조선인 청년들의 출정 전후의 생활 경험이 묘사되었다. <풍년가>(방한준 감독, 1942)는 한 농촌 마을에서 보릿고개를 넘기며 고군분투하다 모내기에 힘을 모으는 젊은 남녀를, <우러르라 창공>(김영화 감독, 1943)은 편모 하에서 힘겹게 살며 항공병을 동경하다 동생이 키우던 개를 팔고 전투기 모금에 헌납한 뒤 주변의 도움을 받아 화제의 주인공이 되고 개도 돌려받는 한 소년을 그렸다. 조선영화제작주식회사(조영)에서 만들어진 <조선해협>(박기채 감독, 1943)은 남자 집안의 반대에도 불구하고 동거를 하다 아이까지 얻은 젊은 남녀가 지원병과 직공으로 복무하여 인정을 받는다는 내용을, <젊은 자태>(1943)는 장차 군인이 될 중학교 5학년 학생 생도들과 교사들의 한 주 동안의 병영 생활에 대한 기록을 담았다. <거경전>(방한준 감독, 1944)에는 용기가 부족한 한 젊은 청년이 주위 사람들의 애정과 응원을 등에 업고 씩씩한 포경 선원으로 변모하는 과정이, 조선군 보도부에서 제작된 두 번째 장편 영화 <병정님>(방한준 감독, 1944)에는 징병 대상자로서 훈련소에 입소한 조선인 청년들의 여러 모습이 제시되었다. <태양의 아이들>(최인규 감독, 1944)에서는 지방에 위치한 작은 섬의 교장과 학생이 사이판에서 재회한 뒤 미군의 공격으로 둘 다 목숨을 잃게 된다는

서사가, <사랑과 맹세(愛と誓ひ)>(최인규 감독, 1945)에서는 고아 출신의 한 조선인 소년이 자살 특공대로서 전사한 일본인 장교를 본받아 그의 조선인 미망인과 자신의 일본인 양부모의 지지를 받으며 해군특별지원병에 입대하게 된다는 서사가 펼쳐졌다.

이들 영화에는 식민지 권력이 추진하던 당대의 아동, 식량, 물자, 군사, 교육, 문화 정책이 복합적으로 반영되었다. 아울러 상기 정책들은 전시 동원을 위해 일제가 강조한 내선일체(內鮮一體)를 기본적인 토대로서 공유하고 있었다. 그런데 당시 내선일체를 뒷받침하던 주요 정책 영역은 다름 아닌 언어 분야였던 바, 조선영화 속 언어 사용 양상에도 일련의 변화가 일었음은 당연한 일이었다.

조선 발성영화에 일본어가 삽입된 경우는 영상 자료가 현존해 있는 <군용열차>(서광제 감독, 1938)에서 확인된다. 고바야시 주시로가 역할을 맡은 극 중 점룡의 상관이자 기관구장이 훈시를 하는 장면에서 개별적 단어 혹은 단순한 구를 넘어 완전한 일본어 문장 표현이 쓰인다. 야기 야스타로가 각본을 작성하고 유치진이 조선어 대사를 번역한 <수업료>의 경우 학교를 비롯한 공적인 장소에서는 '국어'로서의 일본어가, 마을과 집 등의 공간에서는 생활 언어로서의 조선어가 주로 사용된다. 대표적인 '이중언어'의 양상이 펼쳐지고 있는 것이다.130)

1941년 시점에는 영화 속 언어적 스펙트럼이 폭넓게 구성되어 있었다. 이 해에 개봉된 8편의 극영화 중 조선어를 중심언어로 하는 <집 없는 천사>, <지원병(志願兵)>(안석영 감독, 1941), <반도의 봄(半島の春)>(이병일 감독, 1941), <처의 윤리(妻の倫理)>(김영화 감독, 1941) 등 모두 5편의 작품에 일본어 발화 상황이 등장한다. <집

---

130) 관련 사항에 대한 전반적인 내용은 함충범, 「1940년대 초반 식민지 조선영화에서의 언어 상황의 변화 양상과 특수성(1940~1941): 영화사적 흐름에 대한 거시적인 고찰을 중심으로」, 『아시아문화연구』 30집, 가천대학교 아시아문화연구소, 2013 참조.

없는 천사>를 제외한 나머지 영화의 각본을 모두 조선인이 담당하였음을 감안하면, 당시 조선영화에서의 이중언어 현상은 하나의 시대적 흐름이었다고 할 만하다.[131] 여타 작품 가운데 <창공(蒼空, 원제:돌쇠)>(이규환 감독, 1941)의 시나리오 담당자는 일본인 노무라 유야(野村裕也)로 기록되어 있으며,[132] <그대와 나>의 경우 모든 대사가 일본어로 이루어졌다는 점에서도 '국책'을 반영하고 있었다.

다음해인 1942년에는 <신개지(新開地)>(윤봉춘 감독)와 <풍년가>에서 조선어가 사용되다가, 조영이 설립된 뒤인 1943년 이후 기획, 제작된 모든 작품은 일본어 위주로 대사가 이루어지게 되었다. 일본인 시나리오작가에 의해 각본이 구성되고 정책 당국의 영향 하에 놓인 일원적 통제 기구에서 기획 및 제작이 행해지던 당대의 영화 환경이 반영된 결과로도 볼 수 있다. 여기에 더하여, 식민지 조선영화 속에 일본인 배우가 등장하고 일본인 배역이 설정되던 동시기의 추세와도 밀접한 관계를 지니는 것이기도 하였다.

3. <사랑과 맹세(愛と誓ひ)>, 한국영화인가, 일본영화인가?

태평양전쟁 막바지인 1945년 5월 24일 조선에서, 동년 7월 26일에는 일본에서 개봉된 <사랑과 맹세(愛と誓ひ)>. 영상 필름은 현존하나, 시나리오와 크레디트 자막이 남아 있지 않은 이 작품의 제작 주체에 대한 현재 한국과 일본의 입장은 다소 엇갈려 있는 듯하다. 즉, 한국에서는 최인규가 연출하고 조선인 스텝들이 참여한 식민지

---

131) 관련 사항에 대한 전반적인 내용은 함충범, 「1941년 조선영화에서의 이중언어 속 일본어: <지원병>, <집 없는 천사>, <반도의 봄>의 발화 주체를 중심으로」, 『아세아연구』 56권1호, 고려대학교 아세아문제연구소, 2013 참조.

132) <日本映画紹介>, ≪映画旬報≫ 1941.9.1, p.18 참조.

조선의 마지막 극영화로 알려져 있는 데 반해,133) 일본에서는 이마이 다다시 감독 및 일본인 스텝 주도의 전전(戰前) 마지막 필모그래피에 포함되어 있다.134)

그도 그럴 것이, 타이틀 자막 상에 '해군성검열제(海軍省檢閱濟)', '후원 해군성(後援 海軍省)', '후원 조선총독부(後援 朝鮮總督府)'라는 글자가 순서대로 세 장면을 이루고, 이어서 당시 조선 유일의 영화 통제 회사인 사단법인 조선영화사의 로고와 전시 통제 하 일본의 극영화 제작 3사 중 하나였던 도호의 로고가 각각 '제작'과 '응원' 기구로서 겹쳐져 있는 바, 이 영화가 양국의 합작을 통해 만들어졌음이 공표되어 있다. 또한 이를 반증하듯, 극중에는 조선인 배우뿐 아니라 다카타 미노루, 다케히사 치에코, 시무라 다카시 등 동시기 일본영화계에서 활동하던 도호 소속의 유명 배우들이 주요 인물로 등장한다.

영화의 전체 줄거리를 요약하면 다음과 같다. 경성신보사의 국장 시라이(高田稔 분) 부부의 양자가 되었으나 방황을 끊지 못하고 있던 고아 출신 조선인 소년 에이류(김우호 분)가 출격을 앞두고 시라

---

133) <사랑과 맹세>는 한국영상자료원 한국영화데이터베이스(http://www.kmdb.or.kr) 상에 <사랑과 맹서>로 표기되어 있으며, 감독:최인규, 각본:야마가타 유사쿠, 제작자:다나카 사부로(일본), 야기 류이치로(일본), 출연:독은기, 김신재, 김유호, 이금룡, 복혜숙, 제작사:전중삼랑(일본), 촬영:한형모, 야마사키 이치오(일본), 조명:김성춘, 편집:양주남, 사운드(음향)-녹음:삼전(森田), 현상:최규순, 조명팀:함완섭 등으로 기록되어 있다. 이는 한국영화진흥조합에서 발행된 『한국영화총서』(1972)의 내용을 토대로 둔 것으로 보인다.

134) 도호 웹사이트 자료실(https://www.toho.co.jp/library/system/movies)과, 이를 참고한 것으로 보이는 일본 문화청 일본영화정보시스템(https://www.japanese-cinema-db.jp) 상에는 <사랑과 맹세>의 참여자에 관해 대체로 다음과 같이 기록되어 있다. 製作:森田信義, 脚本:八木隆一郎, 監督:今井正, 崔寅奎, 撮影:山崎一雄, 出演者:独銀麒, 高田稔, 竹久千惠子, 志村喬, 金祐虎. 즉, 이마이 다다시와 최인규의 공동 연출 작품으로 인정되어 있는 것인데, 그러나 일반사단법인 일본영화제작자연맹 데이터베이스(http://db.eiren.org/contents) 및 위키피디아 일본어판 등에는 연출 담당자로 이마이 다다시의 이름만이 게재되어 있다.

이를 찾아온 가미카제 특공대 소위 무라이(독은기 분)와 우연히 만나 함께 사진을 찍는다. 무라이의 전사 소식이 알려진 후, 시라이의 제안에 따라 에이류는 지방에 위치한 무라이 가정에 기거하며 방문기를 쓰게 된다. 그 과정에서 무라이 부친(志村喬 분)의 모범적 언행에 감화되고, 무라이의 미망인 에이코(김신재 분)의 다정함을 느끼면서 서로 간에 어린 시절 생이별한 남매일지 모른다는 생각을 품는다. 이에 에이류는 귀경 전날 마을 버스의 기름을 몰래 흘리는데, 이로 인해 지원병으로 입소하려던 마을 청년이 주민들의 환송을 받으며 힘차게 뛰어 간다. 죄책감 때문에 몰래 흐느끼는 에이류에게, 에이코는 만약 동생이 있더라도 사리분별이 분명하지 못하다면 그를 만날 마음이 없다면서 단호하게 꾸짖는다. 그 후 경성에 올라온 에이류는 어렵사리 방문기를 완성하고 신문에 실린 그의 글은 좋은 반응을 얻는다. 그리고 얼마 뒤 시라이 부인(竹久千惠子 분)과 에이코 모자를 양 옆에 둔 채 그는 해군특별지원병 훈련소에 자원 입대한다.

서사 구조에 반영되어 있는 바대로, 이 작품은 일제말기 조선 민중의 생활상과 조선 사회의 일상적 분위기를 노출시키면서 동시기 식민지 권력의 군사 동원 정책 및 내선일체 기조를 강조한다. 그렇기에, <사랑과 맹세>의 관객층은 일차적으로 조선인으로 상정되었다고 볼 만하다. 이를 반영하듯, 개봉 당시 조선에서 발행된 신문 속 포스터 상에는 이 영화의 감독이 최인규로 명시되어 있다.[135]

그럼에도, 이 작품이 후일 일본에서 일본영화로 분류되어 온 까

---

135) 당시 식민지 조선의 유일한 한글 일간지이자 총독부 조선어 기관지였던 《매일신보(毎日新報)》의 신문 지상에는 1945년 5월 12일부터 <사랑과 맹세>의 광고가 실리기 시작하였다. 그런데, 일자 별로 그 디자인과 배치 방식은 다를지라도, 문구 내용 중 연출자는 분명 '최인규'로만 표기되어 있다. 역시 같은 날부터 <사랑과 맹세>의 광고가 게재된 총독부의 일본어 기관지 《경성일보(京城日報)》를 보더라도, 동일 일자에 《매일신보》와 같은 디자인의 광고가 실려 있지는 않으나 연출자는 '최인규'로만 쓰여 있음이 확인된다.

닭은 무엇일까? 전전은 물론 패전 이후 지금까지도 유력 영화사의 지위를 유지해 온 도호의 제작물이라는 부분을 무시할 수 없으려니와, 텍스트 안을 응시하더라도 동시기 일본영화를 연상시키는 요소가 적지 않게 포함되어 있음이 감지된다. 즉, 여러 일본인들이 중심 배역으로 나온다는 점과 이들을 비롯한 모든 등장인물들의 대사가 거의 일본어로 이루어져 있다는 점이 일단 눈에 띈다. 물론 여기에는 영화의 각본을 일본영화계에서 활동하던 중견 시나리오작가 야기 류이치로가 맡았다는 사실이 배경으로 존재한다. 이는 1943년 이후 통제 영화사에서 제작된 식민지 조선 극영화의 공통적 특징이기도 하였다.

아울러, 영화 표현의 가장 기본적 요소인 화면 구성 면에서도 동시기 일본영화의 영상 이미지와 유사성을 띠는 장면들이 여럿 포함되어 있다. 특히, 시간적으로는 길지 않으면서도 자극적인 영상 효과를 강렬하게 추동하는 전투 및 출격 장면이 압권이다.

해당 부분은 크게 두 군데에 걸쳐 있다. 첫 번째는 영화 초반 무라이의 전사 장면이다. 두 번째는 영화 말미 에이류의 입대 장면 뒤 훈련소 기록 쇼트에 이어지는 선전 문구 자막이 붙은[136] 전투기의 비행 장면이다. 이 가운데 후자가 에이류 탑승 전투기 말고도 다수의 비행기가 수놓는 영화의 내적 서사와 직접적으로 연결되어 있지 않은 다분히 디제시스적 성격을 띤 반면, 전자의 경우 그것이 영화의 극적 흐름과 연동될 뿐 아니라 그 시각적 자극의 정도와 충격의 효과 역시 상대적으로 크다.

무라이의 전사 장면을 들여다보자. 약 65초 동안 총 15개의 쇼트로 이루어진 다큐멘터리 기법이 가미된 화면 구성에 의해[137] 무라

---

136) 내용은 다음과 같다.(/는 쇼트 구분 표시임) "가미카제는 오늘도 적을 태평양의 밑바닥에 침몰시키고 있다. / 이것에 이어 적을 쳐부술 자, / 그것은 너희들이다. 너희들이 해야 한다.(神鷲は今日も敵を太平洋の底に沈めて〵々ある / これに續いて敵を破るもの / それは君達だ゜君達がやるのだ゜)"

이를 비롯한 가미카제 특공대원들의 활약상이 두드러진다. 뒤이어 무라이의 전사 소식을 대서특필한 ≪경성신보(京城新報)≫의 역동적 기사 이미지가 연결됨으로써 그 강도가 배가된다.

여기서 동시기 일본영화를 살펴보건대, 작품 속 전투 장면이 <사랑과 맹세>의 그것과 연관성을 지니는 경우가 발견되기도 한다. 태평양전쟁 발발 1주년 기념으로 일본 전역에서 공개되고 조선에서도 개봉되어 엄청난 관객 동원 기록을 세운 도호 제작, 야마모토 가지로(山本嘉次郎) 감독의 <하와이 말레이 해전(ハワイ・マレー沖海戦)>(1942)에 초점을 맞추어 보자. 영화의 서사는, 일본의 한 농촌에서 홀어머니와 누나, 여동생과 함께 생활하던 소년 도모타 요시카즈(友田義一, 伊東薫 분)가 이웃집 형이자 해군 병학교의 생도인 다치바나 다다아키(立花忠明, 中村彰 분)의 영향으로 해군 비행병으로 성장하여 진주만 공습에 참가함으로써 말레이 전선에 투입된 다다아키와 더불어 태평양전쟁의 주역이 된다는 내용이다. 주인공의 가정환경 및 인물관계 설정에서 <사랑과 맹세>와 유사성을 띤다고도 볼 수 있다.[138]

---

137) (쇼트1) 3대씩 전열을 이룬 총 9대의 전투기 편대가 비행한다. (쇼트2) 구름 낀 하늘이다. (쇼트3) 3대의 전투기가 하강한다. (쇼트4) 그 중 한 대가 바다 위를 지나는 항공모함으로 돌격하여 화염을 내뿜는다. (쇼트5) 구름 사이에서 다시 3대의 전투기가 하강한다. (쇼트6) 항공모함 3대가 지나면서 위를 향해 사격한다. (쇼트7) 전투기 한 대가 하강한다. (쇼트8) 그 전투기가 총알을 피하면서 하강한다. (쇼트9) 전투기 속에 결연한 표정의 무라이가 조종을 하며 앉아 있다. (쇼트10) 하강하는 전투기 (쇼트11) 결연한 표정의 무라이 (쇼트12) 무라이의 시점으로 보이는 항공모함 (쇼트13) 항공모함 시점으로 보이는 무라이의 전투기: 무라이의 전투기가 수많은 총알을 피하면서 항공모함 쪽으로 다가간다. (쇼트13) 항공모함 중심부가 전투기와의 충돌에 인해 충격을 받는다. (쇼트14) 폭발하는 항공모함: 원경 평각 쇼트 (쇼트15) 폭발하는 항공모함: 원경 부감 쇼트.

138) 이에 관해 함충범은, 두 작품의 주인공 설정에 있어 "가정 요소의 결핍 및 주변인물과의 관계를 통해 일본 국민 및 군인으로 거듭나고 있다는 점에서 궤를 같이한다."라고 설명한다. 함충범, 「태평양전쟁 시기 군사정책 반영 일본영화와 조선영화의 주인공 설정에 관한 비교연구: <하와이 말레이 해전>(1942)과 <사랑과 맹세>(1945)의 경우를 중심으로」, 『현대영화연구』 9호, 한양대학교 현대영화연구소, 2010, 93쪽.

이러한 줄거리로 이루어진 영화의 말미에는 주요 인물들이 속한 비행 부대의 하와이-말레이 출격 및 전투 장면이 다큐멘터리적 영상으로 꾸며져 30여분이나 배치되어 있는데, 일부 화면 구성의 패턴이 <사랑과 맹세> 속 무라이의 전사 장면의 경우와 매우 흡사하다. 특히 항공 촬영과 미니어처 촬영 등 특수촬영을 통한 사실적 표현 기법이 두드러진다. 이와 관련하여, 두 작품의 제작 과정에 상당한 수준의 특수촬영 기술을 보유하고 있던 도호가 관여되어 있었다는 사실이 주목된다.

물론, 특수촬영의 양적, 질적 정도에 있어서도 그러하거니와, <하와이 말레이 해전> 제작 당시에는 특수촬영 과정에 대한 홍보와 관심이 대대적으로 일었던 데 반해 태평양전쟁/일제강점 최말단기에 만들어진 <사랑과 맹세>의 경우 상대적으로 그러할 여유가 덜하였다는 점에서는 차이가 나타난다. 이 부분에서도 제국/식민지 영화의 위계가 드러나는 바,139) 그 자체부터가 대중문화 영역을 둘러싼 태평양전쟁기의 특징적 시대상 가운데 하나였다고도 할 만하다.140)

---

139) 아울러 함충범은, "태평양전쟁 시기 일본-조선, 일본인-조선인 사이의 관계뿐만 아니라 일본영화-조선영화 간의 관계"가 서열적, 차별적 성격을 지녔으며, 이로 인해 영화 <하와이 말레이 해전>과 <사랑과 맹세> 간에도 여러 가지 차이가 발생하고 있음을 지적한다. 위의 논문, 96쪽.

140) 본 절의 내용은 함충범, 「도호의 특수촬영 기술과 한일 영화 교류·관계사의 양상」, 『인문학연구』 30집, 인천대학교 인문학연구소, 2018, 406~411쪽에서 발췌한 것임.

제4부

전후 한국영화(계)와 일본영화(계)의 재건
(1945~1960)

01 한국과 일본에서의 영화계 재편 양상

02 한국영화와 일본영화의 제작 경향, 그 교집합

03 국교 단절 속 양국 간 영화 분야의 교류관계 지점들

01

한국과 일본에서의 영화계 재편 양상

1. 해방/패전 후 한국/일본 영화계의 재구축

1945년 8월 14일 일본 '천황(天皇)' 히로히토(裕仁)가 '종전조서 (終戰の詔書)'를 발표하였다.[1] 연합군에 대한 항복을 공식화한 것인 데, 1945년 7월 26일에 이루어진 포츠담선언(Potsdam Declaration) 을 수용함을 공식화한 이 선언을 통해 중일전쟁(1937)에서 태평양 전쟁(1941)으로 이어진 일본의 아시아 침략 전쟁은 막을 내렸다.

이 소식은 다음날 한반도에도 전해져, 1910년 8월 29일부터 일본 의 식민지로 전락한 한국은 해방을 맞이하게 되었다. 해방이 '가져 다 준' 변화의 강도는 정치, 경제, 사회, 분야 전 방면에 걸쳐 매우 컸다. 영화 분야의 경우도 예외가 아니었는데, 그것은 우선 영화인 조직이 재편되는 형태로 나타났다.

먼저 '조선영화건설본부'(영건)의 발족이 1945년 8월 19일 의결 되고 9월 24일 '조선영화인총대회'를 통해 실현되었다. 11월 초에는 준비회의를 거쳐(3일) '조선프롤레타리아영화동맹'(프로영맹)이 설

---

1) 歷史学研究会, 『日本史史料 [5]現代』, 岩波書店, 1997, pp.148~149.

립되었다.(5일) 그리고 12월 16일, 이 두 영화인 조직이 발전적으로 해소된 뒤 '조선영화동맹'(영화동맹)이 결성되었다. 이렇게 해방 직후 조선에서는 영화인 조직의 설립과 분산, 통합의 움직임이 불과 수개월 동안 매우 활발히 일어났다.

여기에는 일제 식민 잔재의 청산과 자주적 민족 국가 수립이라는 시대적 명제 하에 해방 정국의 헤게모니 쟁탈전이 치열하게 펼쳐지던 동시기 정치적 배경이 자리하고 있었다. 상기 영화인 조직들 모두 독립된 모임이 아닌, 문학, 미술, 음악, 연극 등을 망라한 거대 예술 동맹 혹은 연맹체의 하위 집단이었다는 점은 이를 단적으로 드러낸다.

영건은 조선문화건설중앙협의회(문건중협, 의장 임화-서기장 김남천, 1945.8.18), 프로영맹은 조선프롤레타리아예술동맹(프로예맹, 의장 한설야-서기장 윤기정, 1945.9.30), 영화동맹은 조선문화단체총연맹(문총, 1946.2.24) 산하로 편재되어 있었다. 또한, 문건중협의 배후에 조선공산당이 버티고 있었고, 프로예맹과 조선공산당 북조선분국의 관계가 밀접하였고, 문총의 경우 장안파를 흡수한 조선공산당 재건파 세력이 통합 운동을 펼쳐 11월 23일 조선인민당, 남조선신민당과 합당하여 남조선노동당을 창당하는 것과 궤를 같이하였던 바,[2] 영건, 프로영맹, 영화동맹 역시 정치성을 띤 영화인 조직이었음을 부정하기는 어렵다. 그러나 이때 '정치성'이라 함은 '사회주의·공산주의/민주주의·자본주의' 등의 특정 이데올로기에 편향되어 대립적 '투쟁'을 일삼는 성향에만 국한되지 않는다. 조직의 성격이나 개인의 상황, 이들 간의 관계 등에 따라 다양한 스펙트럼이 존재하였으며, 때로는 식민 잔재의 청산과 민족 국가의 수립이

---

2) 조선공산당은 1925년 4월 17일 창건되었다가 해방 직후인 1945년 9월 11일 박헌영을 중심으로 재건되었다. 북한 지역에서 김일성을 중심으로 조선공산당 북조선분국이 수립된 것은 동년 10월 10일이었으며, 이것이 최용건의 민주당과 김두봉의 신민당을 흡수하여 북조선노동당으로 통합된 시점은 1946년 8월 29일이었다.

라는 거창하면서도 다소 추상적인 당위 하에 전개된 사회 각 분야에서의 주도권 싸움에도 적용될 수 있을 만한 것이었다.

해방기에는 거국적 영화인 조직의 형성과 더불어, 주요 직능 단체가 진영을 갖추기도 하였다. 1945년 12월 3일 경성에서는 기존의 극장 관리인들이 모여 '한성극장협회'를 조직하였다. 이사장에는 수도극장의 홍찬이, 부이사장에는 중앙극장의 김상진과 명보극장의 박응면이 선출되었다. 1946년 2월 16일 준비 모임을 거친 뒤, 3월 1일에는 "영화감독들의 친목과 새로운 민족영화의 구상"을 지향하는 '영화감독구락부'가 결성되었다.3) 안석영(안석주), 이병일, 이구영이 간사로, 식민지 시기 연출 경력이 있던 대부분의 현역 영화감독들이 동인으로 이름을 올렸다. 동년 11월 4일에는 조선영화극작가협회(조영협)가 발족되었다. 안석영, 전창근, 김광주, 장동명, 박용덕, 안진상 등이 회원으로 가입하였다.

이들 직능 단체는 외관상으로는 친목 단체의 성격을 띤 직능 조직이었다고 볼 수 있다. 영화감독구락부에서는 기관지 발행, 도서의 출간, 감상회 개최, 대민 계몽, 국제 교류 등을, 조영협에서도 "연구 잡지와 영화에 관한 서적 출판" 등을 주요 사업으로 내놓고 있었기 때문이다.4)

하지만 그 이면에는 일종의 정치성이 내재되어 있기도 하였다. 조영협은 문총 세력에 대항하여 1946년 3월 13일 발족한 우익 성향의 전조선문필가협회(회장 정인보) 회원들이 주가 되어 설립된 것이었다. 영화감독구락부에서는 기본적으로 정치색을 배제하였으나, 찬탁과 반탁의 정국 속에 영화동맹의 정치 성향과 미군정의 통제 등이 겹쳐지며 영화동맹을 탈퇴한 다수의 감독과 박기채, 이병일, 서광제, 윤용규 등 그렇지 않은 감독들 간의 갈등(조짐)이 존재하지

---

3) <영화감독들 구락부 탄생>, ≪중앙신문≫ 1946.2.14, 2면.
4) <영화극작가협회>, ≪경향신문≫ 1946.11.10, 2면.

않았다고는 할 수 없다. 한성극장협회의 경우 "관리인의 해임과 임명, 극장 수익의 처분 등"에서 이권을 보장받기 위해 관리 기관인 "미군정의 지시만을 충실히 따"르면서 이익집단의 모습을 보이기도 하였다.5)

영화 상영 및 관람의 측면에서 해방을 계기로 변화를 보인 것 중 하나는, 극장 등 흥행장의 이름이 바뀌었다는 데 있었다. 극장명은 1945년 11월경부터 이듬해에 걸쳐 개별 단위로 점차 변경되었다. 경성에서의 경우, 이는 한성극장협회가 발족하고 활동한 식기와도 대체로 일치하는데, 협회의 명칭 속에 '경성'이 아닌 '한성'이 붙어 있다는 점도 우연으로 보기는 어렵다.

극장명의 교체는 여러 양상을 띠며 이루어졌다. 첫째, 식민지 말기 변경된 극장명에서 원래의 명칭으로 복구된 경우이다. 대륙극장이 '단성사'로 바뀐 예가 이에 해당된다. 둘째, 기존의 이름이 새롭게 바뀐 경우이다. 약초극장이 '수도극장'으로, 경성극장이 '서울극장'으로, 성보극장이 '국도극장'으로 바뀐 사례들과 함께, 식민지 시기 일본인 관객을 대상으로 일본식 이름을 사용하던 극장들이 여기에 속한다.6) 셋째, 극장명의 교체가 일어나지 않은 경우이다. 중앙극장, 제일극장, 동양극장, 도화극장, 우미관, 성남극장 등이 여기에 해당된다. 해방 후 극장 명칭의 변경은 새로운 시대 하 사회 각 분야의 변화 및 이에 대한 민중의 요구가 반영된 결과라 하겠다.7)

한편, 패전에 따른 사회 전체적인 요동 속에 동시기 일본영화계에도 엄청난 변화가 일었다. 아울러 그 변화의 양상은, 식민지 본국

---

5) 한상언, 『해방 공간의 영화·영화인』, 이론과실천, 2013, 32쪽.

6) 명치좌(→국제극장), 신부좌(→한성극장), 낭화관(→명동극장) 등의 경우가 있다. 위의 책, 33쪽 <표1> 참조.

7) 본 절 이 부분까지의 내용은 함충범, 「해방 초기 남한영화계의 재건 및 재편과 식민지 경험 및 역사의 관계성 고찰」, 『국학연구』 32집, 한국국학진흥원, 2017, 503~504, 507~508, 520~521쪽에서 부분 발췌한 것임.

이면서 영화 산업 규모가 거대하였다는 조건의 차이와 동반을 이룬 채8) 조선과는 사뭇 다른 양상을 띠기도 하였다. 그러나 전후 일본 영화계에서도 그 변화의 출발점은 자연스레 과거 영화계의 제도, 조직, 인물 등을 타파하는 데로 찍혔는데, 왜냐하면 미국이 수립한 영화정책의 핵심이 영화계로 하여금 과거와의 절연을 실천하게 하는 데 있었기 때문이다.

그리하여, 1945년 10월 14일 전시 하에서 "내무성의 장려에 의해 조직되어 있던 대일본흥행협회(大日本興行協會)"가 해산되어 "그 후에는 업자의 자유기관으로서 도쿄흥행조합 등의 명칭으로, 각 부현(府県)에 독자의 구상으로 설립되었"9)으며, 11월 30일에는 전시 하에서 영화의 전 과정을 일원화하던 사단법인 영화공사(社團法人映畵公社)가 해체되어 영화의 제작, 배급, 상영 모든 부분에서의 자유화가 현실화되었다. 또한 12월 26일에는 1939년 4월 공포, 10월부터 시행되었던 일본의 영화법(映畵法)이 정식으로 폐지되고10) 12월 31일에는 1940년 12월 내무성 내에 설치되었던 정보국이 해체되어, 영화에 대한 국가권력의 통제가 법제적, 구조적 차원에서도 무력화되었다.

특히 인적 쇄신의 차원에서 영화계 인사를 물갈이하는 과정에 있어서는 전범 범죄인, 직업군인, 초국가주의단체 유력자, 대정익찬회 관계자, 개발금융기관 역원, 점령지 행정장관, 기타 군국주의자 등

---

8) 일례로, 1945년 8월 15일 당시 일본에는 845관의 영화관이 남아 있었는데,(佐藤忠男, 『日本映画史 第2券』, 岩波文庫, 2006, p.159 참조) 그 숫자는 1945년 1,237관, 1946년 1,505관(8월 현재), 1947년 1,963관(8월 현재), 1948년 2,085관 등으로 계속해서 늘어났다. 松浦幸三, 『日本映画史大鑑』, 文化出版局, 1982, p.129, 132, 134, 137 참조.

9) 田中純一郎, 『日本映画発達史 Ⅲ』, 中央公論社, 1980, p.223.

10) 조혜정에 따르면, 영화법 및 부속법규, 경시청의 조례 등의 효력 정지 및 폐기는 1945년 10월 16일 발표된 GHQ의 '영화기업에 대한 일본정부의 통제에 관한 각서'로부터 비롯되었다. 조혜정, 「미군정기 영화정책에 관한 연구」, 중앙대학교 박사논문, 1998, 30쪽 참조.

무려 20여만 명을 대상으로 하며 당시 일본 전역을 휩쓸던 '공직추방령(公職追放令)'의 영향을 절대적으로 받았다. 이에, 1947년 10월부터 여러 차례에 걸쳐 특정 대상자가 전쟁도발범죄자(戰爭挑發犯罪者)로 지명되었다. 그 해당자는 1937년 7월 7일 중일전쟁 발발부터 1945년 8월 15일 태평양전쟁 종결에 이르는 기간 동안 기업화된 주요 영화회사에서 상무 직급 이상의 현장책임자 및 촬영소장을 역임한 인물로 정해졌다.[11]

또한 일본영화계에서는 패전 직후부터 영화 회사의 개명, 영화 조직의 개편, 영화 제도의 개선 등의 방식을 통해 새 시대에 걸맞은 자기 변모를 추구하기도 하였다. 1945년 11월 다이에이(大映)는 대일본영화주식회사(大日本映畫株式會社)에서 '대영주식회사(大映株式會社)'로, 닛카쓰(日活)는 대일본활동사진주식회사(大日本活動寫眞株式會社)에서 '일활주식회사(日活株式會社)'로 국명을 제외시킨 형태로 이름을 바꾸었고, 1947년 1월 뉴스영화 전문인 아사히영화사(朝日映畫社)는 아사히(朝日), 마이니치(每日), 요미우리(讀賣) 등 3대 신문사를 주주로 삼으면서 '신세계영화사(新世界映畫社)'로 개명하였다. 또한 후술할 도호쟁의에서 이탈한 조합원들을 중심으로 1947년 3월 주식회사 신도호영화제작소(株式會社新東寶映畫製作所)가 설립되고 1948년 4월 이것이 주식회사 신도호(株式會社新東寶)로 발전하였으며, 동년 동월 유명한 영화인 마키노 쇼조(牧野省三)의 3남 마키노 신조(牧野眞三)가 마키노예능사(マキノ藝能社)와 마키노영화사를 합병하여 마키노주식회사를, 5월에는 장남 마키노 마사히로(牧野正博)가 C.A.C(映畫藝術家集團)를 설립하였다.[12] 한편, 쇼치

---

11) 이에 따라 기도 시로(城戶四郎) 등 쇼치쿠(松竹)에서 5명, 모리 이와오(森岩雄) 등 도호(東寶)에서 13명, 나가다 마사이치(永田雅一) 등 다이에이(大映)에서 6명, 오쿠라 미쓰기(大藏貢) 등 닛카쓰에서 4명, 네기시 간이치(根岸寬一) 등 니치에이(日映)에서 3명 등 총 31명의 사람들이 영화계를 떠나게 되었다. 田中純一郎, 앞의 책, p.222 참조

쿠는 1945년 8월 각본, 감독, 배우에 대한 전속제 및 능률급제(能率給制)를 실시하고, 도호는 1946년 5월부터 신인 발굴에 힘을 쏟았으며, 신도호는 1948년 9월 독립프로듀서 시스템을 도입하였다.13)

이러한 영화계 내부로부터의 쇄신의 물결은 당연히 영화계 전체의 판도를 전반적으로 바꾸어 놓았는데, 이 또한 영화계에 불어 닥친 민주화 바람의 영향으로 파생된 것이었다. 그리고 당시 영화계에서 민주주의 쟁취를 통해 새로운 일본을 만들려는 시도가 최고조에 달한 것은 바로 회사 종업원 측이 주도가 되어 격렬하게 펼쳐진 노동운동을 통해서였다.

그 가운데서도 가장 대표적인 예는 1946년에서 1948년 사이 세 차례에 걸쳐 발생한 이른바 '도호쟁의(東寶爭議)'였다. 도호쟁의를 비롯한 영화계에서의 노동쟁의는 일본 전체에 반향을 일으킬 만큼 그 규모 및 파급력이 대단히 컸다. 이는 도호쟁의 과정에서도 드러난 바와 같이, 당시 영화계에서의 노동쟁의가 그저 영화 부문에만 국한되지 않고 산별(産別)이나 일본공산당 등 보다 광범위한 단체들과 연계하며 각 분야에서의 그것들과 긴밀한 영향관계를 맺었기 때문이다.

또한 중요한 점은, 그것의 흐름이 미국의 민주화 정책 및 이를 위한 구체적인 전후개혁 작업 방향에 따라 결정되어졌다는 사실이다. 도호 3차 쟁의 종결 과정에 미군이 개입된 일은 1947년 2월 GHQ의 중지 명령으로 인한 이른바 '2.1총파업(2.1總罷業)'의 무산 과정에서 표출되기 시작한 미국의 점령정책 기조의 변경을 드러내는 상징적인 경우라 할 수 있다.

---

12) 1948년 들어 기존 영화감독(들)에 의한 독립 프로덕션 설립도 활발해졌는데, 1948년 4월 시미즈 히로시(清水宏) 감독이 '벌집영화(蜂の巣映畵)'를, 동년 5월 구로사와 아키라(黑澤明), 미조구치 겐지(溝口健二) 등 9명의 감독들이 '일본그래픽영화 주식회사(日本グラフィック映畵株式會社)'를 창립한 것이 대표적인 예이다.

13) 松浦幸三, 앞의 책, pp.129~136 참조.

물론, 이는 비단 노동운동에만 해당되는 것은 아니었다. 1947년 8월에는 영화제작자연합회(映畵製作煮連合會)가 GHQ의 지시를 수용하여 영화제작윤리규정(映畵製作倫理規定)을 제정하였으며, 동년 동월 전력(電力) 제한 조치가 강화되어 영화관을 포함한 흥행장이 주3회 휴전(休電)에 들어갔다. 동년 11월 25일에는 공정거래위원회(公正取引委員會)가 극영화 3사의 흥행장에 대하여 영화2편입금지협정(映畵二本立禁止協定)을 독점거래법 위반으로 경고하였다. 1948년 12월에는 1947년 2월부터 제작, 배급, 흥행 부분에 걸친 다이에이와 히가시요코의 제휴 관계에 대해 지주회사정리위원회가 과도경제력집중배제법을 근거로 해제 조치를 취하였다.

　이에 대한 영화계의 반응은 대체로 순응적이었지만, 다음의 예에서 드러나듯 여기에 멈추지 않고 스스로의 목소리를 통해 자기 주장을 펼치기도 하였다. 이는 일련의 노동운동 과정에서 체질화된 민주화를 향한 발걸음이 영화계 전체를 향해 내딛어진 결과였다. 1946년 5월에는 제작 3사의 대표가 필름대책위원회(フィルム對策委員會)를 개최하여 생필름에 대한 물품세의 철폐 운동을 적극적으로 펼칠 것을 결정하였다. 또한 1947년 4월 1일 1엔 이상 10할 과세 조치 및 동년 12월 1일 입장세 15할로의 인상 조치에 대해, 각각 1947년 5월에는 영화계 전체가 단결하여 "좋은 영화나 연극을 즐겁게 보기 위해 중세(重稅)를 철폐시키자"는 슬로건 하에 입장세 철폐 운동을 벌였으며 1948년 6월에는 영련(映聯)이 일본흥조연합(日本興組聯合)과 함께 영화입장료의 통제 철폐를 국회에 청원하기도 하였다.[14)

　영화 부문에서의 민주화 움직임은 특히 관련 단체, 모임, 집단의 (재)발족을 통해 더욱 가시화되었다. 1945년 12월 일본영화제작자연합회(日本映畵製作者聯合會, 영련(映聯))[15)가 1947년 5월 일본영

---

14) 위의 책, pp.131~135.

화기술협회(日本映畫技術協會)가 결성되었고, 1947년 9월에는 시나리오작가협회(シナリオ作家協會)가 재결성되었으며, 1948년 5월에는 일본영화감독협회(日本映畫監督協會)에서 "재건 제1회 협의회"가 개최되었다.16) 아울러, 1946년경부터는 영화제작 편수의 감소로 인해 출연의 기회가 적어진 배우들이 그룹을 형성하여 지방 순회공연을 도는 광경이 연출되기도 하였다.

이와 같이, 전후 일본의 영화 부문에서는 군국주의 잔재의 청산이라는 토대 위에 미국의 민주화 정책에 의거한 서구식 민주주의가 이식됨으로써 개혁이 이루어졌고, 이는 영화계 내에 잠재되어 있던 자율성과 자유주의, 효율성과 합리주의에 대한 의식과 열망을 자극하여 일본영화계를 전반적으로 변화시키는 원동력으로 작용하였다. 그리하여 전후 일본영화계 역시 과거의 모습을 벗고 새로이 정비되어 갔다.17)

2. GHQ와 미군정의 영화 정책

전후 일본에서의 미국의 통치는, 일본의 '비군사화'와 '민주화'이라는 정책 기조 하에서 연합군 최고사령부 총사령부(GHQ/SCAP, General Headquarters/Supreme Commander of the Allied Powers)의 지령 하달에 따라 일본 정부가 행정 수행을 하는 '간접 통치' 형

---

15) 이것은 극영화 제작 3사 및 뉴스영화 제작사 관계자를 중심으로 "점령군의 영화 지도정책에 대처하는 자치적인 기구로서" 결성되었고, 1947년 3월 1일 일본영화 연합회(日本映畫聯合會)로 개칭되었다. 위의 책, p.129.

16) 위의 책, p.136.

17) 본 절 이 부분까지의 내용은 함충범, 「전후개혁에 따른 일본영화계의 변화 양상 연구 (1945~1948)」, 『인문과학연구』 27집, 강원대학교 인문과학연구소, 2010, 513~514, 522, 525~527쪽에서 부분 발췌한 것임.

태를 띠었다. 반면에 한반도에서는 미군에 의한 '군정 통치'가 실시
되었다. 따라서 점령 초기 일본에서는 민주주의의 보급을 위해 노동
운동을 장려하고 좌파적 정치 활동을 허용하기도 하였으나, 남한에
서는 양상이 달랐다. 소련 군정 하에 있던 북위 38도 이북 지역이
급속하게 공산화되어 가고 있었을 뿐 아니라, 1945년 12월 모스크
바에서 열린(12.16~25) 미·영·소 3국 외상회의의 결과로 결정된
'신탁통치' 실시를 둘러싼 커다란 정치적 파동을 거치며 남한에서의
좌우 분열이 더욱 거세졌기 때문이다.

  "전후 일본에 대한 초기의 전반적 정책에 관한 성명이자 미국
대통령의 승인을 거친 연합국 최고사령관과 미국 관계 각 성 및
기관에 대한 지침"인 '항복 후에 있어 미국의 초기 대일 방침
(SWNCC150)'(1945.9.22)에 명시되어 있는 미국의 일본점령의 궁
극적 목표는, "일본이 재차 미국의 위협이나 세계 평화 및 안전의
위협이 되지 않는 것을 확실히 하는 일"이었다. 그리고 이를 위한
주요 수단으로, 일본주권의 범위(영토)를 제한하고 일본을 완전히
무장해제 및 비군사화하며 일본국민에게 정치적, 경제적 자유를 부
여함으로써 민주주의를 실현하는 것이 제시되었다. 이렇듯, 미국의
대일본 점령정책 기조는 '비군사화'와 '민주화'로 집약되었다.[18]

  이에 전후 일본영화계에서는 우선 비군사화라는 미국의 대일본
점령정책 기조에 따라 제도, 조직, 인물을 망라한 채 과거 영화계에
뿌리내리고 있던 군국주의 잔재를 청산하는 방향으로 개혁이 진행
되었다. 그런데, 영화의 대중적 파급력을 결정하는 가장 중요한 요
소는 다름 아닌 영화 그 자체에 있었다. 때문에 영화 부문에서 전후
개혁의 선결과제는 바로 영화 작품의 경향을 관리하고 조절하는 것
으로 설정되었다.

  여기에는 사전검열과 사후검열이 병행되었다. 즉, 당시 영화 산

---

18) 歷史学研究会, 앞의 책, pp.151~154.

업 전체를 관장하던 "CIE는 영화의 검열에 관한 절대적인 권한을 부여받았다. 일본측 제작자는 기획과 각본 등을 모두 미리 영어로 번역하여 허가를 받아야 했"으며 "완성된 영화는 CCD(민간검열대)에 의해 두 번째 검열을 받았다."[19] CCD(Civil Censorship Detachment)는 GHQ 산하 참모 제2부(G-2)에 배속되어 있던, 구성원을 군무원으로 하는 군사 검열기관이었다. 물론 당시 검열의 대상은 영화뿐만이 아니라 신문 및 라디오까지도 포함되어 있었다. 이러한, GHQ 산하의 CIE와 CCD에 의한 사전·사후 검열제도는 1948년 7월까지 존속되었으며, 이후에는 사후검열제도로 전환되어 1949년 10월까지 이어졌다.

GHQ에 의한 검열은 과거에 만들어진 일본영화 및 동시기 제작된 외국영화로까지 적용되었다. 1945년 11월 16일 CIE는 '비민주주의적 영화, 연극 제거 방침에 관한 각서'를 교부하였고, 11월 19일에는 초국가주의적, 군국주의적, 봉건주의적 사상을 담은 영화에 대한 상영 금지 및 소각을 명령하였다. 또한, 과거 영화에 대한 금지 및 소각 명령이 내려진 1945년 11월 19일, 당시 CIE 영화연극과 과장으로 있던 데이비드 콘테(David Conte)는 영화제작에 관한 총 13개 항목의 금지규정리스트를 작성하여 각 영화회사에 전달하기도 하였다.[20]

아울러 전후 일본에서는 민주주의 이식를 위한 목적 하에 영화 작품에 대한 조치가 취해지기도 하였다. 가령, CIE는 제작, 배급,

---

19) 요모타 이누히코(四方田犬彦), 박전열 역, 『일본 영화의 이해』, 현암사, 2001, 144쪽.
20) 그 내용은 다음과 같다. "1. 군국주의를 고취하는 것 2. 복수에 관한 것 3. 국가주의적인 것 4. 애국주의 또는 배타적인 것 5. 역사의 사실을 왜곡하는 것 6. 인종적 또는 종교적 차별을 시인한 것 7. 봉건적 충성심 또는 생명의 경시를 옳은 일 또는 명예로운 것으로 한 것 8. 직간접을 불문하고 자살을 시인하는 것 9. 부인에의 압제 또는 부인의 타락을 취급하는 일 10. 잔인비정폭행(殘忍非情暴行)을 구가(謳歌)한 것 11. 민주주의에 반(反)하는 것 12. 아동 착취를 시인하는 것 13. 포츠담 선언 또는 연합군총사령부의 지령에 어긋나는 것." 田中純一郎, 앞의 책, p.233.

상영 과정에 깊숙이 관여하여 전체 영화에서 차지하는 민주주의 관련 작품의 비중을 높임으로써, 영화를 민주화의 정착 및 이를 통한 일본의 새 출발을 위한 선전 도구로 활용하려 하였다. 여기에는 크게 두 가지 방법이 동원되었는데, 하나는 영화계에 민주주의를 주제로 하거나 바람직한 일본상(象)을 제시하는 일본영화의 제작을 유도하는 것이었고 나머지는 민주적인 분위기를 친근하게 다룬 미국영화의 수입을 강화하는 것이었다.

GHQ가 설치되기도 전인 1945년 9월 22일, CIE는 영화 제작업계의 대표자들을 "사령부가 접수한 우치사이와이(內幸)의 방송회관에 불러, 금후 일본영화가 어떻게 해야 하는가를 명확하게 제시하는 동시에, 민간정보교육부(CIE)의 이름으로 「영화제작 방침 지시」를 내놓았"다. 그 내용은 첫째 군국주의 및 국수주의의 철폐, 둘째 자유주의적 경향 및 운동의 촉진, 셋째 일본이 다시금 세계 평화 및 안전을 위협하지 못하는 것을 보증하는 모든 조건의 설정 등 크게 세 가지였다. 그리고, 같은 날 이에 따라 뉴스영화 및 극영화에 대한 보다 구체적인 지시사항이 내려졌는데, 그것은 대체로 민주주의의 이식과 새 일본의 건설에 관한 내용을 담고 있었다.[21]

또한 1945년 11월 3일 CIE는 일본 내에서의 외국영화배급기구 설치 및 운영을 위해 전전(戰前) 일본에서 MGM 지사 영업부장 및 콜롬비아 지사장을 역임한 바 있던 전시정보국(OWI, Office of War Information) 해외영화과의 마이클 버거(Michael Bergher)를 본국으로부터 데려 왔다. 이후 그의 주도 및 GHQ와 미국 국무성와 육군성의 협의 하에 센트럴 영화사(CMPE, Central Motion Picture Exchange)가 설립되어, 일본에 들어오는 미국영화의 종류 및 내용을 관장하게 되었다. CMPE는 "1947년 5월부터 닛카쓰가 소유한 29개소의 모든 직영화에 미국영화를 상영하는 것을 계약하였고, 동년 10월에는 일본

---

21) 岩崎昶, 『映画史』, 東洋経済新報社, 1961, pp.216~217.

전국의 영화관 1903개소 중에 28퍼센트에 해당하는 529관이 센트럴계의 미국영화를 상영함으로써 미국영화가 성황이라는 것을 보여주었다."[22] 한편, 미국영화의 독점에 대한 비판에 직면하자 CIE는 1946년 12월 "1국 1사의 외국법인에 한해 일본에서의 수입 업무를 인정"함으로써 1947년 8월 영국에, 9월 프랑스에, 11월 소련에 관련 기구가 조직되기도 하였으나, "이미 미국영화의 우선적 지위는 두드러졌고, 게다가 수입영화 모두가 점령군의 검열을 통과"[23]해야만 하였다.[24]

한편, 미군정의 영화 정책은 미국의 한반도 정책 기조 하에서 이루어졌던 바, 그 기조 역시 공산주의에 동조하거나 반미주의를 조장하는 영화를 철저히 가려내어 금지하는 한편 대중에게 미국에 대한 긍정적 인상을 심어 줄 만한 영화를 적극 권장하고 유포하는 데 두어졌다. 이를 위해, 미군정은 영화 통제 정책 및 활용 정책 양면을 적절하게 이용하려 하였다.

우선 통제 정책은 제2대 군정장관 아서 러치(Archer L. Lerch) 명의로 공표된 법적 장치를 통해 제도화되었다. '활동사진의 취체'를 담은 '군정청 법령 제68호'(1946.4.12)와 '영화의 허가'에 관한 제반 사항을 다룬 '군정청 법령 제115호'(1946.10.8)가 그것이다. 전자는 '제1조 기존법의 폐지'와 '제2조 책임의 이관'으로 구성되어 있었고, 활동사진의 제작, 배급, 상영에 관한 총독부 경무부의 임무, 직무, 문서, 재산을 미군정 공보부로 이관함을 핵심 내용으로 두었다. 후자는 각각 '목적', '법률의 폐지', '영화의 허가', '특거할 범죄', '허가수수료', '형벌', '시행기일' 등을 명기한 7개조로 이루어져 있었으며, 15인 이상의 집회에서 상영되는 모든 영화에 대한 허

---

22) 田中純一郎, 앞의 책, pp.283~284.

23) 山田和夫, 『日本映画 101年』, 新日本出版社, 1997, p.104.

24) 본 절 이 부분까지의 내용은 함충범, 앞의 논문, 508, 515~516, 527~529쪽에서 부분 발췌한 것임.

가 감독 권한, 신청 절차, 증명서, 수수료, 형벌 등의 구체적인 사항을 통해 정책 당국의 영화 통제에 강력한 법제적 구속력을 부여함을 골자로 하였다.

물론 이들 법령의 도입 이전에도 미군정에 의한 영화 단속은 계속해서 행해져 왔으나, 법령 제68호와 제115호로 인해 군정청의 직접적 영화 통제를 보장하는 법적인 효력이 강화되었다는 점에서 영화인들이 받은 충격은 매우 컸다. 더구나 이들 법령은 국문과 영문으로 된 허가 신청 서류(68호, 115호)뿐 아니라 허가 수수료(115호)까지도 의무 사항으로 두었기에, 영화업자들 역시 이로 인한 막대한 경제적 손실을 우려할 수밖에 없었다. 이에 당시 영화인들은 영문 번역비와 허가 수수료 등 영화 검열 행정 및 허가 사무에 소요되는 절차적 비용에 대한 부담감을 호소하고 시정을 요구하였다.

그리하여 영화동맹을 포함한 예술 조직 및 단체들은 이들 법령에 대해 부정적 입장을 표명하고 반대 운동을 펼치기도 하였다.25) 그러나 이에 대해 미군정의 영화 정책 당국은 일시적인 회피나 형식적인 회유로 일관할 뿐, 실효성 있는 응답을 내놓지 않았다.

오히려 미군정은 여러 방식으로 통제 수위를 높였다. 대표적인 예로, 수도관구 경찰청으로 하여금 극단 및 흥행장 단속을 위한 '취체령' 10개 항목(1946.2.7)26)을 관할 경찰서에 하달하는 한편 일명 '장택상 고시'(1947.1.30)27)로 일컬어지는 포고문을 발표하도록 하

---

25) 특히, 영화동맹에서는 법령 제68호를 둘러싼 간담회를 개최하고 미군정에 건의문을 대처하였으며, 법령 제115호에 대해서는 성명서를 발표하고 폐지 운동을 전개하는 등의 적극적인 활동을 이어갔다. 이와 관련한 자세한 내용은 한상언, 앞의 책, 131~139쪽을 참조 바람.

26) 국교 친선, 공안, 국가 내지 정부의 위신, 사회지도자, 도의, 위인고현, 풍기, 선악 등을 유해 또는 저해하는 일에 대한 배격과 더불어, "군정반대 또는 관민이간을 골자로 한 것"(8항)과 "계급파벌 투쟁의식을 유발·고취하는 것"(10항) 등 사회주의자에 의한 체제 반대 활동 금지를 주요 내용으로 하였다. 김동호 외, 『한국영화정책사』, 나남출판, 2005, 122쪽.

27) 그 내용은 다음과 같다. "(고시) 최근 시내 각종 흥행 장소에서 오락을 칭탁하고

였다. 이로 인한 영화인들의 반발에 대해서는 절충하는 모습을 보이기도 하였으나, 결국 법령 도입을 통해 통제 체제를 수립하였음은 전술한 바와 같다. 또한, 진보 진영이나 좌익 세력과 관련이 있는 영화에 대해서는 상영 허가의 기준을 매우 엄격하게 적용하였다. 그 결과 1946년 3월 10일부터 5일간 영화동맹 주최의 '국외 혁명투사 유가족 위안 영화 상영회'를 통해 제일극장에서 영사할 예정이던 <일본항복조인식>, <승리의 관병식>, <원나 진주> 등 3편의 소련 영화가 3월 7일 상영 금지 조치에 처해졌으며,[28] 3월 9일에는 군정 당국의 정식 명령으로 남한에서의 소련영화 상영이 전면적으로 봉쇄되기에 이르렀다.[29] 동년 8월에는 중국 전영제작소가 "조선의용대의 실전 상황"을 촬영하여 만든 기록영화 <조선의용대>의 상영이 돌연 불허되기도 하였다. 이 작품은 조선의용대를 이끌던 김원봉 장군이 귀국 시 들고 와서 영화동맹의 감수를 받아 8월 12일 정식으로 검열을 신청한 것이었다.[30]

군정청 법령 제68호 공표를 전후하여 영화 통제의 기틀을 마련하던 무렵, 미군정은 외국영화 배급 기구를 중심으로 영화의 '유통(배급)'을 조절하는 한편 직접적인 제작 활동을 통해서는 영화의 '생산(제작)'을 주도함으로써 영화를 이용한 문화 정치를 구사해 나갔다. 전자의 경우는 할리우드 오락 영화들로, 후자는 대부분 뉴스, 기록, 문화영화들로 채워졌다. 이러한 영화 활용 정책을 통해 대중에게 영

정치 선전을 일삼고 잇는 흥행업자가 다수한 듯하다. 경철은 엄중한 감시를 하고 있다. 민중의 휴식을 목적하는 오락 이외 정치나 기타 선전을 일사마 정치 교란을 조성한 자는 포고령 위반으로 고발하야 엄행에 처함. 1947년 1월 31일 수도관구 경찰청장 장택상". <오락 흥행에만 극장 사용 30일 장 청장 포고 발표>, ≪예술통신≫ 1947.2.1, 1면.

28) <소련영화 상연 금지는 외무과 허가 업는 쌔문 러취 장관 언명>, ≪서울신문≫ 1946.3.13, 2면 참조.

29) <38이남선 소 영화 상영 금지>, ≪자유신문≫ 1946.3.12, 2면 참조.

30) <기록영화 "조선의용대" 검열 불허가로 상영 불능>, ≪자유신문≫ 1946.9.1, 2면.

향력을 행사하여 통치 기반을 공고히 하려 하였음은, GHQ의 대 일본 영화 정책과도 상통하는 점이었다.

먼저 미군정은 중앙영화배급사(중배, CMPE)가 서울에 사무소를 세우도록 하고 이를 후원함으로써 남한 내 미국영화의 비중과 위상을 높이고자 하였다. 중배가 사무소를 연 것은 1946년 4월경이었고 배급 업무를 개시한 것은 5월경이었다. 미군정의 전폭적인 지원 속에서, 중배는 남한 영화계를 좌지우지하였으며 이에 따라 할리우드 영화를 중심으로 하는 미국영화가 영화 시장을 점진적으로 잠식하였다. 미국영화수출협회의 동아시아 출장소로 일본에 센트럴영화사가 설립되고 다시 센트럴영화사(중앙영화사)의 조선 사무소가 서울에 세워지게 된 것인데, 그러면서 당시 일본과 남한의 극장에서는 다수의 미국영화가 스크린을 장악하게 되었다.[31] 특히 자국 영화의 제작 활동이 지지부진하던 남한에서의 경우 그 점유율이 절대적이었다.[32]

중요한 점은 이렇듯 영화 배급을 통한 미국의 동아시아 패권 전략에 따라 미국영화가 남한에 유입되는 과정에서 일본이라는 과거 식민지 본국을 경유하게 되었다는 사실이다. 물론 일본과 남한에서 검열을 통과하여 상영 허가를 취득한 작품들의 목록이 모두 일치하였던 것은 아니지만, 이를 통해 미국-일본-조선(남한)으로 이어지는 점령과 피점령, 지배와 피지배의 관계가 중층을 이루며 과거와 현재

---

31) 다나카 준이치로에 따르면, 일본의 경우 "전국의 영화관 1903개소 중에 28퍼센트에 해당하는 529관이 센트럴계의 미국영화를 상영"하고 있었다. 田中純一郎, 앞의 책, pp.283~284.

32) 1948년 4월 23일자 서울신문 기사에 따르면, 검열이 시작된 1945년 11월부터 1948년 3월까지 남한에서 개봉된 미국영화는 약 700편 정도였다. 422편, 뉴스영화는 289편이었고 이 가운데 중배 소유 영화가 400편, 뉴스영화가 250편이었다. 반면, 동시기 제작·개봉된 조선영화는 모두 90편 가량 되었는데, 그 중 해방기에 제작된 뉴스영화를 제외한 영화는 17편에 불과한 상태였다. <국산영화의 위기 긴급한 대책 강구하라>, ≪서울신문≫ 1948.4.23, 4면.

를 매개하듯 구조화되었기 때문이다. 이러한 배급 경로를 통해 남한의 외화 배급망이 일본의 그것에 (계속해서) 포섭될 수밖에 없었다는 점 또한 간과해서는 안 될 부분이다.33)

3. 해방기 한국영화계에서의 식민지 연속성

해방을 계기로 한국영화계가 대대적인 변화상을 보였음은 물론이나, 동시에 다음과 같은 면에서는 연속성이 표출되기도 하였다.

첫째, 해방 초기 조선영화계에서는 조선영화건설본부(영건, 1945.9.24), 조선프롤레타리아영화동맹(프로영맹, 1945.11.5), 조선영화동맹(영화동맹, 1945.12.16) 등 여러 영화인 조직이 결성됨으로써 영화 운동의 인적 토대가 (재)구축되었다. 그런데, 이들은 (조직 별로 비중과 조합은 달리하였지만) 1920년대 조선프롤레타리아예술가동맹(KAPF, Korea Artista Proleta Federatio, 1925.8.23), 1930년대 조선영화인협회(1939.8.16), 1940년대 사단법인 조선영화사(1944.4.7) 등 이념 조직, 국책 단체, 제작·배급 기구를 모체로 두었다. 그러면서 해방기 영화인 조직은 당대 정치적 상황과 상위의 문화·예술 단체, 미군정의 영화 정책 등 여타의 조건들과 더불어 과거 역사적 경험을 설립의 기반으로 삼게 되었다.

아울러 해방기에는 1945년 12월 3일 경성에서 기존의 극장 관리인들이 모여 '한성극장협회'가 결성되었고, 1946년 3월 1일에는 민족영화를 구상한다는 목표 하에 영화감독들이 모여 '영화감독구락

---

33) 본 절 이 부분까지의 내용은 함충범, 「해방 초기 남한영화계의 재건 및 재편과 식민지 경험 및 역사의 관계성 고찰」, 『국학연구』 32집, 한국국학진흥원, 2017, 503~504, 510~511, 513~516쪽에서 부분 발췌한 것임.

부'가 발족되었다. 그런데 이 역시 과거 식민지 시기에서 그 연원을 발견할 수 있다. 한성극장협회는 "쇼와(昭和) 6년(1931년-인용자) 동업 조합적으로 조직"된 '경성흥행협회'를,[34] 조영협은 1939년 7월 말에서 8월 초 사이 결성되었다가 조선영화인협회 발족과 동시에 자진 해산한 '조선시나리오작가협회'를[35] 연상케 한다. 한편, 영화감독구락부는 인적 구성의 면에서 1939년 6월 조선에서 활동하던 감독 10명이 가입한 일본영화감독협회(日本映畵監督協會) '조선지부'와 관련성을 지닌 듯 보인다. 실제로 당시 10인의 감독 중 1940년에 사망한 김유영을 제외한 9명이 영화감독구락부에도 참여하였다.

둘째, 해방 이후 미군정에 의해 남한에서 취해진 외국영화 상영 및 배급에 대한 정책 당국의 견제는 식민지 시기에도 존재하던 일이었다. 조선총독부령 제82호로 공포되어 1934년 9월 1일부터 시행된 '활동사진영화취체규칙(活動寫眞映畵取締規則)'에 의거하여 외국영화의 허용 비율은 1935년 10월까지 검열 총 길이의 3/4, 1936년까지 2/3, 1937년부터는 1/2로 정해졌고, 이후에도 외국영화 편수에 제한이 가해지다가 태평양전쟁 발발을 계기로 미국과 영국의 영화를 비롯한 거의 모든 외국영화의 수입과 배급이 중단되었다. 동시에 주로 내지(內地) 일본영화들이 외국영화의 빈자리를 채웠던 바, 이러한 양상은 영화의 국적만을 달리한 채 해방기에도 비슷한 궤적을 그리며 재개되었다.

또한 중배를 이용한 미군정의 남한 내 할리우드영화 파급의 방식은, 약 40여 곳에 달하던 배급회사를 사단법인 조선영화배급사(社團

---

34) 초대 회장은 일본인 와케지마 슈지로(分島周次郎)였다. 또한 "그 후 오이시 사다시치(大石貞七) 씨가 회장에 취임, 쇼와 15년(1940년-인용자) 12월 20일 경기도 지사의 공인협회로서 재발족을 이루"기도 하였다. <朝鮮主要映畵關係團體紹介>, ≪映画旬報≫ 1943.7.11, p.41.

35) 동인으로는 김혁, 주영섭, 허남흔, 윤묵, 이익, 이동하, 김수근, 기쿠치 모리오(菊池盛夫), 노무라 히데오(野村秀雄) 등이 있었다. <半島にもシナリオ作家協会結成>, ≪キネマ旬報≫ 1939.8.11, p.26 참조.

法人朝鮮映畵配給社, 1942.5.1)로 통폐합하고 내지와 동일한 홍백(紅白) 양계로 배급망을 단순화하여 일본영화 중심의 배급-상영 구조를 조성한 식민지 말기 일본의 정책 양상과 동류의 성격을 지녔다고도 볼 수 있다.

미군정은 영화 제작 활동에 직접적으로 나서기도 하였다. 주관 부서는 공보부(DPI, Department of Public Information) 영화과(Motion Picture Section)였다. 조혜정에 의하면, 기존에 군정청 직제 내에 편재되어 있던 공보국이 공보부로 개편됨으로써 그 활동이 강화된 것은 1946년 3월 29일이었는데, 여기서 만들어진 영화는 "대부분 뉴스영화와 문화영화"였다.36) 군정청 법령 제68호를 통해 영화 법제가 마련되고 중배를 매개로 미국영화 배급-상영 체계가 구축되기 시작한 시점과 때를 같이하였음이 주목된다. 당시 신문 자료에 따르면, 1946년 12월 3일 현재까지 군정청 공보부 영화과에서는 <귀환동포>, <백의천사>, <기계시대>, <직물공업>, <호열자>, <조선올림픽> 등의 '문화계발영화'와 뉴스영화 <조선시보>를 월 2회씩 15보까지 제작한 상태였다.37) '문화계발영화'라는 용어와 성격 자체도 그러하거니와, 조영 설립 이후 매월 2회 발간되었던 관제 뉴스영화(시사영화)인 <조선시보>가 권력 기관을 통해 지속적으로 만들어졌다는 점에서 해방 이전 시기와의 연관성이 드러난다.

셋째, 해방 초기 남한에서는 과거 식민지 조선영화가 극장 스크린에서 재개봉되기도 하였다. 이들 작품은 국책 반영 혹은 친일 성향 여부에 따라 당대 여론의 선별 과정을 통해 대중 관객으로부터 거부되거나 용인되었다. 여러 가지 잡음에도 불구하고 해방 초기 극

---

36) 조혜정, 「미군정기 뉴스영화의 관점과 이념적 기반 연구」, 『한국민족운동사연구』 68집, 한국민족운동사학회, 2011, 332쪽.

37) <군정 영화과 1년간 작품>, 《예술통신》 1946.12.3, 1면 참조.

장 스크린에 과거 조선영화가 자주 걸렸음은 당시 조선인 관객의 대중적 욕구를 반영한다. 그것은 영화 제작을 담당하는 영화인들에게도 공유되어 있었을 터, 이는 해방 초기 '민족영화' 담론 등을 통해 발산되기도 하였다.

당대에 만들어진 영화 작품 경향에 있어서도 과거 식민지 시절과의 연속성을 발견할 수 있다. 해방 직후 남조선에서의 영화 제작 활동은 거의 뉴스영화를 중심으로 이루어졌다. 격변하는 시대상과 기자재의 부족 등을 주요 원인으로 꼽을 수 있겠으나, 이러한 경향은 전쟁 중이던 식민지 말기의 상황과도 중첩되는 부분이 많다. 대표적인 뉴스영화로는 영건과 영화동맹에서 만들어지던 <해방뉴스>와 군정청 공보부에서 제작되던 <조선시보>를 들 수 있다. 특히 <조선시보>는, 전술한 바대로 그 이름과 발행 주기 등에서 식민지 말기 조영에서 발행된 동명의 뉴스영화와 직접적으로 연관성을 지니고 있었다.

문화영화의 경우 민간 영화사인 조선영화사에서 <제주도 풍토기>, <신라의 고적>(이상 1946) 등 향토성과 역사성을 강조하며 조선의 문화적 유산을 소개하는 작품들이 만들어졌는데, 후자의 경우 교화국 추천영화 제2호로 선정되기도 하였다.[38] 추천영화 제도 자체가 그러하거니와, 문화영화의 제작 경향 또한 식민지 시기의 그것과 연관성을 지니고 있었음을 알 수 있다. 전술한 바대로 군정청 공보부에서도 여러 편의 문화영화를 제작하였는데, 이들 작품에는 조미친선, 근대적 민중 계몽, 자유주의 사상 고취 등의 주제가 담겨지는 경우가 많았다.

가장 커다란 대중적, 예술적 위상을 지니는 극영화의 경우를 살펴보자. 1945년에는 제작이 이루어지지 못하다가, 1946년 한 해 동안 3편의 작품이 완성되었다. 시기 순으로 <의사 안중근>(이구영

---

38) <문화 소식 영화 「신라의 고적」 추천영화 제2호로>, ≪조선일보≫ 1946.8.20, 2면.

감독, 계몽구락부 문화부 제작), <똘똘이의 모험>(이규환 감독, 남양영화사 제작), <자유만세>(최인규 감독, 고려영화사 제작)가 그것이다. 우선 1946년 5월 14일 우미관과 명동극장에서 <의사 안중근>이, 다음으로 9월 7일 국제극장에서 <똘똘이의 모험>이, 이어 10월 22일 국제극장에서 <자유만세>가 개봉되었다.

<의사 안중근>은 구한 말 실존 인물인 안중근의 의사의 모범적 삶을 다루었고, <똘똘이의 모험>은 아동 모험물로 쌀 도적단에 맞서 정의를 수호하는 어린이들의 활약상을 그렸으며, <자유만세>는 일제 말기 무장 투쟁을 도모하는 허구적 인물의 영웅적 모습을 형상화하였다. 주제적 측면에서는 <의사 안중근>과 <자유만세>가 독립운동 서사를 통해 항일 활동의 숭고함 및 조국 광복의 소중함을 부각시킨 반면, <똘똘이의 모험>의 경우 해방 직후의 혼란한 현실을 배경으로 사회 정의와 관민 협동을 강조하는 성향을 띠었다.

이들 영화를 아우르는 공통점도 존재한다. 등장인물(들의 행위)에 선/악 구분이 명확히 내려지는 가운데 권선징악적 서사 구조를 지녔으며 이를 통해 민족 독립의 실현, 사회 정의의 구현 등 보편적 교훈과 시대적 과제가 강조되었다는 부분이 그러하다. 특히, 각 작품이 '액션-활극'을 주요 장르적 경향으로 삼았다는 점이 주목된다. 그러면서 영화는 남성 주인공의 격렬한 활동성을 드러내고, 그를 중심으로 주동 인물(들)과 반동 인물(들) 간 대결 구도를 구축하며, 영화의 흐름에 역동성을 부여한다.

이러한 특징은 식민지 말기 조선영화의 성격과는 다소 차이를 보이는 것이라 할 수 있다. 단적으로, '내선일체'와 '대동아공영'이라는 대명제가 '항일'과 '민족독립'으로 치환되었기 때문이다. 식민지 내부의 모순을 은폐하고 개인의 인내와 희생을 강조하기 위해 사용되던 영화적 장치 역시, 민족정신을 고양하고 사회악을 고발한다는 대전제 하에 그 양상을 달리하였을 것이다.

그러나 한편으로, 이들 작품은 테마의 방향성 및 장르적 스타일 면에서 식민지 시기의 영화들과 궤를 달리하면서도, 보다 세부적 측면에 있어서는 유사성을 공유하기도 한다. 예를 들면, 이들 작품에서 남성 주인공이 영웅화되는 것은 식민지 말기 지원병제, 징병제 등 '국민 개병제도'를 선전한 일련의 국책 극영화들에서 흔히 볼 수 있던 모습이다.39) 정숙하고 바른 여인은 남성 주인공의 선택을 얻는 등 보상을 받고 기가 세거나 부정한 여인은 반대의 상황에 처해지는, <자유만세>의 혜자(황려희 분)와 미향(유계선 분)의 캐릭터 구성 또한 1930년대 신파적 멜로드라마에서 자주 눈에 띄던 이야기 구조 상의 특성이었다.

특히 <똘똘이의 모험>에서처럼 소년(혹은 어린이)이 주인공으로 나오거나 적어도 <자유만세>와 같이 일부 장면에서 그들이 등장하는 경우는, <수업료(授業料)>(최인규·방한준 감독, 1941) 이래 (특히 징병제 실시 이후) 식민지 조선영화에서 비중을 높여 가던 설정 방식이었다. 이러한 류의 작품들은, 필름이 현존하는 <해연(일명:갈매기)>(이규환 감독, 1948), <검사와 여선생>(윤대룡 감독, 1948), <마음의 고향>(윤용규 감독, 1949) 등을 통해서도 확인되듯, 해방 초기를 거쳐 그 이후에도 핵심적인 제작 패턴 중의 하나로 자리하게 된다.

식민지 시기의 극영화와 해방기 극영화가 이러한 공통점을 지녔던 이유는 무엇일까. 일차적으로는 영화를 만드는 제작 주체, 즉 인력(들)이 보유한 과거의 경험에 의해서라 할 수 있다. 비록 주요 활동 시기에는 약간의 시간차가 있었지만, <의사 안중근>의 이구영도,

---

39) <의사 안중근>과 같이 역사적 실존 인물을 형상화한 경우는, 해방 전에 많지는 않았으나 중일전쟁에 참전하여 조선인으로서는 최초로 전사한 이인석 상병을 모티브로 한 <그대와 나(君と僕)>(허영 감독, 1941)의 사례에서 찾아볼 수 있다. 당대 뉴스영화에 일본의 침략전쟁에 참가하여 전사한 조선인의 사연이 등장하는 예도 있었다.

<똘똘이의 모험>의 이규환도, <자유만세>의 최인규도 모두 식민지 시기 연출 경력을 소유한 유명 감독들이었다.

그 중에서도 해방기와 가장 인접해 있던 시기에 작품 활동을 펼쳤던 최인규의 경우를 들여다보자. 식민지 조선의 마지막 개봉 극영화인 <사랑과 맹세>(1945)에는 <자유만세>의 주인공 최한중(전창근 분)을 연상시키는, 적을 향해 돌진하는 남성 영웅 무라이 소위(독은기 분)와 그의 주변 인물들이 등장한다. 영화 초반 최한중이 자신의 동지와 형무소를 탈출한 뒤 생사가 갈린 채 넘어 가는 장소가 도성(벽)이라는 점도 <사랑과 맹세>에서 무라이 소위의 고향 마을 청년이 입영을 하기 위해 달려 넘던, 그리고 <수업료>에서 주인공 영달(정찬조 분)의 집 근처에 위치하던 로케이션 설정과 유사하다. 또한, 혜자가 고민을 하며 걷던 중 마주친 아이들은 <집 없는 천사>(1941)의 모델이 되었던 향린원 출신 소년들이었다. 길을 지나가다 아이들의 싸움을 말리는 장면 역시 <집 없는 천사>의 주인공 방수원(김일해 분)의 경우와 비슷하다. 이 두 작품은 극 중에 기독교적 색채가 풍긴다는 면에서도 공통점을 지닌다. 아울러, <자유만세>의 촬영 감독 역시 <사랑과 맹세>에서 손발을 맞춘 바 있던 한형모였다. 그 제작사가 영화사 통폐합 이전 <수업료>와 <집 없는 천사>를 제작한 고려영화사라는 점도 우연이라고만은 할 수 없을 것이다.

해방 초기이자 미군정 전반기에 제작·개봉된 이들 영화에서 발견되는 과거 식민지 조선영화의 친연성을 탐구하는 일은, 1947년부터 제작 활동이 본격화되는 조선영화의 연원을 모색하는 차원에서 의의를 지닌다. 이에 대한 보다 정밀하고 체계적인 분석의 작업이 뒤따라야 하는 이유이다.40)

---

40) 본 절의 내용은 함충범, 앞의 논문, 505, 509, 514~517, 523~528쪽에서 부분 발췌한 것임.

4. 냉전체제 형성에 따른 일본영화계의 변화

1948년을 지나면서 유럽 지역에서의 미소 진영 간의 냉전이 보다
심화되어 가고 특히 일본과 가장 가까운 한반도와 중국대륙에 조선
민주주의인민공화국(1948.9.9)과   중화인민공화국(1949.10.1)이라는
사회주의 정권이 수립되는 과정을 거치면서, 미국의 대일본 점령정
책은 기존의 '비군사화'와 '민주화'에서 '경제부흥'과 '재군비화'로
변경되었다.

그리하여, GHQ는 1948년 11월 12일 극동국제군사재판 폐정[41]
직후부터 본격적으로 전후개혁의 전면적인 수정 작업에 돌입하였다.
우선 국가공무원법을 개정하여(1948.11.30) 노동운동을 약화시키고
'경제 9원칙'(1948.12.18)과 '더지 라인(Dodge line)'(1949.3.7)을 통
해 긴축정책을 강화시켰다. 또한, 한국전쟁 발발 2주 후인 1950년 7
월 8일 75,000명의 경찰예비대 설치 및 해상보안청 요원 8,000명
증원을 지시하여 향후 자위대 창설(1954.7.1)의 빌미를 제공하는 한
편 1950년 6월 6일 공산당 중앙위원 24명을 공직에서 추방시킨 것
을 시작으로 대대적인 레드 퍼지(Red purge)를 단행하였다. 1950년
연말까지 대상 인원은 모두 10,972명에 달하였다. 그러는 사이에 전
쟁의 책임을 지고 공직에서 물러난 과거 인물들이 속속 원래의 자
리로 돌아왔다.[42]

---

41) 이 재판은 28명의 피고인 가운데 도조 히데키(東條英機) 전 총리대신 등 A급 전
   범 7명이 교수형을, 아라키 사다오(荒木貞夫) 전 육군대신 등 16명이 종신금고형
   을 받는 것으로 마무리되었다.

42) "공산주의자 추방과는 대조적으로 1951년 1,2차에 걸쳐 군국주의자 등의 공직 추
   방자는 추방에서 해제되었다. 그 중에는 하토야마 이치로를 비롯한 정·재계의 거
   물급이 다수 포함되어 있었다. 또 구 군인의 추방 해제도 1950년 10월부터 개시
   되었고, 이 중에서 1951년 4월 이후 경찰예비대의 간부로 채용된 사람도 많았다.
   이보다 훨씬 앞선 1948년 12월, A급 전범으로 감옥에 있던 기시 노부스케(岸信介,
   도조 내각의 상공대신)가 석방되어 정계에 복귀했으니, 전쟁 책임의 추궁은 이미
   GHQ 및 점령정책의 활동 영역에서 제외되어 있었다." 김장권·하종문, 『근현대

영화 부문에서 역시 "1950년 10월에 해제가 되어 기도 시로오도 모리 이와오도 각각 쇼치쿠, 도호의 지도적 지위로 복귀하였다. 이로써 전쟁 책임의 문제는 일부 영화회사의 경영자들이 약 3년간 그 지위에서 떠난다는 것으로 공식적인 결말이 지어"지게 되었다.43)

이와 같은 '변화'는 이른바 '도호쟁의'에 대한 GHQ의 대처 방식을 통해서도 드러났다. 1차 쟁의는 1946년 3월부터 4월까지, 2차 쟁의는 동년 10월부터 11월까지 벌어진 바 있었으며, 이들 쟁의는 각각 노사 합의와 사원들의 분열 과정을 통과하며 일단락되었다. 문제는 1948년 4월 15일부터 약 4개월 동안 이어진 3차 쟁의였는데, 이에 대해 8월 19일 무장경관 2,500여 명 및 미군 기병 1개 중대, 장갑차 7대, 비행기 3대가 투입되어 도호의 촬영소가 포위된 상황에서 조합원들의 자진해산 형식으로 일단락되었다. 그리고 10월 19일 노동조합 간부 20명이 '자발적으로' 퇴사하고 다음날 촬영이 재개되며 11월 19일 정식 조인이 이루어짐으로써 약 2년 반에 걸쳐 반복된 도호쟁의가 종결되기에 이르렀다.

아울러 1948년 7월 CIE와 CCD에 의한 사전·사후 검열제도가 사후검열제도로 전환되었으며 1949년 10월에는 그것마저 폐지되었다. 그리고 1951년 9월 8일 샌프란시스코 강화조약(サンフランシスコ平和条約) 체결을 통해 다시금 '주권'을 되찾은 일본영화는 이후 여러 가지 면에서 전전(戰前)의 모습으로 일부 회귀하는 양상을 보이기도 한다.44)

일본정치사』, 한국방송통신대학교출판부, 2006, 157~158쪽.

43) 佐藤忠男, 앞의 책, p.188.

44) 본 절의 내용은 함충범, 「전후개혁에 따른 일본영화계의 변화 양상 연구 (1945~ 1948)」, 『인문과학연구』 27집, 강원대학교 인문과학연구소, 2010, 531~532쪽에서 부분 발췌한 것임.

02

한국영화와 일본영화의 제작 경향, 그 교집합

1. 광복영화와 테마영화의 출현 및 유행

이영일은 해방기를 1948년 8월 15일을 기점으로 양분한 후, 전기의 경우 '광복영화(해방영화)'와 '반공영화'가 주조를 이루다가 후기에는 "문예적인 멜로드라마, 리얼리스틱한 작품, 그리고 문화영화의 붐" 등으로 다양화되어 갔다고 서술한다.[45] 조희문은 15편 내외의 '항일영화', 6편 내외의 '반공영화', 10편 내외의 '홍보·계몽영화', 그리고 20여편 정도의 '기타 오락영화' 등으로 작품들을 분류한다.[46] 이어, 호현찬은 <자유만세>를 소개하면서 '본격적인 최초의 항일영화'라는 표현을 쓰고 있으며,[47] 김종원과 정중헌은 '광복 영화기의 작품'을 '독립 투쟁기', '계몽 영화', '반공영화', '통속극'으로 구분하면서도 "그 중에서도 가장 두드러진 현상은 항일 영화의

---

45) 이영일, 『한국영화전사』(개정증보판), 소도, 2004, 221쪽.
46) 조희문, 「영화사적 측면에서 본 광복기 영화연구」, 중앙대학교 석사논문, 1983, 19~20쪽 참조.
47) 호현찬, 『한국영화 100년』, 문학사상사, 2000, 91쪽 참조.

대두와 반공 영화의 증가였다."라고 강조한다.48) 이 두 경우는 조희
문의 용어 사용과 분류 방법을 연상시킨다. 반면에 조혜정은 '광복
영화' 관련 사항에 대해서는 대체로 이영일과 궤를 같이한다.49) 정
종화의 경우 '해방기의 한국영화'에 대해 기술, 형식, 장르 등을 기
준으로 다양하게 설명하면서도 <자유만세>를 가리켜 '광복영화'로,
<밤의 태양>, <수우>, <여명> 등을 아우르며 '경찰'영화로 지칭함
으로써 기존의 언급들을 조율한다.50)

위의 내용을 종합적으로 정리하면 다음과 같다. 해방기 한국 극
영화의 제작 경향은 첫째 '광복영화' 또는 '항일영화', 둘째 '경찰영
화'와 '반공영화', 셋째 그밖의 일반적인 계몽영화, 문예영화, 오락
영화 등으로 크게 삼등분되는데, 이 가운데서도 첫째와 둘째를 대표
하는 작품군의 명칭과 장르는 각각 '광복영화'와 '반공영화'이다. 특
히 '광복영화(항일영화)' 쪽이 주목된다. 이는 해방기 한국 극영화의
제작 경향을 대변할 만한 시대적 특수성을 지니기에 그러하다.

광복영화에 속하는 작품군의 유형은 크게 두 가지의 부류가 존재
하였는데, 하나는 주요 인물형이 실존 인물을 모델로 하여 설정되는
경우였고 다른 하나는 가상의 인물로 등장하는 경우였다.

우선, 해방 직후부터 다수를 이룬 것은 역사적 실존 인물을 묘사한
영화들이었다. 해방 이후 개봉된 최초의 극영화는 다름 아닌, 중국 하얼빈
(哈爾濱)역에서 이토 히로부미(伊藤博文)를 저격한 안중근(1897~1910)의
생애를 다룬 <의사 안중근>(이구영-계몽구락부, 35mm-무성, 1946.3)이었
다. 이후 고종의 특사로 네덜란드 헤이그(Den Haag) 국제회의에 파견
되어 뜻이 좌절된 후 자결한 이준(1859~1907)의 삶을 그린 <불멸의

---

48) 김종원·정중헌, 『우리영화 100년』, 현암사, 2001, 230~231쪽.

49) 김미현 외, 『한국영화사: 開化期에서 開花期까지』, 커뮤니케이션북스, 108쪽 참조.

50) 정종화, 『한국영화사: 한 권으로 읽는 영화 100년』, 한국영상자료원, 2008, 89~90쪽
참조.

밀사>(김영순·서정규-신한영화사, 16mm-무성, 1947.4), 상하이(上海) 홍커우(虹口)공원에서 폭탄을 던진 윤봉길(1908~1932)의 모습을 조명한 <의사 윤봉길>(윤봉춘-계몽영화협회, 16mm-무성, 1947.7), 신사 참배를 거부하다 옥사한 주기철 목사(1897~1944)를 소개한 <죄 없는 죄인>(최인규-고려영화사, 16mm-발성, 1948.1), 학생 신분으로 3.1운동을 주도하다 옥사한 유관순(1902~1920)의 일대기를 밝힌 <유관순>(윤봉춘-계몽영화협회, 16mm-무성, 1948.4), 조선인 최초의 비행기 조종사 안창남(1900~1930)의 활약상을 담은 <안창남 비행사>(노필-독립영화사, 16mm-발성, 1949.9) 등이 연이어 제작·상영되었다.[51]

다음으로, 가상의 인물을 다룬 작품도 만들어졌다. 젊은 남녀를 중심으로 "조국 광복을 위하야 북만(北滿) 거친 들에서 생명을 사선에 걸고 최후의 일렬까지 혈투하는 백의인 동포들의 가는 길"[52]을 그린 <그들의 가는 길>(유벽촌·임운학-태양영화사, 1947.9)도 있었으나, 시대를 대표하는 영화로 남은 것은 1946년 10월 22일 국제극장에서 개봉된 <자유만세>(최인규-고려영화사, 1946.10)였다.[53] 해방 직전 경성(서울)에서 독립 무장 투쟁을 벌이던 최한중이라는 가상의 인물형을 영웅화한 이 작품은, 해방기 최다 수준의 관객 동원으로 "서울 상영 때 회수 보율이 10일간 78만 5천환이라는 미증유의 기록적 수지를 올"리는가 하면,[54] "이 1편을 통해서 조선영화의 장래 할 길이 명시될 것"이라는 찬사를 받을 만큼[55] 흥행과 비평

---

51) 역사적 실존 인물을 다룬 해방기 한국 극영화의 개봉작과 미완성작 관련 사항에 대해서는 함충범, 「역사적 실존 인물을 다룬 해방기 한국영화 연구」, 『아세아연구』 58권2호, 고려대학교 아세아문제연구소, 2015, 22쪽 <표1>을 참고 바람.

52) ≪영화시대≫(속간) 2권4호, 1947.9, 89쪽 광고.

53) 그동안 <자유만세>의 개봉일은 1946년 10월 21일로 알려져 있었다. 그러나 1946년 10월 20일자 ≪동아일보≫ 2면 광고 등을 보건대, 이 영화의 정확한 개봉 날짜는 1946년 10월 22일이다.

54) 양훈, <영화시평 「자유만세」 뒤에 오는 문제>, ≪중외신보≫ 1946.12.14, 2면.

55) <지상봉절 『자유만세』 고려영화작품>, ≪경향신문≫ 1946.10.20, 4면.

양쪽에서 성공적인 결과를 거두었다.

대한민국 정부가 수립된 이후에는 제국주의 식민지 권력에 항거하는 가공적 인물의 영웅담을 다룬 일련의 영화가 차례로 제작-개봉되었는데, 일제강점기 독립운동가의 가족을 형상화한 작품들이 주조를 이루게 되었다. 독립투사였던 남편의 뒤를 이어 독립운동을 하다 해방을 맞이하는 여인의 삶을 그린 <조국의 어머니>(윤대룡-윤대룡프로덕션, 16mm, 1949.3),[56] 홀어머니 밑에서 가난하게 살며 따돌림을 당하던 아이의 죽은 아버지가 독립운동가였다는 사실이 알려진 후 그 아이가 친구들로부터 사과와 도움을 받는다는 내용의 <애국자의 아들>(윤봉춘-계몽영화협회, 16mm, 1949.6),[57] 광복군 아버지가 일본 경찰의 꾀임에 넘어가 자신의 동지를 신고한 본인의 아들을 총살함으로써 사죄한다는 이야기를 담은 <심판자>(김성민-김성민프로덕션, 16mm, 1950.1)[58] 등이 그것이다.

이들 작품은 활기를 띠어 가던 당시의 극영화 제작 경향에 편승하여 통속성과 계몽성을 가미하여 대중을 소구하였다. 또한 실존 인물을 다룬 영화들의 시간적 배경이 대체로 국권침탈기 또는 일제강점기였던 데 반해, 식민지 시기에서 해방기에 이르는 다양한 시간대를 갖는다는 점에서도 특징을 보였다.

한편, 동시기 일본에서도 역사적 인물을 소재로 한 영화들이 만들어져 반향을 일으켰다. 패전 초기 제작 경향을 주도한 것은 이른바 '테마 영화(テーマ映画)',[59] '아이디어 영화(アイディア映画)'[60] 등으로 일컬어지는 작품군이었는데, 이들 영화는 전시에서 피점령

---

56) 한국영화진흥조합 편, 『한국영화총서』, 경성흥산, 1972, 280쪽 및 ≪동아일보≫ 1949.3.19, 2면 광고 참조.

57) 한국영화진흥조합 편, 앞의 책, 282쪽 및 ≪경향신문≫ 1949.6.5, 2면 광고 참조.

58) 한국영화진흥조합 편, 앞의 책, 285쪽 참조.

59) 岩崎昶, 앞의 책, p.218.

60) 요모타 이누히코(四方田犬彦), 박전열 역, 앞의 책, 147쪽.

에 이르는 시기를 배경으로 일본의 침략전쟁 및 군국주의에 여러 입장과 태도로 대처한 인물들을 재조명하였다.

이미 1945년 말에 반전사상을 품은 중의원(衆議院) 소속 의원과 그의 친구이자 전쟁 추종자인 현역 장군 간의 상반된 인생을 다룬 <범죄자는 누구인가(犯罪者は誰か)>(田中重雄-大映, 1945.12)가 개봉되었다. 이어 소탈하고 쾌활한 성격의 중년 가장이 통제회사 임원이 되어 위선과 권위로 가득 찬 관료 출신 상사들의 부당한 요구와 비리에 회의와 분노를 느끼다가 패전 후 그들을 응징하고 자신의 본 모습을 회복한다는 <희극은 끝나지 않는다(喜劇は終りぬ)>(大庭秀雄-松竹, 1946.1), 전시 동원의 시름 속에 군인 출신 백부의 횡포에 시달리던 편모 슬하의 가족이 전쟁이 끝난 후에도 사리사욕을 좇는 백부 부부를 몰아내고 평화를 되찾는다는 <오소네가의 아침(大曾根家の朝)>(木下惠介-松竹, 1946.1), 불의가 만연한 재벌 공장의 연구소 직원 출신 수재 청년이 양심에 따라 퇴사한 뒤 전후 젊은 정치인으로 거듭난다는 <거리의 인기인(街の人気者)>(牛原虚彦-大映, 1946.3), 착복과 향락을 일삼는 재벌 총수 및 상급 관리인의 모습과 그들의 무자비한 기업 합병책에 대항하는 민간 비료공장 일원들의 분투 및 전후 복구의 활약을 대비시킨 <민중의 적(民衆の敵)>(今井正-東寶, 1946.4) 등이 계속해서 공개되었다. 그리고 1946년 하반기에는 "정치 경찰의 공포 정치와 죽음을 두려워하지 않는 반전주의자의 투쟁을 그린" <생명이 있는 한(命ある限り)>(楠田清脚-東寶, 1946.8)과,[61] 반전론자이자 대학교수인 부친의 제자와 결혼하고 반정부 운동을 하던 남편이 체포되어 옥사한 뒤에는 남편의 고향에 내려가 농지 개간에 힘쓰다가 전후 농촌 문화운동의 선봉에 서는 젊은 여성의 삶을 조명한 <우리 청춘에 후회 없다(わが青春に悔なし)>(黒澤明-東寶, 1946.10)가 개봉되었다.

---

61) 瓜生忠夫, 『戰後日本映画小史』, 法政大学出版局, 1981, p.25.

대강의 내용을 통해 알 수 있듯, 이들 영화는 일본을 전쟁의 소용돌이 속에 몰아넣고 민중에게 막대한 피해를 입힌 군벌, 재벌, 관료, 기회주의자의 비윤리적 삶과 부패한 실상을 폭로·고발한다. 물론 비판의 대상에 있어서는 작품에 따라 차이를 보이기도 한다. <범죄자는 누구인가>에서는 현역 군인에, <오소네가의 아침>에서는 퇴역 군인에 초점이 맞추어져 있다. <희극은 끝나지 않는다>, <거리의 인기인>, <민중의 적>에서는 주로 재벌 기업의 권력층이 표적화되어 있는데, 여기에 이들 무리와 결탁한 군인들이 포함된다. <거리의 인기인>에서는 비난의 화살이 피점령기에도 여전히 부패하고 구태적이었던 정치권을 향하며, <생명이 있는 한>과 <우리 청춘에 후회 없다>의 경우 경찰 및 검찰 조직 등 억압적 국가기관(원)을 아우른다.

한편, 이들 영화에서는 고난과 역경 속에서도 정의를 수호한 반전운동가나 양심적인 회사원은 긍정적 인물로 묘사된다. <오소네가의 아침>에서처럼 평범한 가족 구성원이 중심을 이루는 사례 또한 존재한다. 주동 인물과 반동 인물의 관계 역시 친구 간(<범죄자는 누구인가>), 상사와 부하직원 간(<희극은 끝나지 않는다>), 친족 간(<오소네가의 아침>), 한 여성의 애인과 부친 간(<거리의 인기인>) 등으로 다양하다. <민중의 적>에서는 재벌 기업 대 민간 공장의 대결 구도를 보이고, <생명이 있는 한>에서는 불굴의 의지를 지닌 반전운동가와 개인의 영위를 위해 전향한 변절자가 대조를 이룬다. <우리 청춘에 후회 없다>에서도 평화주의자인 반정부 인사와 정계, 군벌, 재벌, 관료 간의 대립이라는 커다란 틀 속에서 끝까지 소신을 지킨 여주인공 유키에(幸枝, 原節子 분)의 남편 노게(野毛, 藤田進 분)와 시류에 영합하여 검사가 된 대학 동기생 이토가와(糸川, 河野秋武 분)의 행보가 대비된다.

아울러, 이들 영화는 패전을 계기로 주동 인물과 반동 인물의 상황이 뒤바뀌는 서사 구조 상의 특징을 공유한다. 당연히도 긍정적 인물은 찬사와 보상을, 부정적 인물은 비난과 처벌을 받게 된다. 가령 <범죄자는 누구인가>에서 자유주의자 우에모리(植森, 阪東妻三郎)는 출소하는 반면, 그를 헌병대에 고발한 나카에(中江, 見明凡太朗) 장군은 자결한다. 그리고 이러한 패턴은 여타의 영화로도 이어진다.[62] 그 안에 젊은 남녀의 연애담이 포함되어 있다는 점 또한 주목된다. <범죄자는 누구인가>에서 약혼 상태에 있던 우에모리의 딸 미도리(みどり, 鈴木美智子 분)와 나카에의 아들 고타로(皎太郎, 若原雅夫 분)는 고타로가 귀환한 뒤 다시 맺어진다. <희극은 끝나지 않는다>에서도 기무라(木村, 河村黎吉 분)의 딸 히데코(秀子, 風見章子 분)와 소집 영장을 받고 출정에서 돌아온 화가 우에다(上田, 安部徹 분)가 결혼한다. <오소네가의 아침>에서 역시 집안의 딸 유우코(悠子, 三浦光子 분)와 출정을 다녀 온 그녀의 약혼자 미나리(實成, 増田順二 분)가 다시 맺어진다. 여인의 기다림 속에 전쟁이 끝난 후, 남성의 귀환과 이들 간의 재회 및 인생의 새 출발이 이루어지는 것이다.[63]

이상의 작품들은 대개 전쟁이 한창이던 시기부터 패전 직후까지를 시간적 범위로 삼았으며,[64] 전쟁과 패전 등 굵직한 역사적 배경

---

[62] <민중의 적>에서 선친의 뒤를 이어 민간 비료공장을 이끌었던 가네코(金子, 河野秋武 분)는 석방되고 다이토(大東) 재벌의 이사장 고타니(小谷, 志村喬 분)는 구속된다. <오소네가의 아침>에서는 사상범으로 검거되었던 오소네가의 장남 이치로(一郎)가 돌아오고, <우리 청춘에 후회 없다>에서는 유키에의 부친 야기바라(八木原) 교수가 대학에 복귀한다.

[63] 구체적인 모양새는 다르나, 유사한 패턴이 여타 작품에서도 발견된다. 예를 들면, <거리의 인기자>에서는 연인 미요코(美代子, 鈴木美智子 분)가 이와타(岩田) 재벌과 결탁한 신당에 입당한 자신의 아버지 후루오카(吉岡) 박사를 공개 비판하고 주인공 사사 미타로(佐々三太郎, 宇佐美淳也 분)에 대한 대중적 지지를 유도한다. <민중의 적>에서는 가네코와 직원 안도(安藤)의 딸 다에코(たえ子, 河野糸子 분)가 공장 재건을 위해 힘을 합친다. <우리 청춘에 후회 없다>의 경우, 노게와 유키에가 결혼하고 노게가 죽음을 맞이하는 시점은 전쟁 중으로 설정되어 있다.

[64] <희극은 끝나지 않는다>는 중일전쟁의 전선이 확대되는 1940년이, <오소네가의 아침>과 <민중의 적>의 경우 전황이 긴박해진 1943년 12월과 1944년이 이야기의

하에 놓인 가상의 다양한 인물들을 다루는 경우가 많았다.65) 그럼
으로써 세간의 관심과 평단의 호응을 동시에 얻을 수 있었다.66)

이외에도, 패전 이후 일본에서는 <미인(麗人)>(渡辺邦男-東寶,
1946.5), <장사극장(壯士劇場)>(稲垣浩-大映, 1947.5), <여배우 스
마코의 사랑(女優須磨子の恋)>(溝口健二-松竹, 1947.8), <여배우
(女優)>(衣笠貞之助-東寶, 1947.12), <내 사랑은 불탄다(わが恋は
燃えぬ)>(溝口健二-松竹, 1949.2) 등과 같이 메이지(혹은 다이쇼)
시기를 배경으로 자유민권 쟁취를 위한 문화운동에 주목하거나
여성 주체의 독립 의지를 강조한 작품들도 만들어졌다. 중요한
점은 이들 영화가 과거에 대한 구성 및 내러티브 설정 방식에 다
소 차이를 보일지라도, 그 이면에는 '현실'이라는 제작의 토대가
공통적으로 자리하고 있었다는 사실이다. 이들 작품을 바라봄에
군대 해산과 재벌 해체, 여성해방과 노동운동 장려 등을 통해 점
령 초기부터 연합군 최고사령부(General Headquarters, GHQ)의
개혁 조치가 강도 높게 행사되던 당대의 사회적 상황을 함께 고
려해야 하는 까닭이다.67)

　　시작 시점으로 설정되어 있다.

65) <우리 청춘에 후회 없다>에서 야기바라의 휴직은 교토대학(京都大学) 법학부 교
　　수인 '다키가와사건(滝川事件)'(1933)을, 노게의 체포는 반정부 스파이 사건으로
　　세상을 떠들썩하게 한 '조르게(Richard Sorge)사건(ゾルゲ事件)'(1941)을 모델로 한
　　것으로 알려져 있다. 그러나 극중 인물과 실제 인물의 이름이 다르다는 점을 통해
　　확인되듯, 기획 과정에서 일종의 각색 작업이 이루어졌다.

66) 일례로, <오소네가의 아침>과 <우리 청춘에 후회 없다>는 ≪키네마준보(キネマ旬
　　報)≫가 매년 선정하는 '베스트 텐'에서 1946년 일본영화 부문에 각각 1위와 2위
　　로 이름을 올렸다. 그런데 두 작품은 시나리오 담당자가 좌익 출신에 전쟁 시기
　　여러 국책영화의 각본을 맡기도 한 히사이타 에이지로(久板栄二郎)라는 점에서도
　　공통분모를 지니고 있었다. 전후 가장 활발한 활동을 펼친 각본가 중 한 명이었던
　　그는 시부야 미노루(渋谷実) 감독의 <정염(情炎)>(1947), 기누가사 데이노스케(衣
　　笠貞之助) 감독의 <여배우>(1947) 등을 쓴 작가이기도 하다.

67) 본 절의 내용은 함충범, 「1940년대 후반기 한국과 일본의 영화 제작 경향 비교 연
　　구: '시대'를 반영한 주요 극영화를 중심으로」, 『현대영화연구』 24호, 한양대학교

2. 영화 속 귀환자, 젊은이, 아이의 표상

1945년 8월 패전과 해방을 맞이한 일본인과 한국인에게 있어 삶의 터전은 무너질 대로 무너진 상태였고 의식주 문제는 해결될 기미가 보이지 않았다. 그래도 희망은 존재하였다. 일본인에게는 길게는 15년간 지속된 전쟁의 굴레로부터 벗어날 여지가 생겼으며, 한국인에게는 근대적 독립 국가 건설이라는 민족의 염원이 실현될 기회가 주어졌던 것이다. 자연스레, 당시 극영화 속에는 당시의 실상이 펼쳐짐과 동시에 새로운 사회에 대한 사람들의 소망이 반영되었다. 특히나 이는 전쟁 동원의 주요 피해자인 귀환자, 새 시대의 중추적인 일꾼인 젊은이, 미래에의 희망이자 현재의 거울인 어린이의 자태와 이미지를 통해 재현되는 경향을 띠었다.

해방 후 한국에서는 극영화의 제작 편수가 궤도에 오르는 1947년 이후부터 작품의 소재와 주제가 다양해진 가운데 일련의 영화들이 작품군을 이루게 되었다. 그런데, 이들 영화는 대체로 젊은 남녀 주인공(들)을 앞세워 그들에게 초점을 맞추는 경향을 띠었다. 그리하여 이들 작품에는 주로 해방 후 조국으로 돌아온 그(녀)들이 열악한 환경을 극복하고 새로운 사회 건설 과정에 투신하거나, 불우한 아이들을 보살핌으로써 공익 또는 공공선의 추구를 위해 고군분투하는 모습이 카메라에 담겨졌다. 이러한 부류의 작품들은 그 안에서도 두 가지 유형으로 나뉜 채 나름의 이야기 구조를 띠고 있었다.

먼저, 해외에서 광복을 접한 젊은이가 귀환하여 농어촌 발전을 위해 헌신한다는 내용의 영화이다. 징용으로부터 풀려난 한 청년이 서울에서 일자리를 구하지 못하고 고생하던 끝에 낙향하여 농촌 진흥 사업에 투신한다는 <해방된 내 고향>(전창근-전창근프로덕션, 16mm-무성, 1947.5),[68] "일제의 침략전쟁으로 끌려나갔"던 한 청년

현대영화연구소, 2016, 258~259, 261~265, 267~268쪽에서 부분 발췌한 것임.

이 봉건적 경제 구조와 부패에 신음하는 자신의 고향 마을로 돌아와 회관 재건과 아동 교육을 추진하고 인습을 극복함으로써 살기 좋은 어촌을 만들기 위해 앞장선다는 <새로운 맹서>(신경균-보국문화흥업주식회사, 1947.6)[69] 등이 포함된다. 젊은 남성이 주인공으로 나온다는 점, 그가 강제로 전쟁에 동원되었다가 해방을 계기로 '귀환(귀국·귀향)'하여 공적인 일을 도모한다는 점, 이러한 과정에서 극심한 구직난, 불평등한 빈부격차 등 당대의 혼란상 또는 사회 문제가 돌출된다는 점에서 특징이 발견된다.

다음으로, 어린 아이(들)를 구제하거나 선도하는 젊은 인물(들)이 등장하는 영화이다. <사랑의 교실>(김성민-김성민프로덕션, 16mm, 1948.9)은 어느 화가와 미망인이 시골 마을에서 만나 연인이 된 후 사랑방에 교실을 열어 마을 아이들을 선도한다는,[70] <해연>(이규환-이철혁프로덕션, 1948.11)은 한 젊은 여인이 애인의 모리배 질에 실망하여 지방의 감화원에 들어가 말썽 많던 소년을 계도하다가 자신을 찾아온 여동생과 애인에게 변화를 약속받고 그들을 서울로 돌려보낸다는, <대지의 아들>(신경균-청구영화사, 16mm, 1949.6)은 두 남녀가 "일제의 강제 징병·징용으로 희생된 전쟁고아들을 모아" 따뜻하게 보듬어준다는 줄거리를 담고 있다.[71] 한편으로 유부남과의 연예 끝에 미혼모가 되어 상해로 떠났다가 귀국하였으나 자기가 낳은 아이의 사망 사실을 뒤늦게 알고 충격을 받아 사찰에서 생활하다가 10년이 지난 후 자신의 전 재산을 팔아 영아관(嬰兒館)을 운영하게 된 관장의 '생생한 기록(生記錄)'을 회고의 형식으로 그려낸 <여성일기>(홍성기-전위영화사, 1949.4)가 나오기도 하였다.[72]

---

68) 한국영화진흥조합 편, 앞의 책, 260쪽 참조.

69) 최금동, <신경균 감독 영화소설 새로운 맹서>, 《영화시대》(속간) 2권3호, 1947.6, 134쪽.

70) 한국영화진흥조합 편, 앞의 책, 275쪽 참조.

71) 위의 책, 283쪽.

72) 황정신, <지상영화 여성일기: 「모상」을 개명함>, 《영화시대》(속간) 4권1호, 1949.6, 106쪽.

아울러, 1948년 8월 15일 대한민국 정부 수립을 앞두고 제작·개봉된, 우여곡절을 겪은 후 새로운 기대와 희망을 품게 되는 젊은이들을 그린 <독립전야>(최인규-고려영화사, 변사 녹음, 1948.8)의 사례도 있었다. 이 영화는 시기적으로는 귀환 청년들의 농어촌 투신기를 다룬 작품군과 젊은 남녀의 아동 구제 활동을 묘사한 작품군의 중간 지점에 위치하며, 내용적으로도 마치 두 영화를 절충 혹은 혼합한 듯 보인다. 암울한 현실을 극복하고 사회 변혁을 실현코자 하는 대중의 욕구와 의욕이 대한민국 정부 수립이라는 시대적 당위 및 당대의 문화적 양식과 접점을 이루면서 해방기 한국영화의 특징을 조성한 대표적 사례라 할 만하다.

한편, 패전 직후부터 일본에서는 열악한 생활과 부조리한 세태속에서도 환경 개선과 사회 혁신을 위해 노력하는 사람들의 생기발랄한 모습이 영화에 담겨졌다. 대표적인 작품으로 1946년 초에 공개된 <도쿄 다섯 사나이(東京五人男)>(斎藤寅次郎-東寶, 1946.1)를 들 수 있다. 이 영화는 지방 군수 공장으로 징용을 다녀온 5명의 남성이 도쿄(東京)로 돌아와 전철, 식량배급소, 약국, 주점 등에서 각자의 본분을 다하다가 이기적인 기득권자들의 은닉 물자를 적발해내는 한편 그들의 계략으로 인한 거주지 상실 위기를 타개하기 위해 시민 궐기의 선봉에 선다는 내용을 담았다.

도쿄에 사는 가난한 젊은 두 연인이 어느 일요일에 만나 하루 동안 어떻게 시간을 보내는지를 보여주는 구로사와 아키라(黑澤明) 감독의 <멋진 일요일(素晴らしき日曜日)>(黑澤明-東寶, 1947.7)과 같은 영화도 있었다. 이 작품은 거친 세파 속에서 용기를 상실한 채 무력감에 빠져 버린 유조(雄造, 沼崎勳 분)를 위로하며 활기를 북돋아 주는 여주인공 마사코(昌子, 中北千枝子 분)를 통해 어두운 현실속에서도 희망을 잃지 말 것을 역설한다. 기실 당시 일본영화 중에는 패전 후 남성성의 실종 혹은 억압 상태에서도 열악한 현실을 꿋

굿이 버텨 나가던 여성들의 끈질긴 생명력과 불굴의 정신력이 묻어 나오는 예가 종종 발견된다. 그러면서 그녀들은 본인도 힘들 터이지만 가족이나 연인에게 헌신하고 활력을 불어넣는 존재로 거듭난다.

나아가, 가족과 연인을 넘어 타인에게까지 관계망이 확장되는 경우도 있었다. 예를 들면 <여성의 승리(女性の勝利)>(溝口健二-松竹, 1946.4)에서 여류 변호사 히로코(ひろ子, 田中絹代 분)는 빈곤 속에서 남편을 여읜 충격으로 정신착란에 빠져 자신의 아이마저 죽음에 이르게 하여 법정에 선 자신의 여학교 동창생을 변호하는데, 그녀는 남성 중심적인 일본의 전근대적 가정 생활을 사건의 근본적인 원인으로 지목하고 진정한 여권향상과 여성해방을 주창한다. <푸른 산맥(青い山脈)>(今井正-東寶, 1949.7)에서는 동북 지방 벽촌 마을의 여학교 영어 담당 여교사 유키코(雪子, 原節子 분)가 일종의 '연애편지 사건'으로 곤경에 처한 자신의 여제자를 두둔하는 동시에, 여전히 구시대적인 사고방식을 버리지 못한 학생들과 교사들에게 학생 시절의 건전하고 자유로운 이성교제의 권리를 설파해 나간다. 이들 영화의 감독인 미조구치 겐지(溝口健二)와 이마이 다다시(今井正)는 민주주의의 생활화라는 시대적 당위를 드라마화하는 데 다나카 기누요(田中絹代)와 하라 세쓰코(原節子)라는 당대 최고 여배우의 명성과 이미지를 적절히 활용하였다.

전후 일본의 현실과 사회의 상(像)을 아이(들)의 모습으로 드러내거나 미래의 희망을 그들과 어른(들)의 관계를 통해 제시한 작품들도 나왔다. <셋방살이의 기록(長屋紳士錄)>(小津安二郎-松竹, 1947.5)에서는 남편과 외아들을 잃고 도쿄의 셋방 촌에서 잡화점을 운영하며 살던 중년 여성 오타네(おたね, 飯田蝶子 분)가 이웃집 남성의 부탁으로 마지못해 고아로 보이는 소년 고헤이(幸平, 青木放屁 분)을 하룻밤 맡아 재워준 후 그를 떼어놓으려 하지만 결국 정이 들어 자신이 키우려고 하던 중 찾아온 친부에게 아이를 돌려보낸 뒤 복을 빌며 눈물을 흘린다는 내용이 오즈 야스지로(小津保次郎) 감독 특유의 관조적 터치로 화면 속에 담겨졌다. 학교 공간을 주요 장소로 둔 <손을 잡는 아이들(手をつなぐ子等)>(稻垣浩-大映京都, 1948.3)과 <잊혀진 아이들(忘れられた子等)>(稻垣浩-新東寶, 1949.10)에서는 각각 문제아와 정신지체아를 맡은 남성 교사가 어린이를 향한 애정과 교육에 대한 열의로 진정한 훈육을 실천한다. 두 작품 모두 일본 특수아동 교육의 선구자로 알려진 다무라 이치지(田村一二)의 소설을 원작으로 하여 전전(戰前) 일본 시대극을 이끌었던 이나가키 히로시(稻垣浩)가 연출한 것이었다.

이처럼, 1940년대 후반기 한국과 일본에서는 귀환자, 젊은이, 아이들의 모습이 화면의 중심을 이루는 극영화들이 제작되었고, 이를 통해 각각 해방기와 피점령기라는 현실 상황과 사회 재건의 양상이 재현되었다. 물론, 제국/식민지라는 과거의 입장차, 전쟁 동원 방식 및 피해 정도의 격차, 종전 이후 역사적 환경의 차이 등으로 말미암아 그 세부적 재현 양상에 있어서는 구별점도 엿보인다. 한국의 작품은 젊은이(들)가 영화의 중심을 이루면서, 전쟁 동원에서 해제되어 해방 후 귀국한 청년이 농어촌 개혁에 앞장선다거나 젊은 여성 혹은 남녀 커플이 불우한 아이들을 돌봄으로써 사회 재건에 일조한다거나 사연이 있는 젊은이들이 사회 병폐를 목도한 뒤 정부 수립을 계기로 새로운 시대를 향해 전진하는 계몽적 내용을 대체로 등장인물의 선/악 구도가 분명한 멜로물의 형식을 통해 담아낸다. 이에 비해, 일본 작품들은 도심, 거리, 가정, 학교, 산업 현장, 사법 공간 등 여러 장소를 배경으로, 전쟁으로 인한 사람들의 고통과 전후 복구 및 상호 협력을 통한 삶의 희망을 다양한 인물 설정과 이야기 구조, 표현 방식 등을 통해 제시한다. 그 형식에 있어서도 멜로물을 비롯하여 희극, 법정극, 학교물, 아동물 등 비교적 다양한 장르적 양태를 취한다. 특히, 징병에 동원된 전쟁 (미)귀환자 및 그 아내의 모습을 통해 무기력한 남성의 존재감 속에 많은 여성들의 '신체'가 위기에 노출되어 있던 당대의 현실이 리얼하면서도 다소 비판적으로 투사되어 있다는 점이 주목된다.73)

3. 정부 수립과 역코스 전환 이후의 변화상

한국영화진흥조합에서는 해방기 한국영화의 제작 편수를 1946년 4편, 1947년 13편, 1948년 22편, 1949년 20편으로 집계한 바 있는데,74) 일제강점기 조선영화의 연평균 제작 편수가 대부분 10편 미만이었던 것을 감안하면 꽤 높은 수치라 할 수 있다. 당연히, 극영화의 종류에 있어서도 이전에 비해 그 스펙트럼이 상당히 넓어졌다. 그리고 이러한 다양함 가운데서 각 영화 작품에 정치성이 반영되는 경우도 적지 않았다.

대표적인 사례로는 이른바 '경찰영화'와 '반공영화'를 꼽을 만하다. 이들 작품은 사회 정의와 국가 체제의 수호를 서사의 기본 틀로 삼는 한편 활극 장르 및 멜로드라마적 요소를 가미하여 대중성을 확보하려는 영화적 전략에 따라 만들어져 유행을 이루었다.

경찰영화로는 서로 실랑이를 벌이던 중 총기 사고로 사망한 밀수단 두목인 남편의 일로 살인 용의자가 된 한 여성을 경찰 수사관이 구명한다는 내용을 중심으로 한 <수우>(안종화·건설영화사, 1948.5), 카바레를 근거지로 하는 대규모의 밀수단을 용감한 형사들이 검거한다는 이야기를 담은 <밤의 태양>(박기채·대조영화사, 1948.7), 어촌에서 근무하는 두 명의 경찰 중 한 명이 밀수단에 포섭되나 결국 자신의 잘

---

73) 본 절의 내용은 함충범, 앞의 논문, 269, 272~276, 279, 291쪽에서 부분 발췌한 것임.

74) 한국영화진흥조합 편, 앞의 책, 255, 259, 267, 279쪽 참조.

못을 뉘우치고 동료들에게 알려 목숨을 잃지만 밀수단을 일망타진하는 데 기여한다는 이야기를 다룬 <여명>(안진상·건설영화사, 1949.3) 등이 있었다. 국민학생 똘똘이와 복남이가 쌀 도둑단을 경찰에 신고해 잡는다는 내용의 <똘똘이의 모험>(이규환·남양영화사, 1946.9)으로 대표되는 해방 초기 모험 활극이 해양경비대 지휘관이 국제적인 밀수단을 일망타진한다는 내용의 액션 활극인 <바다의 정열>(서정규·금성영화사, 16mm, 1948.3)로 이어진 후 대한민국 정부 수립을 앞둔 시점에서 장르화되었다고도 볼 수 있는 이들 작품은, 불법 행위를 일삼는 악인과의 대결에서 정의의 편에 있는 선인이 승리한다는 도식적 이야기 구조를 기반으로 "선전영화와 헐리우드 영화, 그리고 대중극의 특징"75)을 확보함으로써 경찰 조직의 후원과 흥행을 통한 대중적 반향을 동시에 추구하였다.

이러한 제작 경향은 1949년 이후부터 흐름을 달리하였다. 기존의 선인이 경찰에서 군인으로, 악인이 범죄자에서 공산주의자로 전환되어 갔던 것이다. 그리하여 공산 치하에서 월남한 형제가 군인과 경찰이 되어 멸공에 앞장선다는 내용의 <전우>(홍개명·미공보원, 1949.8), 대학 동기이자 처남과 매부 사이인 두 남자가 각각 국군과 공산주의자로 '여수·순천사건'에서 만나 총을 겨누다가 매부가 죽는다는 내용의 <성벽을 뚫고>(한형모·김보철프로덕션, 1949.10), 지리산 토벌 대장이 무장공비의 우두머리를 잡아 개심케 한다는 내용의 <나라를 위하여>(안종화·서정규·대조영화사, 1949.10) 등 '반공영화' 초기작들이 주류를 형성하였다.76)

---

75) 전지니, 「권총과 제복의 남성 판타지, 해방기 "경찰영화" 연구: <수우>, <밤의 태양>, <여명>(1948)을 중심으로」, 『현대영화연구』 22호, 한양대학교 현대영화연구소, 2015, 101쪽.

76) 한국에서 '반공영화'라는 명칭이 사용되기 시작한 시기는 6.25전쟁 직후 "<운명의 손>, <주검의 상자>와 같은 간첩 소재 영화, <피아골>과 같은 빨치산 소재 영화가" 유행한 1950년대 중반 무렵이었으나,(정영권, 「한국 반공영화의 제도화 연구: 1949~1968 전쟁영화와의 접합과정을 중심으로」, 동국대학교 박사논문, 2011, 69

대한민국 정부 수립 후 1948년 10월 19일 여·순사건 발생, 12월 1일 국가보안법 제정, 1949년 6월 5일 국민보도연맹 발족, 6월 26일 백범 김구 암살, 북한에서의 소련군 철수(1948.12)에 이은 미군의 철수(1949.6)와 북을 중심으로 한 조선노동당의 통합과 빨치산 활동 개시(1949.7)로 연결되는 일련의 사건들이 시대적 배경으로 자리하고 있었음은 물론이다. 이를 바탕으로 해방 후 영화계를 이끌던 조선영화동맹(1945.12.16 결성)의 활동이 흐지부지되는 대신 "우익 영화인들이 중심이 된 대한영화협의회가 1948년 11월 25일 발족"되고 적산 조영(사단법인 조선영화사)의 경우 정부 수립을 계기로 국가로 귀속되었다가 "1949년 8월 1일을 기해 사단법인 대한영화사로 이름과 체제를" 달리하는 등 영화 분야에서도 여러 변화가 일었기 때문이다.[77]

이밖에도 당시 제작된 극영화 중에는 동시기의 시대정신이나 민족의식, 역사관을 반영한 작품(군)이 포함되어 있기도 하였다. <춘향전>(이명우-경성촬영소, 1935), <장화홍련전>(홍개명-경성촬영소, 1936), <홍길동전 후편>(이명우-경성촬영소, 1936), <심청>(안석영-기신양행, 1937) 등 1930년대까지 주로 고전 서사를 원작으로 하던 사극의 경우, 쇄국정책하 천주교 박해라는 과거의 역사를 배경으로 한 <지성탑>(김정환-향린원, 16mm-무성, 1948.6), "야사적인 국극을 영화화"함으로써 민족성을 드러낸[78] <고구려의 혼>(임운학-태양영화사, 16mm-발성, 1949.4) 등 보다 다양한 소재로 종류의 폭이 넓어졌다. 가족애를 다룬 <홍차기의 일생>은 주인공이 억울한 아버지를 위해 대제학에 하소연하여 문제를 해결한다는 이야기가 들어 있는데, 이를 통해 백성(국민)에 대한 나라(공권력)의 역할이 은연히 강조된다.

쪽) 그 장르적 특징은 이미 위의 작품들로부터 비롯된 것이라 볼 수 있다.

77) 한상언, 앞의 책, 214~215쪽.

78) 한국영화진흥조합 편, 앞의 책, 281쪽.

현대물로서는 인간 군상이나 세상의 이치를 특유의 미적 감각으로 영상화한 작품들과, 가족애나 인간애를 신파적으로 담은 일련의 통속극들이 공존한다. 전자는 민족의 정서 또는 고유한 자연 풍경을 드러내며 예술성을 담보하였고,[79] 후자의 경우[80] 인과응보의 계몽적 이야기 구조를 통해 공공선의 실현이나 사회 질서의 유지를 옹호하였다.[81]

한편, 일본영화의 경우 1948년 무렵까지는 대체로 다음과 같이 크게 세 가지 정도의 작품 경향을 보였다.

첫째, 과거 일본영화의 수는 감소한 반면 수입 미국영화의 그것은 크게 증가하였다. 1945년 11월 19일 CIE의 폐기명령이 내려진 뒤, 1931년 이후 제작된 일본영화 가운데 체제수호나 전의앙양을 담은 227편(이 가운데 49편은 쇼치쿠, 43편은 도호 제작)의 작품이, 미국 의회도서관에 보내진 네거티브 필름 1벌과 프린트 필름 4벌, CCD 분석용 네거티브 필름 1벌과 프린트 필름 1벌을 제외하고는 이듬해 4월부터 5월에 걸쳐 모두 소각되었는데,[82] 이러한 영향 등으로 일본영화만으로는 넘쳐나는 관객의 수요를 감당하기가 어려워졌다. 반면에, 태평양전쟁과 함께 금지되었던 미국영화의 배급은 1946년 2월 28일 <퀴리부인(Madame Curie)>(1943)과 <봄의 서곡(His Butler's Sister)>(1943)을 시작으로 재개되어, 그해 총 39편의

---

79) 가족애의 제재화, 자연의 전경화, 불교적 색채의 시각화, 영상미의 강조 등을 통해 한국의 문화적 특성을 드러낸 <마음의 고향>(윤용규-동서영화사, 1949)과 '파시'라는 이름을 가진 "흑산도"의 "성어기인 봄 가을에" 서는 "두 차례의 장"의 풍경을 섬세하게 묘사한 <파시>(최인규-고려영화사, 16mm, 1949.11)가 유명하다. 한국영화진흥조합 편, 앞의 책, 288쪽.

80) 영상 필름이 현존<검사와 여선생>(윤대룡-김영순프로덕션, 16mm-무성, 1948.6)과 <촌색시(청춘행로, 일명:며누리의 설움)>(장황연-정운룡프로덕션, 16mm-발성, 1949.8)의 경우도 이에 해당된다.

81) 본 절 이 부분까지의 내용은 함충범, 앞의 논문, 280~284쪽에서 발췌한 것임.

82) 松浦幸三, 앞의 책, p.129 참조.

미국영화가 일본에 수입되었고(같은 해 일본영화의 총 제작편수는 80편) 그 수치는 갈수록 늘어갔다.[83]

둘째, 시대극의 비중이 현저히 축소되었다. 이는 과거 일본의 시대극이, (연극에서의 가부키(歌舞伎)의 경우와 같이) 영화제작에 대한 자신의 지령 사항과는 배치되는 "반역, 살인, 기만이라고 하는 것이 대중 앞에서 공공연히 정당화되고 법률 대신 사적 복수가 허용되고 있는"[84] 상황을 조장할 수 있다는 CIE의 판단에 따른 결과였다. 그리하여 연간 개봉된 일본영화에 대한 시대극의 비율은 1945년 35.1%(13편/37편)이던 것이 1946년 10%(8편/80편), 1947년 8.2%(8편/97편), 1948년 9.8%(12편/123편) 등 지속적으로 1할 이내에 그치고 말았으며,[85] 그 자리를 서구식 가치관과 생활양식 등을 반영한 현대극이 차지하게 되었다. 이전까지 현대극과 함께 일본영화를 양분하여 왔던 시대극의 몰락은 전쟁 시기 서양 타파를 외치며 대동아 단결을 주장하던 일제의 패망을 연상시키는 영화계에서의 상징적 광경으로 비추어질 만하였다.

셋째, 흥행 위주의 오락영화나 "현실 도피적인 주제"의 영화가 산업적인 측면에서 영화 제작의 흐름을 주도하던 중에서도,[86] 군국주의와 침략전쟁을 부정적인 시선으로 보거나 그것들을 거부하는 태도를 견지한 일련의 작품들과 과거 일본에 존재하였던 민주화 관련 인물이나 사건들을 소재로 삼으며 민주주의를 주제로 한 작품들이 당시 제작경향의 지류를 형성하게 되었다. 이들 영화는 이후 '테마 영화(テーマ映画)' 떠는 '아이디어 영화(アイディア映画)' 등으로 불리며 주목을 받기도 하였다.

---

83) 山田和夫, 앞의 책, pp.102~104.

84) 佐藤忠男, 앞의 책, p.164.

85) 松浦幸三, 앞의 책, p.129, 132, 134, 137.

86) 구견서, 『일본영화와 시대성』, 제이앤씨, 2007, 225쪽.

그러던 것이, GHQ의 대 일본 점령 정책의 기조가 기존의 비군사화와 민주화에서 경제부흥과 재군비화로 전환되는 1948년 이후에는, 이른바 '역코스(逆コース, reverse course)'를 통과하며 그 양상을 달리하게 되었다. 미국영화의 수입과 배급이 시장에 맡겨졌고, 검열로 인해 공개되지 못하고 있던 영화들이 해금되었으며, 금기의 대상으로 있던 것들이 새로운 작품의 소재로 쓰이게 된 것이다. 그리하여 일본영화는 다시금 시대극을 통해 일본의 문화적 색채를 작품에 기입하기 시작하였고 때로는 피폭 관련 주제를 다룸으로써 일본이 전쟁의 피해자임을 암시하기도 하였으며 일부는 군국주의 시기 일본의 모습을 다소 긍정적으로 다루기도 하였다.[87]

시대극의 경우, 미조구치 겐지 감독의 <오하루의 일생(西鶴一代女)>(1952), <우게쓰 이야기(雨月物語)>1953), <산쇼다유(山椒大夫)>(1954) 등의 작품처럼 과거 일본 사회의 모순점과 보수성을 비판하는 예도 있었지만, 구로사와 아키라 감독의 <라쇼몽(羅生門)>(1950), <7인의 사무라이(七人の侍)>(1954), <거미의 성(蜘蛛巣城)>(1957) 등의 작품처럼 일본의 전쟁 부채를 가벼이 하고 문화적 전통을 보편화하려는 시도가 있기도 하였다. 이들 유명 감독의 손에 만들어진 시대극은 기누가사 데이노스케(衣笠貞之助)가 연출하여 1954년 제7회 칸영화제에서 그랑프리를 수상한 <지옥문(地獄門)>(1954)과 더불어 세계 유수의 영화제에서 성과를 올리며 동시기 일본영화의 제작 경향을 주도하였다.[88]

또한, 당시에는 오바 히데오(大庭秀雄) 감독의 <나가사키의 종(長

---

87) 본 절 이 부분까지의 내용은 함충범, 「전후개혁에 따른 일본영화계의 변화 양상 연구 (1945~1948)」, 『인문과학연구』 27집, 강원대학교 인문과학연구소, 2010, 530~532쪽에서 부분 발췌한 것임.

88) <라쇼몽>은 1951년 제15회 베니스영화제에서 최고상인 황금사자상을, <오하루의 일생>은 이듬해 베니스영화제에서 국제비평가상을, <우게쓰 이야기>는 그 다음해 베니스영화제에서 은사자상을, <산쇼다유>는 다시 그 이듬해 베니스영화제에서 은사자상을 수상하였다.

崎の鐘)>(1950), 다사카 도모타카(田坂具隆) 감독의 <나가사키의 노래는 잊지 않으리(長崎の歌は忘れじ)>(1952), 세키가와 히데오(関川秀雄) 감독의 <히로시마(ひろしま)>(1953) 등 1945년 8월 6일과 8월 9일에 있었던 히로시마 원폭 사건과 나가사키 원폭 사건을 다룬 작품들이 나오기도 하였다. 이들 영화에서는 전쟁 피해자로서의 일본(인)의 모습이 부각되었는데, 이와 같은 경향은 비단 원폭 관련 영화에만 국한되지 않았다. 비슷한 시기에 나온 이마이 다다시 감독의 <히메유리의 탑(ひめゆりの塔)>(1952)이나 기노시타 게이스케(木下惠介) 감독의 <24의 눈동자(二十四の瞳)>(1954) 등에서도 어린 생명의 존엄성 혹은 학교 공간의 신성함이 전쟁으로 무참히 훼손되는 과정을 통해 피해자로서의 일본인 상이 표출되어 있기 때문이다.

아울러, 당시에는 태평양전쟁의 아픔과 상처를 '기억'을 넘어 '추억'으로 전유하려 한 아베 유타카(阿部豊) 감독의 <전함 야마토(戰艦大和)>(1953), 혼다 이시로(本多猪四郎) 감독의 <태평양의 독수리(太平洋の鷲)>(1953), 시무라 도시오(志村敏夫) 감독의 <군신 야마모토 원수와 연합 함대(軍神山本元帥と連合艦隊)>(1956) 등의 대중성을 가미한 전쟁영화가 문화 상품으로 소비되기도 하였다.

그러면서 1950년대 이후 일본영화는 점령 초기의 양상과는 상이한 제작 경향을 띠게 되었다.

4. 전후 영화 속 가정 및 여성의 표상

1950년 6월 25일 북한군의 기습 남침으로 촉발된 '한국전쟁'은 3년여 동안 많은 인적, 물적 피해를 낳은 뒤 1953년 7월 27일 정전 협정을 통해 일단락되었다. 전쟁의 소용돌이 속에 영화 제작 여건은 더욱 열악해졌으며, 이로 인해 작품 활동 역시 위축되었던 것도 사실이다. 그러나 휴전 이후 한국에서 영화는, 전쟁에 지친 서민들에게 위안과 오락을 제공하며 그 대중적 입지를 다져나갔다. 그리하여 1950년대 중반을 지나면서는 제작 편수의 증가와 더불어, 특정 장르의 영화들이 일련의 작품군을 이루며 유행을 선도하기도 하였다.

이에, 이영일의 소개대로 휴전 후 1950년대 한국영화는 '사극영화', '자유풍조의 멜로드라마', 유현목, 김기영, 신상옥 감독 등의 '문제작과 예술작품', '희극영화', '스릴러·액션영화' 등 이전에 비해 보다 풍성하고 다양한 장르 지형을 선보였다. 특히, 이영일은 당시 멜로드라마가 "전체 제작편수의 73.5%에 이르는 전성기를 보였"는데, 한형모 감독의 <자유부인>(1956)과 김화랑 감독의 <속 자유부인>(1957) 등 "변해가는 사회상, 옛것과 새것사이의 모든 균열과 갈등을 보이"는 '시대의 풍조'를 반영한 작품들이 이를 견인하였다고 설명한다. 그러면서, "한국최초의 여류감독" 박남옥의 <미망인>(1955)의 경우 "전쟁미망인에게 닥쳐오는 재혼문제와 끈질긴 삶의 의지를 그"린 작품으로 의의를 부여한다.[89]

<미망인>은 한국전쟁 중 남편을 잃고 어린 딸(이성주 분)과 함께 남편의 친구인 이 사장(신동훈 분)의 도움을 받으며 살아가던 미망인 '이신자'(이민자 분)가 젊은 남성 '택'(이택균 분)을 만나 사랑에 빠지지만 그가 예전 애인을 택하고 이별을 고하자 그 충격으로 그에게 칼을 들이댄다는 이야기 구조를 지녔다. 이 영화를 "전쟁미망인의 가장으로서의 현실을 비교적 충실히 묘사"한 작품으로 본 우현용은, 주인공 이신자(이민자 분)의 모습에서 "어머니로서의 모성과 성적인 대상으로서의 여성성" 모두가 발현되고 있음을 지적한다. 이어 "주로 남성들과의 관계와 사건에 의해서 설명"되는 그 개인적 '욕망'을 통해 한국 사회의 "남성성과 가부장의 권위"가 전쟁을 겪으며 추락하였음이 노출되고 있다고 설명한다.[90]

---

89) 이영일, 『한국영화주조사』, 영화진흥공사, 1988, 413~414쪽.

1950년대 당시 전쟁 미망인을 다룬 작품도 있었으니, 바로 신상옥 감독의 <동심초>(1959)였다. 이 영화는 한국전쟁 중 남편을 잃고 8년간 자신의 딸(엄앵란 분)을 뒷바라지하며 지내온 양장점 주인 이숙희(최은희 분)가 출판사 전무 김상규(김진규 분)과 사랑에 빠지지만 그가 이미 사장의 딸(도금봉 분)과 약혼 상태에 있다는 것을 알고 서울을 떠나 고향으로 내려간다는 내용을 담았다. 이에 대해 우현용은 영화가 "미망인의 사랑과 개인적 욕망"을 이야기하면서도 "정숙하고 순종적인 여성상, 전통적 가치관에서 벗어나지 않는 이상적인 결말을 보여"줌으로써 "미망인에 대한 사회의 이중적 태도"를 노출시킨다고 주장한다.[91]

전후 여성의 모습을 다룬 1950년대 한국영화 중에는 소위 '양공주'로 일컬어지던 기지촌 여성들을 주인공으로 삼은 신상옥 감독의 <지옥화>(1958)도 있었다. 영화의 주요 인물은 미군 부대의 물건을 훔쳐 암시장에서 거래하는 영식(김학 분)과 그의 동생 동식(조해원 분), 그리고 기지촌 여성 쏘냐(최은희 분)와 주리(강선희 분) 등 젊은 남녀 4인인데, 범법을 일삼으며 악행을 행하는 영식과 개방적이고도 도발적인 성격의 쏘냐는 죽음이라는 극단적 '처벌'을 받는 반면, 비교적 도덕심과 순정을 잃지 않고 지내던 동식과 주리는 고향으로 내려가는 것으로 결말을 이룬다. 이를 통해 1950년대 후반이자 이승만 정권 말기 한국 사회의 대중적 인식을 발견할 수 있다.

전쟁 후 여성을 다룬 멜로드라마가 유행의 일종을 이룬 것은 일본에서 역시 마찬가지였다. 태평양전쟁이 종결(1945.8.15)된 1940년대 후반 일본에서도 전쟁 후 홀로 남은 여성을 통해 전쟁의 참상을 노출시킨 일련의 영화들이 연이어 만들진 것이다.

---

90) 우현용, 「영화 속 전쟁미망인 표상 연구: <미망인>, <동심초>, <동대문 시장 훈이 엄마>」, 한양대학교 현대영화연구소 편, 『휴전과 한국영화』, 국학자료원, 2014, 153~156쪽.

91) 위의 글, 160쪽.

먼저 병력 소집에 의해 외국에 가 있다가 귀국한 젊은 남성 가장의 가족사를 서사의 축으로 둔 작품들이 나왔다. 신헌법 공포(1947.5.3) 기념작으로 기획된 도호(東寶) 제작, 가메이 후미오(亀井文夫) 감독의 <전쟁과 평화(戰争と平和)>(1947)는 전쟁 기간 중 중국에 억류되어 있던 한 남자가 8년 만에 귀환하지만 부인의 재혼으로 인해 고통을 받다가 그녀의 새 남편으로부터 총상까지 입은 후 오해를 풀고 국민학교 어린이들에게 참된 평화를 전하며 교사로서 사회에 복귀한다는 내용을 담았다. 신헌법 공포 기념작으로서 쇼치쿠(松竹)가 담당한 시부야 미노루(渋谷実) 감독의 <정염(情炎)>(1947)의 경우 귀환 후 아내에 대한 애정을 상실한 남성과 그럼에도 변함없이 남편 및 시댁 부모에게 최선을 다하던 여성이 우여곡절 끝에 부부의 인격이 상호 존중되는 결혼 생활의 참된 가치를 깨닫게 된다는 내용을 담았다. 또한 별다른 고생 없이 자란 한 여자가 임신 중에 남편을 전장에 보내고 종전 후 3년이 지난 시점에서 그의 병사를 통보 받지만 반드시 살아 돌아올 것이라는 친구의 말을 믿고 어렵게 버티다가 결국 남편의 귀환을 맞이하는 서사 구조를 지닌 와타나베 구니오(渡辺邦男)가 신도호(新東寶)[92]에서 감독한 <이국의 언덕(異国の丘)>(1949)과 같은 작품도 있었다.

전쟁으로 인한 가정의 위기를 다른 방식으로 다룬 영화도 나왔다. 어린 아들을 홀로 키우던 한 여인이 장염에 걸려 입원한 아이의 병원비 마련을 위해 어쩔 수 없이 하룻밤 몸을 팔았다가 얼마 후 돌아온 남편에게 고백하고 화를 당하면서도 끝까지 용서를 구한다는 오즈 야스지로 감독의 <바람 속의 암탉(風の中の牝鷄)>(1948)에는

---

92) 신도호는 제2차 도호쟁의 과정에서 조합에 반대하며 떨어져 나간 460여명의 영화인이 주축을 이루고 도호 경영자 측의 지원이 가세하여 1947년 3월에 세워진 회사였다.

기약 없는 남편의 귀환을 기다리며 극심한 생활고 속에서 가정을 이끌던 젊은 여성이 처한 비극적 상황이 오즈 야스지로 식의 정제되고 은유적인 표현 기법에 의해 애절하게 펼쳐진다. 아울러 전후 여성 해방 문제에 천착한 미조구치 겐지의 연출작으로서 미귀환 남편을 기다리다 결핵으로 아이를 잃고 남편의 전사 소식까지 들은 후 매춘부가 된 오사카 밤거리의 여인을 그린 미조구치 겐지 감독의 <밤의 여인들(夜の女たち)>(1948)도 만들어졌다.

고이시 에이치(小石栄一)가 연출하고 다이에이에서 제작한 일련의 '어머니물'도 몇 편 만들어졌다. 한 스탠드 마담(三益愛子 분)이 실수로 자신의 정부(情夫)를 죽이지만 평소 친딸과도 같이 돌보아 주던 여 조카(三條美紀 분)의 변호로 집행유예를 받아 풀려난다는 내용의 <어머니(母)>(1948), 서커스 단장이었다가 사장이 된 남편(岡讓司 분)과의 사이에서 외동딸(三條美紀 분)을 둔 줄타기 기예자(三益愛子 분)가 가출하여 서커스에 몰두하다 시골을 전전하며 공연하던 중 학우들과 하이킹을 온 자신의 딸과 재회한 뒤 충격으로 줄에서 떨어져 그녀를 대신하여 딸이 공연을 끝마친다는 내용의 <어머니 홍매(母紅梅)>(1949), 성공한 가수가 된 청년이 코러스 걸 출신 생모(水戸光子 분), 작곡가인 생부(夏川大二郎 분)와 결혼한 사장 집 딸 의모(入江たか子 분), 우연한 인연으로 자신을 길러 준 양모(三益愛子 분)와 재회한 뒤 이들 가운데 양모를 따라 후쿠시마(福島) 지역으로 돌아간다는 내용의 <어머니 삼인(母三人)>(1949) 등은, 전체적인 내용만을 놓고 보더라도 다분히 신파적 성격을 띠고 있었음이 확인된다.[93] 이러한 작품 경향은 비슷한 시기 한국에서 제작된 <검사와 여선생>(윤대룡 감독, 1948)과 <촌색시(청춘행로, 일명:며느리의 설

---

[93] <어머니 삼인>의 경우 신파비극의 대표 작가로 명성을 날린 가와무라 가료(川村花菱)의 원작을 바탕으로 하였는데, 그것은 이미 1930년(阿部豊-日活)과 1933년(曾根純三-新興キネマ) 동명의 작품(1933년의 경우 전후편)으로 영화화된 바 있었다.

움)>(장황연 감독, 1949)와 유사성을 띠는 듯 보이기도 한다.

이와 같이, 각각 태평양전쟁과 한국전쟁 이후(전후) 일본과 한국에서는 가정 문제를 다룬 일련의 영화가 연속적으로 제작되었다. '가정의 수호자'로서의 여성의 역할을 전제로 두고 전후의 고단한 삶 속에서 행해지는 그들의 인내와 고뇌를 다루었다는 점에서는 유사성을 지니지만, 관련 영화의 편수와 스펙트럼, 영화 속 여성의 표상에 있어서는 다소 차이를 보이는 것도 사실이다. 동일 문화권 내에 속해 있기는 하지만 전쟁의 성격과 시기, 영화 제작 여건 등에서 서로 다른 배경을 가졌기 때문이라 하겠다.

한편으로, 당시 일본영화 가운데는 다른 방식으로 당대의 가정 변화의 양상을 스케치한 작품들이 나오기도 하였다. 1949년 말에 개봉된 기노시타 게이스케 감독의 <찢어진 북(破れ太鼓)>(1949)에서는 4남 2녀를 둔 중년 가장(阪東妻三郎 분)이 가정에서 마치 폭군처럼 군림하다가 아내(村瀬幸子 분) 및 자식들로부터의 소외와 회사의 경영 위기로 고독을 느끼던 중 결국 가족에게 위로를 받게 된다. 그럼으로써, 가부장적 사고를 지닌 채 경제적 부양 활동을 공치사하고 큰 아들(太郎, 森雅之 분)의 사업과 큰 딸(秋子, 小林トシ子 분)의 결혼에 대해 자신의 입장에서 본인의 견해만을 관철시키려던 아버지의 형상은 민주주의가 확대되어 가던 전후 일본 사회에서 더이상 시대에 부합하지 않는 우스꽝스러운 모습이 되어 버렸다. 한편 비슷한 시기 공개된 오즈 야스지로 감독의 <만춘(晩春)>(1949)에는 아내 없이 홀로 키운 외동딸(原節子 분)의 장래를 위해 본인이 재혼할 것이라고 거짓말을 한 뒤 결국 혼기가 찬 딸을 결혼시킨 후 쓸쓸히 남아 눈물을 흘리는 아버지(笠智衆 분)가 등장하는데, 이를 통해 여전히 삶에서 결혼이 중요하다는 전통적 인식이 유효하던 가운데서도 가족의 질서에서 개인의 행복으로 삶의 무게가 전도되던 전후 시대적 풍경의 단면을 발견할 수 있다. 한국에서 한 가정의 아버지의 모습을 통해 사회적 변화를 대변하는 일련의 영화가 유행을 이루게 된 것은 1960년대 초의 일이었다.[94]

---

94) 본 절의 내용은 함충범, 「1940년대 후반기 한국과 일본의 영화 제작 경향 비교 연구: '시대'를 반영한 주요 극영화를 중심으로」, 『현대영화연구』 24호, 한양대학교 현대영화연구소, 2016, 270~271, 285~286쪽에서 부분 발췌한 것임.

03

국교 단절 속 양국 간
영화 분야의 교류 · 관계 지점들

1. 〈해방뉴스〉의 일본 상영과 일본영화 속 위안부 설정

해방이 찾아오자 조선의 영화인들은 그 순간을 카메라에 담고자 하였다. 이병일에 따르면, 1945년 8월 16일 조선영화사 소속 영화인들은 창고를 부수고 카메라를 꺼내 이러한 역사적 순간을 영상으로 담았다고 한다.[95] 뿐만 아니라 오영진은 소련군의 평양 입성과 같은 역사적 순간을 기록하기 위해 조선영화사 소속 촬영팀의 파견을 요청하였다.[96] 이렇듯 시대의 변화를 기록하고자 하는 영화인들의 대처는 대단히 기민하게 이루어졌다.

하지만 이렇게 촬영된 영상은 미군정이 시작되면서 바로 공개되지 못하였다. 1945년 9월에 접어들면서 '조선영화건설본부'가 조직되었는데, 미군정은 이를 계기로 하여 비로소 자유로운 영화 제작을 허가하였다. 〈해방뉴스〉가 공개된 것은 약 한 달 후인 1945년 10월 21일이었다. 이 날 미군정의 검열을 마친 〈해방뉴스〉 2편과 특보 2

---

95) 이병일, 〈나의 영화편력: 이병일〉, ≪월간영화≫ 1977.10.11, 30쪽 참조.
96) 오영진, 『소군정하 북한: 하나의 증언』, 중앙문화사, 1952, 35쪽 참조.

편이 경성극장, 낭화관, 명치좌 등을 통해 공개되었다.97)

이후에도 <해방뉴스>는 약 1947년까지 총 14편 정도가 제작된 것으로 알려져 있다. 이것은 안철영 감독이 과장으로 있던 군정청 예술과를 통해서 미국에 보내지기도 하였다.98) 뿐만 아니라 이 영상들은 재편집된 후 일본에서도 <해방조선을 가다(解放朝鮮を行く)>(1947)라는 제목으로 소개되었다. 이것은 재일 조선인과 일본인들에게 조선을 소개할 목적으로 제작된 것으로 보인다.

이 작품은 여러 가지 내용을 담고 있는데, 우선 한반도 지도 위로 제작진의 이름이 제시되며 영화가 시작된다. 이어서 자막으로 '이웃 나라가 해방을 맞이하여 건설의 고뇌와 기쁨이 넘친다'는 내용이 나온다. 이어서 8월 16일 당시 조선에서 있었던 여러 상황들이 나타나는데, 이것은 앞서 언급하였던 <해방뉴스> 1보에 해당하는 내용인 것으로 추정된다. 뿐만 아니라 영화는 여운형의 연설, 서대문 형무소의 정치범 석방 등을 카메라에 담고 있다. 해방을 맞이하여 조국에 귀국하는 사람들의 모습도 등장하는데, 이와 대비되는 일본인들의 모습이 인상적으로 다가온다.

뿐만 아니라 북한의 모습이 담겨있다는 점에서도 이 다큐멘터리는 매우 흥미롭다고 할 수 있다. 소련군을 맞이하는 평양 시민들이 광장을 가득 메우고 있고, 이후 조만식의 모습과 소련군의 모습 등이 나타난다. 이것은 이후 보이는 미군 진주 장면과 대비를 이룬다고 할 수 있다. 이와 더불어 영화 속에는 일본군이 조선인에 의해 무장해제를 당하는 모습도 담겨 있다.

이외에도 <해방조선을 가다>는 많은 내용을 담고 있다. 이를테면 영화는 여러 그림·지도 등을 통해 모스크바 3상회의를 설명하기도

---

97) 한상언, 「다큐멘터리 <해방조선을 가다> 연구」, 『현대영화연구』 4호, 한양대학교 현대영화연구소, 2007, 223쪽 참조.

98) 위의 논문, 224쪽 참조.

하고, 국민학교 입학, 체육대회, 해방 기념 식수 장면 등을 보여주기
도 한다. 이것은 1945년 9월 24일 해방 후 이루어진 최초의 국민학
교 개학, 같은 해 10월 27일 개회된 '해방경축종합 체육대회', 1946
년 4월 1일부터 시작된 '해방기념식수' 등 문헌으로만 확인해 볼 수
있었던 여러 가지 역사적 사실을 반영하는 것이다. 뿐만 아니라 이
영화를 통해 카프 출신의 문인 임화 등 역사적 유명인들의 모습을
영상으로 직접 확인해 볼 수 있다.

이 다큐멘터리 영상의 원본인 <해방뉴스>는 현재 남아있는 것이
없다. 따라서 이것이 재편집된 <해방조선을 가다>는 매우 큰 사료
적 가치를 지닌다고 할 수 있다. 뿐만 아니라 <해방조선을 가다>는
재일 조선 영화인들의 활동 결과물임과 동시에, 해방 후 일본과 조
선의 진보적 영화인들 간의 교류 상황을 보여준다는 점에서도 매우
큰 가치를 지닌다고 하겠다.

2. 역사적 인물의 독립운동 서사를 담은 한국영화

해방기 한국영화의 제작 경향을 이끈 가장 대표적인 작품군은
구한말에서 식민지시기 독립운동에 투신하거나 한민족의 자긍심
또는 자존심을 지킨 역사적 실존 인물을 형상화한 영화들이었다.
해방 후 최초로 개봉된 극영화인 이구영 감독의 <의사 안중근(義
士 安重根)>(1946)부터가 이에 해당된다. 일반적인 분류 상으로
는 '전기영화(傳記映畵)' 혹은 '역사영화(歷史映畵)'의 범주 속에
포함될 만한 이들 작품은 이른바 '광복영화' 내에서 큰 비중을
차지하며 당대 한국영화를 대표하였다. 관련 극영화의 목록은 다
음과 같이 정리된다.

[표 3] 역사적 실존 인물을 다룬 해방기 한국 극영화 목록99)

완성 여부	제목	실존 인물	개봉일 / 제작시기	상영관	시나리오, 감독	제작 회사 / 단체
완성 및 개봉 작품	<의사 안중근>100)	안중근	1946.5.14	우미관, 명동극장	이구영	계몽구락부 영화부
	<불멸의 밀사>101)	이준	1947.4.1	성남극장	원작: 계수길, 김영순	신한영화사
	<의사 윤봉길>102)	윤봉길	1947.7.24	단성사, 중앙극장	각본: 이구영, 윤봉춘	계몽문화협회
	<죄 없는 죄인>103)	주기철	(1948.1.2)	화신영화관, 시공관	최인규	(고려영화협회)
	<유관순>104)	유관순	1948.4.8	중앙극장, 동양극장	각색: 이구영, 윤봉춘	계몽문화협회
	<안창남 비행사>105)	안창남	1949.9.24	서울극장, 성남극장, 동도극장	노필	독립영화사
미 완성 작품		김좌진	1948.1~2		각본: 최영수, 안종화	백야 김좌진 장군 제작 위원회
	<의사 김상옥 사기>	김상옥	1947.10		편극: 이운방, 임운학	대한국민총동원 청년부
	<김상옥 혈사>		1948.10		안종화	
		이순신	1948.9			이순신 장군 기념사업위원회

---

99) 함충범, 「역사적 실존 인물을 다룬 해방기 한국영화 연구」, 『아세아연구』 160호, 고려대학교 아세아문제연구소, 2015, 22쪽.

100) ≪동아일보≫ 1946.5.12, 2면 광고 참조. / 『한국영화총서』 상에는 제목이 '<안중근 사기>'로, 개봉일이 '1946년 3월 25일'로, 제작사가 '계몽영화협회'로 오기되어 있고, 상영관은 '우미관'으로만, 원작자는 '김정성'으로 기록되어 있다. 한국영화진흥조합 편, 앞의 책, 256쪽 참조.

101) ≪경향신문≫ 1947.4.1, 2면 광고 및 ≪동아일보≫ 1947.4.1, 2면 광고 참조. / 『한국영화총서』 상에는 개봉일이 '1947년 4월 21일'로, 상영관이 '우미관'으로, 제작사가 '한국영화연구소'로 오기되어 있고, 각본가는 '전창근'으로 기록되어 있다. 위의 책, 260쪽 참조.

102) ≪경향신문≫ 1947.7.22, 2면 및 1947.7.24, 1면 광고 참조. / 『한국영화총서』 상에는 제목이 '<윤봉길 의사>'로, 개봉일이 '1947년 7월 22일'로, 각본가가 '윤봉춘

그런데, 1950년대 후반에도 비슷한 유형의 영화들이 연속적으로 제작되었다는 점이 주목된다. 윤봉춘 감독의 <유관순>(1959)과 전창근 감독의 <고종황제와 의사 안중근>이 각각 10만 명 이상과 8만 명에 가까운 관객을 동원, 1959년 흥행 순위 5위와 8위를 차지하였으며, 유진식 감독의 <대원군과 민비>(1959), 신상옥 감독의 <독립협회와 청년 리승만>(1959) 등도 제작, 개봉되었기 때문이다.

<유관순>은 1948년에 이어 윤봉춘 감독이 두 번째로 찍은 '유관순 영화'였는데, 그는 1966년에도 또 한 편의 유관순 영화를 만들게 된다. <고종황제와 의사 안중근>에서는 전창근이 연출과 더불어 안중근 역할로 직접 주연을 맡기도 하였는데, 여기에는 <자유만세>(1946)에서 주인공인 독립투사 '한중' 역을 담당한 경험이 바탕이 되었던 것으로 보인다. <대원군과 민비>는 시대적 배경이 '근대' 이전으로 설정되었다는 점에서 1950년대 한국에서의 사극영화 유행의 흐름과 공명하는 지점이 엿보인다. 자유당 정권의 비호를 받고 있던 임화수의 한국연예주식회사에서 제작된 <독립협회와 청년 리승만>의 경우, "식민지시대의 역사 전체가 위인으로서의 독립투사들의 개인사로 인식되는 방식"을 강요하며 대중의 기억과 인식까지도 '지배'하려 한 자유당 정권 말기의 문화적 병폐 현상을 노출시키기도 하였다.[106]

'으로, 제작사가 '계몽영화협회'로 오기되어 있다. 위의 책, 263쪽 참조.

103) ≪동아일보≫ 1948.1.7, 2면 광고 참조. 신문 광고 상에는 개봉일이 '1월 8일까지'로만 표기되어 있고 제작사 이름은 나와 있지 않다. / 『한국영화총서』 상에는 개봉일이 '1948년 1월 2일'로, 원작자가 '김성춘'으로, 각색자가 '최영수'로, 제작사가 '고려영화사'로 기록되어 있으며, 상영관은 '국제극장'으로 오기되어 있다. 위의 책, 268쪽 참조.

104) ≪동아일보≫ 1948.4.6, 2면 및 1948.4.7 2면 및 1948.4.8, 2면 광고 참조. / 『한국영화총서』 상에는 제작사가 '계몽영화협회'로 오기되어 있고, 각본가가 '윤봉춘'으로 기록되어 있다. 위의 책, 263쪽 참조.

105) ≪동아일보≫ 1949.9.25, 2면 광고 참조. / 『한국영화총서』 상에는 상영관이 '서울극장'으로만, 각본가가 '김정혁'으로 기록되어 있다. 위의 책, 285쪽 참조.

이들 1950년대 영화들은, 해방기 작품들보다 편수 면에서는 적었지만 시간적 배경이 되는 시기의 스펙트럼이 넓었으며 '○와 ○'라는 식으로 두 인물 혹은 역사적 조직과 인물을 함께 다루는 등의 방식으로 관객을 소구하였다는 점에서 특징을 보였다. 하지만, 이들 영화에서 일본인은 여전히 한민족에게 해를 끼친 악인으로 나온다는 부분에서만큼은 공통점을 지녔다. 한편으로, 김소동 감독의 <아리랑>(1957)의 예처럼 '민족영화'로 정전화된 영화 텍스트 자체를 리메이크하는 경우도 있었다.

윤봉춘 감독의 <유관순>(1966)의 사례를 통해 알 수 있듯, 역사적 인물의 독립운동 서사를 담은 한국영화는 1960년대에도 계속해서 만들어졌다. 그러나 이와 동시에, 1960년대 이후에는 일본(인)을 다룬 작품들이 이전보다 훨씬 더 다양성을 드러내며 왕성하게 제작, 개봉된다.

3. 재일 한국인 아동 작문의 영화화

일제강점기에 제작된 <수업료>는 '아동 작문'이 영화화된 최초의 사례였다. 이 영화의 간략한 줄거리를 소개하면 다음과 같다. 수업료를 내지 못하는 한 학생이 주인공으로 등장한다. 그는 친척집에 돈을 빌리러 수십 리 길을 걸어가는 등 여러 가지 고생을 겪는다. 하지만 결국 담임 선생님과 급우들의 도움으로 수업료를 낼 수 있게 되었으며, 연락이 두절되었던 부모도 돌아오며 행복한 결말을 맞이한다.

---

106) 이와 함께 당시 '이승만 서사'를 다룬 문화영화들과 <만송 이기붕>이 '생산-소비'되었다는 사실도 주목된다. 이순진, 「한국전쟁 후 냉전의 논리와 식민지 기억의 재구성: 1950년대 문화영화에서 구축된 '이승만 서사'를 중심으로」, 『기억과 전망』 23호, 민주화운동기념사업회, 2010, 100쪽.

이 영화는 총독부의 일본어 기관지 ≪경성일보(京城日報)≫의 부록 ≪경일소학생신문(京日小學生新聞)≫ 주최의 소학생 작문 현상 공모에서 최고상인 조선총독부상을 수상한 광주 북정공립심상소학교 4학년에 재학 중이던 우수영의, 동명의 자전적 수기를 원작으로 하고 있다.[107] 이것을 당시 저명한 일본의 시나리오작가 야기 야스타로(八木保太郎)가 각색하고 유치진이 번역을 맡아 영화화된 것이다.

비록 아동 작문이 영화화된 것은 아니지만, 넓은 의미에서 이와 같은 '아동 영화'는 해방 이후에도 비교적 꾸준하게 제작되었다. 이를테면 해방 직후 제작된 <똘똘이의 모험>(이규환 감독, 1946) 역시 소년이 주인공으로 등장하는 영화였다.[108] 이후 시간이 흘러 아동 작문을 영화화한 <구름은 흘러도>(유현목 감독, 1959)가 등장하는데, 이는 "해방 이후 최초의 본격적인 아동영화로 기록"[109]된다. 특히 이 영화는 재일 한국인 아동의 일기를 기반으로 하고 있다는 점에서 매우 특징적인 면모를 지닌다.

<구름은 흘러도>는 당시 비교적 신인이었던 유현목 감독이 연출을 맡았음에도 불구하고 이미 제작 당시에 화제가 되었다. 재일교포 야스모토 스에코(安本末子)가 쓴 일기가 일본에서 큰 인기를 끈 바가 있으며, 이것이 한국에도 번역되어 소개되었기 때문이다. 원작은 1953년부터 약 2년에 가까운 세월 동안 부모를 잃은 4남매가 겪었

---

107) 함충범, 「1940년대 초반 식민지 조선영화에서의 언어 상황의 변화 양상과 특수성(1940~1941): 영화사적 흐름에 대한 거시적인 고찰을 중심으로」, 『아시아문화연구』 30집, 가천대학교 아시아문화연구소, 2013, 285쪽 참조.

108) 1946년 미군정이 어린이 탐정소설 『톰 소여의 모험』을 '똘똘이의 모험'이라는 제목으로 번안·각색하여 방송하였는데 이것이 출발점이 된다. 이후 방송에 참여하였던 김영수가 '탐정 모험소년'을 '반공 소년'으로 탈바꿈시켜 각본을 써서 영화화가 진행되었다. 최철오, 「반공영화에 대한 서사의 변천 연구: 영화 <똘똘이의 모험>(1946), (1968)을 중심으로」, 『아시아영화연구』 10권2호, 부산대학교 영화연구소, 2018, 239쪽 참조.

109) 김승구, 「아동 작문의 영화화와 한·일 문화 교섭」, 『한국학연구』 41집, 고려대학교 한국학연구소, 2012, 147쪽.

던 역경을 다루고 있다. 장남 도세키(東石)는 졸지에 가장의 역할을 수행해야만 하였는데, 조선인이라는 이유로 탄광에서 정식 인부가 되지 못하는 등 여러 차별을 겪게 된다. 결국 일자리와 생존을 위해 4남매는 뿔뿔이 흩어지게 되는데, 다행히 일기는 그들이 다시 재회하며 새로운 희망을 그리는 것으로 마무리된다.

이와 같은 한 소녀의 일기는 1958년 일본에서 『작은오빠(にあんちゃん)』라는 제목의 단행본으로 출간되어 폭발적인 인기를 끌었다. 이후 NHK에서는 이를 라디오 방송극으로 제작하였으며, 닛카쓰에서는 이마무라 쇼헤이(今村昌平) 감독을 통해 이를 영화화할 것을 결정하기도 하였다. 이러한 소식은 한국에도 전해져서, 1959년도에 『구름은 흘러도』라는 제목으로 이 일기가 소개되었다. 한국에서도 이는 베스트셀러가 되었으며, 자연스럽게 영화화가 타진되었다. 그러나 일본에서와는 달리 몇 가지 어려움이 있었다. 비록 재일교포 아동이 주인공이기는 하지만 '일본'에 관련된 내용을 직접적으로 다루기에는 반일 감정을 무시할 수 없었기 때문이다. 이를테면 원작은 규슈(九州)의 탄광을 배경으로 하고 있지만 영화 <구름은 흘러도>에서는 삼척 탄광으로 설정이 변경되었다. 이에 바다가 등장하는 이야기 일부가 삭제되었으며, 주인공의 이름 역시 일본식이 아닌 한국식으로 바뀌었다. 아동들이 '재일교포'라는 소수자로서 겪어야 하였던 이야기 역시 사라졌다.

이렇듯 한국에서 제작된 영화는 원작과는 달리 일부 내용이 수정·삭제되었으나, 작품성과 흥행성을 모두 인정받았다. 호현찬을 비롯한 여러 평론가들은 1959년도를 대표하는 수작으로 <구름은 흘러도>를 뽑으면서 이 영화를 높게 평가하였다. 뿐만 아니라 <구름은 흘러도>는 불경기에도 불구하고 예술영화가 흥행할 수 있다는 사실을 보여주면서 영화인들에게 의욕을 심어주었다. <구름은 흘러도>의 제작 사례는 당시 반일 감정이 지배적인 정서였음에도 불구하고, 여러 가지 차원을 통해 한국과 일본 문화계가 직·간접적으로 교류를 하고 있었음을 보여준다.

4. 한국에서의 일본영화 표절 시비의 대두

1950년부터 1953년까지 한반도 전역을 휩쓸었던 한국전쟁의 여파로 한국사회의 정치, 경제, 사회는 상당히 큰 타격을 입는다. 영화산업을 포함한 문화산업 역시 바닥에서부터 다시 시작해야 할 정도로 큰 피해를 입는다. 한국의 영화 산업이 다시금 제자리를 찾기 시작한 것은 1950년대 중반부터였다. 1960년대는 한국영화의 중흥기라 불릴 만큼 영화 제작의 양과 질 모든 측면에 있어서 괄목할 만한 성장세를 보였는데, 이는 1950년대 중후반에 다져둔 기반 덕분에 가능한 일이었다. 1954년 18편, 1955년 15편, 1956년 30편, 1957년 37편[110]으로 서서히 증가하던 영화 제작 편수는 1958년 74편, 1959년 111편을 기록하며 한국영화사상 처음으로 제작편수 100편대에 진입하였다.[111] 하지만 당시 시나리오작가는 30명 남짓으로 이들의 순수 창작물로 100편이 넘는 영화 제작 편수를 모두 감당하기는 어려웠다. 그래서 당시 한국영화인들은 높은 수준의 영화들을 꾸준히 생산해내던 일본영화를 표절하기 시작한다.[112]

이 시기는 일제 잔재를 소탕하는 데 힘을 기울이고 왜색이 담긴 영화를 상영하는 것이 금지되어 있을 정도로 반일 이데올로기가 사회 전반에 강력히 작용하고 있었으며, 일본과 한국 사이의 국교 역

---

110) 정종화, 앞의 책, 108쪽.

111) 위의 책, 120쪽 참조.

112) 양윤모, 「표절 논쟁으로 본 해방 후 한국 영화」, 이연 외, 『일본대중문화 베끼기』, 나무와숲, 1998, 56쪽 참조.

제4부 전후 한국영화(계)와 일본영화(계)의 재건 (1945~1960)

시도 정상화되지 않은 상황이었다. 때문에 일본영화를 직접 상영하는 일은 더더욱 금지되어 있었다.[113] 그러나 아이러니하게도 이러한 상황이 한국영화인들의 일본영화 표절을 더욱 부추기는 꼴이 되었다. 대부분의 관객들은 합법적인 경로로 일본영화를 접할 수 없었으며, 특정 영화가 일본영화의 표절작이라고 주장하는 것은 그 영화를 봤다는 사실을 증명하는 셈이 되었기 때문이다.

해방 이후 일본영화의 표절작이라는 사실이 정식으로 가장 먼저 밝혀진 작품은 유두연 감독의 <조춘>(1959)이었다. 부유한 가정에서 태어나 인자한 부모 아래서 살아가는 고교생이 길 건너 아파트에 사는 아름다운 폐결핵 환자를 짝사랑하지만 결국 그녀는 죽고 만다는 내용의 <조춘>은 고바야시 마사키(小林正樹) 감독의 <진심(まごころ)>(1953)을 표절한 것이 사실로 밝혀져 해방 이후 '표절영화' 제1호로 낙인 찍혔다. 그리고 당시 <서울의 휴일>(이용민 감독, 1956), <잃어버린 청춘>(유현목 감독, 1957), <인생차압>(유현목 감독, 1958), <애모>(신경균 감독, 1959) 등의 작품들도 일본영화의 표절작이라는 문제가 제기되었지만 감독과 시나리오작가 등이 그러한 문제에 직접 나서 반박하는 등의 소동이 있었다.[114]

또한 전후 한국사회에 유입된 서양문화와 급격히 변화하는 가족제도, 자유로운 여성들의 모습을 조망하며 살인 사건을 해결한 신문기자가 한 여성과 결혼하게 된다는 이야기를 다루고 있는 <서울의 휴일>은 구로사와 아키라 감독의 <멋진 일요일>(1947)의 일부분을 베꼈다는 의혹을 받았다.

이밖에도, 유현목이 연출한 살인을 저지른 젊은 전기공이 미래에 대한 희망을 잃고 애인에게 의존하지만 결국 자수하게 되며 절망적

---

113) 산본공(山本功), 「일본대중문화의 개방정책과 유입실태의 변천에 관한 연구: 영화·방송·대중 음악과 공연을 중심으로」, 경기대학교 석사논문, 2004, 28쪽 참조.

114) 위의 학위논문, 28~30쪽 참조.

인 현실을 마주하게 된다는 이야기를 다룬 <잃어버린 청춘>(1957)
과, 돈이 전부라 여기는 사업가가 사기, 횡령, 탈세 등의 죄목으로
감옥신세를 지게 되자 위기를 모면하고자 자살극을 꾸민다는 내용
의 풍자극 <인생차압>(1958)도 일본영화를 표절하였다는 의혹을 받
았다. 아울러, 동생을 대학에 보내기 위해 자신의 인생을 희생하는
명기 월파의 이야기를 담은 신경균 감독의 <애모>(1959) 역시 표절
논란으로부터 벗어나지 못하였다. 그리고 이러한 '의혹'과 '논란'의
사례들은 1960년대 들어 더욱 늘어나게 된다.

제5부

국교정상화 전후 시기 영화 교류·관계의 흐름 (1960~1972)

01 한국영화계와 일본영화계의 교류 재개 및 영향 관계

02 일본 관련 한국영화의 양상

03 한국 관련 일본영화의 양상

01

한국영화계와 일본영화계의
교류 재개 및 영향 관계

1. 아시아영화제를 통한 양국 영화의 교차 상영

아시아영화제 탄생의 기원은 1953년 6월로 거슬러 올라간다. 일
본영화산업진흥회 제2회 이사회에서 다이에이(大映)의 사장이자 일
본영화제작자연맹 회장이던 나가타 마사이치(永田雅一)의 제안이
만장일치로 가결됨으로써 '동남아시아영화제'의 개최가 추진되었기
때문이다. 동년 7월 나가타 마사이치는 시찰단의 일원으로 아시아
를 순방하면서 영화제 개최에 대한 각국 관계자의 동의를 얻고 귀
국하였으며, 그의 보고를 받은 일본영화산업진흥회에는 동남아시아
영화제 준비위원회가 설치되었다. 이때 위원장을 맡은 이가 도호의
이사였던 모리 이와오(森岩雄)였다. 그리고 동년 11월 필리핀 마닐
라에서 열린 동남아시아영화제작자연맹 결성 및 동남아시아영화제
개최 준비회의를 통해 영화제 개최에 관한 구체안이 결정되었다. 이
후 1954년 도쿄(東京)에서 제1회, 1955년 싱가포르에서 제2회, 1956
년 홍콩에서 제3회가 개최된 뒤, 1957년 도쿄에서 열린 제4회부터는
한국이 정식적으로 참가국의 일원이 되고 영화제의 명칭도 '아시아영

화제'로 변경되었다. 이러한 과정에서 "일본영화의 아시아에 대한 재진입"이 성공하고 "일본이 '아시아' 지역에서 차지하는 선도적 위치"가 (재)확인되었음은 물론이다. 한편, 1960년대 들어 영화제에서의 한국의 위상은 갈수록 커졌으며, 반면 인도네시아는 1962년 제9회 영화제(서울)에 불참하고 1964년 제11회 영화제(타이페이)의 개최를 포기한 후 1965년에는 아예 아시아영화제작가연맹을 탈퇴하였다. 그리고 이를 계기로 아시아제작가연맹은 새 가입국의 자격을 '자유민주주의국가'로 제한하게 된다.[1]

이러한 과정을 거치며, 극히 제한된 상황 속에서 한일 양국의 영화가 상대국에서 상영되는 일이 교차적으로 일어나게 되었다. 한국 영화계에서는 1955년 제2회 때 제작자 김관수와 영화감독 윤봉춘이 참석하고 제3회 때에는 옵서버 자격으로 한국영화제작가협회 회장이 된 김관수와 영화감독 한형모, 이용민 등이 참석하였다. 한국영화제작가협회는 제2회 아시아영화제 직후 결성되어 이후 아시아영화제와 관련된 여러 사항들을 결정, 준비하는 단체가 되었다.

1957년 5월 20일부터 24일까지 도쿄에서 열린 제4회 아시아영화제에는 총 9개에서 극영화 21편, 비(非)극영화 21편이 출품되었으며, 그 가운데는 이병일 감독의 <시집가는 날>(1956)과 이강천 감독의 <백치 아다다>(1956)가 포함되어 있었다. 이 중 "<시집가는 날>이 특별상인 희극영화상을 받으며 국제무대에서 첫 수상을 하는 기록을 남겼"는데,[2] 이후에도 아시아영화제는 한국영화의 해외 창구 역할을 하는 동시에 한국영화가 일본에서 공개되는 통로가 되기도 하였다.

1960년 4월 5일부터 9일까지 도쿄에서 개최된 제7회 영화제에는

---

1) 이영재, 「아시아영화제와 한홍합작 시대극: '아시아영화'라는 범주의 생성과 냉전」, 『대동문화연구』 88집, 성균관대학교 동아시아학술원, 2014, 268~277쪽.
2) 공영민, 「아시아영화제를 통해 본 한국영화: 1950~60년대 해외진출을 중심으로」, 중앙대학교 석사논문, 2009, 31쪽.

<동심초>(신상옥 감독, 1959), <비극은 없다>(홍성기 감독, 1959), <로맨스 빠빠>(신상옥 감독, 1960), <흙>(권영순 감독, 1960) 등 극영화 4편과 문화영화 3편 등 총 7편의 한국영화가 출품되었으며, <로맨스 빠빠>의 김승호가 남우주연상을 받고 <흙>이 음악상을, 문화영화 <발전은 협력에서: 뚝>(양종해 감독, 1960)가 기획상을 수상하였다.3)

특히, 1962년 5월 12일부터 16일까지 제9회 아시아영화제의 서울 개최를 계기로 해서는 구로사와 아키라(黑澤明) 감독의 <쓰바키 산주로(椿三十郎)>(1962), 이치무라 히로카즈(市村泰一) 감독의 <강은 흐른다(川は流れる)>(1962), 마스다 도시오(舛田利雄) 감독의 <위를 향해 걷자(上を向けて歩こう)>(1962), 마스무라 야스조(增村保造) 감독의 <아내는 고백한다(妻は告白する)>(1961) 등의 일본영화가 상영되는 일도 벌어졌다.4)

이어 1963년 4월 15일부터 19일까지 도쿄에서 열린 제10회 아시아영화제에는 7개국에서 47편(극영화 27편, 비(非)극영화 20편)이 출품되었는데, 한국은 <무정>(이강천 감독, 1962), <새댁>(이봉래 감독, 1962), <고려장>(김기영 감독, 1963), <또순이>(박상호 감독, 1963), <로맨스 그레이>(신상옥, 감독, 1963) 등 극영화 6편과 문화영화 4편 등 총 10편으로 일본과 함께 가장 많은 수의 작품을 내놓았다. 아울러 <로맨스 그레이>의 김승호가 남우주연상을, <새댁>의 도금봉이 여우주연상을 받고 <새댁>의 김희갑이 특별연기상을 수상하였다.5)

---

3) 위의 학위논문, 37~38쪽 참조.

4) 산본공, 「일본대중문화의 개방정책과 유입실태의 변천에 관한 연구: 영화 · 방송 · 대중 음악과 공연을 중심으로」, 경기대학교 석사논문, 2004, 32쪽 참조. / 이와 관련하여, 당시 '혁명정부'가 일본과의 관계 정상화를 다각도로 모색하던 중에 아시아영화제를 통해 국가적 홍보를 도모하고 있었음이 주목된다. 정부는 총 예산비용 약 8,300만 환 가운데 5,000여만 환을 지원하고 1962년 3월에는 영화제 출품작 선정을 겸하여 대종상 시상식을 출범시키기도 하였다. 공영민, 앞의 학위논문, 43쪽 참조.

5) 위의 학위논문, 46~47쪽 참조.

1965년 5월 10일부터 15일까지 교토(京都)에서 개최된 제12회 영화제에는 6개국에서 총 39편의 영화가 출품되었는데, 이 가운데 한국영화는 <쌀>(신상옥 감독, 1963), <현해탄의 구름다리>(장일호 감독, 1963), <벙어리 삼룡>(신상옥 감독, 1964), <잉여인간>(유현목 감독, 1964), <남과 북>(김기덕 감독, 1965) 등 극영화 5편과 문화영화 4편 등 총 9편의 작품을 내놓았고, 남우주연상에 <벙어리 삼룡>의 김진규가, 비극(悲劇) 부문 특별상에 <남과 북>이, 비(非)극영화 부문 최우수작품상에 <초혼>(양종해 감독, 1965)이 이름을 올렸다.[6]

한일기본조약 체결(1965.6.22)을 기점으로 한국과 일본의 국교가 정상화되고 1966년 제13회 아시아영화제의 서울 개최를 계기로 야마모토 사쓰오(山本隆夫) 감독의 <일본 도둑 이야기(にっぽん泥棒物語)>(1965), 나카무라 노보루(中村登) 감독의 <난춘(暖春)>(1966) 등 일본영화 5편이 출품되어, 이 가운데 <일본 도둑 이야기>가 감독상, 편집상, 남우조연상을 수상하였다. 특히, 이때에는 구로사와 아키라 감독의 <라쇼몽(羅生門)>(1950, 제15회 베니스영화제 황금사자상), 이마이 다다시(今井正) 감독의 <무사도잔혹이야기(武士道残酷物語)>(1963, 제13회 베를린영화제(1963) 금곰상), 고바야시 마사키 감독의 <할복(切腹)>(1962, 제16회 칸영화제(1963) 심사위원대상)과 <괴담(怪談)>(1965, 제18회 칸영화제(1965) 심사위원대상), 이마무라 쇼헤이(今村昌平) 감독의 <인류학입문(人類學入門)>(1966) 등 국제적으로 인정받은 바 있는 유명 일본영화 5편이 "찬조 출품이라는 형식으로 영화인들에게 공개"되기도 하였다.[7] 그러면서 일본영화의 한국 상영에 대한 기대와 우려가 보다 커져갔다.

---

6) 위의 학위논문, 51~52쪽 참조.

7) 위의 학위논문, 54쪽.

2. 한국-일본 간 영화 교류의 증진

1960년대 후반을 통과하며 한국-일본 간 영화 교류의 움직임은 보다 증진될 분위기를 띠었다. 1966년에는 2편의 한국영화가 극장 상영됨으로써 일반 관객에게 공개되었는데, 하나는 쇼치쿠(松竹)의 라인을 탄 신상옥 감독의 <빨간 마후라>(1964)였고 다른 하나는 도에이(東映) 라인을 탄 김기덕 감독의 <이땅의 저 별빛은>(1965)이었다. 이 가운데 후자는 서울에 살며 한국인 고아 133명을 양육한 공로로 1971년 박정희 대통령으로부터 동백장을 수여받은 일본인 여성 모치즈키 가즈(望月カズ)에 관한 실화를 영화화한 것으로, 일본에서는 <사랑은 국경을 넘어(愛は国境を越えて)>라는 제목으로 개봉되었다. 이들 작품은 컬러 시네마스코프로 만들어진 신상옥 감독의 <성춘향>(1961)이 1962년 다이에이 라인을 타고 공개된 이래 일본에서 극장 상영된 해방 후 한국영화의 두 번째 사례가 되었다.

영화제를 통한 한국영화의 일본 상영 사례도 늘어났다. 1967년 9월 29일부터 10월 4일까지 도쿄에서 열린 제14회 아시아영화제에는 김강윤 감독의 <역마>(1967), 김수용 감독의 <안개>(1967), 이만희 감독의 <귀로>(1967), 신상옥 감독의 <산>(1967)과 강태웅 감독의 애니메이션 <흥부와 놀부>(1967) 등의 한국영화가 출품되었다. 1970년 1회로 개최된 일본국제영화제(日本國際映畵祭, Japanese Film Festival)에서는 조문진 감독의 <언제나 타인>(1969)이 출품되기도 하였다.8)

한편, 한일 영화 교류에 관한 당시 양국 사이의 화두는 주로 한국에서의 일본영화 개방을 둘러싼 것이었는데, 1966년 아시아영화제 이후 한국영화계의 "일화(日畵) 수입 희망이 높아"진 상태에서 한국영화제작가협회 회장 자격으로 도쿄를 방문한 신상옥 감독이 다이

---

8) 시네마 코리아(シネマコリア) 홈페이지(http://www.cinemakorea.org) 참조.

에이의 사장 겸 일본영화제작자연맹 회장 나가타 마사이치를 만나 "한일 간의 영화 수출입 업무를 추진하는 데 거의 합의"한 바도 있었다.[9]

일본영화의 개방에 대한 문제는 한일 국교 정상화가 이루어진 1965년부터 제기된 것이었다. 한국 정부는 "소위 7.23공약이라 하여 66년 기술교류 67년 합작영화 68년에 수입이라는 방침을 세웠으나 국민감정을 고려, 실행하지"는 않았다.[10] 특히 "1967년에는 한일문화교류협정의 체결을 시도하였으나, 한국여론의 적극적인 반대로 인하여 결국 일본영화의 수입문제"가 원점으로 돌아간 일도 있었다.[11]

그러던 중, 1967년 7월에는 주한 일본대사관을 통해 26편의 일본 문화영화가 한국에서 상영될 수 있도록 당국에 검열이 요청된 바 있으며,[12] 1969년에는 일본영화제작자연맹(日本映畵製作者聯盟)의 요구로 12월 10일부터 3일간 서울에서 '일본영화 감상회'가 개최되어 "일본5대 영화사(東映, 東寶, 大映, 松竹, 日活)가 출품한 전 15편중에서 시사를 거쳐, 각사 1편씩의 작품"들이 상영되기도 하였다. 그리고 한국영화제작자협회의 주관 하에 "민간차원의 정식적인 교섭으로" 행해진 이 감상회를 통해, 일본영화 수입 문제를 둘러싼 시비 논란은 더욱 활성화되어 갔다.[13]

---

9) <영화 수출입 일원화 추진>, 《매일경제》 1967.1.7, 3면.

10) <"신중" 소리높은 일본영화 수입>, 《경향신문》 1969.11.1, 5면.

11) 산본공, 앞의 학위논문, 32~33쪽.

12) <일본 문화영화 26편 상영 위해 검열 요청>, 《경향신문》 1967.7.24, 5면.

13) 산본공, 앞의 학위논문, 33~34쪽.

3. 일본 기술진의 방한과 〈대괴수 용가리〉의 특수촬영

1967년 초, 극동흥업주식회사의 차태진 사장이 도일(渡日)하여 일본 측과 '괴기과학영화' 제작을 위한 "특수촬영 기술 타협"을 성사시켰다.[14] 이에 따라 야기 마사오(八木正夫), 이노우에 간(井上莞) 등 일본인 기술자 6명이 방한하여 촬영에 합류하게 되었다.[15] 그리하여 만들어진 영화가 김기덕 감독의 〈대괴수 용가리〉(1967)였다. 특수촬영은 화양리에 위치해 있던 삼성스튜디오에서 이루어졌다.

이 작품을 연출한 김기덕은 극동흥업을 이끌면서 〈5인의 해병〉(1961), 〈남과 북〉(1965) 등의 전쟁영화와 〈가정교사〉(1963), 〈맨발의 청춘〉(1964), 〈떠날 때는 말없이〉(1964), 〈불타는 청춘〉(1965) 등의 청춘영화를 앞세워 1960년대 전반기 최고의 흥행 감독 중 한 명으로 등극한 상태였다. 그의 증언에 의하면, 〈대괴수 용가리〉의 제작 배경에는 동시기 일본에서의 '괴수물 시리즈'의 유행 및 인기 현상이 자리하였고,[16] 일본 기술진의 초빙은 "화면 합성 같은 기초적 기술도 없었"던 당시 한국 영화계의 낙후된 환경에 따른 선택이었다.[17]

중개자 역할을 한 이는 당시 신문 기사에도 언급된, '이노우에 간 (井上莞)'이라는 이름으로 일본에서 활동하던 이병우였다.[18] 그의

---

14) 〈이모저모〉, 《경향신문》 1967.1.14, 5면.

15) 당시 신문 기사에는 이들의 이름이 '야기 사다오(八木貞雄)', '이노우에 소노(井上菀)'로 오기되어 있다. 〈첫 미니아추어 촬영 기괴한 동물상 등장〉, 《동아일보》 1967.5.2, 5면 참조.

16) 김기덕의 증언에 따르면 '용가리'라는 이름도 '용'과 '불가사리'의 합성으로 지어진 것인데, 이러한 면에 있어서도 '고지라'의 경우를 연상시킨다.

17) 한국영상자료원 편, 『한국영화를 말한다: 한국영화의 르네상스 1』, 이채, 2005, 35~36쪽.

18) 이병우는 1942년 〈바다 독수리(海鷲)〉의 연출 및 감독으로 데뷔한 뒤 활동을 멈추었다가 1952년부터 1972년까지 총 27편의 작품에서 촬영을 담당하였다. 1958년부터 1966년까지는 일본 닛카쓰(日活)에서 경력을 쌓았다.일본영화 데이터베이스(http://www.jmdb.ne.jp) 참조.

소개로 야기 마사오가 이끄는 기술진이 방한(訪韓)한 것인데, 야기 마사오는 다름 아닌 도호촬영소에서 1950년대 일본영화 최고의 히트작 중 하나인 <고지라(ゴジラ)>(1954)[19] 제작에 참가한 뒤 1956년부터 다이에이 촬영소로 옮겨 여러 편의 SF 괴기영화 및 괴수영화 제작을 경험하고 1966년부터는 자신이 직접 에키스프로(エキスプロ)를 세워 영화와 텔레비전 드라마에서 다수의 특수촬영 제작을 이끌었던 인물이었다.[20] 이러한 그의 이력을 통해서도 한일 교류·관계사에서 차지하는 도호의 위상을 가늠해 볼 수 있다. 이외에도, <대괴수 용가리>에서 미술은 미카미 무쓰오(三上陸南)가, 조연(操演) 기술은 스즈키 도오루(鈴木昶)가 맡았으며, 이병우의 조수로는 나카가와 겐이치(中川建一)가 이름을 올렸다.[21]

1967년 4월 3일 크랭크인된 <대괴수 용가리>는 완성 전에서부터 "한국 최초로 일본영화 기술"을 "도입"한 사례로 주목받았는데, 그러면서 제작 규모와 촬영 과정에 있어서도 화제가 되었다.[22] 관련 기사의 일부를 살펴보면 다음과 같다.

> 지난 3일에 크랭크인한 이 작품은 제작비 3천만 원 예산으로 八木貞雄, 井上菀 등 6명의 일본 전문가들의 기술 협조로 한국에서 최초로 본격적인 미니아추어 촬영을 시도하고 있는데 실물대의 20대 1로 축소한 남산을 비롯하여 인왕산 등의 모형에다가 중앙청에서

---

19) 일본에서만 961만 여명의 관객을 동원한 혼다 이시로(本田猪四郎) 감독의 SF 괴수영화이다. 1954년 3월 이슈 사건이 된 미국의 비키니섬 수소폭탄 실험으로 인한 일본인 선원들의 피해 사고를 환기시키기도 한 이 영화는 일본의 영화 산업이 하향세로 전환된 1960년대 이후에도 시리즈로 계속해서 만들어졌으며 1962년에 개봉된 <킹콩 대 고지라(キングコング対ゴジラ)>의 경우 시리즈물 중 최고인 1,255만 여명의 관객을 동원하기도 하였다. 2016년 도호에서는 <신 고지라(シン・ゴジラ)>를 제작하였는데, 이 작품은 도호의 29번째 고지라 시리즈로 알려져 있다.

20) 위키피디아 일본어판(https://ja.wikipedia.org) 참조.

21) 한국영상자료원 편, 앞의 책, 35~36쪽 참조.

22) <첫 미니아추어 촬영 기괴한 동물상 등장>, ≪동아일보≫ 1967.5.2, 5면.

남대문에 이르기까지의 주요 건물을 모조리 모형으로 만들었는가
하면 탱크·비행기·로케트 등의 모형도 제조하여 미니아추어 촬
영으로서는 처음 보는 치밀한 계획을 세우고 있다.23)

실제 영상 화면을 들여다보건대, 인왕산 부근에서 나타난 용가리
가 광화문과 시청 거리를 지나 남대문, 남산 등으로 이동하며 수많
은 건물을 파괴하다가 한강대교에 이르러 군의 공격을 받고 죽게
되는 과정이 이번에는 컬러 영상으로 스펙터클하게 화면을 수놓고
있음이 확인된다. 주목되는 점은, 이러한 장면들이 흑백 영상으로
구성된 일본영화 <고지라>의 그것과 매우 흡사한 방식으로 연출되
어 있다는 데 있다. 물론 시각적 측면뿐 아니라 서사 구조에 있어서
도 태평양에서 출몰하던 고지라가 한 섬마을을 덮친 후 일본의 수
도 도쿄를 위협한다는 <고지라>의 위기 설정의 패턴이 상당 부분
<대괴수 용가리>에 차용되었다고도 할 만하다.24) 또한 두 영화는
'대괴수'에 대항하는 정부와 군의 노력 속에 과학자나 해상 경비대
원-우주 비행사 출신 젊은이들의 활약으로 결국 승리를 거둔다는
점에서 결말 처리 방식에서도 유사성을 띤다. 나아가, 이러한 <고지
라>의 영화적 기법은 이후에 만들어진 일본 괴수영화에 영향을 미
쳤으며, 따라서 제목의 유사성을 통해서도 감지되듯 유아사 노리아
키(湯淺憲明) 감독의 <대괴수 가메라(大怪獸ガメラ)>(1965) 등 동시
기 제작된 일련의 일본영화 역시 한국영화 <대괴수 용가리>와 밀접
한 연관성을 지니고 있었음은 물론이다.25)

---

23) 위의 기사.

24) 이와 관련하여, 1967년 개봉된 한국영화 <대괴수 용가리>와 <우주 괴인 왕마귀>
가 "가족영화, 오락영화, 괴수영화의 틀을 넘어서 냉전기 국제질서가 응축된 분단
국가인 한반도의 특이성을 증후적으로 드러"낸다는 송효정의 지적이 주목된다. 송
효정, 「한국 소년SF영화와 냉전 서사의 두 방식: <대괴수 용가리>와 <우주괴인 왕
마귀>의 개작 과정 연구」, 『어문논집』 73호, 민족어문학회, 2015, 96쪽.

25) <대괴수 가메라>에 관한 김기덕의 언급에 대해서는 한국영상자료원 편, 앞의 책,

<대괴수 용가리>는 일반적인 경우보다 3~4배의 제작비가 들긴 하였으나, 11만 3,000여 명의 관객을 동원하여[26] <고지라>가 그러 하였던 것처럼 흥행에도 성공하게 되었다. 아울러, 이 영화는 컬러 블루 스크린 합성 작업이 일본에서 행해졌을 뿐 아니라, 그 프린트 도 일본을 통해 세계 각지로 수출되었다. 이러한 사실을 통해서도[27] 일본과의 관계성이 드러난다.[28]

4. 한국에서의 영륜 발족과 영화의 날 기념, 그리고 일본의 경우

1960년대 한국영화계는 영화 제작 부문의 양적인 성장과 더불어 영화 정책, 제도, 조직 등과 관련하여 여러 변화를 경험하기도 하였 다. 4.19혁명(1960)과 5.16군사정변(1961)에 따른 정치적 조건의 변 화와 이와 연동되는 사회, 문화적 환경 변화가 그 요인이 되었다고 볼 수 있다. 대표적인 예로, 5.16 직후인 1961년 6월 22일 설치된 국립영화제작소와 1962년 1월 20일 제정, 공포되어 박정희 정권 하 에서만 1963년, 1966년, 1970년, 1973년 등 모두 4차례에 걸쳐 개 정된 영화법을 들 수 있다. 이 시기에는 영화계 내에서의 의미 있는 주체적 활동도 있었는데, 대표적으로 1960년 '영화윤리전국위원회 (영륜)'의 발족과 1966년 '한국영화의 날' 제정 등을 꼽을 만하다.

1960년, 4.19혁명을 계기로 한국 사회 전체를 강타한 자유주의

35, 42쪽 참조.

26) 한국영상자료원 한국영화데이터베이스(http://www.kmdb.or.kr) 참조.

27) 한국영상자료원 편, 앞의 책, 34, 38쪽 참조.

28) 본 절의 내용은 함충범, 「도호의 특수촬영 기술과 한일 영화 교류·관계사의 양 상」, 『인문학연구』 30집, 인천대학교 인문학연구소, 2018, 422~423, 425~429쪽 에서 부분 발췌한 것임.

풍조가 영화계로 확산되면서 정부 당국에 의한 영화 검열이 민간 기구에 의한 영화 심의로 대체되기에 이르렀다. '7.29 총선'과 민주당 집권이라는 배경 하에 8월 5일 '영화윤리전국위원회(영륜)'의 창립총회가 개최되었는데, 이를 통해 "여기서는 국가 및 사회, 법률, 풍속, 성, 교육, 일반원칙 등과 관련된 전문 36조의 영화윤리 규정 및 규약이 정해졌고, 문학, 예술, 언론, 교육, 법조, 군사, 종교, 여성, 아동 등 사회 각 계층에서 27명의 윤리위원 및 36명의 유지위원이 추대되었으며, 전문심의위회회 및 분과소위원회 등의 조직이 갖추어"지게 되었다. 비록 "영륜과 문교부 간에 영화 심의권에 대한 이견과 마찰이 있었"으며 영화계 내부에서도 한국영화제작가협회(제협)과 대한영화배급협회(영배) 간의 갈등이 상존하였음은 물론 1961년 이후 그 기능과 존재가 상실되기에 이르렀으나, 영화윤리전국위원회의 발족은 4.19의 '산물'로서 한국영화사에서 적지 않은 의의를 지닌다고 하겠다.[29]

그런데 '영륜(映倫)'은 약 10년 전에 이미 일본에서도 조직된 바 있었다. 1947년 3월 GHQ에서는 "일본 영화업계의 수뇌부를 소집하여 업계의 연락기관으로서 「일본영화인협회」를 발족시"키는데, 이후 여러 번의 분리 과정을 거쳐 '일본영화제작자연맹(日本映畫製作者聯盟, 映聯)'으로 정리되었다. 그리고 1949년 4월 14일, 나가다 마사이치(永田雅一)를 위원회 대표로 하여 5명의 위원으로 구성된 '영화윤리규정관리위원회(映畫倫理規程管理委員會)', 이른바 '영륜(映倫)'의 결성이 공표되었다. 이는 "「영련」 내부에" 설치된 "영화업계내의 자율적인 자기검열기관으로서" 1949년 6월에 정식으로 조직을 갖추게 되었다. 그렇기에 "당초 「영륜」은 그때까지의 점령군이 그렇게 했듯이" GHQ의 감독을 받는 등 여러 가지 한계 상황 속에서 활동을 할 수밖에 없었다.[30]

---

29) 함충범 외, 『한국영화와 4.19』, 한국영상자료원, 2009, 22쪽.

한편, 1963년 4월 27일 안종화의『한국영화측면비사』출판기념회 자리에서 한국영화인협회(영협) 소속 영화인들에 의해 연쇄극 <의리적 구토>의 공개일인 '1918년 10월 20일'을 '영화의 날'로 제정하는 문제가 논의된 바 있었다. 그리고 1966년 1월 25일 영협 소속의 영화계 원로들이 해당 날짜를 '영화의 날'로 지정해 줄 것을 공보부에 요청하였으며, 이에 공보부는 <의리적 구토>의 공개 날짜가 1919년 10월 27일임을 확인시킨 뒤 '영화의 날' 제정을 승인하였다. 그리하여, 1967년부터 매년 10월 27일이 '국가 기념일'로 치러지게 되었다.[31]

그런데 이 역시도 일본영화계에서 이미 경험을 가지고 있었다. 1956년 6월 29일, 일본영화연합회(日本映畵聯合会, 映聯)의 총회가 있었는데, 여기서 ""영화의 날(映画の日)"을 제정하여, 매년 1회, 성대한 영화제를 전국적으로 개최하고자" 하는 계획이 이전부터 세워졌다. 어떤 날을 영화의 날로 정할지에 대한 문제를 둘러싸고, 문의를 받은 영화사가(映畵史家) 다나카 준이치로(田中純一郎)는 1896년 11월 25일부터 29일까지 고베구락부(神戸俱樂部)에서 키네토스코프(Kinetoscope)를 통해 영화가 처음 상영한 일에 근거하여 "초파벌적인 의미에서라도, 그것은 활동사진의 일본 첫 공개일이 좋겠다"는 의견과 함께 '11월 25일'을 제시하였다. 그러나 영연의

---

30) 사토오 다다오(佐藤忠男), 유현목 역,『일본영화 이야기』, 다보문화, 1993, 250~251쪽. / 이후 영륜은 그 체제를 이어가다, 이시하라 신타로(石原慎太郎) 원작, 후루카와 다쿠미(古川卓巳) 감독의 <태양의 계절(太陽の季節0>(1956)의 미성년자 관람 문제를 계기로 1956년 12월 새로운 표현의 '자주 규정 기관'으로서 '영화윤리관리위원회(映畵倫理管理委員會)'로 정비된다. 그리하여 흔히 이 단체를 '신영륜(新映倫)', 이전 단체를 '구영륜(旧映倫)'으로 지칭한다. 아울러, 2009년 4월 23일에는 '영화윤리규정'을 대신하여 '영화윤리강령(映畵倫理綱領)'이 제정되는데, 이와 동시에 영화윤리관리위원회의 명칭도 '영화윤리위원회(映畵倫理委員會)'로 바뀌었다. 위키피디아 일본어판.

31) 이화진,「'한국영화 반세기'를 기념하기: 1960년대 남한의 한국영화 기념사업을 중심으로」,『대중서사연구』24권3호, 대중서사학회, 2018, 88~96쪽 참조.

협의 결과 25일은 애매하므로 12월 1일로 정해지게 되었다.[32] 그리하여, 1956년 12월 1일 열린 제1회 '영화의 날' 대회에서는 하토야마 이치로(鳩山一郎) 당시 총리를 비롯하여 일본신문협회(日本新聞協會) 회장, NHK 회장 등 각계 유명인사가 참여함과 더불어 도심 퍼레이드 및 영화관 입장료 할인 등의 행사가 열렸다. 1974년부터는 신인 각본가를 육성하기 위한 '기도상(城戶賞)'[33]이 생겼고, 이후에는 영화계 40년 근속자에 대한 시상과 특별공로자에 대한 수상 등이 더 생겼다.[34]

이처럼, 대략 10년 정도의 시간차를 두고 한국과 일본에서는 영화계 내에 자체적인 윤리 기구가 설립되고 영화의 날도 제정되었다. 그 명칭까지도 동일함을 고려할 때, 앞뒤의 순서 상 '일본에서부터 한국으로'라는 영향 혹은 참고 관계가 성립하는 듯 보인다. 국교 정상화가 이루어지기 이전부터 제도적인 측면에서 한일 간 영화 문화가 전파 또는 확산된 하나의 사례로 꼽을 만하다.

---

32) 田中純一郎, 『秘話・日本の活動写真』, ワイズ出版, 2004, p.21.
33) 쇼치쿠(松竹) 사장 출신 영화인 기도 시로(城戶四郎)의 이름을 딴 것으로 보인다.
34) 위키피디아 일본어판 참조.

02

일본 관련 한국영화의 양상

1. 1960년대 문화계 내 일본 붐 현상의 배경과 추이, 그리고 영화

1960년 4.19혁명을 계기로 이승만 정권이 하야한 후 1948년 남한 정부의 수립 이후 유지되어 온 반일(反日), 배일(排日) 정책이 유화됨에 따라 영화계에서도 일본문화 수용에 대한 논의가 확대되었다. 영화 수입업자들은 허정 과도정부가 5월 일본 신문기자단의 한국 입국을 허용하기 무섭게[35] 당국에 일본영화 수입을 신청하였다.[36] 이에 대해 문교부는 '일본영화 허가보류 조치'를 시사하였지만,[37] 같은 해 9월 서울 단성사에서 수입 허가 없이 일본영화가 상영되는 소동이 발생하기도 하였다.[38]

---

35) <일 유력지들 대환영>, ≪경향신문≫ 1960.5.4, 1면.
36) <재빨리 일본영화 수입 신청, 일부 업자 태도에 당국자들 당황>, ≪동아일보≫ 1960.5.5, 3면.
37) <영화검열을 완화, 일화 수입엔 아직 주저>, ≪한국일보≫ 1960.5.6, 3면.
38) <영화 상영 말썽, 수입허가 없이 들어온 「성화」>, ≪동아일보≫ 1960.9.25, 3면.

물론, 이는 대중적 문학·예술계 전반에 걸쳐 있던 일반적이고도 보편적인 경향이었다. 또한 이는 이미 1950년대부터 암암리에 이어지던 것이 표면화된 현상이라는 점에서 시대적 연속성을 지니기도 하였다. 실제로 4.19 직후부터 출판계에서는 "일본 서적의 번역물이 범람"[39]하고 "일본 서적의 모방"이나 "일본어로부터의 중역(重譯)"[40]이 확산되었으며, 서울의 번화가에서는 일본가요가 크게 유행하였다.[41] 이에, 『국제일본문학선집(國際日本文學選集)』이 "공식적인 관문을 통과하여" 정식으로 "국역출판"됨을 계기로 문학, 학술, 어학, 가요, 영화 분야 등에 퍼진 '일본 붐'의 시대적 현상을 제대로 인식하고 "결국은 도의적인 관점에서 문제를 해결해야 한다"는 주장이 나오기도 하였다.[42]

이러한 분위기 속에서 일본영화의 수입 문제가 꾸준히 논란이 되었다. 특히 이승만 정권 하에서 제도적인 안정망 역할을 하던 '국산영화 입장료 면세 조치'가 1960년 이후 효력을 잃어 감에 따라 그 강도가 더해졌다. 이에 영화계 일각에서 다양한 방법으로 자구책을 마련하려는 움직임이 일었고, 이때 일본(영화)과의 교류가 하나의 대안으로 떠올랐던 것이다.

이와 같은 현상을 두고 일부 평론가들은 4.19혁명 이후 대중문화가 "대원군의 쇄국주의나 풀어 젖힌 듯"이 '일본풍'에 민감하다고 비평할 정도였다. 특히 영화계에서 일본풍은 대중 오락물로서 유행 가능성이 더욱 컸다. 그들은 국교정상화 이전까지 일본풍 영화 수용에 반대하는 입장을 표명하며 일본영화 수입 움직임에 대해 명백히 비판하였다. 하지만 그들마저도 일본영화가 수입되면 돈벌이가 될

---

39) <저술가협동조합 창립을 제창한다 (상)>, ≪동아일보≫ 1960.4.21, 4면.

40) <제이공화국의 문화창조 출판>, ≪경향신문≫ 1960.5.25, 4면.

41) <자꾸 퍼지는 왜곡 음반>, ≪경향신문≫ 1960.7.2, 4면.

42) <여적(餘滴)>, ≪경향신문≫ 1960.7.18, 1면.

것이라는 예상에는 대부분 동의하고 있었다. "소위 '잠바라' 영화라는 칼부림 영화라도 들여온다면 서부권총영화에 염증도 날만한 때라 어지간히 구경꾼을 끌어 모을 수는 있을 것"이라면서 그 이유로 "일본배우 얼굴을 언제 보게 되나"하는 "값싼 민중취미"와 "일본에 대한 막연한 동경" 등을 꼽기도 하였다.[43]

한편, 5.16 직후 박정희 정권은 일본과의 우호 분위기 조성에 주력하였다. 또한 집권 후 법률 제631호로서 기존의 공보국을 공보부로 승격시키고 그 산하에 영화과를 배치하며 국립영화제작소를 기존의 공보국에서 별도로 분리시키는(1961.6.22) 한편 해방 이후 최초로 영화법을 제정 공포(1962.1.20)-시행(1962.3.20)함으로써 영화매체에 대한 관리, 통제를 보다 강화하였다. 아울러, 정부는 1962년 국제 영화제인 '제9회 아시아태평양영화제'의 서울 개최를 국가적 이벤트, 국제적 행사로 선전하며 일본을 포함한 해외에 우호적인 이미지를 전하는 계기로 삼기도 하였다.

그러던 박정희 정권이 한국 영화 속 '일본' 재현 문제에 관여한 것은 1963년 1월 무렵부터이다. 정부는 1963년 1월 신경균 감독의 <행복한 고독>을 문제 삼으면서 사전심의제도를 부활시키고 "일본색채물의 선전문란"을 검열하기 시작하였다.[44] 이 영화는 상영 허가는 났지만 '일본 로케', '일본인' 관련하여 여러 부분을 삭제당한 채 개봉되었다.[45] 평론가들 역시 영화 내에서 '기모노'가 얼마나 빈번하게 노출되는지, 일본음악이 얼마나 자주 흐르는지와 같은 문제

---

43) <메아리>, ≪한국일보≫ 1960.5.5, 1면. / <말썽 일으킨 일본색채>, ≪동아일보≫ 1960.8.3, 4면. / <새 정부에 보내는 건의서 문화정책의 총체적 문제 (상)>, ≪경향신문≫ 1960.8.8, 4면. / <일본계 영화 등장은 시기 상조, 먼저 마음의 준비를>, ≪조선일보≫ 1960.8.17, 4면.

44) <일색 짙은 영화 선전에 문제화 미완성의 「행복한 고독」>, ≪경향신문≫ 1963.1.21, 8면.

45) <귀화 일녀(日女)의 수기: 행복한 고독(한)>, ≪조선일보≫ 1963.2.15, 5면.

를 '일본색(혹은 倭色)'의 기준으로 다시금 논의하게 되었다.[46] 이러한 상황에서 동시기 영화인들 역시 자기 검열을 점차 강화하였다.

1963년 10월 15일 선거를 통해[47] 동년 12월 17일 제5대 대통령에 오른 박정희는 미국의 동북아 전략에 부합하여 안보 기반을 마련하고 일본으로부터 경제 부흥에 필요한 자본과 기술을 지원받기위해, 그럼으로써 권력의 정통성 및 통치 기반을 확보하기 위해 일본과의 관계 개선과 조인 협정에 더욱 박차를 가하였다. 하지만 이는 여전히 일제 치하의 기억을 갖고 있던 대부분의 국민 정서에 배치되는 일이었다. 그리하여 이에 대한 학생, 시민 층의 항거는 크고가열 차게 일어났다.

1964년 3월 23일 당시 김종필 민주공화당 의장이 일본 도쿄에서오히라 마사요시(大平正芳) 외상과 만나 향후 한일회담 일정에 의견을 모은 것으로 알려진 직후부터 전개된 전국적인 시위는 6월 3일최고조에 이르렀고 계엄령 발포까지로 이어졌다. 마침내 "전 국민적인 반발에도 불구하고"[48] 1965년 2월 20일 한일기본조약이 가조인되고 6월 22일 체결됨으로써, 1963년 10월 15일의 대통령선거에서상대방인 윤보선 후보보다 불과 15만여 표 차로 당선되어 같은 해12월 17일 '정식으로' 출범하기 시작한 "박정희 정권이 직면한 가장 중요한 일"[49] 중에 하나였던 한일 국교 정상화가 현실화되기는하였으나, 여전히 불안 요소는 남아 있었다. "한일국교정상화에 대한 반대투쟁"은 "박정희정권에 대한 국민적 반대"의 "시작"의 성격을 지니는 것이기도 하였기 때문이다.[50]

---

46) <『일본색채』와 영화계>, 《동아일보》 1963.1.28, 5면.

47) 민주공화당 후보 박정희의 득표수(득표율)는 4,702,640표(46.6%), 민정당 윤보선의 득표수(득표율)는 4,546,614표(45.1%)였다.

48) 서중석, 『사진과 그림으로 보는 한국 현대사』, 웅진씽크빅, 2006, 226쪽.

49) 위의 책, 225쪽.

50) 강만길 외, 『한국사 19: 자주・민주・통일을 향하여 1』, 한길사, 1994, 107쪽.

한편, 이러한 저항에 대해 박정희 정권은 5.16 당시 기치로 내걸었던 '반공'을 더욱 강력한 국가적 슬로건으로 내세우게 된다. 특히 동시기 한국의 주요 국가 현안 중에 하나였던 베트남 파병 과정을 통과하며[51] 그 논리와 정당성은 더욱 강화되었다. 여기에는 경제적 문제도 있었으나 기본적으로는 냉전 구도 속 미국의 동북아 안보 전략에 기초한 한-미-(일) 반공 군사체제 기조가 짙게 깔려 있었다. 한일 회담 및 협정에 있어 미국의 입김이 강하게 작용되었다는 사실은 이러한 점과 결부된다.

이에, 정부의 입장에서도 차관 확보와 미국과의 관계 등 경제적, 외교적 목적 하에 강행하였던 한일 국교 정상화 실현 이후 다소간은 대 국민 정서를 고려하지 않을 수 없었을 것이다. 이러한 가운데 사회 각 분야의 문화 단체나 지식인층, 또는 학생들 사이에서 일본 문화는 '민족주의'와 '왜색'의 논리에 의해 새삼, 그리고 이후 오랫동안 금기시되어야 할 것으로 낙인찍히게 되었다.[52]

물론, 이러한 분위기 속에서도 대중문화계에서의 '일본 붐' 현상은 부침을 거듭하며 계속 이어졌다. 출판계의 경우 1963년 베스트셀러 10위 안에 일본 서적이 3권이나 포함되어 있었고 1964년에는 일본 서적이 수입 도서의 80%를 점유하였다. 가요 분야에서도 일본

---

51) 한국의 베트남 파병은 1964년 9월 11일 이동 외과병원의 의무요원 130명과 태권도 교관 10명의 출국을 시작으로 비롯되었다. 같은 해 12월 19일 미국 측이 추가 파병을 요청함에 따라 1965년 1월 8일 국무회의에서 2,000명의 비전투부대의 추가 파병안이 의결되었고, 1월 26일에는 찬성 106표, 반대 11표, 기권 8표로 국회 본회의를 통과하였다. 이어 2월 9일 서울운동장에서 월남 파병 환송 국민대회가 성대하게 열리기도 하였다. 이후 한국의 베트남 파병은 더욱 본격화되었다. 강준만, 『한국 현대사 산책: 1960년대편 3권』, 인물과사상사, 2004, 51쪽 참조.

52) 또한 박정희 정권의 반공정책이 고착화되면 될수록 대중문화계에서의 '반공'의 소재화 또는 주제화 현상도 보다 눈에 띄게 되었다. 특히 정부의 지원·통제 정책이 이를 견인한 측면이 컸는데, 영화계의 경우 1966년 제2차 영화법 개정을 통해 검열을 강화하는 한편 대종상 수상 항목에 '우수반공영화상'과 '반공영화 각본상'을 첨가하기도 하였다.

음악의 인기는 음반가게와 다방 할 것 없이 건재한 상태였다. 심지어 부산 지역에서는 안테나를 통해 수신되는 일본의 텔레비전 방송을 보는 사람들에 대한 소문도 무성하였다. 특히 한일협정 조인이 이루어진 1965년 시점에서 "한국영화계는 일본영화의 수입과 한국영화의 수출문제, 영화인 교류, 한일 합작영화의 가능성을 타진하는 문제들로 보다 분주해"지기도 하였다. 그러나 영화 분야의 경우, 4.19 이후 "일본에 대한 관심과 열기가 고조되는 방식이 타매체와는" 달랐던 것처럼 한일수교를 통과하던 시기에도 그 '열기'의 흐름이 "좀 더 복잡하거나 우회적으로 진행되"는 양상을 보였다.53)

더구나 영화 분야의 경우, '영화법 개정'을 통한 전반적인 제도의 정비와 맞물려 있기도 하였다. 영화 사업의 등록제(제3조), 제작의 신고제(제4조), 상영의 허가제(제10조)로 요약되는 영화법은 1963년 3월 1차로, 1966년 8월 2차로 개정되는데, 이에 따라 영화사 설립의 등록 요건이 강화되고 영화 제작업과 수입업이 일원화되며 외국영화 수입쿼터제가 실시되는 한편,(1차 개정) 영화사 등록 요건이 완화되는 대신 외국영화에 대한 국산영화 스크린쿼터제 및 외화 수입편수제한제도가 도입되고 영화 제작쿼터제가 실시되며 특히 심의와 검열이 대폭 강화되었다.(2차 개정)

이러한 시대적 배경과 시기별 추이에 따라 동시기 한국영화계에서도 다양한 이야기 소재와 영상 기법 등을 통해 일본(인)을 다룬 작품들을 꾸준하게 '생산-재생산'하게 된다. 그러면서 이들 작품은 1960년대 이후 한국영화의 제작 경향의 일부를 차지하며 마치 하나의 '장르'로 형성되기에 이른다.54)

---

53) 오영숙, 「한일수교와 일본표상: 1960년대 전반기의 한국영화와 영화검열」, 『현대영화연구』 10호, 한양대학교 현대영화연구소, 2010, 276~279쪽.

54) 본 절의 내용은 함충범, 「1960년대 한국영화 속 일본 재현의 시대적 배경 및 문화적 지형 연구: <현해탄은 알고 있다>(1961)를 중심으로」, 『한일관계사연구』 47집, 한일관계사학회, 2014, 205~206, 209~210, 212~215쪽에서 부분 발췌한 것임.

2. 일본(인)을 다룬 한국영화의 다양화

1960년대 이후 한국에서는 일본(인)을 대상화한 영화가 이전에 비해 다수 제작되었다. 해방과 분단으로 점철된 1940년대 후반기와 이승만 정권 끝 지점인 1950년대 말에 유행을 이룬 바 있는 역사적 실존 인물을 다룬 일련의 '항일영화' 혹은 '반일영화'들도 여전히 만들어졌지만,55) 그 기조를 유지함과 동시에 이와는 다른 각도에서 보다 다양한 소재의 이야기와 표현 기법을 활용한 작품들도 다수 발표되었다.

대표적인 작품으로, 김기영 감독의 <현해탄은 알고 있다>(1961)를 들 수 있다. 한운사가 쓴 동명의 라디오 방송극을 원작으로 둔 이 영화는 배일주의 완화와 일본풍의 유행 경향에 편승하는 한편 해방 이후 한국영화로는 매우 이례적으로 일본 현지 촬영을 시도함으로써, 1961년 11월 10일 명보극장에서 개봉된 뒤 최소 10만 명 이상이라는 당시로서는 엄청난 관객 동원 수를 기록한 작품이었다.56)

영화 <현해탄은 알고 있다>는 '식민지/제국'이라는 측면에서 일본과의 불편한 과거를 상품화하고 대중적 성공을 거두었다. 하지만 이러한 관객 지향의 상업화의 과정에서 시청각적 볼거리에 식민지 과거에 대한 내면적 성찰이 희석되어 있기도 하다. 그럼에도 불구하고, 1945년 해방 이후 15년이 지난 시점에서 항일 투쟁 또는 저항

---

55) 전창근 감독의 <아아 백범 김구선생>(1960)을 비롯하여, 윤봉춘 감독의 <유관순>(1966), 이용민 감독의 <일본제국고 폭탄의사>(1967), 조긍하 감독의 <상해 임시정부>(1969), 최인현 감독의 <춘원 이광수>(1969), 주동진 감독의 <의사 안중근>(1972) 등을 예로 들 수 있다.

56) 이에 관한 내용을 담은 신문 기사 및 광고 문구로는 다음과 같은 것들이 있다. <12월 3일로 입장인원 10만을 돌파, 현해탄은 알고 있다>, ≪경향신문≫ 1961.12.4, 3면. / "연일 연회 경이적 초만원! 보시라! 이 감동! 이 감격! 이 感淚", ≪동아일보≫ 1961.12.4, 4면 광고.

이라는 당위로부터 벗어나 새로운 시각으로 일본(인)을 묘사하였다는 점에서는 여전히 이 작품에 영화사적 의의가 존재한다. 그리고 이를 뒷받침하듯, 이와 유사한 양상과 경향이 1960년대에 걸쳐 제작되는 '일본' 관련 영화들로 이어진다.

첫째, <현해탄의 가교>(1962)나 <현해탄의 구름다리>(장일호 감독, 1963)와 같이 '현해탄' 서사의 영화화가 시도되었다. 재일 조선인을 다룬 <현해탄의 가교>는 유현목 감독이 메가폰을 잡을 예정이었으나 제작이 이루어지지 못하였고, 해방 이후 일본으로 돌아가지 못한 재한 일본인 소녀의 이야기를 담은 <현해탄의 구름다리>의 경우 실제로 재일교포이면서 <현해탄은 알고 있다>의 히로인이었던 공미도리가 주인공 역을 맡아 일본 교토에서 열린 제12회 아시아영화제에서 우정상을 수상하기도 하였다.

둘째, 조선인 유학생과의 사랑으로 한국인으로 귀화하는 일본인 여성이 등장하는 신경균 감독의 <행복한 고독>(1963), 조선인 일본 유학생과 조선총독의 딸의 사랑을 이야기한 조긍하 감독의 <총독의 딸>(1965), 그리고 도쿄 유학생 남녀의 사랑과 이별을 담은 박찬·홍성기 감독의 <동경비가>(1963) 등의 작품이 제작되었다.

셋째, <현해탄의 구름다리>와, 조총련계의 북송 문제를 다룬 <잘 있거라 일본 땅>(김수용 감독, 1966)에 재일교포 출신 여배우인 공미도리가 다시 출연하였고 <총독의 딸>에서는 한국영화 사상 처음으로 일본인 여배우 이와다 하쓰요(岩田初代)가 캐스팅되어 연기하기도 하였다.

넷째, 1960년대 후반부터는 도쿄 로케(<동경비가> 등), 홋카이도(北海道) 로케(<유정>(김수용 감독, 1966)),[57] 오사카(大阪) 로케

---

57) "일본 홋카이도에서 로케이션 촬영한 최초의 한국영화"라는 타이틀을 지닌 이 작품의 이야기 줄거리는 다음과 같다. "여학교 교장인 그(김진규)는 독립운동을 하던 중 옥중에서 죽은 친구의 딸이자 제자인 정임이(남정임)를 맡아 키운다. 친 부모자식과도 같은 두 사람 사이에 오고 가는 따뜻한 정은 마침내 플라토닉 러브로

(<슬픔은 파도를 넘어>(김효천 감독, 1968)) 등 일본 현지에서 촬영이 이루어지는 경우가 많아졌다. 김수용 감독의 <동경 특파원>(1968), 최영철 감독의 <동경 무정가>(1970)와 <동경의 호랑이>(1971) 등과 같이 동시기 도쿄를 무대로 하고 재일교포를 등장인물로 설정한 작품들이 주를 이루었다.[58]

영화 제작에 있어 '일본' 소재화 경향이 1960년대 후반까지 이어졌던 이유는 기본적으로 관련 영화들이 관객 소구력을 지녔기 때문이라 할 수 있다. 예를 들면 <잘 있거라 일본 땅>(김수용 감독)은 1966년 한국영화 흥행 2위에, <유정>의 경우 327,415명의 관객을 동원하며 1966년 한국영화 흥행작 1위에 올랐다. 이는 넓은 측면에서 구한말을 배경으로 하는 <청일전쟁과 여걸 민비>(임원식 감독, 1965년도 흥행 2위), <요화 배정자>(이규웅 감독, 1966년도 흥행 4위)의 인기와도 궤를 같이하는 것이었다.[59]

한편, 일제강점기 만주를 배경으로 한 영화들이 작품군을 이루기도 하였는데, <사랑이 가기 전에>(1959), <햇빛 쏟아지는 벌판>(1960), <지평선>(1961) 등 정창화 감독의 연작을 대표적인 사례로 들 수 있다. 이외에도 임권택 감독의 <두만강아 잘 있거라>(1962), 정창화 감

변해 간다. 이를 시기한 그의 아내 이여사(조미령)와 딸 순임(주연)은 정님이가 동경유학을 하는 사이에 그가 교장자리에서 물러나게 한다. 그는 정님이를 찾아가서 작별의 아쉬움을 남기고 만주로 떠난다. 이루지 못할 사랑인 줄 알면서도 사랑한 죄로 그는 병마와 싸우면서 눈내리는 벌판을 속죄하는 마음으로 헤매다가 몸져눕는다. 그 사실을 전해듣고 정님이가 달려가지만 그는 끝내 한 많은 인생의 종말을 고한다." 이 영화는 제13회 아시아영화제 신인여우장려상(남정임), 제4회 청룡상 특별상(남정임), 제5회 대종상 제작상 등을 수상하였다. 한국영상자료원 한국영화 데이터베이스.

58) 1980년대에는 <오사카의 외로운 별>(김효천 감독, 1980), <오사카대부>(이혁수 감독, 1986), <일본대부>(김효천 감독, 1989) 등 오사카를 배경으로 한 '야쿠자 영화(ヤクザ映画)'가 나오기도 하였다. 門間貴志『アジア映画における日本 Ⅱ: 韓国・北朝鮮・東アジア』, 社会評論社, 1996, pp.124～127 참조.

59) 본 절 이 부분까지의 내용은 함충범, 앞의 논문, 207, 228～229쪽에서 부분 발췌한 것임.

독의 <대지의 지배자>(1963)와 <대평원>(1963), 김묵 감독의 <대륙의 밀사>(1964)와 <광야의 호랑이>(1965), 강범구 감독의 <소만국경>(1964), 최경섭 감독의 <몽고의 동쪽>(1964), 신상옥 감독의 <무숙자>(1968) 등이 이에 속한다.[60]

1592년에 발발한 임진왜란을 배경으로 한 사극·전기영화들도 만들어졌다. 윤봉춘 감독의 <논개>(1956)에 이어 임권택 감독이 <평양기생 계월향>(1962)과 <임진왜란과 계월향>(1977)을 시간차를 두고 내놓았다. 이순신에 관한 영화도 여러 편 제작되었다. 유현목 감독의 <성웅 이순신>(1961), 이규웅 감독의 <성웅 이순신>(1971), 장일호 감독의 <난중일기>(1977) 등이 그것이다.

1970년대에 나온 <성웅 이순신>과 <난중일기>에서는 모두 김진규가 이순신 역을 맡았는데, 그러면서 강인하면서도 충성심 깊은 이순신의 캐릭터가 온정과 책임감이 느껴지는 김진규의 연기를 통해 다소 정형적으로 표현되었다. 이와 관련하여, 1970년대 중반에는 김효천 감독의 <실록 김두한>(1974)이 나온 뒤 속편인 <협객 김두한>(김효천 감독, 1975)과 고영남 감독의 <김두한 제3부>(1975)와 <김두한 제4부>(고영남 감독, 1975) 등으로 이어졌다. 김두한을 모델로 한 영화는 1990년대 초 임권택 감독의 <장군의 아들> 1, 2, 3편 시리즈(1990, 1991, 1992)로 '부활'된다.

3. 일본 원작 한국영화의 제작과 유사 텍스트의 공유

1960년대 한국영화 중에는 재조(在朝) 일본인, 혹은 재한(在韓) 일본인을 그린 작품도 만들어졌다. 대표적인 예로, 한국인 고아 133명을 길러낸 일본인 여성 모치즈키 가즈의 실화를 휴머니즘적인 터

---

60) 門間貴志, 앞의 책, p.46 참조.

치로 화면에 담은 김기덕 감독의 <이땅의 저 별빛은>(1965)을 들 수 있다. <사랑은 국경을 넘어(愛は国境を越えて)>라는 제목으로 일본에서도 상영된 이 작품은 한국영화 속 일본(인) 묘사의 새로운 전기를 마련한 것으로 평가받을 만하다.

신상옥 감독의 <이조잔영>(1967)의 경우, 조금은 더 복잡하게 인물과 인물들 간의 관계가 설정되어 있다. 한국영상자료원 한국영화 데이터베이스 상에 기록되어 있는 전체적인 줄거리는 다음과 같다.

> 일제 말이 배경. 박동호(이대엽)는 노구찌(오영일)와 함께 징용병 열차에 앉아 지난 날을 회상한다. 한국의 여학교에서 교편을 잡고 있는 일본인 미술가 노구찌(오영일)는 일경에게 쫓기던 조선 독립군 박동호(이대엽)를 위기에서 구해준다. 박동호는 그 대가로 노구찌에게 이조 시대의 전통춤을 보여주기로 약속하고, 전통무용 전수자인 김영순(문희)을 소개한다. 영순의 춤을 보고 깊이 감동받은 노구찌는 그녀를 사랑하게 되고, 영순이 춤추는 모습을 화폭에 담고 싶어한다. 일본군에게 부모를 잃은 영순은 일본인을 극도로 혐오하지만 자기도 모르게 노구찌에게 빠져든다. 결혼을 허락받기 위해 노구찌의 집을 찾은 영순은 노구찌의 아버지가 바로 3.1 독립운동 당시, 자신의 아버지를 죽인 일본군이라는 사실을 알고 집을 뛰쳐나온다. 영순과 헤어진 후 노구찌는 영순의 그림을 완성하고, 여기에 '이조잔영'이라는 제목을 붙여 국선에 출품한다. 다시 현재의 징용 열차 안. 노구찌는 동호로부터 영순이 자신을 떠난 이유를 알게 된다. 영순에게 용서를 빌기로 결심한 노구찌는 기차에서 탈출할 것을 결심한다. 동호 역시 일본을 위해 싸울 이유가 없다며 노구찌와 함께 탈출을 감행하지만 경성으로 향하는 도중에 부상을 입고 죽는다. 한편, 이들이 탈출하는 동안, 조선은 해방을 맞고 노구찌의 아버지는 조선 청년들에게 살해된다. 간신히 살아서 경성에 도착한 노구찌는 영순의 집을 찾아가지만 일본 제국주의에 대한 분노가 가시지 않은 영순은 문을 열어주지 않는다. 좌절한 노구찌는 머리에 총을 겨눠 스스로 목숨을 끊는다.[61]

조선인과 소통하고 조선인의 입장을 이해하는 일본인이 등장한다는 점도 그러하거니와, 이러한 일본인 남성과 조선인 여성이 민족의 차이에도 불구하고 서로 호감을 갖는다는 것 역시 흔히 볼 수 있는 일반적인 경우는 아니었다. 특히, '제국주의 군대'를 거부하기까지 한 '노구찌'가 자신의 부친을 잃음은 물론 본인 역시 영순에게 받아들여지지 못한 채 생을 마감한다는 마지막 부분의 설정이 '멀고도 먼' 과거 한일 관계와 그 역사를 다시 한 번 상기시키는 듯하다.

<이조잔영>은 식민지 조선에서 태어나 중학교 때까지 생활한 일본인 작가 가지야마 도시유키(梶山季之)가 1963년에 발표한 동명의 소설을 원작으로 하고 각본 역시 일본인 마쓰야마 젠조(松山善三)의 손을 거친 작품이었다. 1964년 일본에서 유명 배우이자 가수 미소라 히바리(美空ひばり)가 주연을 맡아 텔레비전 드라마로 방영되어 큰 호응을 얻었기에 한국과 일본의 합작영화로 추진되기도 하였으나 결국 한국에서 신필름 제작, 신상옥 연출로 완성을 이루게 되었다.[62]

한편, 나이든 부모를 산에 버리는 풍습의 이야기를 담은 이른바 '기로설화(棄老說話)'를 모티브로 삼은 작품이 1950년대와 1960년대에 각각 일본과 한국에서 제작되기도 하였다. 먼저, 1958년 일본에서 기노시타 게이스케(木下惠介)의 연출에 의해 <나라야마 부시코(楢山節考)>가 나왔다. 1956년 발간되어 커다란 반향을 일으킨 후카자와 시치로(深沢七郎)의 동명의 소설을 영화화한 이 작품은, 무대처럼 꾸며져 있는 세트 공간에서 일본 전통 연극의 공연 방식을 연상시키는 인물들의 연기를 당시로서는 보편적이지 않았던 컬러 필름을 사용함으로써 특유의 형식미를 추구하였다.

---

61) 한국영상자료원 한국영화데이터베이스.

62) 門間貴志, ≪<韓国文化>日韓映画史から忘れられた作品≫, ≪東洋經濟日報≫ 2015.11.27.(http://www.toyo-keizai.co.jp/news/culture/2015/post_6402.php) 참조.

5년 후 한국에서는 김기영 감독의 <고려장>(1963)이 만들어졌다. 그런데, 기로설화를 내용의 기반으로 삼고 있다는 점 이외에도, 이 영화는 세트 촬영으로 이루어져 있고 후반 1/3 부분이 아들과 어머니의 마지막 산행으로 배치되어 있다는 점에서 <나라야마 부시코>와 유사성을 띤다. 후자의 작품이 전자의 작품에 일정부분 영향을 미쳤거나 적어도 참고가 되었을 것임은 의심할 여지가 별로 없어 보인다.

그러나 <고려장>에서는 흑백 필름이 쓰였고 인간 공동체의 '권력'의 문제에 초점이 맞추어졌으며 장애인과 불구자가 등장할 뿐 아니라 그로테스크한 표현주의적 기법이 활용되었다는 등의 지점에서 <나라야마 부시코>와 구별되는 특징을 지니기도 한다. <하녀>(1960) 등 김기영의 연출작을 통해 발견되는 특성과도 궤를 같이하는 바, 이는 두 작품에 대해 문화의 전파와 수용 및 영화 작가론의 양쪽 관점에서 접근할 여지를 제공해 주기도 한다.

게다가 <나라야마 부시코>의 경우 1983년 이마무라 쇼헤이의 연출로 리메이크되어 그해 열린 제36회 칸영화제에서 황금종려상을 받았기에, 이들 세 작품을 모두 아우르는 분석의 시도도 의의를 지닌다고 하겠다.[63]

아울러, <고려장>과 <나라야마 부시코> 이외에도, "일본 영화가 한국 영화에 미친 영향 내지는 상호 주고받은 영향"이 있을 것으로 보이는 이봉래 감독의 <삼등과장>(1961)과 <삼등사장>(1965), 김수용 감독의 <남자는 괴로워>(1970) 등의 작품과 이와 짝을 이루는 일본영화들에 대한 보다 세밀한 비교도 흥미로운 연구 주제라 할 수 있다.[64] 이를 위해 일본영화 <삼등중역(三等重役)>(春原政久 감

---

63) 관련 연구로는 이효인, 「<고려장>과 <나라야마 부시코>(1958, 1982)에 나타난 공동체 및 효(孝)에 대한 비교 분석」, 『영화연구』 37호, 한국영화학회, 2008 등이 있다.
64) 양윤모, 「표절논쟁으로 본 해방 후 한국 영화」, 이연 외, 『일본 대중문화 베끼기』, 나무와숲, 1998, 81쪽.

독, 1952), <속 삼등중역(続三等重役)>(鈴木英夫 감독, 1952), <일등 사원 삼등중역 형제편(一等社員 三等重役兄弟篇)>(佐伯幸三 감독, 1953) 과 1969년 1편이 나온 이래 1995년까지 48편이 이어지다 2019년에 제 50편이 채워진 야마다 요지(山田洋次) 감독의 <남자는 괴로워(男はつら いよ)> 시리즈를 살펴볼 필요가 있겠다.

4. 일본 원작의 판권 문제와 표절 논란

1960년대 한국영화(계)의 일본 문화 표절 문제에 대해, 양윤모는 "표절 분위기로 볼 때 50년대가 음성적이라고 한다면 60년대는 합법을 가장한 양성화란 특징"을 띠고 있었음을 지적한다. 즉, "원작을 사들였다는 단서만으로 더욱 노골적인 표절행위가 이루어"진 시기로 규정한 것이다.[65]

한국영화사에서 1960년대만큼 많은 편수의 영화가 제작된 시기가 없었을 뿐 아니라 영화인의 육성, 제작 경향의 다양성, 관객층의 확대 등의 면에서도 1960년대는 영화계에 역동적 변화가 일었던 때였음이 분명하다. 이를 긍정적으로 보면, 영화 산업의 급속한 팽창에 따른 콘텐츠의 확보라는 차원에서 당시 영화계는 순수 시나리오 만으로는 불충분한 영화 스토리의 원형을 근대 소설, 라디오 방송극, 이전 시기의 한국영화, 그리고 동시기 영화를 비롯한 일본 문예물 등에서 구한 것으로 인정할 수도 있을 터이다. 이 경우 일본 소설이나 영화의 판권을 구입하였다는 사실이 결정적인 준거로 작용될 소지도 있어 보인다. 반대로, 영화 예술의 관점에서 다소 엄격한 잣대를 들이댄다면, 영화라는 하나의 문화 상품을 창작의 과정을 상당부분 생략한 채 기계적으로 '찍어내는' 행위를 무비판적인 시선에

---

65) 양윤모, 앞의 글, 70쪽.

서 용인해 주기란 쉽지 않을 터이다. 특히 여전히 과거 한반도의 식민 통치에 대한 일본의 사죄 혹은 보상이 행해지지 않았을 뿐더러 양국 간 국교도 수립되지 않은 상태에서 일본의 문화적 요소가 한국 사회에 무리 없이 수용될 가능성은 그리 높지 않았다고 할 수 있다.

이렇게, 1960년대 한국영화의 '일본 표절'을 둘러싼 문제는 그 입장과 관점에 따라 각기 다른 해석을 낳을 여지도 없지 않다. 그러나 당시 적지 않은 한국영화가 일본의 소설이나 영화를 다소 무분별하게 차용한 것은 사실이라 할 수 있다. 이시자카 요지로(石坂洋次郎)나 겐지 게타(源氏鷄太)의 소설을 원작으로 삼아 이른바 '청춘영화'라는 장르적 범주 내에 속하게 된 영화들이 대표적인 경우였다.

유현목 감독의 <아내는 고백한다>(1964)는 마루야마 마사야(円山雅也)의 동명 작품의 판권을, 김기덕 감독의 <가정교사>(1963)는 이시자카 요지로의 『햇빛 쏟아지는 언덕(陽のあたる坂道)』의 판권을 구입한 뒤 찍은 영화였다. 하지만 그 외 표절 시비가 붉어진 작품들은 대다수가 실제로 동시기 일본영화에 대한 '표절 의혹'을 충분히 받을 만큼 비슷한 부분을 포함하고 있었다. 이에 관한 양윤모의 설명을 들여다보자.

일반적으로 표절작품으로 일컬어지는 작품은 다음과 같다. 앞서도 밝힌바 있지만 청춘영화의 효시격인 '조춘'(早春)은 이미 표절의 대표작으로 널리 알려져 있다. 청춘영화의 '붐'을 일으킨 김수용 감독의 '청춘교실'(1963)은 일본 영화 '그녀석과 나'(あいつと私)의 표절 각색이다. '이 세상 어딘가에'는 일본 마쓰야마 젠조(松山善三) 감독·각본의 '이름도 없이 가난하고 아름답게'(名もなく貧しく善しく, 1961)의 표절이며, 김기덕 감독의 '사나이의 눈물'(1963)은 일본의 뛰어난 영화 '오도코 아리테'(男ありて, 1955)의 표절이다. 역시 김기덕 감독의 '맨발의 청춘'(1964)은 '흙탕 속의 순정'(泥まみれの純情, 1963)을 표절한 영화이다.(…) 그런가 하면 유현목 감독의 '푸른 꿈은 빛나리'(1963)도 일본에서 여러 차례 영화화된 '푸른 산맥'(青い山脈)을 표절하였다. 그리고 '명동에 밤이 오면'(1964)은 '여자가 계단을 오를 때'(女が概段を上がる時)의 완벽한 표절이다.[66]

한편, 일본 작품을 영화화하는 과정 중 한국영화계 내부에서 다툼이 발생하기도 하였다. 김용덕 감독의 <아버지 결혼하세요>(1963)를 제작하던 신필름 측과 조긍하 감독의 <오색 무지개>(1963)를 제작하던 동아흥업 측이 원작 문제로 '격돌'한 것인데, 신필름은 겐지 게타의 『가정의 사정(家庭の事情)』의 원작자 승인을 얻었다고 주장하고, 동아흥업은 <오색 무지개>가 창작물이라고 항변하며 맞선 일을 대표적 사례로 들 수 있다. "이때의 중론은 '오색 무지개' 쪽"이 "표절"이라는 데 있었고, "결국 두 작품 모두 개봉되었으나 일본 영화에 목숨을 거는 영화업계의 치부를 드러낸 사건으로" 알려졌다.[67]

이후에도 한국에서는 일본 대중문화 개방이 현실화되는 1990년대 말까지 일본 원작을 표절한 영화에 대한 비판의 목소리와 그 진위 여부를 둘러싼 논란이 끊이지 않고 계속되었다. 특히 1960년대는 양적으로, 질적으로 그 정도가 가장 극심한 시기였다고 할 수 있다.

---

66) 위의 글, 74~75쪽.

67) 위의 글, 73쪽.

03

한국 관련 일본영화의 양상

1. 기록영화, 교육영화, 극영화 속 재일 한국인의 등장

일본영화 속 재일 한국인의 등장은 1945년 8월 일본의 패전과 이에 따른 미군정의 통치 하에서 가능해졌다. 패전 이후 연합군 최고 사령관 총사령부(GHQ, General Headquarters of the Supreme Commander for the Allied Powers)의 점령과 지배는 일본 사회 전반을 통째로 바꾸어 놓았는데, 그러면서 미국식 자유 민주주의가 일본에 전파되고 이는 다시 일본영화의 제작 경향에도 영향을 미치게 되었던 것이다.

그 시작은 미군정이 장려한 소위 '아이디어 영화(Idea Picture)' 와 '반전영화'(反戰映畫) '등을 통해서였는데, 이들 영화는 GHQ의 점령 이후부터 1940년대 후반기 내내 지속적으로 제작되었다. 이에 따라 <우리 청춘에 후회 없다(わが青春に悔いはなし)>(黒沢明 감독, 1946), <지금 한번 더(今ひとたびの)>(五所平之助 감독, 1946), <전쟁과 평화(戰争と平和)>(山本薩夫·龜井文夫 감독, 1947), <일본의 비극(日本の悲劇)>(龜井文夫 감독, 1946), <일본군에 대하

여(日本軍破れたり)>(山本薩夫 감독, 1950) 등의 작품들이 GHQ
의 권고에 따라 일본인의 전쟁 책임과 반성, 군국주의 비판과 더
불어 새로운 일본 사회의 지향을 주제로 담게 되었다.

그리고 1950년대 초 일본이 공식적으로 미국의 지배에서 벗어나게
되면서 영화계 역시 전반적인 변화를 경험하였으며, 이러한 가운데
영화 속에 전쟁 피해자이자 일본 사회의 타자로서 재일 한국인들이
등장하기 시작하였다. 이에 따라, 당시 좌익 계열 영화인들이 만든 기
록영화 형식의 작품에 이들의 모습이 나오는 경우도 있었다. 예를 들
면, 패전 이후 일본에 남아있던 재일 한국인들의 귀국 사업을 소재로
한 <어머니와 소년(オモニと少年)>(森園忠 감독, 1958), <일본의 어린
이들(日本の子どもたち)>(青山通春 감독, 1960), <바다를 건너는 우정
(海を渡る友情)>(望月優子 감독, 1960) 등의 작품은 이른바 '교육영화'
의 범주 속에 포함될 만한데, 이들 영화의 중심에는 동시기 일본 사회
의 이슈 중에 하나였던 재일 한국인 문제가 자리하고 있었다.[68]

한편, 극영화인 <두꺼운 벽의 방(壁あつき部屋)>(小林正樹 감독,
1956), <마지막 순간(どたんば)>(内田吐夢 감독, 1957), <작은오빠
(にあんちゃん)>(今村昌平 감독, 1959), <큐폴라가 있는 거리(キュー
ポラがある街)>(浦山桐朗 감독, 1962), <작부 이야기(春婦伝)>(鈴木
清順 감독, 1965) 등은 일본영화의 재일 한국인 등장과 이로부터
드러내고자 한 문제의식이 1950년대를 거쳐 일본영화가 새로운 경
향을 마주하게 되는 1960년대까지 지속적으로 이어졌음을 보여준
다. 이들 영화는 "재일 조선인을 동정하는 쪽과 부정하는 쪽으로
나"뉘기는 하였으나, 영화 속 "조선인의 대부분은 예지와 도덕을 겸
한 선의의 약자"로 묘사되었다는 특징을 지녔다.[69]

---

68) 박동호, 「전후 일본영화에 나타난 재일조선인상」, 경상대학교 박사논문, 2017,
11~13쪽 참조.
69) 요모타 이누히코(四方田犬彦), 박전열 역, 『일본영화의 이해』, 현암사, 2001, 71쪽.

영화를 통해 재일 한국인의 문제를 전면으로 드러내기 시작한 대표적인 감독으로는 특히 오시마 나기사(大島渚)를 들 수 있다. 1950년대 후반부터 1960년대 초반에 걸친 이른바 일본의 '쇼치쿠 누벨바그 영화'의 선두 주자이기도 하였던 그는, 이미 당시에도 이미 여러 차례 재일 한국인 문제를 다루었다. 그의 증언에서도 나타나듯, 영화를 만들기 전부터 재일 한국인은 그에게 "거울", 즉 "추한 일본인의 모습"을 드러낼 수 있는 존재이자[70] "원죄의식"을 불러일으키는 존재처럼 비추어졌기 때문이라 할 만하다.[71] 다큐멘터리 <잊혀진 황군(忘れられた皇軍)>(1963)를 비롯하여 <태양의 묘지(太陽の墓場)>(1960), <윤복이의 일기(ユンボギの日記)>(1967), <일본춘가고(日本春歌考)>(1967), <교사형(絞死刑)>(1967), <돌아온 주정뱅이(帰って来たヨッパライ)>(1968), <소년(少年)>(1969), <의식(儀式)>(1971), <전장의 크리스마스(戦場のメリークリスマス)>(1983) 등의 영화들은 이를 기반으로 만들어졌다고 할 수 있다.[72] 그리고 이를 통해, 오시마 나기사는 재일 한국인을 "'타자'로 인식하던 종전의 인식에서 벗어나 '당사자'로 바라보는 인식의 전환"을 꾀함으로써 "일본을 객관화하는 시선을 획득하게" 되었다.[73]

---

70) 大島渚, 『私たちは歩み続ける: 戦後補償を求める夏の行進行動報告集』, 在日の戦後補償を求める会, 1992, pp.44~45.

71) 大島渚, 『大島渚 1968』, 青土社, 2004, pp.43~44.

72) 백태현, 「자이니치코리언 영화에 나타난 정체성 재현 양상」, 한국해양대학교 석사논문, 2015, 6~7쪽 참조.

73) 신하경, 「1960년대 오시마 나기사 영화 속의 재일조선인 표상」, 『일본문화학보』 45집, 한국일본문화학회, 2010, 203~204쪽.

2. 사회파 영화 속 재일 한국인의 존재성

1960년대 이른바 '사회파 영화'의 부상은 일본영화의 제작 경향에 새로운 흐름을 만들어내었다. 전후 미군정의 지배와 경제 재건 등의 과정을 거친 일본 사회는 이전까지 주류를 이뤘던 보수적 성격의 전통과 미국을 통해 유입된 새로운 민주주의 문화 간 공존과 갈등을 경험하였다. 이러한 환경 하에서, 1950년대 무렵부터 등장하기 시작한 일본의 사회파 영화들은 전후 일본인의 전쟁에 대한 반성과 죄의식, 전쟁 패배로 인한 열등감과 패배감을 작품 속 가난하고 무력한 인간 군상을 통해 표출시켰다. 아울러 동시에, 그들이 가진 휴머니즘적인 측면을 부각시키기도 하였다. 그리하여, "사회파 휴머니즘 영화"로도 일컬어지는 이 시기 영화들은 결국 "패배, 피지배, 독립 등의 경험을 통해 얻은 자립이라는 새로운 목표"로 향하던 일본 사회의 다양한 측면을 들추어내었다.74)

특히 이들 영화는 일본 사회에서 전쟁의 피해자이자 소외된 타자들로 힘겹게 살아가는 재일 한국인을 주목하기 시작하였다. 그러면서 이들 영화 속 재일 한국인은 역사에 대한 반성적 성찰을 유도하고 일본 사회가 안고 있던 모순들을 드러내는 존재로 의미 부여하기도 하였다. 그러면서 당시의 사회파 영화들은 "전후 민주주의라는 이상 속에서 평화와 국가 재건을" 목표로 하던 일본 사회가 가진 모순과 재일 한국인을 향한 일본인의 차별적 시선에 대한 문제 제기를 담아내었다.75)

가령, 하야후네 조(早船ちょ)의 아동소설을 원작으로 삼아 일본 가와구치시(川口市)의 서민 거주지를 배경으로 일본인 어린이와 재

---

74) 구견서, 『일본영화와 시대성』, 제이앤씨, 2006, 390쪽.
75) 최은주, 「전후 일본의 전쟁을 둘러싼 '국민적 기억'」, 『일본연구』 61집, 한국외국어대학교 일본연구소, 2014, 140쪽.

일 한국인 어린이들의 우정을 그려낸 <큐폴라가 있는 거리>(1962)
는, 주인공 소녀 준(吉永小百合 분)의 성장담을 주된 서사로 삼으면
서도 본래 조선에서 왔으나 이후 북한으로 건너가는 요시에(鈴木光
子 분), 재일 한국인들과 어울리는 것을 싫어하는 준의 아버지(浜村
純 분), 재일 한국인 아버지와 일본인 어머니를 둔 요시에와 산키치
(森坂秀樹 분) 남매 등의 등장인물들을 통해 동시기 일본 사회가 안
고 있던 재일 한국인 문제와 사회적 편견, 그리고 이에 대한 비판과
휴머니즘적 메시지를 전달하였다.

재일 한국인을 다룬 가장 대표적인 사회파 영화로는 <교사형>(1968)
을 꼽을 만하다. 일명 '이진우사건'으로 불리는 1958년 고마쓰가와사건
(小松川事件)을 소재로 한 이 영화를 통해, 감독 오시마 나기사는 "국가
와 국민의 공모관계 그리고 국민국가라는 시스템 안에서 벌어지는 폭력
의 매커니즘을 폭로"한다.76) 그리고 이때 영화의 주인공인 사형수 R은
일본의 사형제도 및 재일 조선인이라는 존재가 의미하는 모순적 문제들
을 함축하는 상징적 인물로 자리한다. 그리고 익명의 존재로 설정된 R
의 인물형과 영화에 도입된 파격적 영상 기법 등을 통해, 영화는 실화
사건 그 자체보다는 국가와 민족의 이분법적인 문제, 즉 "조선에 대한
가해자로서의 일본 역사를 고발"하는 데 치중하는 경향을 띠었다.77)

이와 같이, 1960년대 일본영화의 새로운 경향을 드러낸 사회파
영화 속 재일 한국인은 보는 이로 하여금 동시기 일본 사회의 모순
적 상황을 환기시키는 인물로서 그 존재성을 과시하고 있었다.

---

76) 채경훈, 「오시마 나기사와 재일조선인 그리고 국민국가」, 『씨네포럼』 25호, 동국
   대학교 영상미디어센터, 2016, 43쪽.
77) 박동호, 앞의 학위논문, 37쪽.

3. 야쿠자 영화 속 재일 한국인의 표상

1960년대 이후 일본영화 속 재일 한국인 표상은 일명 '야쿠자 영화(仁俠映畵)'를 통해 비교적 선명하게 나타났다. 아울러 그 배경에는 1965년 한일기본조약(韓日基本條約) 체결을 계기로 국교정상화가 이루어지면서 새롭게 펼쳐진 한국과 일본의 관계가 자리하고 있었다.

이전까지 야쿠자 영화는 '일본풍(和風)'과 '서양풍(洋風)'이라는 대결 구도와 '일본풍=선', '서양풍=악'이라는 절대 공식 등으로 이분법적 성격을 지녔다. 이는 1960년대 이후로도 이어져, <여왕벌과 대학의 용(女王蜂と大学の竜)>(石井輝男 감독, 1960)이나 <신・악명(新・悪名)>(森一生 감독, 1962) 등의 작품들에서도 그 특성이 발견된다. 그리고 이들 영화 속 재일 한국인은 일본 야쿠자와 대척점에 위치한 양풍 스타일을 풍기는 위협적인 악의 존재로 묘사되곤 하였다.

하지만, 1960년대 중반에 이르러 관련 영화 속 재일 한국인들은 타자로 그려지기보다는 "공생의 존재"로 설정되기 시작하였다. 특히 <남자의 얼굴은 이력서(男の顔は履歴書)>(加藤泰 감독, 1966)나 <망향의 규칙(望郷の掟)>(野村芳太郎 감독, 1966) 등에 등장하는 야쿠자와 재일 조선인의 상호 관계는 야쿠자 영화 속 재일 한국인 표상의 변화를 예고하는 대표적인 사례였다.78)

1970년대에는 일련의 야쿠자 영화들이 연작 시리즈로 제작되면서 보다 확고한 장르로 자리 잡게 되었다. <야쿠자의 묘지(仁義の墓場)>(深作欣二 감독, 1975), <일본폭력열도: 게이한신 살인의 군단(日本暴力列島: 京阪神殺しの軍団)>(山下耕作 감독, 1975) 등의 작품들과 후카사쿠 긴지(深作欣二)로 대표되는 여러 감독들의 활약이

---

78) 박동호, 앞의 학위논문, 14~15쪽.

두드러졌다. 이들 영화는 이전까지 중요시되던 '인의(仁義)' 혹은 '의협(義俠)' 등의 원론적 테마를 제시하기보다는 폭력에 대한 생생한 묘사에 치중하였는데, 그럼으로써 당시 급속도로 자본주의화 되어가던 일본 사회의 혼돈과 그 이면에 자리하고 있던 폭력성을 폭로하였다. 특히 영화 속에 조직과 개인 간 갈등을 반복적으로 보여줌으로써 일본 사회의 전통적 가치가 균열을 보이고 있었음을 주지시킨다. 그리고 이는 "조직에 충실하거나 성실하게 일해서 사는 것보다는 사일 추구를 통해서 살아야 한다는 사회적 가치"와 "일본의 전통적인 조직이 현 세대의 흐름과 동떨어져 있"음을 암시하는 동시에, 이로부터 "탈출하려는 세대의 고충"을 반영하는 것이기도 하였다.79)

이렇게, 당시 야쿠자 영화 속 재일 한국인의 표상을 통해 "'적(敵)으로서의 배제의 대상'이었던 그들이 이제 일본 사회의 '동화의 대상'으로 변화"될 가능성이 열리게 되었다.80) 그리고 이러한 가능성은 <삼대째 이름을 잇다(三代目襲名)>(小沢茂弘 감독, 1974), <일본폭력열도: 게이한신 살인의 군단>(1975), <고베국제폭력단(神戸国際ギャング)>(田中登 감독, 1975), <야쿠자의 묘지: 치자나무 꽃(やくざの墓地・くちなしの花)>(深作欣二 감독, 1976), <총장의 목(総長の首)>(中島貞夫 감독, 1979) 등 1970년대 중후반 영화계를 수놓은 일련의 야쿠자 영화들을 통해 실현되어 갔다.

---

79) 구견서, 앞의 책, 576~577쪽.

80) 梁仁實, 「「やくざ映画」における「在日」観」, 『立命館産業社会論集』38卷2号, 立命館大学, 2002, p.126.

제6부

경제 협력의 증진과 제한된 문화적 소통, 그리고 양국 영화 교류·관계의 양상 (1972~1988)

01 한국영화계와 일본영화계의 상관 관계 및 교류 활동

02 일본 관련 한국영화의 전개

03 한국 관련 일본영화의 전개

01

한국영화계와 일본영화계의
상관 관계 및 교류 활동

1. 유신정권의 영화 정책 및 제도와 식민지 유산의 문제

1970년대 초, 한국과 일본을 둘러싼 국제 정세는 급속히 변화를
보였다. 1969년 7월 25일 '닉슨 독트린(Nixon Doctrine)' 발표 이후
동아시아의 새로운 질서를 도모하던 미국이 1971년 '핑퐁 외교'[1]를
통해 중국과의 관계 개선을 시도하며 '긴장 완화(détente)'의 시대를
예고하였던 것이다. 이러한 분위기 속에, 이미 1952년 평화협정을
맺은 바 있던 일본과 중국이 1972년 9월 29일 정식으로 수교함으
로써 국교 정상화가 이루어졌다.[2]

그러면서 냉전의 구도가 크게 요동치게 되었는데, 이때 박정희
정권의 선택은 '반공 이념'과 '국민 총화'를 강조하여 권력을 더욱
공고히 함에 두어졌다. 그리하여 나온 것이 1972년 10월 17일 공포

---

1) 1971년 4월 6일 일본 나고야(名古屋)에서 개최된 제31회 세계탁구선수권대회에 출
전한 미국 선수단 15명 및 기자단 4명이 중국으로 건너가 4월 10일부터 4월 17일
까지 저우언라이(周恩來) 총리를 만나고 베이징, 상하이, 광저우(广州) 등을 방문함
으로써 미국과 중국 간의 교류가 재개된 일련의 사건을 가리킨다.

2) 미국과 중국이 수교한 것은 1979년 1월 1일이었다.

되어 11월 21일 국민투표에 의해 확정된, '메이지유신(明治維新, 1868)'을 연상케 하는 '유신체제'였다. 동년 12월 27일 박정희의 대통령 취임과 동시에 선포된 '유신헌법'은 통일주체국민회의를 통한 6년 임기의 대통령 간선제, 대통령의 중임 및 연임 제한 규정의 철폐, 대통령의 권한 확대 및 국회의 권한 축소 등을 골자로 유신체제를 법제적으로 뒷받침하였다. 이렇게 탄생한 '유신정권'은 사회·문화계 각 분야에서 민중의 정향을 봉쇄하고 이들이 국가 정책에 동조하도록 할 목적으로 대민 억압책과 동원책을 강구하였다. 특히 언론 통제와 활용이 중요시되었는데, 그 일환으로 취해진 것이 영화 정책 및 제도에 대한 조치였다.[3]

1973년 2월 16일 공포된 4차 개정 영화법은 허가 및 허가취소 등의 조항(제4조, 제5조) 신설로 기존의 영화사 등록제를 허가제로 전환시켰고, 영화의 제작 및 수입편수의 조절(제6조), 국산영화의 제작 신고(제7조), 제작중지 명령(제8조) 등을 이어갔으며, 영화 제작업과 수입업을 다시금 일원화함으로써 외국영화 수입쿼터제를 부활시켰다. 아울러 영화에 대한 검열 규정을 보다 강화하였다. 그런데, 영화법 4차 개정을 통해 '규율과 통제 위주의 영화 정책'[4]을 추구(하려)한 유신정권의 의도와 행위는 일본에서 처음으로 도입한 영화법(1939)을 거의 그대로 수용하여 1940년 1월 4일 '조선영화령'을 공포한 조선총독부의 그것과도 유사성을 띠었다.

또한, 4차 개정 영화법을 토대로 1973년 4월 3일 출범한 영화진흥공사에서는 한국전쟁 전후 시기를 배경으로 둔 반공영화 5편과

---

3) 오진곤에 따르면, 유신헌법과 방송법-영화법, 통일주체국민회의와 한국방송공사-영화진흥공사, 긴급조치와 방송지침-영화시책 간에는 위계성과 상통성이 존재한다. 오진곤, 「유신체제기 영화와 방송의 정책적 양상에 관한 연구: 유신체제의 법제적 장치에 따른 영화와 방송의 법제적 조치를 중심으로」, 『언론정보연구』 48권1호, 서울대학교 언론정보연구소, 2011 참조.

4) 김동호 외, 『한국영화 정책사』, 나남출판, 2005, 225쪽.

여성의 활약상을 내세운 새마을운동 홍보 영화 1편 등 모두 6편의 국책영화를 제작하였는데, 이 역시도 조선영화령을 토대로 설립된 조선영화제작주식회사에서 1943년 이후 일본어 국책영화들이 만들어졌다는 사실과 상통하는 면이 많다.5)

한편, 영화법 4차 개정 이후 문화공보부의 중재 하에 1973년 5월 11일 영화 배급업자들의 조직체인 사단법인 영화배급협회가 조직되어 배급의 일원화를 추구하였는데,6) 이 또한 조선총독부의 관여로 기존의 배급업자들을 망라한 채 1942년 5월 1일 사단법인 조선영화배급사(社團法人朝鮮映畵配給社)가 설립되어 배급 일원화가 실현된 과정과 흡사하다.

이밖에도, 박정희 정권 하에서 1960년대부터 이어져 왔던 우수영화 제도, 극장에서의 뉴스영화 및 문화영화의 의무상영 규정 등도 중일전쟁 이후 일본 본토를 거쳐 식민지 조선에 도입된 영화 통제 체제 하에서 취해진 정책의 결과물들이었다.

이처럼, 1972년부터 1979년까지 지속된 유신정권의 영화 정책 및 제도는 여전히 지워지지 못한 과거 식민지 '유산'을 답습한다는 점에서도 한계를 드러내었다. 나아가 그 배경에는 전술한 바와 같은 동시기 국제 정세의 변화도 자리하고 있었고, 오키나와(沖繩) 반환(1972.5.15)을 통한 미국과 일본 간의 관계 재설정도 있었으며, 남한과 북한이 처한 국제 정세 및 국내 상황도 존재하였다고 볼 수 있다.

---

5) 전평국·이도균, 「일제 강점 말기와 유신 정권 시기의 국책선전영화 비교 연구: 사단법인 조선영화제작주식회사의 군사영화와 영화 진흥공사의 전쟁영화를 중심으로」, 『영화연구』 50호, 한국영화학회, 2011, 423~432쪽 참조.

6) 결과적으로는 배급의 일원화가 실현되지 못하였다. 자세한 내용은 오진곤, 「사단법인 영화배급협회'에 관한 연구: 유신정권기를 중심으로」, 『현대영화연구』 26호, 한양대학교 현대영화연구소, 2017 참조.

2. 양국 정상의 상대국 방문과 문화 교류 분위기의 확산, 그리고 영화

1979년 '10.26사건'을 수사하는 과정에서 권력을 탈취한 '신군부' 세력은 1981년 3월 3일 전두환을 대통령으로 하는 제5공화국을 출범시켰다.[7] 그 과정에서 '12.12사건'(1979)과 '5.18 광주 민주화운동'(1980) 등을 거쳐 유신체제의 산물인 이른바 '체육관 선거'를 통해 집권하였기에, 전두환 정권은 민주화를 요구하는 대학생이나 시민에게는 '공권력'이라는 미명 하에 폭력적 억압을 가하였다.

이와 동시에 대민 회유책도 구사하였다. 그 일환으로 정권 초기인 1982년 1월 5일부터 새벽 시간대의 '통행금지'를 해제하고 1983년부터는 중고등학생의 교복 및 두발 자율화를 단행하였다. 전두환 정권의 '우민화 정책'은 스포츠(Sports), 섹스(Sex), 스크린(Screen)의 앞 글자를 딴 이른바 '3S 정책'으로 대변되기도 한다. 1982년 프로야구, 1983년 프로축구의 개막과 1984년 12월 31일 영화법 개정 전후에 취해진 영화 규제의 완화 등은 3S 정책의 산물로 볼 수 있다.[8]

한편, 권력의 정당성이 부재한 상황에서 전두환 정권은 외교적 성과를 가시화하는 데 힘을 기울였다. 특히 미국은 물론이고 일본과의 관계를 돈독히 하는 데에도 정성을 쏟았다. 그리하여, 1983년 1월 11일 나카소네 야스히로(中曽根康弘)가 일본 총리로는 처음으로

---

7) 역사학계에서는 제5공화국의 성격을 "10·26사건으로 일시 혼란상태에 처한 지배세력이 유신체제를 대체하여 성립시킨 새로운 군부권위주의 독재정권"으로 규정하고 있다. 강만길 외, 『한국사 19: 자주·민주·통일을 향하여 1』, 한길사, 1994, 131쪽.

8) 전두환 정권은 신문, 방송 등의 언론 매체에 대해서는 강하게 탄압하면서도 영화에 대해서는 유화책을 썼는데, 여기에는 1970년대 이후 영상 대중 매체의 위상이 텔레비전으로 기울어져 가던 상태에서 1980년 12월 1일부터는 컬러 방송이 시작되었다는 점도 시대적 배경으로 자리하고 있었다.

한국을 방문하고, 답방 형식으로 이듬해인 1984년 9월 6일 전두환이 한국 대통령으로서는 최초로 일본을 방문하게 되었다.

나카소네의 한국 방문에서 양국 정상은 12개 항목으로 구성된 공동성명을 내놓았는데, 여기에는 10번째로 "대통령과 총리대신은 국민적 기반에 입각한 교류의 확대가 장기적인 관점에서 양국 관계의 발전에 매우 중요하다는 데 인식을 같이하고, 이를 위한 방안으로서 학술, 교육, 스포츠 등 양국 간의 문화 교류를 점차적으로 확대해 나가기로 하였다."라는 내용이 포함되었다.9)

전두환의 일본 방문에서도 양국은 12개 항목의 공동성명을 발표하였다. 이번에는 8번째로 "대통령과 총리대신은 양국이 각자의 민족적 전통과 자주성을 존중하는 가운데 국민적 기반에 입각한 교류를 확대해 나가는 것이 장기적 관점에서 한일 선린우호 협력관계의 발전에 매우 중요하다는 데 대하여 인식을 같이하고 이를 위한 방안으로서 학술, 교육, 스포츠 등의 문화 교류를 점진적으로 확대해 갈 것임을 재확인하는 동시에 특히 21세기를 향하여 젊은 세대 간의 상호 이해가 중요하다는 관점에서 양국 간의 청소년 교류를 가일층 촉진하는 것이 바람직하다는 데 의견이 일치하였다."라는 내용이 들어갔다.10)

이러한 과정에서 1983년 12월 재단법인 일한문화교류기금(財團法人日韓文化交流基金)이 도쿄에 설립되었다.11) 이 단체는 1981년 9월 제9차 한일의원연맹 합동총회에서 그 설치에 대해 합의된 후 1983년 4월 추진위원회가 구성된 뒤 모금을 거쳐 발족이 이루어진 것이었다.

한편, 1980년 5월 3일 서울에서 열린 제9차 한일의원연맹 간사회

---

9) <한일정상회담 공동성명 전문>, 《동아일보》 1983.1.12, 3면.

10) <한·일 정상 공동성명 전문>, 《경향신문》 1984.9.8, 3면.

11) 공익재단법인 일한문화교류기금 홈페이지(http://www.jkcf.or.jp) 참조.

의에서 양국의 문화영화 교류에 대한 논의가 있었고,12) 1983년 12월 2일부터 3일까지 서울에서 개최된 문화교류 실무자회의에서는 청소년, 학생, 언론인 등의 교류 확대 및 일본영화의 한국 수출에 대한 방안을 모색한다는 내용의 합의의사록이 발표되었으며,13) 1984년 8월 6일에는 한국문화광고제작자협회(KFPA)와 일본TV코머셜제작사연맹(JAC) 사이에 '한일 광고영화 정보 교류에 관한 협정'이 체결되기도 하였다.14)

그러나 아직은 한국에서 일본 대중영화를 수입하는 문제를 둘러싼 논의가 활발히 전개되지는 못하였다. 이보다는, 한국에 대한 미국의 무역 개방 압력이 거세졌던 때였기에 할리우드 자본과 영화의 한국 상륙 문제가 사회적 화두로 떠올라 있었다.15) 이후 한국에서 일본영화의 수입에 관한 논의가 다시 수면 위로 부상하는 것은 '제2차 한미영화협상'이 일단락되고16) 서울에서 하계 올림픽이 개최되는 1988년 무렵이다.

---

12) <문화영화 교류 본격 논의>, 《동아일보》 1980.5.1, 1면 참조.

13) <청소년·언론인 교류 확대 일본영화 한국진출 거론 한일문화교류회의>, 《동아일보》 1983.12.5, 3면 참조.

14) <한일 광고영화 정보교류 협정>, 《매일경제》 1984.8.23, 9면 참조.

15) 관련 내용은 1986년 12월 31일 공포된 6차 개정 영화법과 1987년 11월 28일 공포된 7차 개정 영화법에 반영되었다.

16) 이를 통해 "광고 및 영화배급, 영화제작업에 대한 외국인 투자를 허용하고 수입업의 투자허용 범위를 확대한다"는 내용에 대한 정부 발표(1988.1.27) 후 20세기폭스사와 UIP가 한국에서 설립을 인가 받게 되었다. 유지나 외, 『한국영화사 공부 1980~1997』, 한국영상자료원, 2005, 165쪽.

3. 아시아영화제와 아스팍영화제를 통한 한국에서의 일본 영화 일반 공개

한국은 1954년부터 열린 아시아영화제 가운데 1962년 제9회와 1966년 제13회를 서울에서 개최하였으며, 이를 계기로 한국에서 일본영화의 공개가 이루어진 바 있었다. 그리고 이러한 양상은 1970년대 이후로도 이어졌다.

1972년 5월 17일 서울에서 개최된 제18회 아시아영화제에는 "옵서버로 참가"한 멕시코를 포함하여 총 10개국이 참가하였고, 단편영화 13편을 포함하여 모두 63편의 작품이 출품되었다.17) 이 가운데 17편은 서울시민회관에서 일반인에게 유료 상영되었는데, 그 중 9편은 일본영화였다.18)19) 이는 "해방 후 처음으로 일본영화"가 "한국에서 유료로 시민들에게 공개"된 것이었다.20) 영화제 개막식에는 일본제작자연맹의 회장 기도 시로(城戶四郎)와 도호영화사의 사장 후지모토 사네즈미(藤本真澄), 그리고 배우 겸 제작자인 가쓰 신타

---

17) <18회 아시아영화제 개막>, ≪동아일보≫ 1972.5.18, 7면.

18) 일본 최우수영화로 유명세를 타고 있던 야마다 요지 감독의 <가족(家族)>(1970)을 비롯하여, <나는 울지 않는다(私は泣かない)>(吉田憲二 감독, 1966), <그리운 피리와 북(なつかしき笛や太鼓)>(木下惠介 감독, 1967), <급행열차(喜劇急行列車)>(瀬川昌治 감독, 1967), <석춘(惜春)>(中村登 감독, 1967), <춘난망(春らんまん)>(千葉泰樹 감독, 1968), <괴수 총진격(怪獣総進撃)>(本多猪四郎 감독, 1968), <꽃의 연인들(花ひらく娘たち)>(斎藤武市 감독, 1969), <외발의 에이스(片足のエィース)>(池広 一夫 감독, 1971)가 상영되었다. <(연예오락) 아시아영화제 출품작 일반공개>, ≪경향신문≫ 1972.5.17, 8면 참조. / 영화제에는 참가하였으나 일반에는 공개되지 않은 극영화로는 <남자는 괴로워: 도라지로 연가(男はつらいよ: 寅次郎恋歌)>(山田洋次 감독, 1961), <절창(絶唱)>(西河克己 감독, 1966), <자토이치 난폭 불축제(座頭市あばれ火祭り)>(三隅研次 감독, 1970), <붉은 모란(緋牡丹博徒)>(山下耕作 감독, 1968) 등이 있었다.

19) 1972년 제9회 아시아영화제 당시 일본의 출품작 편수는 극영화 14편, 문화영화 6편이었다고 알려져 있었다. <아시아영화제 개막>, ≪경향신문≫ 1976.6.15, 8면 참조.

20) <아시아영화제 개막>, ≪경향신문≫ 1972.5.17, 7면 참조.

로(勝新太郎) 등 일본영화계 인사들도 참석하였다.[21]

1976년 6월 15일부터 시작된 제22회 아시아영화제의 개최지는 개항 100주년을 맞이한 부산이었다. "신규 회원국으로 가입원을 내고 있어 업저버국으로 참가"한 호주를 포함하여 9개국이 극영화 34편과 문화영화 17편을 출품하였는데, 당시 한국 측에 일본영화의 수입 보장을 요구하고 있던[22] 일본은 4편의 작품만을 내놓았다.[23] 이 가운데 일반에 공개된 영화는 <동하(凍河)>(斎藤耕一 감독, 1976), <만가(挽歌)>(河崎義祐 감독, 1976) 등 3편이었으며,[24] <신칸센 대폭발(新幹線大爆破)>(佐藤純弥 감독, 1975)의 경우 '인권존중상'을 받았다. 또한 <신칸센 대폭발>의 다카쿠라 겐(高倉健)이 남궁원과 함께 남우주연상을, <만가>의 아키요시 구미코(秋吉久美子)가 인도네시아의 마르니와 함께 여우주연상을 공동수상하기도 하였다.[25]

이후 아시아영화제는 오세아니아 권역을 포함하여 1982년부터 그 명칭을 '아시아태평양영화제'로 변경한다. 1986년에는 9월 12일 서울에서 제31회 영화제가 열렸다. 회원국 가운데 쿠웨이트와 싱가포르를 제외한 9개국에서 극영화 32편, 문화영화 11편이 출품된 영

---

21) <아시아영화제 스케치>, ≪동아일보≫ 1972.5.18, 8면 참조.

22) 1976년 1월, 일본영화제작자연맹은 한국영화제작자협회에 일본영화의 수입을 보장해주지 않는다면 제22회 아시아영화제에 참가하지 않겠다는 내용의 서한을 보낸 바 있었다. 산본공, 「일본대중문화의 개방정책과 유입실태의 변천에 관한 연구: 영화·방송·대중 음악과 공연을 중심으로」, 경기대학교 석사논문, 2004, 39쪽 참조.

23) <아시아영화제 개막>, ≪경향신문≫ 1976.6.15, 8면 참조.

24) 야마모토 이사오(山本功)는 ≪한국일보≫ 1976년 6월 15일자 기사를 참고하여 위의 두 작품과 함께 <탄환열차(彈丸列車)>를 언급하면서도 이 작품에 관해서는 "일본 타이틀을 확인 못하였"다는 점을 부연한다.(산본공, 앞의 학위논문, 같은 쪽) <탄환열차>는 1970년대 일본영화로서 검색이 되지 않기 때문에, 수상작 중 하나인 <신칸센 대폭발>과 같은 작품이거나 알려져 있지 않은 문화영화일 가능성도 없지 않아 보인다.

25) <아시아영화제 폐막>, ≪경향신문≫ 1976.6.18, 8면 참조.

화제에서는 이 가운데 "극영화 12편과 문화영화 10편을 선정, 국도 극장에서 12일부터 16일까지 특별시사회를 갖"기도 하였는데, 일본 영화 중에서는 극영화 <하나이치몬매(花いちもんめ)>(伊藤俊也 감독, 1985)와 <자매 언덕(姉妹坂)>(大林宣彦 감독, 1985), 문화영화 <일본의 전통 목수 공구>가 상영 프로그램에 들어가 있었다.26) 이 외에도 일본에서는 <도쿄로 가련다(俺ら東京さ行ぐだ)>(栗山富夫 감독, 1985), <이윽고 봄(やがて…春)>(中山節夫 감독, 1986) 등의 극영화를 출품하였으며, <하나이치몬매>의 도아케 유키요(十朱幸代)가 남우주연상을,27) <자매 언덕>의 세키모토 이쿠오(関本郁夫)와 가쓰라기 가오루(桂木薫)가 각본상을28) 받기도 하였다.29)

1990년대 이후부터 현재까지도 아시아태평양영화제는 존속되고 있으며, 일본 대중문화 개방 이전까지 그것은 제한적이나마 한국에서 일본영화를 일반에 공개하는 창구 역할을 담당하였다.

한편, 1969년부터는 아스팍영화제(ASPAC Film Festival)가 개최됨으로써 일본영화가 한국에서 상영되는 횟수가 보다 증가하였다. 이 영화제는 한국 정부의 초청 하에 일본, 대만, 태국, 베트남, 필리핀, 말레이시아, 호주, 뉴질랜드 등 9개의 회원국과 옵서버 자격의 라오스를 합쳐 모두 10개국이 참가하여 반공 국가들의 결속을 강화하기 위해 1966년 6월 14일부터 16일까지 서울에서 개최된 '아시아 및 태평양 지역 협력 각료회의'의 결과로 창설된30) '아시아 및 태평양 지역 이사회(ASian and PAcific Council, ASPAC)'의 행사 가운데 하나로 열리게 되었다. 즉, 1968년 10월 23일 서울에 아스

---

26) <서울 아·태영화제 개막>, 《경향신문》 1986.9.12, 11면 참조.
27) 당시 신문 기사에는 <회색의 황혼>의 '지아키 미노루'로 표기되어 있다.
28) 당시 신문 기사에는 <네 자매>의 '세키네 도시오'와 '다카하시 마시쿠니'로 표기되어 있다.
29) <일 지아키 미노루·이미숙 남녀 주연상>, 《경향신문》 1986.9.15, 12면 참조.
30) <아시아 각료회의 공동성명>, 《동아일보》 1966.6.17, 1면 참조.

팍 사회문화센터가 개관하였던 바, 사회문화센터 창립 1주년 기념으로 1969년 10월 20일부터 28일까지 서울과 도쿄에서 진행된[31] 문화 행사에 포함되었다.

아스팍영화제의 2회(1970) 개최지는 필리핀의 마닐라, 3회(1971) 개최지는 베트남의 사이공(호치민)이었다. 2회부터는 아스팍 사회문화센터의 행사 안에 포함되어 있던 아스팍영화제가 독립적으로 개최되었고, 3회 때는 아스팍영화제의 정례화가 도모되었다. 1972년에는 한 번 쉬고 4회(1973)와 5회(1974)는 다시 서울에서 개최되었다. 또한, 6회(1975) 마닐라, 7회(1976) 서울에 이어 1977년을 넘겨 8회(1978)는 대만에서 열렸다. 이후 휴식기를 갖고 1981년 서울에서 제10회 재개된 이래 1983년부터는 서울, 대구 부산, 광주 등지에서 매년 진행되었다.[32] 그러나 1980년대 이후 각국의 탈퇴가 이어지면서 회원국은 한국, 일본, 대만 정도만이 남았고, 이에 1981년부터 아스팍영화제에서는 회원국뿐 아니라 비회원국의 영화 또한 상영 대상으로 선별하였다. 그러나 1991년에는 일본마저 탈퇴하고 결국 1995년 6월 30일 아스팍 사회문화센터가 해체되기에 이르면서, 아스팍영화제도 1994년의 제22회를 마지막으로 행사를 접게 되었다.

이렇듯 "보편주의를 표방하는 공산주의에 대한 자유 진영의 체제 우월성을 선전하기" 위해 한국 정부의 주도 하에 25년간 이어진 아스팍영화제는 '한국의 냉전 세계주의'를 파급시킬 '문화적 냉전의 전략'으로 기능하였을 뿐 아니라,[33] 부수적으로는 공식적으로 금지

---

31) 당시 서울에서는 10월 20일부터 23일까지 국립중앙공보관 제2전시실에서 문화전이, 25일부터 26일까지 대한공론사 3층 KBS홀에서 문화영화제가, 25일 시민회관에서 특별영화회가, 도쿄에서는 22일부터 28일까지 마루젠출판사 전시실에서 도서전시회가 마련되었다. <동경서 행사 다채 아스팍 1주 기념>, ≪매일경제≫ 1969.10.20, 3면 참조.

32) 제11회 대회(1983)까지는 서울에서, 13회(1985)까지는 서울, 대구에서, 17회(1989)까지는 서울, 대구, 부산에서, 그 이후는 서울, 대구, 부산, 광주에서 개최되었다.

33) 구민아, 「아스팍영화제와 한국의 냉전 세계주의」, 『아시아문화연구』 49집, 가천대

되어 있던 한국에서의 일본영화 상영에 일부 기여하게 되었다.

즉, 한국에서 아스팍영화제가 열릴 시에는 여타 국가들의 작품과 함께 일본영화도 보통 1편 정도씩 공개되곤 하였는데, 극영화를 예로 들면, 서울에서 열린 1회 영화제에서는 가와바타 야스나리(川端康成)의 동명 소설을 영화화한 나카무라 노보루(中村登) 감독의 <고도(古都)>(1963)가 <세월은 흘러도>라는 제명으로 상영되었다. 이후 1973년에 열린 4회 때에는 이나가키 히로시(稲垣浩) 감독의 <풍림화산(風林火山)>(1969)이, 1974년에 열린 5회 때에는 구로사와 아키라(黑澤明) 감독의 <붉은 수염(赤ひげ)>(1965) 등 2편의 극영화가,[34][35] 1981년에 열린 10회 때에는 야마다 요지 감독의 <남자는 괴로워: 도라지로의 꿈(男はつらいよ: 寅次郎の夢)>(1979) 등이, 1983년에 열린 제11회 때에는 <벌거벗은 대장(裸の大将)>이,[36] 1984년에 열린 제12회 때에는 마쓰야마 젠조(松山善三) 감독의 <노리코는 지금(典子は、今)>(1981)이,[37] 1985년에 열린 13회 때에는 고토 도시오(後藤俊夫) 감독의 <우비(アマギ)>(1982)가 <곰 사냥>이라는 제명으로 상영되었다. 이후에도 일본이 아스팍영화제 회원국 자격을 유지하는 1990년까지 매년 1~2편 정도의 일본 극영화가

학교 아시아문화연구소, 2019, 7쪽.

34) <이것이 사랑>이라는 제목의 극영화와 <라이쵸>라는 제목의 비(非)극영화도 상영되었다. <7개국 19작품 공개 내달 아스팍영화제>, ≪동아일보≫ 1974.3.12, 8면 참조.

35) 1976년 서울에서 개최된 7회 때에는, <침묵의 사랑>, <사랑과 죽음> 등 2편의 극영화와 <하루의 생활>, <일본인의 스포츠> 등 2편의 문화영화가 상영되었다. <내일부터 2일간 아스팍영화제 4개국이 참가>, ≪경향신문≫ 1976.4.10, 8면 참조.

36) <예술영화 교류에 큰 몫 막 내린 제11회 아스팍영화제>, ≪경향신문≫ 1983.6.2, 7면 참조. / <벌거벗은 대장>은 호리카와 히로미치(堀川弘通) 감독의 1958년작 영화이다. 한편, 1980년에는 <벌거벗은 대장 방랑기(裸の大将放浪記)>가 간사이 텔레비전(関西テレビ)과 후지텔레비전(フジテレビ)에서 제작되었는데, 이것이 이듬해 영화판으로 만들어져 극장에서 개봉된 일도 있었다. 위키피디아 일본어판 (https://ja.wikipedia.org/wiki) 참조.

37) 이와 더불어 문화영화 <만화와 현대 일본인>도 상영되었다. <「아스팍영화제」 한국서 열린다>, ≪경향신문≫ 1984.4.9, 12면 참조.

비슷한 수의 문화영화 등 비(非)극영화와 함께 한국에서 일반에 공개되었다.

전술한 바대로, 냉전의 종식에 따라 아스팍영화제 역시 역사의 뒤안길로 사라지게 되었으나, 그 과정에서 축적된 국제적 규모의 영화제 개최와 운영의 경험이 1990년대 중반 이후 일종의 '붐'을 이룬 한국에서의 국제 영화제 출범의 밑거름이 되었다고 할 만하다. 아울러 1998년 단행된 일본 대중문화 개방 이전까지 공식적으로 금지되어 있던 일본영화에 대한 일반 공개에 일조하였다는 점에서 영화사적 의의를 구할 수 있다.

4. 국책영화의 특수촬영과 일본 기술진의 방한

4차 개정 영화법 제4장을 근거로 설립된 영화진흥공사는, 1970년 영화법 3차 개정을 통해 발족한 기존의 영화진흥조합의 업무를 계승하는 동시에 그것과는 구별되는 특징을 보이기도 하였다. 즉, 3차 개정 영화법의 제23조와 제24조에 명시된 '영화제작자에 대한 보조'와 '영화편수의 조절' 업무는 담당하지 않는 대신, 4차 개정 영화법의 제22조 4항 및 6항에 기재된 '영화의 제작'과 '영화제작시설의 설치 및 운용'을 행하게 된 것이다. 이를 통해 정책 당국은 "영화계의 불황을 타개하는 모델로서 국가가 직접 나서 영화제작의 모범을 제시하"는 한편 "정치적으로는 영화를 통해" '국민동원'과 '통제체제'를 강화하려 하였다.[38]

이렇게 해서 나온 장편 극영화가 <증언>(임권택 감독, 1974), <들

---

38) 오진곤, 「유신체제기 영화와 방송의 정책적 양상에 관한 연구: 유신체제의 법제적 장치에 따른 영화와 방송의 법제적 조치를 중심으로」, 『언론정보연구』 48권 1호, 서울대학교 언론정보연구소, 2011, 239쪽.

국화는 피었는데>(이만희 감독, 1974), <아내들의 행진>(임권택 감독, 1974), <울지 않으리>(임권택 감독, 1975), <잔류첩자>(김시현 감독, 1975), <태백산맥>(권영순 감독, 1975) 등 총 6편이었으며, 이 가운데 새마을운동과 연관된 <아내들의 행진>을 제외한 나머지 5편은 모두 반공영화였고 대부분 한국전쟁을 소재로 두고 있었다. 영화진흥공사에서 처음으로 기획·제작된 작품은 <증언>과 <들국화는 피었는데>였다. 두 영화 모두 한국전쟁 발발 시점부터 서울 수복 직후까지를 시간적 배경으로 설정하여 전쟁의 잔혹함과 공산주의(자)의 횡포라는 주제성을 강화하였다. 그리고 한편으로는 전투 장면에 대한 사실적 묘사를 통해 전쟁영화 특유의 스펙터클을 강조하기도 하였다.[39]

이를 위해 영화진흥공사 측은 군 당국의 지원을 받고 수천 명의 엑스트라를 동원하여 두 작품의 전투 장면을 동시에 촬영하였는데, 이때 일본 도호의 특수촬영팀이 방한하여 미니어처 방식 등을 비롯한 기술 제휴를 시도하였다. 그렇게 연출된 것이 <증언> 속 북한 전투기의 한강변 일대와 공항 폭격 장면, 인도교 폭파 장면, 폐허가 된 서울 시가지의 모습, 그리고 두 영화 속 B-29기의 폭격 장면 등이었다.[40] 이들 장면은 10월 중순 이후 "일본 기술진 8명과 한국 기술진 20명이" 공동으로 작업에 돌입함으로써 만들어지게 되었다. 총지휘는, <대괴수 용가리>(1967)를 통해 이미 한국에서의 특수촬영 경력을 지니고 있던 야기 마사오(八木正夫)가 맡았다.[41]

---

39) 두 영화에 관한 자세한 내용은 오진곤, 「유신체제기 한국영화 <증언>(1974)의 영화적 특징과 시대적 특수성」, 『영화연구』 50호, 한국영화학회, 2011 및 오진곤, 「1970년대 한국 국책영화의 양가성과 균열 양상에 관한 연구: <들국화는 피었는데>(1974)를 중심으로」, 『현대영화연구』 34호, 한양대학교 현대영화연구소, 2019 참조.

40) 당시 신문 기사에 의하면, 해당 촬영 분은 12분 정도였다. <최대 규모 인원 동원… 두 한국전 소재 영화 촬영>, ≪경향신문≫ 1973.9.22, 5면 참조.

41) 특수촬영을 위한 비용으로는 거액인 4,000만원이 들었는데, "일본인 용역비는 1천만 원 정도고 나머지 3천만 원은 모두 모형 제작에" 투입되었다. <모형 제작에만 3천만 원 들여>, ≪동아일보≫ 1973.10.22, 5면.

1974년 1월 1일, 두 작품 중에 먼저 <증언>의 개봉이 이루어졌는데, 이 작품은 "엄청난 군 지원과 함께 일본 기술진의 특수촬영"으로 "전화(戰火) 입은 서울 시가의 재현, 한강철교 폭파 융단 폭격" 등을 다룬 장면이 반향을 일으키며42) 23만 명 이상의 관객을 동원하였다.43)

<증언>의 '학습 효과'는 이후 민간 영화 제작업계로도 파급되었다. 이듬해인 1975년 한국전쟁을 소재로 한 반공 전쟁영화가 한일 합작으로 기획되기도 하였으며,44) 실제로 1976년 10월부터 6개월 이상 촬영에 임한 한진흥업 제작, 장일호 감독의 <난중일기>(1977)의 제작 중에는 전체 촬영 분 80% 정도의 진행 상태였던 1977년 5월 20일부터 한국 기술진이 도일(渡日)하여 일본 측의 특수촬영 기술 협조를 받아 해상 전투 장면을 찍기도 하였다. 한편, 인천상륙작전을 배경으로 "미국의 원 웨이 프로덕션과 일본의 동보영화사의 기술 제휴" 하에 "앤드류 매클라그렌이 연출을 맡"고45) 남궁원, 윤미라 등 한국 배우 20여명과 미국 배우 120여명이" 출연진에 이름을 올린 미국영화 <오! 인천>의 경우, 1978년 6월 당시 약 8천 피트의 인서트를 인천 로케이션을 통해 촬영 완료하였으나 "7월 중순 무렵까지 "당초 기술 지원을 하게 될 일본 동보영화사 직원들의 파업"에 의해 제작에 차질이 빚어진"46) 일도 있었다.47)

이후 한국영화계와 일본영화계 간 기술 제휴를 포함한 합작 시도

---

42) <「증언」 신정 개봉>, ≪동아일보≫ 1973.12.21, 5면.

43) 한국영상자료원 한국영화데이터베이스(http://www.kmdb.or.kr) 참조.

44) 함충범, 「도호의 특수촬영 기술과 한일 영화 교류·관계사의 양상」, 『인문학연구』 30집, 인천대학교 인문학연구소, 2018, 431쪽 참조.

45) <6.25 소재 외화「오! 인천」 우리나라 배우 20여명 출연>, ≪경향신문≫ 1978.3.2, 7면.

46) <「오 인천」 드디어 촬영 시작 인천상륙작전 소재>, ≪경향신문≫ 1978.7.19, 7면.

47) 함충범, 앞의 논문, 432쪽.

는 1980년대에는 별다르게 행해지지 않다가 1990년대 들어 다시금 행해지게 된다. 특히 한국 정부의 일본 대중문화 개방 조치가 취해지는 1998년을 기점으로 그 뒤로는 활성화되기도 하였다. 아울러, 양국 사이의 기술 격차의 축소와 역전 현상이 동반되면서 "오랫동안 '일본→한국으로의 기술 전수'라는 일방성을 보여 왔던 영화 교류의 모양새가" 점차 쌍방향적으로 변모하게 되었다는 점도 주목되는 사실이다.[48]

5. 양국 영화계의 기술적, 학술적 교류 활동

한일 국교정상화 이후 양국 간 인적 교류가 지속적으로 늘었으며, 1970년대 들어서는 한국을 찾는 일본인의 수가 급속히 증가하였다. 예컨대, 1973년 한 해에만 한국을 방문한 일본 관광객의 수는 47만여 명을 기록하였고, 평균 3천여 명의 일본인이 장기 체류 중인 상태였다.[49] 일본을 방문하는 한국인의 수 역시, 이보다는 적었으나 매우 많은 수치를 나타내고 있었다.[50] 여기에는 1971년 7월 30일 주한 일본대사관 공보문화원 개설,[51] 1973년부터 고등학교 제2외국어 중 하나로 일본어 채택 등의 시대적 배경이 자리하고 있었다고 할 만하다.

이러한 추세 속에, 영화 교류의 차원에서 한국인이 일본을 방문

---

48) 위의 논문, 434쪽.

49) <단절 20년 교류 10년 다시 온 일본·일본인>, ≪동아일보≫ 1975.8.14, 6면 참조.

50) 교도통신(共同通信)에 따르면, 1978년 한 해 동안 일본을 찾은 한국인은 총 184,099명으로 집계되었는데, 이는 275, 240명을 기록한 미국인에 이어 두 번째로 많은 일본 방문 외국인이었다. <일본 방문 한국인 작년에 18만여 명>, ≪경향신문≫ 1979.3.10, 7면 참조.

51) 주대한민국 일본국대사관 홈페이지(http://www.kr.emb-japan.go.jp) 참조.

하는 사례도 꾸준히 생겨났다. 가령, 후에 <난중일기>(1977)를 제작하는 한진흥업의 한갑진 사장은 영화 수출 판로 확보라는 명목 하에 1974년 6월 10여일의 일정으로 대만, 홍콩과 더불어 일본을 순방하고 돌아왔는데, 귀국 뒤 언론을 통해 일본영화계의 상황과 한국영화에 대한 시선 등을 소개하기도 하였다.[52]

특히 영화진흥공사는 촬영, 특수미술, 현상 등 3개 영역에서 1명씩 모두 3명의 '기술 연수생'을 뽑아 3개월의 일정으로 1973년 12월 25일 이들을 일본에 파견하고, 다음해에는 5명의 연수생을 추가로 선발할 계획도 세워놓은 바 있었다.[53] 1977년에는 대졸 학력 이상의 젊은 영화인을 대상으로 "미국에 2명, 일본에 3명을 파견, 경비 전액을 공사 측이 부담해 2, 3개월 코오스의 연수를 시킨다는 것이" 영화진흥공사의 연중 계획의 하나로 발표되기도 하였다.[54]

1980년대 들어서는 영화진흥공사에서 '영화인 교육 사업'의 일환으로 일본인 기술자 초청 영화강좌가 열린 일도 있었다. 이에, 1981년 9월 2일부터 5일까지 2명의 일본인 현직 기술자가 강연을 맡게 되었다.[55]

1980년대 후반에는 한국영화학회의 주최로 '일본영화 초청 강연 및 상영회'가 개최되기도 하였다. 1989년 5월 13일부터 19일까지 부산(13~14일 경성대학교), 서울(15~16일 한국일보사), 청주(17일

---

52) 그는 ""일본 영화기술자들이 우리영화를 보고 현상 기술이 나쁘다는 평을 하고 있다"고 전하"고 "특히 일본영화계는 최근 불황에 빠져 이를 타개하기 위해 외국영화 수입을 줄이고 TV용 외국영화의 관세를 대폭 인상하였다"는 소식을 전달하였다. <일본 등 영화계 순방 한진흥업 한사장>, ≪매일경제≫ 1974.6.28, 8면.

53) 연수 대상자는 촬영 부문 박승배, 특수미술 부문 노인택, 현상 부문 유금열이었다. <영진공 기술 연수생 3명 일본에 파견>, ≪경향신문≫ 1973.12.1, 5면 참조.

54) <해외연수의 길 우수 영화인에 영진공 추진>, ≪동아일보≫ 1977.2.16, 5면.

55) "초청된 강사는 요꼬하마시네마현상소 기사장인 미이데라 히르유끼 씨와 감독 겸 촬영기사인 아까스까 시게루 씨"였다. <일인 기술자 초청 영진공 영화강좌>, ≪경향신문≫ 1981.9.3, 12면.

청주대학교)에서 마련된 행사에서는 일본 동양대학(東洋大学) 교수
이자 영화평론가로 활동 중인 요모타 이누히코(四方田犬彦)가 '일본
영화, 과거-현재-미래'라는 제목으로 강연을 하고 장편 극영화 3편
과 단편영화 4편 등 총 7편의 일본영화가 무료로 상영되었다.[56]

이러한 기술적, 학술적 차원에서의 한일 양국 간 영화 교류 활동
이 1990년대 이후 보다 활성화되어 갔음은 물론이다.

---

56) 부산과 서울에서는 오즈 야스지로(小津安二郞) 감독의 <부초이야기(浮草物語)>(1934),
데시가하라 히로시(勅使河原宏) 감독의 <모래의 여자(砂の女)>(1964), 스즈키 세이준
(鈴木淸順) 감독의 <지고이네르바이젠(ツィゴイネルワイゼン)>(1980) 등 장편영화 3
편이 모두 상영되었으며, 청주에서는 <지고이네르바이젠>만이 상영되었다. <일본영화
강연: 상영회 한국영화학회 주최 13일부터 세 곳서>, ≪조선일보≫ 1989.5.11, 16면
참조

02

일본 관련 한국영화의 전개

1. 대하드라마의 제작과 영화 속 일제강점기의 시대상

　1970년대 들어 급격히 상승하기 시작한 텔레비전 수상기의 보급
률과 이에 따른 텔레비전 드라마의 활성화는 한국영화의 산업 지형
과 제작 경향에 큰 변인으로 작용하였다. '안방극장'의 확산은 텔레
비전 드라마의 붐을 대표하는 수식어가 되었고, 1960년대까지 한국
영화의 멜로드라마적 경향이 이때부터 텔레비전 매체로 전이되어 갔
다. 그리고 이 무렵부터 유행을 이루기 시작한 일일연속극은 시청자
의 열광적 호응을 이끌어내면서 수백 회에 이르는 장기 방영으로 이
어졌다. TBC의 <아씨>(1970~1971)와 KBS의 <여로>(1972), MBC
의 <새엄마>(1972) 등은 이 시기의 일일드라마를 대표하는 히트작
이었다.57)

　특히 <여로>와 <아씨>는 대하드라마의 호흡을 보였는데, 두 작
품 모두 한국 근현대사의 중대한 굴곡을 거친 한 여인의 삶을 인내

---

57) 강준만, 『한국언론사: 한성순보에서 유튜브까지』, 인물과사상사, 2019, 336~337쪽
　　참조.

와 수난, 갈등과 화해의 과정을 통해 그려내었다. <아씨>에서는 1930년대 일제강점기와 분단, 6.25전쟁이 주요한 시대적 배경이 되었으며, <여로>의 경우도 6.25전쟁을 통해 가족 간의 이별의 고통이 발생하는 것으로 서사적 패턴이 이루어졌다. 그러면서 두 드라마는 모두 "식민지/전쟁기의 강인한 여성상을 대체하는 새로운 여성상인 '현모양처'에 대한 요구"를 반영하는 경향을 띠기도 하였다.[58] 그리고 이러한 '가족 멜로드라마'가 영화에서 텔레비전 드라마로 옮겨감에 따라 이들의 주 소비층이었던 여성 관객층은 점차 영화관을 찾지 않게 되었다.[59]

이에 따라, 텔레비전과는 차별화된 소재를 필요로 하게 된 당시 한국영화는 그 일환으로 일제강점기를 소환하여 국책영화 및 액션영화, 시대물 등에서 시대적 배경으로 두는 전략을 취하였다. 예를 들어, 이때 만들어진 <의사 안중근>(주동진 감독, 1972)은 무성영화 시대의 작품 <애국혼>(정기탁 감독, 1929), 해방 후 최초의 극영화 <의사 안중근>(이구영 감독, 1946), 이승만 정권 말기에 제작된 <고종황제와 의사 안중근>(전창근 감독, 1959)에 이어 한국영화 사상 네 번째로 안중근을 다룬 영화였다. 이 작품은 주인공 안중근(김진규 분)이 도산 안창호의 연설회에서 영감을 얻은 것을 계기로 이토 히로부미(伊藤博文)를 사살한 뒤 순국하기까지의 과정을 다루었는데,[60] "비상사태 선언 이후 제작된 첫 안보 영화"답게 작품 속 일제강점기에 대한 재현 역시 기존 국책영화의 기조를 그대로 따르는 모습을 보였다.[61]

---

58) 이효인 외, 『한국영화사 공부 1960~1979』, 한국영상자료원, 2005, 93쪽.

59) 위의 책, 96쪽 참조.

60) 신광철, 「안중근을 보는 두 가지 시선: 남북한 영화가 재현해낸 애국적 인물의 궤적」, 『인문콘텐츠』 1호, 인문콘텐츠학회, 2003, 232쪽.

61) <외국인만 3백여명 동원 안중근, 애국 치우쳐 인간성 가려>, ≪경향신문≫ 1972.2.15, 8면.

같은 시기에 나온 <쇠사슬을 끊어라>(이만희 감독, 1972)는 1960
년대 중반부터 이어져오던 '만주 웨스턴' 장르의 후기작 계열에 속
하였다. 영화 속 일제강점기는 '만주'라는 상상적인 공간으로 구현
된다. 그리고 여타 '만주 웨스턴' 영화들의 경우와 유사하게, 영화
속 만주는 지정학적 공간으로서보다는 복합적이면서도 다국적인 요
소들이 혼재되어 있는 공간으로 설정되어 있다. 독립운동의 중요한
자금이 되는 불상의 행방을 찾아 나서는 세 사나이의 이야기를 통
해 만주는 '혼종성'과 '무국적성'의 공간으로 표상되는데, 그러면서
도 영화는 결국 민족주의적 판타지에 부응하는 양상을 띠게 된다.62)

한편, 소위 '협객물'로 불리던 일련의 액션영화 시리즈에서도 일
제강점기는 주된 소재이자 배경이 되곤 하였다. '협객' 김두한이 주
인공으로 등장하는 <실록 김두한>(김효천 감독, 1974), <협객 김두
한>(김효천 감독, 1975), <김두한 제3부>(고영남 감독, 1975), <김
두한 제4부>(고영남 감독, 1975) 등의 연작 시리즈를 대표작으로
꼽을 만하다. 이들 영화는 실존 인물인 김두한의 캐릭터를 '항일 투
사'로 신화화하였는데, 여기에 왜곡과 과장이 더해져 그의 실제 행
적과는 차이를 보이는 부분도 적지 않았다. 그리고 이러한 과정을
통해, 영화는 김두한이 김좌진 장군의 아들이라는 점을 강조하면서
일본 야쿠자에 맞서 싸우는 그의 '협객' 이미지를 강조하며 민족주
의적 정서를 환기시키는 관객 소구 전략을 취하기도 하였다.63)

'정신대(挺身隊)' 문제를 정면으로 다룬 영화 또한 등장하였다.
스즈키 세이준(鈴木淸順)의 <작부 이야기(春婦傳)>(1965)를 표절한
것으로 알려져 있는 <여자정신대>(나봉한 감독, 1975)가 대표적인
경우였다. 그런데 이 작품은 일제강점기 조선인 위안부의 이야기를

---

62) 최수웅, 「한국영화에 나타난 '만주' 표상의 가치와 활용방법 연구」, 『순천향인문과
   학논총』 34권4호, 2015, 순천향대학교 인문학연구소, 180~188쪽 참조.
63) 송효정, 「반지성주의와 유신의 반영웅: 1970년대 전기영화 '김두한 시리즈' 연구」,
   『우리어문연구』 62집, 우리어문학회, 2018, 467~475쪽 참조.

다루고 있으면서도, 다소 선정적인 장면들을 포함함으로써 동시기 유행하던 '호스티스 멜로드라마'의 상업적 전략을 수용하는 양상을 띠기도 하였다.[64]

이밖에 1970년대 후반에는 '국책영화' 또는 '우수영화' 지원 정책을 염두에 둔 채 일제강점기를 배경으로 한 문학 작품이 영화화되는 경우가 많아졌다. 서기원의 소설 『마록열전(馬鹿列傳)』(1971)을 원작으로 한 <왜 그랬던가>(임권택 감독, 1975), 가지야마 도시유키(梶山季之)의 소설을 원작으로 한 <족보>(임권택 감독, 1978), 심훈 원작의 <상록수>(임권택 감독, 1978), 이광수 원작의 <흙>(김기영 감독, 1978) 등이 이에 속하는 영화들이었다.

1980년대에 들어서면서 일제강점기를 배경으로 한 한국영화의 편수는 이전에 비해 감소하였다. 그나마 김좌진 장군의 청산리대첩(1920)을 소재로 한 <일송정 푸른 솔은>(이장호 감독, 1982)이 주목할 만하다. 신일룡, 윤양하, 진유영, 김명곤, 이보희, 박암 등의 배우들이 출연한 이 영화에는 개봉 당시 청산리대첩의 유일한 생존자였던 이우석 옹이 직접 출연하기도 하였다. 총 5억 5천만 원의 제작비가 든 이 '대작' 영화에 대해 제작사 현진필름은 이 작품이 "특별한 주인공이 없"이 "장군이나 영웅 중심이 아니라 사병과 주민들에 초점을 맞"추는 서사 전개 방식으로 여타 전쟁영화와 차별성을 지닌다는 점을 홍보하면서[65] 철저한 고증과 재현, 역사의식을 고취하고 있음을 강조하였다.

뿐만 아니라 1980년대 한국영화의 일제강점기의 재현은 에로티시즘과 맞물려 있기도 하였다. 김유정 원작의 <땡볕>(하명중 감독, 1984), 나도향 원작의 <뽕>(이두용 감독, 1985), 김동인 원작의 <감

---

64) 김청강, 「'위안부'는 어떻게 잊혀 졌나?: 1990년대 이전 대중영화 속 '위안부' 재현」, 『동아시아문화연구』 71집, 한양대학교 동아시아문화연구소, 2017, 171~173쪽 참조.

65) <청산리 전투 테마 「일송정 푸른…」>, ≪경향신문≫ 1983.8.8, 12면.

자>(변장호 감독, 1987) 등, 문학작품을 원작으로 한 이 영화들은 일제강점기라는 시대성과 공간적 배경보다는 오히려 인물 간의 성적 관계와 이에 대한 자극적인 묘사가 커다란 비중을 차지하면서 영화 속 "역사적 공간과 계급적 관계"가 상쇄되기도 하였다.66) 그렇지만 한편으로, 이는 영화 속 일제강점기 설정의 폭이 이전보다 넓어졌음을 나타내는 사례였다고도 볼 수 있다. 그리고 1990년대 이후 그 다양성은 보다 더 확대되어 간다.

2. 영화 속 조총련 표상의 복합성과 동시대성

1970년대 한국영화 속 일본(인) 표상은 액션영화, 문예영화, 국책영화 등에서 어느 정도 동시대성을 띠기도 하였다. 이 무렵 조총련(朝總聯)67)은 한국영화에 가장 빈번하게 등장하는 일본 표상으로 자리해 갔다. 반공의 기치와 맞물려 음모와 '적'으로 설정된 조총련의 존재는 당시 시대적인 맥락과 불가분의 관계에 있었다. 1974년 8월 15일 서울 국립극장에서 열린 광복절 행사에서 벌어진 박정희 저격 미수 및 육영수 피격 사건은 남북 관계는 물론 한일 관계의 악화를 불러왔다. 범인인 재일교포 청년 문세광은 조총련 소속으로 만경봉호에서 북한으로부터 박정희를 암살하라는 지령을 받은 것으로 알려졌다. 하지만 이후 1975년부터 진행된 조총련 모국 방문 사업은 남북 관계는 물론 한일 관계에 새로운 전환점이 되었다. 민단에 의해 주도된 이 사업을 통해 박정희 정권은 조총련 계열의 재일

---

66) 정태수, 「1980년대 한국영화에서의 생산의 공간(1980~1987)」, 한양대학교 현대영화연구소 편, 『글로컬 시대의 한국영화와 도시공간 I (1980~1987)』, 박이정, 2018, 20쪽.

67) 1955년 일본 내에서 결성된 '재일본조선인연맹'으로부터 시작된 '재일본조선인총연합회', 약칭 '조총련'은 일본 내 북한을 지지하는 재일 조선인 좌익 단체이다.

교포에게 대한민국의 체제 우월성을 고취시키려 하였다. 하지만 이에 맞선 조총련에 의한 사업 방해 공작 역시 열띠게 전개되었다.

이러한 배경 하에 1970년대 한국영화 속 조총련은 계략과 음모의 존재로 표상화되었다. 김동현의 소설 『지금 평양에선』을 원작으로 1974년 KBS 텔레비전 드라마를 영화화한 <조총련>(박태원 감독, 1975)이 그 대표적인 경우였다. 화천공사가 제작하고 문오장, 허장강, 독고성 등의 배우들이 출연한 이 영화는, 북한의 만경봉호가 일본에 도착한 이후 조총련 내부에서 벌어지는 갈등과 권력 쟁탈전 및 암투를 다루고 있었다. 결국 그들이 내부 분열을 타개하기 위해 선택하는 것은 바로 재일교포 청년 문세광을 이용하여 박정희 대통령을 암살하려는 것으로 귀결되고, 이러한 시도는 실패로 끝나게 된다. 이와 같은 영화의 결말은 1974년 8월 박정희 암살 미수 및 육영수 사망 사건으로 격화된 반공과 한일 관계 악화로 이어졌던 당시 시대 상황을 드러낸다.[68]

<혈육애>(김기영 감독, 1976)는 1976년 당시 화제가 되었던 재일교포 모국 방문 행사를 배경으로 하였다. 조총련 모국 방문을 방해하는 북한의 공작 속에서도 조국을 방문함으로써 근대화에 성공한 발전된 대한민국의 모습을 보게된다는 내용으로 구성된 이 영화의 줄거리는 당시 국책영화에서 흔히 발견되는 전형적인 '반공 서사'를 띠고 있었다.

이밖에도, 일본을 배경으로 어린 시절 헤어져 얼굴조차 모르고 있던 주인공과 아버지의 상봉을 방해하는 조총련이 등장하는 <왜?>

---

68) 당시 신문기사에는 이 영화의 크랭크인 예정 소식을 알리면서 일본에서 로케이션 촬영으로 제작될 것임을 부기하고 있다. <「조총련」곧 촬영 화천공사 일서 로케>, ≪매일경제≫ 1974.11.06, 8면 참조. / 이 영화는 개봉을 앞두고 당시 문화공보부의 '우수영화' 선정 지원에 이 영화 또한 접수되어 우수심사대상에 오르기도 하였다. <영화 업계 초긴장 「우수작품 집중지원」으로>, ≪경향신문≫ 1975.1.10, 8면 참조.

(박노식 감독, 1974), 섬유 유리 개발 계획을 무산시키려는 조총련의 조직적인 움직임과 이들의 음모에 맞서는 사람들의 이야기를 담은 <악충>(이혁수 감독, 1976), 조총련의 음모를 저지하는 이야기를 무협 장르에 녹여낸 <마지막 다섯 손가락>(김선경 감독, 1974), 역시 호스티스 멜로드라마와의 장르 결합을 시도한 <표적>(최하원 감독, 1977) 등을 통해 한국영화 속 조총련의 악한 이미지가 반복적으로 제시되었다.

이와 같은 경향은 <오사까의 외로운 별>(김효천 감독, 1980), <오사까 대부>(이혁수 감독, 1986), <안녕 도오꾜>(문여송 감독, 1985) 등 일본 대도시의 지명이 제목의 일부로 붙은 일련의 영화들을 경유하며 1980년대로도 이어졌다. 이들 작품은 주로 일본 로케이션을 통해 촬영되어 이국적인 정서들을 강조하였는데, 여기에는 1970년대 중후반 한국 '협객영화' 및 동시대 홍콩 무협 영화, 일본 야쿠자 영화들의 영향이 묻어나 있기도 하였다. 이러한 면에서, 당시 한국영화 속 조총련을 통한 일본(인) 표상은 영화적 복합성과 더불어 동시대적인 성격을 동시에 띠었다고 할 만하다.

3. 일본영화 표절 사례의 감소 및 존속

1970년대 말에 이르면, 한국영화에서 일본영화 표절 사례는 비교적 감소하게 된다. 여기에는 두 가지 요인이 있었다. 우선, 이때부터 한국 정부의 일본 대중문화 개방에 대한 일본 정부의 공식적인 요청이 제기되기 시작하였다는 점이다. 다음으로, '우수영화'를 내놓는 제작사에 외국영화 수입 쿼터를 부여한다는 취지의 이른바 '우수영화 제도'의 실시로 인해, 한국영화계에서 일본 원작을 정식으로 리메이크하려는 시도가 유행처럼 일었다는 점이다. 이에 따라, 이전

과는 달리 일본의 소설 혹은 영화를 정식으로 리메이크한 작품의 편수가 늘어나게 되었다.69)

이 가운데 가와바타 야스나리의 소설을 원작으로 한 <설국>(고영남 감독, 1977)의 경우, 원작을 밝히기는 하였지만 일본영화 <설국(雪國)>(大庭秀雄 감독, 1965)과의 표절 시비가 일었다. 이로 인해 <설국>은 카이로영화제 출품작으로 선정되기까지 하였으나, 표절 논란을 극복하지 못한 채 출품이 취소되기도 하였다.70) 이 작품의 해외 영화제 출품에 대해 영화계 관계자들은 한국영화의 "창작극의 빈곤을 선전하는 것 밖에 안된다"며71) "하필이면 외국인 원작 외국 소재의 영화를 국제 영화제에 내보"내는 "잘못된 처사"라고 비난하기도 하였다.72)

이렇듯, 당시 일본영화의 번안 혹은 표절 문제는 '국제 영화제'와 한국의 문화적 '고유성'의 문제 사이를 표류하고 있었다. 이러한 점에서 가지야마 도시유키(梶山季之)의 소설을 원작으로 한 <족보>(임권택 감독, 1978)는 주목할 만한 작품이라 하겠다. 일본 작가의 원작 소설에서 재현된 일제강점기와 '창씨개명'을 소재로 한 이 영화는 조선총독부에 근무하는 다니(하명중 분)가 설진영(주선태 분) 일가에게 창씨개명을 권유하지만 끝내 그의 올곧은 의지와 '족보'의 위력에 감화된다는 줄거리를 담고 있다.73) 이와 같은 서사는 일본

---

69) 산본공, 앞의 학위논문, 39~40쪽 참조.

70) 양윤모, 「표절 논쟁으로 본 해방 후 한국영화」, 이연 외, 『일본 대중문화 베끼기』, 나무와숲, 1998, 82~83쪽 참조.

71) <카이로영화제 <설국> 출품 말썽>, ≪경향신문≫ 1977.7.16, 7면.

72) <비난 빗발친 <설국> 출품>, ≪동아일보≫ 1977.6.4, 5면.

73) 황호덕에 따르면 <족보>가 가지야마 도시유키(梶山季之)와 임권택 모두에게 있어 "한국과 일본의 'B급 작가'들의 작가적 진정성 혹은 양심을 의미하는 작품"이자 "역사적 문예적 진정성"을 지닌 작품으로 이야기되고 있음을 지적한다. 더군다나 가지야마의 소설인 <이조잔영>이 이전 신상옥 감독에 의해 영화화 된 바가 있듯 이, 일본의 식민지배와 그 책임에 대한 문제를 지적하는 '친한파'로서 그의 위치는 <족보>의 영화화와 텍스트의 의미를 더욱 특별하게 만들고 있다. 황호덕, 「적대적

작가에 의해 한국의 민족성이 다루어졌다는 점에서 주목을 받았고, 한편으로는 한국영화 제작 과정에서 하나의 패턴적 요소로 자리하던 국책성에도 적절하게 부합되는 측면이 있었다.

한일 양국 간의 외교적 관계가 새롭게 다져져 가던 1980년대에도 영화 표절의 문제가 수면 위로 부상하는 경우가 여럿 있었다. 대표적으로, 호즈미 다카노부(穗積隆信)의 수기를 원작으로 삼은 <수렁에서 건진 내 딸>(이미례 감독, 1984)의 경우 또한 동명의 원작을 바탕으로 한 일본영화 <쓰미키 구즈시(積木くずし)>(斎藤光正 감독, 1983)의 표절 시비에 휘말리게 되었다. 희귀병으로 선천적인 갈색 머리를 타고난 여고생 유리(김진아 분)의 비행과 일탈, 가출과 집으로 돌아오기까지의 가족과의 갈등을 그린 이 작품은, 더구나 쇼트 구성과 편집 기법 등에서 <쓰미키 구즈시>를 노골적으로 모방한 흔적을 적지 않게 노출시켰다. 이밖에도 나쓰키 시즈코(夏樹靜子)의 동명 추리소설을 원작으로 여자 연극배우의 출세 과정을 둘러싼 살인 사건과 음모를 다룬 <W의 비극>(김수형 감독, 1985), 교통사고로 부모를 잃은 네 자매의 우애를 그린 <미리마리우리두리>(고영남 감독, 1988)는 각각 일본영화 <W의 비극(Wの悲劇)>(澤井信一郎 감독, 1984)과 <자매 언덕>(1985)의 표절작이었다.[74]

이와 같이, 일본 측으로부터 끊임없이 대중문화 개방에 대한 요구를 받고 있었음에도 과거의 역사 및 외설 문화를 둘러싼 국민 정서의 문제로 일본영화의 국내 수입을 반대하던 정부의 정책 기조와는 달리, 당시 영화 제작 현장에서는 여전히 일본영화를 표절하는 '관행'이 존속되고 있었다. 이는 동시기 한일 문화 교류 전반의 문제점과 이중성을 드러내는 단적인 사례였다고 볼 수 있다.

공통감각, 민족지의 통국가적 공동상상: 가지야마 토시유키(梶山季之)와 임권택의 <족보>에 대하여」, 『비교문학』 36권, 한국비교문학회, 2005, 102쪽.

74) 산본공, 앞의 학위논문, 42쪽 참조.

4. 일본영화 리메이크 작품 및 일본 원작 한국영화

<만추>(이만희 감독, 1966)를 리메이크한 일본영화 <약속(約束)>(齋藤康一 감독, 1972)의 경우에서 보이듯,75) 1970년대에는 일본에서도 한국영화의 리메이크가 이루어지는 경우가 있었다. 하지만 양국 간 영화 리메이크는 대부분 그 반대의 방향으로 이루어졌다. 예를 들면, 이른바 '여감방 영화'인 일본영화 <여수 701호(女囚701号)>(1971), <사소리(さそり)>(1973) 시리즈가 한국에서 <여수 407호>(신상옥 감독, 1976)와 그 속편으로 만들어졌다.

'섹스'와 '감옥'이라는 선정적인 소재가 근간이 되기는 하였으나, 그 외에도 두 작품이 만들어진 맥락은 동일하지 않았다. 억울한 누명을 쓰고 감옥에 갇힌 여죄수 사소리의 감옥 생활 및 복수의 과정을 주요 서사로 둔 <여수 701호>와 <사소리>에서 묘사되는 젠더 재현과 더불어 성적인 학대, 복수의 행위 등을 통해 드러나는 극단적인 폭력성은 1970년대 당시 일본에서의 마이너리티 등장과 학원투쟁 활성화 등의 시대적 배경과 맞물려 있었다. 그러나 이를 '참조'한 한국영화 <여수(女囚) 701호> 시리즈는 그 배경을 일제강점기와 중국 신장(新京)으로 바꾸어 일본군의 지배에 맞서는 조선인 죄수들의 저항과 탈출의 서사로써 민족적인 색채를 강조하는 각색 전략을 취하였다.76)

1975년 당시 한국영화계에서 논란이 일었던 일본영화 수입 문제에 대해, 신상옥은 이를 "인위적으로 막아서는 안 되며 받아들일 건 받아들여 정당하게 대결하고 균형 있게 육성, 발전하도록

---

75) <김지헌씨 「만추」 일본서 첫 영화화>, ≪동아일보≫ 1972.6.2, 5면 참조.

76) 이영재, 「섹스라는 국제성, 한국 홍콩 일본의 에로 트라이앵글: 1970년대 '여감방' 영화를 중심으로」, 『상허학보』 51호, 상허학회, 2017, 393~396쪽 참조.

해야 한다"면서 "좀 더 일찍 일본과 교류했으면 우리 영화 수준이 더 높아졌을 것"이라고 주장하였다.[77] 그 바탕에는 당시 산업적 위기에 처해 있던 그가 타개책 중 하나로 일본과의 영화 '교류'를 꾀하였다는 배경이 자리하기도 하였다. 신상옥 자신이 밝힌 바대로, 1970년대 중반 그가 소유하고 있던 영화사 신필름에서는 당시 일본 감독을 초빙하여 그들이 만든 작품을 한국에서 제작하고 있었다. 즉 "일본에서 흥행에 성공한 작품을, 한국으로 무대를 바꾸어 우리 배우들로 만드는 시도"를 이어갔던 것이다. 그리고 이러한 결과로 나카히라 고우(中平康)의 <붉은 날개(紅の翼)>(1958)와 <혼혈아 리카(混血児リカ)>(1972), 하세베 야스하루(長谷部安春)의 <여형사 더티 마리(すけばん刑事ダーティ・マリー)>(1974) 등이 각각 <청춘 불시착>(김대희 감독, 1974)과 <혼혈아 쥬리>(전응주 감독, 1974), <여자형사 마리>(이은수 감독, 1975) 등으로 번안, 리메이크되었다.[78]

1980년대에는 한국 독자들에게 널리 알려진 일본의 베스트셀러 소설이 영화화되었다. 미우라 아야코(三浦綾子)의 작품을 원작으로 삼은 <빙점 81>(1981)의 경우 일본 원작 소설의 배경이 춘천으로 바뀌었는데, 감독 고영남은 전작 <설국>에서의 표절 논란을 의식한 듯 이 영화에서만큼은 원작의 뼈대를 빌려오되 한국적 정서에 맞게 각색하는 방식을 취하였다.[79]

하시다 스가코(橋田壽賀子)의 장편소설을 원작으로 한 <오싱>(이상언 감독, 1985)도 있었다. 이 작품에서의 경우, 러일전쟁 직후인

---

77) <긍정적 용도에 신중론 일본영화 수입설… 영화계의 반응>, ≪매일경제≫ 1985.1.20, 8면.

78) 신상옥, 『난, 영화였다』, 랜덤하우스코리아, 2009, 100쪽.

79) <설국>에 이어 또다시 일본 원작 소설을 영화화한 고영남을 가리켜 당시 영화계에서는 그를 '일본통'으로 부르기도 하였다. <빙점 81 중류 가정의 20년 역정 그려>, ≪경향신문≫ 1981.4.13, 12면 참조.

1907년부터 일본의 전후 시기까지 여인 오싱(おしん)의 파란만장한 일대기를 그린 이야기인 원작 소설의 배경이 1930년대 일제강점기로 바뀌었다. 한국에서 베스트셀러에 오른 일본 원작 소설 및 이를 극화한 일본 NHK의 텔레비전 드라마를 통해 쌓은 대중적 인지도로 인해, 영화 제작 과정에서 감독 이상언이 직접 일본으로 건너가 하시다 스가코의 남편인 이와사키 요시카즈(岩崎嘉一)를 만나 허락을 얻는 일도 있었다.80)

이러한 분위기를 타고 이듬해인 1986년에는 일본영상기획(日本映像企劃)이 제작한 교육용 극영화 <저울의 시(天秤時): 제2부 자립편>이 한일 합작영화로 제작되기도 하였다. <오싱>의 감독 이상언이 일본의 다케모토 고노스케(竹本幸之祐)와 공동 제작자가 되었으며, 일본의 우메쓰 메이지로(梅津明治郞)와 노진섭이 공동으로 연출을 담당하였다. 일본 상업학교 학생의 상인 정신을 소재로 삼은 이 작품은 1930년대 '곤도 다이사쿠(近藤大作)'라는 한 일제강점기 한국에서 세일즈 실습을 하게 되면서 성장하는 과정을 담았다. 배우로는 일본에서 아라키 시게루(荒木茂), 시모모토 쓰토무(下元勉), 아소 미이(麻生美衣), 다무라 다카히로(田村高廣), 이토 에이코(伊藤榮子), 그리고 한국에서 한민경, 김기종, 안진수 등이 참여하였다. "해방 이후 41년만의 첫 한일 합작영화"로 첫 선을 보인 이 영화는 그해 5월 14일 주한 일본대사관에서 마련된 특별시사회를 통해 한일 영화 교류의 역사에 하나의 족적을 남기게 되었다.81)

이처럼, 1970~80년대 일본영화 리메이크 작품 및 일본 원작 한

---

80) 이에, 1985년 3월 원작자 하시다 스가코의 남편인 이와사키 요시카즈가 내한하여 <오싱>의 촬영 현장을 방문, 제작진을 격려하기도 하였다. 이와자키는 "한국이 국제 저작권 연맹에 가입하지 않았으므로 그냥 해도 할 말이 없는 처지인데도 영화 감독 이상언 씨가 직접 찾아와 요청한 성의에 고마움을 느껴 승인해줬다"고 밝히기도 하였다. <「오싱」, 작가 남편 한국 제작진 격려 "직접 일본에와 요청한 성의 고마워 승인>, 《경향신문》 1985.3.12, 12면.

81) <한·일 합작영화 해방후 첫선>, 《경향신문》 1986.5.17, 11면.

국영화의 제작은 제한적이나마 이전까지의 경향과는 다소 차이를 보이며 이루어졌다. 그리고 이러한 경향은 1990년대 들어 보다 심화된다.

03

한국 관련 일본영화의 전개

1. 다큐멘터리 영화 운동과 재일 한국인의 제작 활동

1970년대 일본영화 제작 경향의 특징 중 하나는 바로 다큐멘터리 영화의 커다란 발전이라는 측면에서 찾을 수 있다. 이는, 종래의 메이저 영화사들이 주도하던 스튜디오 시스템이 붕괴되고 독립영화, 개인영화, 실험영화 등의 시도들이 자연스레 극영화뿐 아니라 다큐멘터리 영화와도 접합된 결과였다. 아울러, 그 배경에는 1960년대 이후 격렬하게 전개된 학생 운동이 자리하였다. 이에, 당시 학생 운동을 주도하던 사람들의 정치적, 사회적 의식과 일본 사회에 대한 비판적 시선이 보다 직접적으로 다큐멘터리 영화에 반영되면서, 일본 사회에 내재되어 있던 과거의 역사 및 질서와의 마찰은 불가피하게 되었다. 아울러 그 과정에서 다양한 현실적 문제들이 영화 속에 투영되었다. 그리하여 학원투쟁 문제를 비롯하여, 재일 한국인으로 대변되던 일본 내 외국인과 소수자의 문제, 도시 문제, 환경 문제 등 여태까지 간과되었던 여러 사회 문제들이 전면적으로 부각되기 시작하였다.[82]

---

82) 구견서, 『일본영화와 시대성』, 제이앤씨, 2006, 599쪽 참조.

물론, 학원투쟁을 소재로 한 다큐멘터리 영화는 1960년대 초반부터 등장하기 시작하였다. 말레이시아 출신 유학생 주아 스이 린(Chua Swee Lin)이 일본 당국으로부터 받은 정치적 탄압을 소재로 유학생 처우 문제와 사상의 자유 문제를 다룬 <유학생 주아 스이 린(留学生 チュア・スリ・リン)>(土本典昭 감독, 1964), 일본 무장집단 일본해방전선의 산리즈카 나리타공항 투쟁 사건을 그린 <일본해방전선: 산리즈카의 여름(日本解放戰線: 三里塚の夏)>(小川紳介 감독, 1968), 교토대학(京都大学)의 학원투쟁을 담은 쓰치모토 노리아키(土本典昭) 감독의 <빨치산 전사(パルチザン前史)>(1969)를 비롯해 당시 일본 사회의 공해 문제로 대두되기 시작한 미나마타병 문제를 추적한 <미나마타: 환자와 그 세계(水俣: 患者さんとその世界)>(1971), 산리즈카 어촌 지역의 나리타공항 건설 반대 운동을 그린 <압살의 숲(壓殺の森)>(小川紳介 감독, 1967) 등이 이 시기 다큐멘터리 운동 가운데 만들어진 초기 대표작들로 꼽힌다.[83] 이들 작품은 일본 고도성장 과정에서 대두된 여러 사회적 갈등과 마찰, 문제들을 적극적이고도 과격하게 영화 속에 담아내었다.

이러한 추세 속에 재일 한국인을 조명한 다큐멘터리 또한 만들어졌다. 와세다대학(早稻田大學) 출신 영화 제작 집단인 NDU(Nihon Document Union) 제작의 <왜놈에게(倭奴へ)>(布川徹郎 감독, 1971)는 1945년 8월 6일과 9일 히로시마(広島)와 나가사키(長崎)에서 벌어진 두 차례의 원폭 사건 이후 10여 년간 침묵할 수밖에 없었던 한국인 원폭 피해자들을 조명하였다. 이를 위해 누노가와 데쓰로(布川徹郎) 감독은 1970년부터 1971년까지 한국을 방문하기도 하였다. 이후 제작된 <세계 인민에게 고하다!(世界人民に告ぐ!)>(岡本愛彦 감독, 1977)는 유신 정권 말기 반공법으로 체포된 재일 조선인 정치범

---

83) 요모타 이누히코(四方田犬彦), 박전열 역, 『일본영화의 이해』, 현암사, 2001, 221쪽 참조.

을 소재로 다루었다.

1980년대에도 <세계 사람들에게: 조선인 피폭의 기록(世界の人
へ: 朝鮮人被爆の記録)>(盛善吉 감독, 1981), <이름…나마에 박추자
씨의 본명 선언(イルム…なまえ朴秋子さんの本名宣言)>(滝沢林三 감
독, 1983), <터져라 봉선화 우리의 지쿠호, 우리의 조선(はじけ鳳仙
花わが筑豊、わが朝鮮)>(土本典昭 감독, 1984), <1985・가와사키・
뜨거운 거리(1985・川崎・熱い街)>(渡辺孝明 감독, 1985) 등이 만
들어졌다. 이들 영화 역시 전후 재일 한국인들이 일본 사회에서 겪
는 여러 문제들을 정면으로 반영하면서 다큐멘터리 영화로서의 기
능에 충실하려 하였다.

재일 한국인을 다룬 다큐멘터리 영화의 제작은, 1970년대 중반부
터 활동을 이어간 이학인(李學仁) 등 재일 한국인에 의해 견인되었다.
그 중 한 명인 김경식(金慶植)은 <고발, 재일한국인 정치범 리포트
(告発、在日韓国人の政治犯レポート)>(岡本愛彦 감독, 1975)에서 국
보법 위반으로 사형 선고를 받은 재일 한국인 단체인 민단 계열의 한
국민주회복통일촉진국민회의(韓國民主回復統一促進國民會議, 한민통)
소속 재일 한국인들을 다루었다. 변호사 조영래가 쓴 『전태일 평전』
을 토대로 한 <어머니(オモニ)>(1978)에서는 전태일의 어머니 이소선
의 이야기를 담기도 하였다. 재일 한국인 촬영감독인 안승민(安承玟)
의 경우, 이학인 감독의 <이방인의 강(異邦人の河)>(1975)을 비롯하
여 히로시마 원폭을 다룬 <맨발의 겐(はだしのゲン)>(山田典吾 감독,
1976), 북한영화 <어머니의 소원>(림창범 감독, 1986) 등의 제작에
촬영감독으로 참여하였다.[84]

이들 재일 한국인의 활동은 일본영화 제작의 흐름 속에서 일본
사회에 상존하는 재일 한국인 문제와 그 담론을 전면화하는 데 기

---

84) 박동호, 「전후 일본영화에 나타난 재일조선인상」, 경상대학교 박사논문, 2017, 49쪽
참조.

여한 측면이 컸다. 이에, 1980년대에는 재일 한국인들이 만든 독립 영화들을 통해 <해방의 날까지: 재일 조선인의 발자취(解放の日まで: 在日朝鮮人の足跡)>(신기수 감독, 1980), <숨겨진 상흔: 관동대지진 재해 조선인 학살 기록영화(隠された爪痕: 関東大震災朝鮮人虐殺記録映画)>(오충공 감독, 1983), <지문날인 거부 1, 2(指紋押捺拒否 1, 2)>(오덕수 감독, 1984, 1987), <또 하나의 히로시마: 아리랑 노래(もうひとつのヒロシマ: アリランのうた)>(박수남 감독, 1987) 등의 의미 있는 작품들이 잇달아 만들어지게 되었다.[85]

2. 일본영화 속 재일 한국인 표상의 다면화

다나베 신의 언급대로, 식민지 시기 일본영화 속에서 재일 한국인은 "일본의 '황민화 정책'을 비판하거나, 일본인의 조선에 대한 무지를 비판하며 식민지 지배와 민족 차별을 반성하는 입장을 명확히 하는" 경향성을 띠었다.[86] 하지만 전후 일본영화 속 재일 한국인의 표상은 보다 다면화되었다. 이는 전후 일본 사회를 둘러싼 여러 모순과 부조리에 대한 문제 제기의 과정을 통해 이루어졌다.

이러한 양상은, 우선 일본영화의 다양화라는 맥락에서 이해될 수 있다. 기존의 메이저 영화사와 스튜디오 시스템이 몰락하면서, 1970년대 일본영화는 주로 독립 프로덕션들에 의해 제작이 이루어지게 되었다. 1980년대 들어서는 니혼TV, 후지TV 등 주요 방송국이나 미쓰비시(三菱), 마루베니(丸紅) 등의 대기업 자본이 영화계에 유입되고 소극장의 확산이 확대되면서 이전과는 색다른 영화 제작 환경

---

85) 위의 학위논문, 51쪽 참조.

86) 타나베 신, 「자이니치 영화의 정체성 연구: 최양일, 이상일, 양영희 감독을 중심으로」, 경성대학교 석사논문, 2016, 19~20쪽.

이 구축되어 갔다. 이러한 환경 속에서 기존의 주류 영화들과는 구별되는 개성적인 독립영화를 상영하던 소극장 문화는 1980년대에 불어 닥친 아시아 영화의 '붐' 현상과 맞물렸고, 일본 사회의 소수자인 외국인, 재일 한국인 문제를 소재로 한 영화들 역시 이러한 소극장 영화 상영을 통해 그 명맥을 이어갈 수 있었다.87)

전쟁 이후 일본 사회의 모순과 부조리 가운데 "일본과 천황제를 상대화하는 타자"로서의 재일 한국인에 대한 영화적 관심을 줄곧 유지해 간 오시마 나기사(大島渚)의 경우,88) 초기작인 <태양의 묘지(太陽の墓場)>(1960) 속 재일 한국인은 슬럼가에 살면서 일본 호적을 사려는 모습을 보인다. 이어 텔레비전 다큐멘터리 <잊혀진 황군(忘れられた皇軍)>(1963)에서는, 일본 정부로부터 전쟁 피해를 제대로 보상받지 못하는 존재로 등장한다. 한편, 한국 소년 이윤복의 수기를 바탕으로 한 다큐멘터리 영화 <윤복이의 일기(ユンボギの日記)>(1965)에는 전쟁 이후 한국의 처참한 모습뿐 아니라 식민지 시기에 강제 징용된 한국인의 피해상이 녹아 있다.89) 이렇듯 오시마 나기사는 일본의 주류 사회에서 소외되어 있거나 전쟁의 피해로부터 벗어나지 못한 상태인 소수자로서의 재일 한국인의 모습을 통해 일본 사회에 여전히 잔존하는 식민주의와 더불어 그 책임 문제를 비판적으로 지적하였다.

특히 <일본춘가고(日本春歌考)>(1967), <교사형(絞死刑)>(1967), <돌아온 주정뱅이(帰って来たヨッパライ)>(1968) 등은 재일 한국인을 그려낸 오시마 나기사 감독 영화들 가운데 괄목할 만한 작품들

---

87) 양인실, 「해방 후 일본의 재일조선인 영화에 대한 고찰」, 『사회와 역사』 66호, 한국사회사학회, 2004, 261~262쪽 참조.

88) 요모타 이누히코(四方田犬彦), 강태웅 역, 『일본영화의 래디컬한 의지』, 소명출판, 2011, 190쪽.

89) 채경훈, 「오시마 나기사와 재일조선인 그리고 국민국가」, 『씨네포럼』 25호, 동국대학교 영상미디어센터, 2016, 42~43쪽 참조.

로 거론된다. <일본춘가고>는 당시 일본 학생 운동과 종군 위안부 문제 등을 정면으로 다루었고,[90] 1958년 재일 한국인 고교생 이진우의 강간 살인 사건을 소재로 삼은 <교사형>은 극중 한국인 사형수 R의 의식 묘사를 통해 재일 한국인들이 일본에서 겪는 인간적인 멸시와 차별의 현실에 주목한다.

한편, 1970년대에는 일본영화 속 재일 한국인의 표상이 점차 장르적인 소재 안에서 다면화되어 갔다. 1970년대 중반에서 1980년대에 걸쳐 만들어진 <일본폭력열도: 게이한신 살인의 군단>(山下耕作 감독, 1975)이나 <야쿠자의 묘지> 등 '인의(仁義)'적 가치를 다룬 일련의 '실록' 야쿠자 영화들에서 야쿠자로 등장하는 재일 한국인의 표상은 전후 일본 사회의 모순과 폭력성을 드러내기도 하였다.[91] 이를 통해 그들은 "적(敵)으로서의 배제의 대상"이 아닌 야쿠자 조직과 일본 사회의 "동화의 대상"으로 자리해 갔다.[92] 이들 영화 속에서 다루어진 소수자로서의 재일 한국인의 문제는 당시의 일본 관객들에게 크게 인식되지는 못하였으나,[93] 한편으로는 계몽주의적인 논조로 제작된 영화들보다도 오히려 "래디컬한 설득력"을 띠는 측면이 있었다.[94]

1970년대 중반에 이르러서는 일본영화계에서 재일 한국인이 자신의 목소리를 직접적으로 반영한 소위 '자화상 영화'가 출현하게 되었다.[95] 그 시초격인 <이방인의 강>(이학인 감독, 1975)은 같은

---

90) 백태현, 「자이니치코리언 영화에 나타난 정체성 재현 양상」, 한국해양대학교 석사 논문, 2015, 7쪽 참조.

91) 요모타 이누히코(四方田犬彦), 강태웅 역, 앞의 책, 190쪽 참조.

92) 梁仁實, 「「やくざ映画」における「在日」觀」, 『立命館産業社会論集』38卷2号, 立命館 大学, p.113.

93) 요모타 이누히코(四方田犬彦), 박전열 역, 앞의 책, 249쪽 참조.

94) 요모타 이누히코(四方田犬彦), 강태웅 역, 앞의 책, 같은 쪽.

95) 박동호, 앞의 학위논문, 48쪽.

재일교포인 어느 소녀와 사랑에 빠지면서 자신의 민족의식을 되돌아보고 당대 한국의 사회 현실을 인지하게 되는 한 재일 한국인 소년의 정체성 문제와 변화의 과정을 담았다.96) 이후, 서울에서 유학하게 된 한 재일교포 학생이 중앙정보부에 의해 살해당하는 사건과 그 어머니의 애환을 소재로 한 <시우 아주머니(詩雨おばさん)>(이학인 감독, 1977), 1950년대 시즈오카현(静岡県)의 한 상점에서 벌어진 재일 한국인 이덕현(李得賢)이 용의자로 지목된 '마루쇼사건(丸正事件)'을 소재로 삼아 재일 한국인의 차별과 일본의 사회 문제를 드러낸 극영화 <빨간 댕기(赤いテンギ)>(이학인 감독, 1979) 등도 마이너리티로서의 재일 한국인의 자화상을 표출시킨 작품이라 할 수 있다.97)

한편, 멜로드라마인 <가야코를 위하여(伽倻子のために)>(小栗康平 감독, 1984)의 경우, 재일 한국인 2세와 일본 여성의 사랑 이야기를 통해 재일 한국인이 처한 상황과 일본의 전쟁 책임 문제를 드러내었다. 이 영화는 한 조선인 남성과 일본인 여성 '가야코'가 우여곡절 끝에 결혼하려 하지만 가야코 어머니의 반대로 결국 헤어지게 된다는 이야기 줄거리를 통해, 식민지와 전쟁의 상처가 세대를 걸쳐 지속되고 있음을 암시한다.98)

1980년대에 등장한 재일 한국인 최양일(崔洋一) 감독의 영화들은 일본영화가 마이너리티를 그려내는 방식에 있어 주목할 변화상을 나타내었다. 최양일은 <10층의 모기(十階のモスキト)>(1983)를 시작으로 <언젠가 누군가 살해당한다(いつか誰かが殺される)>(1984), <검은 드레스의 여자(黒いドレスの女)>(1987), <꽃의 아스카 조직(花のあすか組)>(1988) 등 소위 '가도카와(角川) 영화'들을 경유하며 점차 재

---

96) 요모타 이누히코(四方田犬彦), 강태웅 역, 앞의 책, 같은 쪽 참조.
97) 박동호, 앞의 학위논문, 49쪽 및 백태현, 앞의 논문, 8쪽 참조.
98) 구견서, 앞의 책, 657쪽 참조.

일 한국인의 정체성 문제에 초점을 맞추어갔다. 그가 본격적으로 재일 한국인, 즉 '자이니치(在日)'의 이야기를 담은 것은 1990년대 이후의 일이었는데, <달은 어디에 떠 있는가(月はどっちに出ている)>(1993)와 <개 달리다(犬、走る)>(1999)가 반향을 일으키며 일본영화 속 재일한국인 표상이 다면화되는 데 일조하게 되었다.99) 그리고 이러한 경향은 김우선(金佑宣), 김수길(金秀吉), 이상일(李相日) 등 이후 일본 주류 영화계에서 활동하게 되는 재일 한국인 감독의 작품들을 통해 계속해서 이어진다.

3. 재일 한국인 작가 소설 작품의 영화화

이른바 '재일 조선인 문학(在日朝鮮人文學)' 또는 '재일 한국인 문학(在日韓國人文學)'은 일본에 거주하는 조선인, 한국인 작가들에 의해 형성된 디아스포라 문학을 통칭한다. 어떠한 경제적인 혹은 강제적인 이유로 자신이 살던 터전으로부터 이산하게 된 사람들을 지칭하는 디아스포라의 정체성은 자신이 속한 주류 사회와의 동화 과정에서 나타나는 불안 및 억압 혹은 갈등 양상 속에서 형성되며, 이는 디아스포라 문학의 주요한 동인으로 작용한다.100)

아울러 타자로서의 그들의 문학은 주류 언어를 전유하는 방식으로 이루어지는데, 이와 관련하여 윤상인은 일본어로 자신들의 디아스포라적 정체성을 기입한 그들을 일본 주류 문화에 저항하는 내셔널리즘을 추구한 1세대, 불우한 재일 한국인의 사회적 위치 및 자기 정체성을 다룬 2세대, 그리고 한일 양국 어디에도 속

---

99) 타나베 신, 앞의 학위논문, 24~26쪽 참조.

100) 윤정화, 「재일한인작가의 디아스포라 글쓰기 연구」, 이화여자대학교 박사논문, 2010, 27쪽 참조.

하지 못하는 타자성과 실존의 문제를 내면화한 3세대로 구분하기도 한다.101)

이들 가운데 현월, 김석범, 양석일 등의 소설가는 재일 한국인의 정체성을 구현하는 동시에 일본 문단과 대중들로부터 호응을 이끌어내기도 하였다. 재일 조선인들의 정체성의 본질에 대해 탐구한 현월의 경우, 『그늘의 집』, 『나쁜 소문』 등을 통해 재일 한국인 문학의 특수성과 인간을 향한 보편성을 획득한 바 있었다. 특히 재일 한국인 집단촌을 배경으로 한 『그늘의 집』의 경우 그 속에서 일어나는 폭력의 양상에 주목하였다.102) 마찬가지로, 양석일의 『피와 뼈(血と骨)』(1988) 역시 제주도 출신 재일 한국인 김준평(ビートたけし103) 분)을 주인공으로 내세워 '제국의 타자'로서 그가 가진 야수성과 폭력성을 적나라하게 그려내었다.104)

이들의 소설은 1970년대에 이르러 일본 주류 문단에서 가시적인 성과를 거두기 시작하였고, 재일 한국인에 의해 영화화되기도 하였다. 쓰카 고헤이(つかこうへい)로 알려진 재일교포 출신 작가 가네하라 미네오(金原峰雄, 본명:김봉웅(金峰雄))의 나오키 문학상 수상작을 원작으로 한 <가마타 행진곡(蒲田行進曲)>(深作欣二 감독, 1982)은 전후 일본영화의 황금기 시절 가마타촬영소를 배경으로 인기 스타들의 사랑이야기를 다룬 작품이었다. 이 영화는 전전(戰前)

---

101) 윤상인, 『문학과 근대와 일본』, 문학과지성사, 2009, 316~318쪽 참조. / 구재진, 「제국의 타자와 재일의 괴물 남성성」, 『민족문학사 연구』 43호, 민족문학사학회, 2010, 369쪽 참조.

102) 구재진, 「국가의 외부와 호모 사케르로서의 디아스포라: 현월의 <그늘의 집> 연구」, 『비평문학』 32호, 한국비평문학회, 2009, 8~10쪽 참조.

103) 비트 다케시(ビートたけし)의 본명은 기타노 다케시(北野武)이다. 그는 영화감독으로 작업할 때에는 본명을 쓰고 기타 연예계 활동 시에는 '비트 다케시'라는 예명을 사용한다.

104) 구재진, 「제국의 타자와 재일의 괴물 남성성」, 『민족문학사 연구』 43호, 민족문학사학회, 2010, 384쪽 참조.

시기 쇼치쿠(松竹) 산하 가마타촬영소(蒲田撮影所)에서 벌어지는 사건들을 다룬 코믹 로맨스물로, 재일 한국인의 정체성 문제를 다루지는 않았으나 재일 한국인 작가의 원작 소설에 기반한 흥행물로서 그 의의를 찾을 수 있을 것이다. <가야코를 위하여>(1984)의 경우, 재일 한국인 작가 이회성의 아쿠타카와상(芥川賞) 수상작을 원작으로 하였다.

가장 두드러진 활동을 펼친 인물은 바로 양석일이었다. 그의 소설『택시 광조곡(タクシー 狂騒曲)』(1981)은 택시 기사로 일한 자신의 경험을 바탕으로 쓰였는데, 이 작품은 마이너리티로서의 재일 한국인의 정체성은 물론 일본의 급격한 경제 성장 과정 속 도시 문제를 전면에 드러낸다. 그러면서, 이른바 '뉴커머'로 불리던 일본 유입 외국인 노동자들과 빈부격차 문제, 아울러 그들이 일본인이나 재일 한국인과 맺는 관계 등에 주목하면서 일본 사회 내의 타자의 존재 및 소외 문제에 대해 의문을 제기한다.[105] 한편, 앞서 언급한 양석일의『피와 뼈』는 극단적인 폭력성으로 괴물처럼 타자화된 재일 한국인 김준평의 이야기를 통해 제국과 식민자로서의 재일 한국인의 정체성을 구축한다.[106]

이들 소설은 각기 최양일 감독의 <달은 어디에 떠 있는가>(1993), <피와 뼈(血と骨)>(2004)로 영화화되었으며, 이를 통해 일본 사회에서의 재일 한국인 문제는 보다 더 대중적 보편성을 확보하게 된다.

---

105) 신소정, 「영화『달은 어디에 떠있는가』(月はどっちに出ている) 연구: 뉴커머와 재일조선인의 관계를 중심으로」, 고려대학교 석사논문, 2008, 21~22쪽 참조.
106) 구재진, 앞의 논문, 377~378쪽 참조.

4. 재일 한국인 감독의 작품 활동의 흐름 : 독립영화계

일본영화계에서 재일 한국인 감독의 활동은 1970년대 중반부터 본격적으로 나타나기 시작하였다. 그 출발은 <이방인의 강>(1975)을 연출한 이학인으로부터 비롯되었다. 1945년 경상남도에서 태어난 그는 닛카쓰(日活)에서의 조감독 활동을 거쳐 29세의 나이에 첫 작품을 연출하기에 이른다. 이 작품은 촬영감독인 안승민을 비롯해 음악과 주연을 맡은 박운환 등 재일 한국인이 제작 과정에서 주요 역할을 담당하였다는 점에서도 의의가 있었다. 이학인의 등장과 <이방인의 강>의 제작은 재일 한국인이 자신이 직접적으로 자신의 목소리를 영화에 투영시킨 첫 사례라는 점에서 분명한 의미를 남겼으나, 충분한 자본으로 제작된 상업영화가 아닌 독립 자본에 의해, 즉 '자주제작(自主製作)'으로 만들어졌다는 면에서는 한계를 지니기도 하였다. 그리하여 <이방인의 강>이 일반 대중 사이에서 널리 알려지지는 못하였지만, 일본영화계에서 재일 한국인이 감독으로 데뷔하였다는 사실만으로도 반향을 일으켰던 것은 분명하다. 이후 이학인은 재일 한국인으로 투옥되어 있던 서승과 그의 모친을 다룬 <시우 아주머니>(1978), 마루쇼사건을 바탕으로 한 <빨간 댕기>(1979) 등으로 작품 활동을 이어갔으며, 한편으로 만화 『창천항로(蒼天航路)』를 고단샤(講談社)의 『모닝-만화잡지』에 연재함으로써 제 22회 고단샤 만화상을 수상하기도 하였다. 하지만 그의 연출 활동은 1970년대 말을 기점으로 멈추게 되었다.107)

그와 함께 작업한 촬영감독 안승민 또한 주목받는 일본영화계의 재일 한국인이었다. 니혼대학(日本大學) 예술학부 출신으로 모리카와 도키히사(森川時久) 감독의 연속드라마 <젊은이들·청년이 간다(若

---

107) 손미경, 「한일간 문화콘텐츠 교류에 있어서 재일코리언의 역할에 관한 연구: 영화산업을 중심으로」, 한국외국어대학교 석사논문, 2008, 43~45쪽 참조.

者たち・若者はゆく)>(1969)의 촬영부, 촬영감독 미야지마 요시오(宮島義男)의 촬영부 등에서 활동함으로써 영화 경력을 쌓기 시작한 그는, 주로 독립영화계에서 대부분의 영화 활동을 이어갔다. 또한, 이 학인과 함께 한 첫 작품인 <이방인의 강>(1975)을 시작으로 야마다 덴고(山田典吾) 감독의 <맨발의 겐>(1976), 북한영화 <어머니의 소원>(1986)의 일본 촬영 등을 경유하며 작품 활동을 계속하였다. 그는 이후 제2차 세계대전 당시 만들어진 지하호 마츠다이혼에이(松代大本營) 건설에 강제 동원된 조선인들의 이야기를 소재로 한 영화를 만들려고도 하였으나, 이 일이 끝내 실현되지는 못하였다.108)

한국민주회복통일촉진국민회의(韓國民主回復統一促進國民回議, 한민통) 일본 본부 소속의 다큐멘터리 영화감독인 김경식은 재일 한국인 정치범과 그 문제를 바탕으로 한 작품들을 다수 제작하였다. 그 가운데 <고발, 재일한국인 정치범 리포트(告発、在日韓国人政治犯レポート)>(1975)는 국가보안법 위반 혐의로 고문과 사형을 당한 재일 한국인 정치범의 이야기를 적나라하게 담은 영화였다. 이외에도 그는 4편의 <통일의 불꽃(統一の炎)> 시리즈와 윤이상을 다룬 <윤이상 재일 리포트>(1975), 전태일의 어머니 이소선을 다룬 <어머니>(1978) 등을 모두 한국어로 제작하였다.109)

프로듀서로서 강정석의 활동 또한 두드러졌다. 니혼영화학교(日本映画学校)110) 출신인 그는 재일 한국인에 관한 이야기를 영화 속에 담은 1984년 오구리 고헤이(小栗康平) 감독의 <가야코를 위하여>와 1989년 김우선 감독의 <윤의 거리(潤の街, 1989)>를 제작하였으며, 이후에는 고야마 세이지로(紳山征二郎) 감독의 <센바쓰루(千羽つる)>(1989) 및

---

108) 위의 학위논문, 47~48쪽 참조.

109) 위의 학위논문, 46쪽 참조.

110) 니혼영화학교는 이마무라 쇼헤이의 주도로 1975년 설립된 요코하마방송영화전문학원(横浜放送映画専門学院)의 후신으로 1985년 개칭되었다. 그리고 2011년에는 이것이 다시 니혼영화대학(日本映画大学)으로 확대·개편되기에 이른다.

애니메이션 <별의 레일(お星様のレール)>(1993) 등에서도 제작 담당자로 활동하였다.111)

　　다큐멘터리 감독 김덕철(金德哲) 또한 니혼대학 예술학부 출신으로 주로 독립 프로덕션에서 영화 경력을 쌓았다. 그는 이학인 감독의 <빨간 댕기>의 취재 작업에 참여한 것을 시작으로, <그대는 맨발의 신을 보았는가(君は裸足の神を見たか)>(1986), <윤의 거리>, <Earth(アース)>(2008), <세계의 친구에게(世界の友へ)>, <신들의 이력서(神々の履歴書)> 등의 촬영을 맡으며 현장 경험을 하였다. 특히 1990년대 이후 그가 만든 <건너야할 강(渡り川)>(1994)과 <강을 건너는 사람들(河を渡る人々)>(2007)은 한국과 일본 양국 모두에서 큰 주목을 받기도 하였다. 1994년 마이니치(每日) 영화콩쿠르 기록문화영화상, 키네마준포(キネマ旬報) 문화영화작품상 등을 수상한 <건너야 할 강>은 일본과 재일 한국인의 시점 모두를 아우른 이색적인 다큐멘터리 영화였고, <강을 건너는 사람들>의 경우 4인의 재일 한국인들을 통해 과거 조선인의 강제 징용 문제와 일본 내 재일 한국인의 차별 문제 등을 제기한 다큐멘터리였다.112)

　　오덕수(吳德洙) 역시 재일 한국인 문제를 다룬 다큐멘터리 영화를 다수 제작한 감독이었다. 오시마 나기사의 조감독을 거쳐 1968년 도에이(東映)에 입사하여 텔레비전용 영화를 만들다가 1979년 퇴사와 함께 자신의 프로덕션인 OH기획(OH企劃)을 설립하였다. 그가 제작한 <지문날인 거부 1, 2>(1984, 1987), <전후 50년사 재일(戰後50年史在日)>(1997) 등의 작품은 재일 한국인의 정체성과 역사를 정리하였다는 점에서 주목을 요한다.113)

---

111) 손미경, 앞의 학위논문, 47쪽 참조.
112) <한국서 「위안부」 소재 「건너야할 강」 촬영 재일교포 감독 김덕철: 일본인 모리 씨>, ≪동아일보≫ 1993.8.25, 25면 참조.
113) 손미경, 앞의 학위논문, 61~62쪽 참조.

이마무라 쇼헤이(今村昌平)가 세운 영화 학교를 졸업한 오충공(吳充功)의 경우, 졸업 작품으로 1983년 <감춰진 상처(隱された爪跡)>와 그 속편인 <끌려온 조선인(払い下げられた朝鮮人)>을 제작한 바 있었다. 이들 영화는 관동대지진 60주기를 맞이하여 당시 학살당한 조선인들에 대한 조사와 실상을 최초로 취재한 것이었다.114)

이밖에도, 조선통신사 연구의 권위자인 신기수(辛基秀)가 연출을 맡은 <이름…나마에 박추자 씨의 본명 선언>(1983), <전쟁의 상흔(戰爭の傷跡)>(1986)과 <해방의 날까지: 재일 조선인의 발자취>(1986) 및 재일 한국인의 원폭 피해와 일본군 위안부 문제 등을 다룬 박수남(朴壽南) 감독의 <또 하나의 히로시마: 아리랑 노래>(1986) 등이 만들어져 재일 한국인 감독의 작품 활동이 이어지게 되었던 바,115) 이들 또한 일본 독립영화계에서 활동한 첫 번째 세대의 재일 한국인 감독으로 분류될 만하다.

5. 재일 한국인 감독의 작품 활동의 흐름 : 상업영화계

알려진 바대로, 1970년대 일본에서는 그때까지 스튜디오 시스템을 견인해 오던 메이저 영화사들이 퇴조하면서 영화 산업이 전반적으로 침체의 길로 들어서게 되었다. 그러나 한편으로는, 이를 계기로 일본영화 제작 경향에 새로운 활력이 불어나기도 하였다. 독립프로덕션과 영화감독들의 '자주 제작' 방식으로 인해 기존의 영화 문법 및 관습에도 변화가 일었으며, 이로 인해 1980년대에 이르러서는 "개인 영화의 시대"로 대변될 만큼 다양한 시도들이 생겨났다. 그리고 이때 만들어진 저예산 극영화를 비롯하여 다큐멘터리 영화,

---

114) 위의 학위논문, 62쪽 참조.
115) 위의 학위논문, 64~65쪽 참조.

'핑크 영화' 등은 당시 일본의 소극장 붐과 맞물리며 그 상영 기회가 확대되었다.116) 이러한 분위기 속에서 재일 한국인은 독립영화계의 자장을 넘어 상업영화계로까지 그 활동 영역을 확장해 갔다.

대표적으로, 1952년 오사카(大阪) 태생인 김우선이 재일 한국인을 다룬 <윤의 거리>(1989)를 연출하여 반향을 일으켰다. 와세다대학 문학부를 졸업한 이후 영화 현장에서 조감독을 거치면서 영화 경력을 쌓은 그는, 이전까지 주로 독립영화 제작 현장에서 활동하던 데에서 벗어나 이 작품을 통해 자신의 입지를 강화해 갔다. 이 영화는 김우선에게 일본 영화감독협회 신인상을 안겼을 뿐 아니라 칸영화제 비평가 주간, 하와이 영화제 등에 출품, 상영되기도 하였다. 이후 김우선은 배우양성 교육기관인 'HOT ROAD'를 설립, 이곳에서 대표로 활동하며 후학들을 양성하게 된다.117)

<윤의 거리>의 각본을 쓴 김수길의 경우, 시나리오 활동과 더불어 연출 활동 또한 활발히 하였다. 1961년 오사카 태생의 김수길은 요코하마방송영화전문학원(橫浜放送映画專門学院) 재학 시절 이미 영화적 재능으로 두각을 나타낸 인물이었다. 그는 이미 21세 시절에 히가시 요이치(東陽一)의 <만완도로(湾岸道路)>(1984)의 시나리오를 시작으로, 이마무라 쇼헤이가 제작을 맡은 요코하마방송영화전문학원(1985년 '니혼영화학교'로 개칭) 창립 10주년 기념작인 <그대는 맨발의 신을 보았는가>, <Earth>, <천의 바람이 되어: 천국으로의 편지(千の風になって: 天国への手紙)>(2004) 등을 집필하였는데, 이들 작품은 도쿄영화제는 물론 부산영화제, 하와이영화제, 몬트리올영화제 등 유명 국제 영화제에서 상영되기도 하였다.118)

---

116) 가토 치에, 「90년대 이후 한일 영화 교류와 콜라보레이션 영화」, 한양대학교 석사논문, 2008, 30쪽.

117) 손미경, 앞의 학위논문, 50~51쪽 참조.

118) 위의 학위논문, 52쪽 참조.

재일 한국인 출신으로 일본의 상업영화계에서 가장 두각을 나타 낸 감독으로는 최양일을 꼽을 만하다. 보통의 재일 한국인 출신의 영화인과 마찬가지로 그 또한 성장 과정에서 마이너리티적 정체성 을 경험하였고, 일본영화계에서의 현장 경험을 거쳐 메가폰을 잡게 되었다. 특히 그는 중고등학교 재학 시절 조선인 학교를 다녔고, 대 학생 때에는 전공투에 참여한 바 있었는데, 이러한 경험이 그의 영 화적 정체성 형성에 커다란 자양분이 되었다고 볼 수 있다. 최양일 은 오카모토 요시히코(岡本愛彦), 오시마 나기사, 하세베 야스하루 등과 함께한 총 13편의 작품에서 조감독을 맡고 몇 편의 텔레비전 드라마 연출을 경력을 쌓은 뒤, 1983년 <10층의 모기>로 장편 상업 영화계에 데뷔하기에 이른다.[119] 그는 여러 작품들을 통해 재일 한 국인들의 마이너리티와 정체성의 문제를 비롯하여 오키나와를 배경 으로 한 인간 소외와 주류 사회로부터 이탈된 존재들, 그리고 그것 으로부터 파생되는 폭력성 등을 다루게 되었다. 아울러, 영화 <달은 어디에 떠 있는가>의 개봉 후 방한 인터뷰에서 그가 밝힌 바대로 최양일 감독의 영화는 "과거의 다른 영화들처럼 재일 한국인의 차 별대우나 모국에 대한 그리움을 다루"는 것에서 그들이 "어떻게 살 고 무엇을 진정 원하는지"에 대한 문제를 탐구하는 데로 그 관심사 를 옮겨 갔다.[120]

　극작가이자 연출가인 정의신(鄭義信)의 연극과 영화를 오가는 활 발한 활동 또한 눈에 띈다. 오사카 태생으로 도시샤대학(同志社大学) 문학부를 중퇴한 뒤 요코하마방송영화전문학원 미술과를 졸업한 그 는 1987년 신주쿠 양산박극단 소속 작가로 연극계 활동을 시작하였 다. 이후 그는 연극뿐만 아니라, 최양일의 <달은 어디에 떠 있는가>

---

119) 주혜정, 「최양일 영화의 마이너리티 연구: 공간의 폭력성을 중심으로」, 전남대학 교 박사논문, 2016, 29~34쪽 참조.
120) <영화 '달은 어디에 뜨는가' 감독 재일동포 최양일씨>, ≪한겨레신문≫ 1994.4.21, 11면.

(1993)를 시작으로 영화 시나리오 작업에도 활발하게 참여하였다. 이 영화로 그는 마이니치 영화콩쿠르 각본상, 키네마준포 각본상, 일본아카데미 우수 각본상 등을 수상하였고, 이후 <사랑을 구걸하는 사람(愛を乞うひと)>(1998), 연극 연출작 <천년의 고독(千年の孤独)>, <행인 두부의 마음(杏仁豆腐のココロ)> 등의 작품을 남겼다.[121]

이밖에도 주로 텔레비전 시대물을 연출한 김종수(金鐘守), 니혼 TV 보도 방송과 다큐멘터리를 제작하는 텔레비전 디렉터로 활동한 이수향(李水香), 니혼영화학교 출신으로 텔레비전과 비디오 소프트 감독으로 활동한 김소관 등의 재일 한국인 영화인들의 활동이 영화와 텔레비전을 오가며 이루어진 바 있다.[122]

6. 한국영화 리메이크 작품 혹은 한국 원작 일본영화

일본영화가 한국에 영향을 미친 사례는 일제강점기뿐 아니라 해방 이후에도 적지 않게 생겨났다. 한국영화계에서 일본영화 혹은 일본 원작 한국영화는 '왜색' 혹은 '표절' 문제를 야기하거나 모작, 번안, 표절 등의 경계를 오가면서 논란과 비난의 중심에 위치하는 경우가 많았다. 이에, 1980년대까지만 하더라도 일본영화는 물론 일본 대중문화의 수입과 개방에 대한 논의는 대두되었으나 번번이 좌절되어 왔고, 일제강점기를 거친 한국인들의 민족 감정과 국민 정서에 일본 문화에 대한 향수와 동경이 뒤섞이며 양가적 평가와 태도가 공존하는 모습이 드러나기도 하였다.

한편, 한국 대중문화에 대한 일본의 요구 또한 지속적으로 제기되어 왔다. 이에, 1980년대 초 일본에서는 '한국영화 주간'이 마련

---

121) 손미경, 앞의 학위논문, 2008, 62~63쪽 참조.
122) 위의 학위논문, 65쪽 참조.

되어 한국 영화인들의 방문과 이들의 작품이 공개 상영되는 행사가 펼쳐지게 되었다. 이장호 감독의 <바람불어 좋은날>(1980), 배창호 감독의 <그해 겨울은 따뜻했네>(1984), 장선우 감독의 <성공시대>(1988) 등은 이때 일본에 소개된 대표적인 작품들이었다. 나아가, 일본영화계 관계자들은 에로티시즘 성향의 한국영화들을 비디오로 공급하고 심야 텔레비전 방송으로 송출하기도 하였다.[123]

이러한 교류의 과정을 거쳐, 2000년대 이후에는 일본영화계에서도 한국영화에 대한 리메이크 작업이 심심찮게 행해지게 되었다. 1998년 김대중 정권 하에서 단행된 한국 정부의 일본 대중문화에 대한 단계적 개방 조치를 계기로, 역으로 한국영화의 리메이크 판권 수출이 개시되었던 것이다. 김지운 감독의 <조용한 가족>(1998), 허진호 감독의 <8월의 크리스마스>(1998), 윤제균 감독의 <두사부일체>(2001), 오기환 감독의 <선물>(2001), 이재한 감독의 <내 머릿속의 지우개>(2004), 정윤철 감독의 <말아톤>(2005) 등의 영화들은 일본에서 리메이크 되어 성공적인 성과를 거둔 대표적인 작품으로 꼽힐 만하다.

하지만 1990년대 이전 일본영화 중에서 한국영화의 리메이크 작품으로 만들어진 것으로는 사이토 고이치(齋藤康一) 감독의 1972년 작 <약속> 정도를 지목할 수 있을 것이다. 김지헌의 시나리오를 토대로 이만희가 감독한 <만추>(1966)는 이미 한국에서도 김기영의 <육체의 약속>(1975), 김수용의 <만추>(1981), 김태의의 <만추>(2011) 등으로 여러 차례 리메이크된 바 있지만, 일본에서의 리메이크는 한일 영화 교류·관계사에 있어 매우 희귀한 사례에 속한다. 일본에 수출한 한국영화로는 최초로 알려진 <만추>를 다시 옮긴 이 영화는 1972년 당시 일본영화 평론가들 사이에서 '베스트 5편' 안에 들었으며, 칸영화제에까지 출품되었을 정도로 그 완성도를 인정받기도 하였다.[124] 당시 한국 언론에서 시나리오작가 김지헌의 작품임이 강

---

123) <한일 영화교류 물꼬튼다>, ≪매일경제≫ 1988.9.3, 9면 참조.

124) <한국적 리얼리즘 위에 써내려간 시정은 흐르고: 충무로 작가열전 3 김지헌(1930~)>,

조된 <만추>의 일본 현지화는 "지금껏 일본작품을 자주 번안함으로써 말썽을 불러일으켜오던 풍토에서 한국작품이 최초로 일본에서 제작된 사실은 고무적으로 받아들여지고 있다"고 평가되었는데, 이에 김지헌은 제작사인 쇼치쿠의 초청을 받아 일본을 방문함으로써 한일 양국 간 영화 교류를 위한 상징적 인물로 조명받기도 하였다.125)

이후 한국 영화인의 일본영화계 진출, 한국 원작 영화의 일본에서의 영화화는 1988년 서울올림픽을 계기로 다시 한일 간의 문화 교류 논의가 활발해지면서 재점화되었다. 일례로, 이 무렵 일본의 영화 제작사인 미디어믹스프로덕션은 시나리오작가 신봉승에게 일본의 한국 침략사를 소재로 한 영화의 시나리오를 의뢰하였다. <왕조 쓰러지다>라는 제목의 이 영화는 약 6억 엔의 제작비가 투자된 '대작'으로 한일 양국의 배우가 동시에 출연할 예정 하에 기획되었다. 명성황후(明成皇后) 시해 사건이 있었던 을미사변(乙未事變)부터 해방 직전까지의 역사를 한국인의 시각에서 조명한 작품으로, 안중근의 이토 히로부미 암살, 한일병합, 3.1운동, 관동대지진, 제2차 세계대전 등 일제강점기의 주요한 역사적 사건들이 영화 속 줄거리에 담겨져 있었다. 당시 보도에 따르건대, 신봉승은 고료로 약 5백만 엔을 받았으며 자신의 시나리오가 일본에서 영화화된다는 것에 대해 "대본 수정이나 왜곡 표현은 용납할 수 없다"면서 "조금이라도 내용이 바뀌면 촬영을 중단하기로 사전 협정을 맺었다"고 밝히기도 하였다.126) 영화 <왕조 쓰러지다>의 영화화는 결국 실현되지 못한 것으로 보이지만, 이를 통해 1980~1990년대 당시에도 한국과 일본의 영화계가 상호 문화 교류에 대한 기대를 가지고 여러 방면으로 협업을 모색하였다는 사실을 알 수 있다.

≪씨네21≫ 2001.2.2. (http://www.cine21.com/news/view/?idx=0&mag_id=291) 참조.
125) <김지헌씨 「만추」일본서 첫 영화화>, ≪동아일보≫ 1972.6.2, 5면.
126) <신봉승씨 일 영화 대본 쓴다>, ≪경향신문≫ 1988.5.3, 16면.

제7부

세계화 추세 속 영화 교류의 활성화와
한국-일본 영화의 새 경향 (1988~2002)

01 문화 개방의 물결과 양국의 적극적 대응

02 일본 관련 한국영화의 제작 경향

03 한국 관련 일본영화의 제작 경향

01

문화 개방의 물결과 양국의 적극적 대응

1. 노태우·김영삼 정권기 일본 대중문화 개방의 전조와 찬반론

1988년 2월 25일 제13대 대통령으로 취임한 노태우 정권기에 한 국은 빠른 속도로 국제화의 길을 걷는데, 그 계기가 된 것은 바로 1988년 9월 17일부터 10월 2일까지 서울에서 개최된 제24회 하계 올림픽이었다. 이에 따라 일본과의 교류 또한 크게 활기를 띠어갔다. 예를 들면, 일본 방문 한국인의 수는 1987년 195,918명에서 1988년 에는 321,526명으로, 한국 방문 일본인의 수는 1987년 893,596명에 서 1988년에는 1,124,149명으로 큰 폭으로 증가하였다.[1]

이에, 1988년 2월 25일 대통령 취임식의 경축 사절로 내한한 다 케시타 노보루(竹下登) 총리와 노태우 대통령의 정상회담[2] 및 3월 21일 서울에서 개최된 한일 외무장관 회담[3]의 결과로 "21세기의

---

[1] 산본공, 「일본대중문화의 개방정책과 유입실태의 변천에 관한 연구: 영화·방송·
대중 음악과 공연을 중심으로」, 경기대학교 석사논문, 2004, 16쪽 참조.

[2] <한일 정상회담>, ≪동아일보≫ 1988.2.25, 1면 참조.

한·일 양국 간 바람직한 협력 관계를 모색하기 위"해 동년 8월 12일 서울에서 '21세기 한일위원회'가 발족되었는데,4) 이를 계기로 한일 간 문화 교류 활성화를 둘러싼 보다 실질적인 협의가 성사되었다. 그해 12월에는 노태우 대통령이 ≪산케이신문(産經新聞)≫과의 회견을 통해 음악, 영화 등의 분야에서 일본 대중문화를 수용할 준비가 되어 있다는 식의 발언을 함으로써 논란이 일기도 하였는데, 이는 일본 대중문화 개방에 대한 한국 내 인식 변화를 반영한 일이었다고도 할 수 있다.5)

일본 대중문화 개방에 관한 논의는 1990년대 이후 보다 역동적으로 쟁점화되었다. 1991년 1월 8일 방한한 가이후 도시키(海部俊樹) 총리와 노태우 대통령의 두 차례에 걸친 회담에서는 "우호협력 3원칙 합의를 비롯, 일·북한 수교 교섭 5원칙, 재일교포 법적 지위 및 처우 개선 각서 등"에 관한 성과가 있었는데,6) 이에 앞선 1월 7일 21세기 한일위원회 측에서는 "노태우 대통령에게 제출한 보고서를 통해 한일 교류의 확충을 위한 방안으로 두 나라 간 대중문화 소개가 상호 균형을 이루며 활발히 추진되는 것이 바람직하다는 의견을 제시"하였고 이에 노태우는 "한·일 관계를 추진해 나감에 있어 적극 참고해 나가겠다"고 밝혀 일본의 대중문화 진출이 곧 본격화될 것임을 시사하기도 하였다.7)

김영삼 정권에서도 일본 대중문화 개방에 대한 정부 차원의 논의는 계속되었다. 1994년 1월 공로명 주일대사가 일본 대중문화 수요에 대한 검토가 요구된다고 말하였고, 2월에는 문화체육부가 임시

---

3) <「안전협」 구성 합의 한일 외상회담>, ≪동아일보≫ 1988.3.21, 1면 참조.
4) <한·일 21세기 위원회 1차 회의 오늘 개막>, ≪매일경제≫ 1988.8.12, 3면 참조.
5) 산본공, 앞의 학위논문, 16쪽 참조.
6) <실속 없는 「명분 외교」>, ≪경향신문≫ 1991.1.11, 3면.
7) <일본 대중문화 본격진출 조짐>, ≪한겨레신문≫ 1991.1.8, 1면.

국회 제출 자료를 통해 전문가가 참여하는 조사 연구를 거쳐 일본 대중문화 수입 및 개방 문제를 검토할 방침을 피력하였으며, 3월에는 김영삼 대통령이 시간이 필요하겠지만 본인 임기 내에 문제 해결이 가능하리라는 취지의 발언을 하였다. 1995년 2월에는 공로명 외무부장관이 개방 필요성을, 주돈식 문화체육부장관이 시기상조임을 주장한 가운데, 이홍구 총리가 단계적 개방론으로 절충하는 양상을 보였다. 이에, 동년 3월 김영삼 대통령은 광복 50주년을 맞이한 당시로서는 적절한 시기가 아니며 상당한 시간을 가지고 단계적이면서 점진적인 절차를 거칠 필요가 있다고 정리하였다. 그리고 이러한 기조는 김영삼의 1997년 1월 발언에서도 그대로 유지되었다.[8]

이러한 과정을 거치며 일본 대중문화 개방에 대한 한국 내 찬반 여론은 이전에 비해 뜨겁게 달구어졌다. 물론 일본 대중문화 개방을 둘러싼 찬반 논의는 이에 대한 한국인들의 관심이 반영된 것이었다. 그리고 그 관심은 출판 언론의 각종 여론조사를 통해서도 표면화되었다.

1992년 1월 20일자 ≪세계일보≫에 따르면, 한국여론조사연구소가 822명의 시민을 대상으로 실시한 여론조사 결과에서 일본영화의 개방에 대해 반대가 79.3%로, 찬성은 19.0%로 나타났다. 일본 영화 개방을 반대하는 이유로는 '일본 문화의 침투를 막기 위해서'가 41.6%, '우리 영화를 보호하기 위해서'가 41.0%, '무조건 싫어서'라는 응답도 16.4%나 되었다. 그러던 것이 1994년 8월 11일자 ≪한겨레신문≫에 게재된, 한겨레신문사가 문화발전연구소에 의뢰하여 성인남녀 500명을 대상으로 실시한 여론조사에서는 '선별적 개방'이 49.6%, '개방 연기'가 17.4%, '개방 절대 반대'가 15%로 나타났다. 이후 국민회의 정동채 의원이 1996년 서울 등 6대 도시의 중, 고교생 2,100명을 대상으로 한 조사에 의하면 응답자들의

---

8) 산본공, 앞의 학위논문, 18쪽 참조.

74%가 일본 대중문화의 개방에 대해 긍정적으로 생각하고 있었으며9) 1998년 서울대학교 신문사에서 본교 대학생 256명을 대상으로 조사한 결과에서는 개방 반대 입장이 18%인 반면, 69.5%나 되는 이들이 개방에 찬성하고 있는 것으로 드러났다.10)

이처럼 1990년대 들어 일본 대중문화 개방에 대한 한국 국민들의 입장은 전반적으로 긍정적 방향으로 흐르게 되었는데, 이는 대체로 다음과 같은 이유에서였다. 첫째, 국제화와 개방화 시대에 일본 대중문화에 대해서만 차별을 둘 수 없다는 것이다. 둘째, 정부의 규제가 오히려 일본 대중문화의 불법적이고 음성적인 유통을 부추겨 더 큰 부작용을 낳을 수 있다는 것이다. 셋째, 시간이 지나면 일본 문화에 대한 관심은 자연스럽게 감소될 것이며 넷째, 그렇기 때문에 보다 활발한 한일 양국 문화 교류를 전제로 하는 일본 대중문화의 개방은 오히려 한국 대중문화의 경쟁력을 높이는 기회가 될 수 있다는 것이다. 다섯째, 일본에 대한 국민 정서를 고려하여 개방 시기를 늦추자면 한도 끝도 없으므로 정부에서 단안을 내려 개방을 결정해야 한다는 것이다. 이와 함께 일본 대중문화 개방 찬성론자들은 개방 반대론자들이 변화무쌍한 국제 관계를 직시하지 못한 채 감정적인 차원에 머물러 있음을 지적하였다.

이에 대한 반대의 목소리도 만만치 않았다. 개방 반대론자들은 찬성론의 입장이 지극히 원론적이며 원칙적이기에 이는 매우 비현실적이라고 반박하며 그 근거를 다음과 같이 제시하였다. 첫째, 일본의 식민 통치를 경험한 한국인들 사이에 일본에 대한 정서적 반감이 여전히 뿌리 깊게 존재하고 있다는 것이다. 둘째, 일본 문화가 개방되면 이것에 의해 한국 문화의 고유성이 심각한 타격을 받게 되어 결국에는 한국에서 일본의 문화적 지배가 재현될 수 있다는

---

9) <중·고교생 일 대중문화에 긍정적>, ≪경향신문≫ 1996.10.1, 21면.
10) <서울대생 70%가 일 문화 개방에 찬성>, ≪경향신문≫ 1998.3.17, 3면.

것이다. 셋째, 오락적 상업적 성격이 강한 일본 대중문화에는 선정적이고 폭력적인 요소가 많기 때문에 특히 감수성이 예민한 청소년층에게 부정적인 영향을 끼칠 수 있다는 것이다. 넷째, 일본 대중문화 개방은 한국 문화산업 전반에 커다란 타격을 미칠 것이며, 이에 따라 문화 분야에서의 대일(對日) 무역 적자가 표면화될 수 있다는 것이다.

이러한 찬반론을 바탕으로, 결국 일본 대중문화 개방은 단지 시장을 열어주는 차원을 넘어 이를 계기로 한국 내 문화산업을 육성하고 경쟁력을 신장하는 취지에서 실시되어야 한다는 내용으로 국민적 견해가 모아짐으로써, 김대중 정권기에 현실화된 일본 대중문화 개방을 둘러싼 사회적 분위기가 조성되었다.[11]

2. 한국 개최 국제 영화제와 일본영화 상영 기회의 증가

1988년 9월 17일부터 10월 2일까지 서울에서 개최된 제24회 하계 올림픽 이후 한국의 국제적 지명도는 현저히 높아졌으며, 1991년 9월 17일 열린 제46차 총회에서 남북한의 유엔 동시 가입이 실현되면서 한국의 국제 활동은 더욱 활발해졌다. 이러한 흐름은 영화 분야로도 이어졌는데, 특히 국제적 규모의 새로운 영화제를 개최하는 것으로 표면화되었다.

먼저, 1996년 9월 13일에 개막된 제1회 부산국제영화제(Busan International Film Festival)에서는 5편의 일본 장편영화가 상영되었다. '아시아 영화의 창' 부문에 이즈미 세이지(和泉聖治) 감독의

---

11) 본 절의 내용은 함충범, 「영화사적 관점에서 본 일본 대중문화 개방의 영향과 의의: 한일 영화 교류 및 관계 양상을 중심으로」, 부산국제영화제 아시아영화포럼 발표문, 2018의 일부를 토대로 한 것임.

<축하합니다/애도합니다(お日柄もよくご愁傷さま)>(1996), 이시이 소고(石井聰瓦) 감독의 <물속의 8월(水の中の八月)>(1995), 쓰카모토 신야(塚本晋也) 감독의 <동경의 주먹(TOKYO FIST)>(1995), 오구리 고헤이 감독의 <잠자는 남자(眠る男)>(1996) 등 4편이, '새로운 물결' 부문에 시노자키 마코토(篠崎誠) 감독의 <오카에리(おかえり)>(1995)가 그것이다. 1997년 10월 10일에 열린 제2회 영화제에서는 '아시아 영화의 창' 부문에서 구마이 게이(熊井啓) 감독의 <사랑하기(愛する)>(1997), 기타노 다케시(北野武) 감독의 <하나비(HANA-BI, 花-火)>(1998), 이시이 소고 감독의 <꿈의 미로(ユメノ銀河)>(1997), 가와세 나오미(河瀨直美) 감독의 <수자쿠(萌の朱雀)>(1997) 등 4편과, '새로운 물결' 부문에서 야구치 시노부(矢口史靖) 감독의 <비밀의 화원(ひみつの花園)>(1997), 사토키 겐모치(聡けんもち) 감독의 <또 다른 하루(いつものように)>(1997) 등 2편을 합쳐 총 6편이 상영되었다. 한국에서 일본 대중문화 개방이 공표되는 1998년 이후에도 부산영화제에서의 일본영화 상영은 계속되었다. 1998년 3회 영화제에서는 시미즈 히로시(清水宏) 감독의 <자살관광버스(生きない)>(1998)가 국제영화평론가협회상을, 이와이 슌지(岩井俊二) 감독의 <4월 이야기(四月物語)>(1998)가 PSB관객상을 받았고, 1999년 4회 때에는 쓰카모토 신야 감독의 <쌍생아(雙生兒: そうせいじ)>(1999)가 PSB관객상을 수상하였으며, 2000년 5회 때에는 유키사다 이사오(行定勳) 감독의 <해바라기(ひまわり)>(2000)가 국제영화평론가협회상을 받았다.[12]

다음으로, 1997년 8월 29일에 개막된 제1회 부천국제판타스틱영화제(Bucheon International Fantastic Film Festival)에서는 "소설가 무라카미 류(村上龍)의 작품인 「Kyoko(교코)」가, 그의 방한으로 인해 높은 관심을" 모은 바 있었고,[13] 일본 대중문화 개방 공표 뒤인

---

12) 부산국제영화제 홈페이지(http://www.biff.kr/kor) 참조.

1998년 12월 18일에 열린 제2회 때는 '부천 초이스' 부문에서 나
카노 히로유키(中野裕之) 감독의 <사무라이 픽션(SF サムライ·フィ
クション)>(1998), 가네모리 요시노리(兼森義則) 감독의 애니메이션
<알렉산더(アレクサンダー戦記)>(1997) 등 2편과 '월드 판타스틱
시네마' 부문에서 하라다 마사토(原田眞人) 감독의 <가미가제 택시
(KAMIKAZE TAXI 復讐の天使)>(1995), 오바야시 노부히코(大林
宣彦) 감독의 <바람의 노래를 듣고 싶다(風の歌が聴きたい)>(1998),
하라타 마사토(原田眞人) 감독의 <바운스(バウンス ko GALS)>(1997),
야마가 히로유키(山賀博之) 감독의 애니메이션 <왕립우주군(王立宇宙
軍: オネアミスの翼)>(1987), 나카무라 겐지(中村幻児) 감독의 <이즈
댓 유?(元気の神様)>(1997), 오바야시 노부히코 감독의 <후따리(ふ
たり)>(1991) 등 6편이 상영되었다. 이후에도 이 영화제를 통해 일
본영화가 꾸준히 공개되었다.[14]

한편, 이전부터 이어져 오던 아시아태평양영화제를 통해서도 한
국에서 일본영화의 공개 상영은 계속되고 있었다. 특히 1992년 9월
1일부터 서울에서 개최된 제37회 때에는 일본영화가 "해방 후 처음
으로 일반 극장에서 유료 상영"된다는 점에서 "일본영화의 국내 상
륙 전초전이 아니냐는 우려의 소리"가 나오기도 하였다.[15] 당시 출
품된 일본영화는 모두 5편이었고, 이 가운데 "탕탕탕」(Bang) 「머나
먼 곳에 지는 황금의 태양」(Far-away Sunset) 「한 겨울에 핀 동백꽃」
(A Mid-winter Chmellia) 「무지개를 탄 청소년들」(Rainbow Kids) 등
4편이 서울 시네마타운, 씨네하우스, 아세아극장에서" 개봉되었던
것이다.[16] 1997년 10월 6일 제주도에서 열린 제42회 때에는 총 5

---

13) 산본공, 앞의 학위논문, 47쪽.

14) 부천국제판타스틱영화제 홈페이지(http://www.bifan.kr) 참조.

15) <서울 아태영화제 일(日) 영화 광복 후 첫선>, ≪동아일보≫ 1992.9.2, 13면.

16) <일(日)영화 4편 극장공개>, ≪경향신문≫ 1992.8.25, 16면.

편의 일본영화가 출품되었는데, 이 중 수오 마사유키(周防正行) 감독의 <쉘 위 댄스(Shall we ダンス?)>(1996), 이마무라 쇼헤이(今村昌平) 감독의 <우나기(うなぎ)>(1997), <여덟 무덤이 있는 마을>[17] 등 3편이 "아카데미와 시네하우스 두 극장에서 상영, 일반에게 공개"되었다.[18] 총 36편(극영화 26편, 단편 10편) 중 극장 상영작이 8편인 점을 감안하면, 일본영화의 경우 출품작 중 상영작 비율이 꽤 높은 편이었음을 알 수 있다.

이와 같은 추세 속에, 2000년대 이후 한국에서는 2000년부터 시작된 전주국제영화제(Jeonju International Film Festival)를 비롯한 더욱 많은 영화제가 생겨났다. 이와 더불어 2003년까지 4차에 걸친 일본 대중문화의 확대 개방 조치가 행해짐으로써, 한국에서 일본영화의 공개 상영과 극장 개봉은 일상화되기에 이른다.

3. 일본 대중문화 개방의 배경과 일본영화 개방에 대한 단계별 조치

1998년 2월 15일 제15대 대통령으로 취임한 김대중은 나카소네 전 일본 총리와의 만남에서 한일 관계의 개선과 일본 대중문화 개방에 대한 방침을 전한 바 있으며, 4월 문화관광부의 업무보고 자리에서는 일본 대중문화 개방에 두려움 없이 임하라는 지시를 내렸고 이에 따라 정책 당국은 일본 대중문화의 단계적 개방 방침을 정하였다. 이어 5월에는 한일문화교류정책자문위원회가 구성되어 10여 차례의 논의 끝에 문화관광부의 관계국 협의를 거쳐 단계적 개방 방침이 마련되기에 이르렀다. 이어 문화관광부는 각계 여론을 수렴,

---

17) 이치카와 곤(市川崑) 감독의 <8개 무덤 마을(八つ墓村)>(1996)로 추정된다.

18) <'시네마 제주' 아·태 영화제 오늘 '팡파르'>, 《경향신문》 1997.10.6, 31면.

일본 대중문화 개방의 부정적 측면을 고려하여 각종 심의, 수입 추천, 허가 등의 절차 과정에서 저질, 불량 일본 대중문화는 여과시키겠다고 밝혔다. 또한 한국 문화산업의 경쟁력 강화 방안을 마련하고 개방에 따른 부작용을 최소화하는 등의 일본 대중문화 개방에 대한 대응 방향을 취하게 되었다. 그리고 동년 10월 7일, 일본을 방문한 김대중 대통령이 상당한 속도의 일본문화 개방을 약속한 뒤, 10월 20일 제1차 일본 대중문화 개방이 발표되었다.

1998년 한 해 동안 한국 정부가 신속하게 일본 대중문화 개방을 추진할 수 있었던 것은, 일본문화 가운데서도 유익한 것들에 대한 수용은 한국문화의 발전을 위해서도 좋은 일이라는 김대중 정권의 인식과 판단, 그리고 한국 대중문화의 경쟁력 확보에 대한 자신감이 기저를 이루고 있었음은 물론이다.

아울러 그 바탕에는 다음과 같은 시대적 배경이 자리하였다고도 볼 수 있다. 첫째, 1990년 독일 통일과 1991년 소련 붕괴를 거치며 전 세계를 강타하게 된 냉전의 종식과 세계화로 대변되는 국제 정세의 변화이다. 한국의 경우 1988년 서울올림픽 개최 이후 1991년 남북한 유엔 동시 가입과 1992년 중국과의 수교 등을 경험하였고, 이에 따라 일본과의 관계 개선에 필요성도 제기되었다. 그러던 중, 1993년 '고노(河野) 담화'와 1995년 '무라야마(村山) 담화'가 발표됨으로써 한일 관계 개선의 실마리가 풀리게 되었다. 다시 그 배경에 1993년 한국에서는 32년 만에 '문민정부'가 들어서고 일본에서는 38년 만에 자민당 체제가 개편되는 국내 정치적 상황이 놓여 있었다. 둘째, 이러한 과정에서 한일 양국의 민간 교류, 문화 교류가 전반적으로 활성화되었다는 점이다. 단적으로, 1988년 서울올림픽을 계기로 일본인의 한국 방문이 증가하고 1989년 취해진 한국에서의 해외여행 자유화 조치 이후 일본을 방문하는 한국인도 늘었다. 1991년부터는 한일 프로야구 대표 선수 간의 '슈퍼 게임'이 성사되기도 하였다. 특히 1996년 5월에는 2002 FIFA월드컵 대회의 한일 공동 개최가 결정됨으로써, 양국 간의 문화 공조가 더욱 절실해졌다. 셋째, 한일 양국의 영화계 상황이다. 1990년대 들어 한국에서는 정부의 영화 통제가 완화된 반면 다양한 방면의 진흥 방안이 적극적으로 마련되었고, 제작·배급·상영 부문에서의 투자 증대와 시스템 구축 등이 이루어졌다. 일본의 경우 영화 산업의 위축 속에서도, 세계 유수의 영화제에서 수상하는 작품들이 지속적으로 나오고 있었다.

이러한 배경 하에 일본 대중문화 개방이 확정되고 그 방침이 정해진 후 선두에서 가장 괄목할 만한 변화를 맞이한 분야는 바로 영화였다. 1998년 10월 20일 1차 개방이 발표되고, 이에 따라 1998년 11월 28일 일본 배우들이 출연한 박철수 감독의 <가족시네마>가 서울 지역 12개 영화관을 포함, 전국에서 상영되고 동년 12월 5일 기타노 다케시 감독이 직접 출연한 <하나비>가 개봉됨으로써 한국에서의 일본영화가 공식적으로 개방되기 시작되었다. 그러나 일본 대중문화의 단계별 개방이라는 정부의 방침으로 인해 영화의 경우도 1차 개방 이후 개방의 폭이 점진적으로 확대되었다. 일본 대중문화의 단계적 개방 과정에 따른 일본영화 개방에 관한 내용은 다음과 같다.

① 제1차 개방(1998.10.20) : 제1차 일본 대중문화 개방은 영화 및 비디오 분야에 한정되었다. 그리고 영화의 경우, 한일 공동 제작 영화, 20% 이상 출자 등 영화진흥법 상 요건을 충족하는 경우와 한국 영화인이 감독이나 주연으로 참여한 영화, 일본 배우가 출연한 한국 영화, 그리고 칸, 베를린, 베니스, 아카데미 등 세계 4대 영화제 수상작만이 수입 대상이 될 수 있었다. 이에 따라 당시 수입 대상작은 약 15편 정도였다. 이들 가운데 한일 공동으로 제작된 박철수 감독의 <가족시네마>를 비롯하여 기타노 다케시 감독의 <하나비>, 구로사와

아키라(黑澤明) 감독의 <카게무샤(影武者)>(1980), 이마무라 쇼헤이 감독의 <우나기>(1997) 등이 수입, 상영되었다. 한편 비디오의 경우 극장에서 상영된 영화의 비디오만이 출시가 허용되었다.

② 제2차 개방(1999.9.10) : 제2차 개방에서는 공연, 출판물로 개방 분야가 확대되었다. 한국 정부는 2000석 이하 규모의 실내 공연장, 실내 체육관, 관광호텔 연회장 등에서의 일본 대중가요 공연을 허용하였고, 일본어판 출판 만화와 만화 잡지 판매 또한 허용하였다. 영화 분야의 개방 폭 역시 넓어졌다. 우선 세계 4대 영화제 수상작이라는 조건이 '공인된 국제 영화제 수상작' 즉, 영화진흥위원회 포상대상 영화제(13개)와 국제영화제작자연맹(FIAPF) 인정 영화제로 확대되었다. 이에 따라 당시 수입 대상 영화제는 약 70여 개, 수입대상 영화는 약 100여 편 정도로 늘어나게 되었다. 또한 극장용 애니메이션을 제외한 한국 영상물등급위원회가 '전체 관람가' 영화로 인정한 영화가 수입 가능해짐으로써 <나라야마 부시코(楢山節考)>(1982), <러브레터(Love letter, ラヴレター)>(1995), <링(リング)>(1998), <소나티네(ソナチネ)>(1993), <철도원(鐵道員: ぽっぽや>(1999), <그림 속 나의 마을(繪の中のぼくの村)>(1995), <사무라이 픽션>(1998), <감각의 제국(愛のコリダ)>(1976), <역(驛)>(1981), <4월 이야기>(1998), <쌍생아>(1999), <쉘 위 댄스>(1996), 그리고 한일 합작 애니메이션 <건드레스(ガンドレス)>(1999) 등이 개봉되었다.

③ 제3차 개방(2000.6.27) : 제3차 개방안은 영화를 비롯해서 비디오, 공연, 게임, 방송 등 1, 2차 개방 때에 비해 개방 정도가 대폭 확대되었다.[19] 영화 분야에서는 영상물등급위원회에서 인정하는

---

19) 영화 이외 분야의 내용을 살펴보면 다음과 같다. 극장용 애니메이션 : 국제영화제 수상작의 경우 극장용 애니메이션도 개봉이 가능해졌다. / 비디오 : 일본영화와 애니메이션 가운데 국내 상영분에 한하여 수입이 허용되었다. / 공연 : 실내외 모든 공연이 전면 개방되었다. / 음반 : 일본어 가창 음반을 제외한 나머지 음반에 대해 수입이 허용되었다. / 게임 : 가정용, 게임기용, 비디오 게임 이외의 PC 게임,

'12세 관람가'와 '15세 관람가' 영화까지 추가로 개방되었다. 이로써 '18세미만 관람불가' 영화를 제외한 일본영화가 수입 가능해졌다. 이로 인해 <춤추는 대수사선(踊る大搜査線)>(1998), <링 2(リング 2)>(1999), <포스트맨 블루스(ポストマン・ブルース)>(1997), <으랏차차 스모부(Sumo Do, Sumo Don't, シコふんじゃった)>(1991), <키즈 리턴(キッズリタン)>(1996), <도쿄 맑음(東京日和)>(1997), <사국(死國)>(1999), <비밀의 화원>(1997), <간장선생(カンゾ-先生)>(1998) 등의 영화와 <포켓 몬스터(Pocket Monster)> 시리즈 등의 애니메이션이 수입-상영되었다.

④ 추가개방 중단(2001.7.12) : 한국 정부는 일본 정부의 역사교과서 왜곡 시정 거부에 대한 대일 강경 대응책의 일환으로 일본 역사교과서 대책반-자문단 연석회의를 거쳐 정부의 방침으로 일본 대중문화의 추가 개방 중단을 발표하였다.[20] 그리하여 일본어 가창음반, 쇼, 오락 방송, 18세 이상 성인용 비디오 영화, 가정용 게임기, 애니메이션, 공중파 방송에서의 일본영화 방영 등의 개방 일정이 중단되었다.

⑤ 제4차 개방(2003.9.1) : 2003년 6월 7일 한일 정상회담에서의 한일 공동성명 후속 조치를 적극적으로 추진하기 위한 차원에서, 한국 정부는 동북아 경제 중심 실현에 문화적 연계의 중요성을 지속적으로 확대하고 문화산업의 경쟁력을 강화하는 등의 미래지향적 정책 방향에 따라 제4차 일본문화 개방안을 발표하였다. 이에 따라 2004년 1월 1일을 기해 일본 대중문화의 전면 개방이 개시되었다.

온라인 게임, 업소용 게임 등이 개방되었다. / 방송 : 매체 구분 없이 스포츠, 다큐멘터리, 보도 프로그램의 방송이 허용되었다.

20) 그 내용은 다음과 같이 정리된다. 첫째, 일본 대중문화 개방은 한일 양국 간의 상호 신뢰 관계의 바탕에서 이루어졌던 만큼 일본 문화의 추가 개방은 일본의 역사교과서 왜곡 문제와 분리하여 생각할 수 없다. 둘째, 따라서 일본 정부가 교과서 문제에 대해 성의 있는 조치를 취할 때까지 일본 대중문화의 추가 개방 자체를 검토하지 않을 것이다.

이로써 음반, 게임 분야가 전면 개방되었고, 극장용 애니메이션의 경우 2년간의 유예 기간을 거쳐 2006년 1월 1일부터 전면 개방을 할 것으로 결정되었다. 영화에 있어서도 '18세 관람가'와 '제한 상영가'를 포함한 일본영화의 전면 개방 시대가 도래하였다. 이에 따라 <신설국(新雪國)>(2001), <연애사진(恋愛写真)>(2003), <배틀로얄 2(Battle Royale 2)> (2003), <퍼펙트 블루(Perfect Blue)>(1997), <완전한 사육(完全なる飼育)>(1999), <소녀 검객 아즈미 대혈전(あずみ)>(2003), <착신아리(着信アリ)>(2003) 등이 제4차 개방 이후 수입, 개봉되었다.

이후 한국과 일본의 영화 교류·관계 활동은 보다 다양한 차원에서 더욱 활발히 이루어지게 되었다.21)

4. 대중문화 개방에 따른 한국 내 일본영화의 수입 및 개봉

일본 대중문화 개방에 따라 한국에서 일본영화의 영향력이 작지 않을 것임이 1998년 이전부터 예상되어 왔다. 여기에는 일본영화의 국제적 위상이 한국영화보다 현저히 높았다는 점과 더불어, 그럼에도 여타 분야에 비해 영화에 대한 일반 대중의 문화적 경험치가 현저히 떨어져 있었다는 점도 이유가 되었을 터이다. 개방 이전 분야별 접촉 비율을 예로 들면, 만화 26.5%, 방송 15.1%, 비디오 15.5%, 게임 16.1%였던 데 반해, 영화의 경우 5.7%로 상대적으로 낮은 상태였다.22)

실제로 한국 정부의 일본 대중문화 개방 결정에 따라 1998년부터

---

21) 본 절의 내용은 함충범, 「영화사적 관점에서 본 일본 대중문화 개방의 영향과 의의: 한일 영화 교류 및 관계 양상을 중심으로」, 부산국제영화제 아시아영화포럼 발표문, 2018의 일부를 토대로 한 것임.

22) 한국문화정책개발원, 『일본대중문화 개발정책의 심사분석』, 문화관광부, 2000, 26쪽 참조.

한국에 수입되기 시작한 일본영화의 개봉 편수는 매년 증가세를 보였는데,23) 특히 2차 개방 연도인 1999년과 제3차 개방이 실시된 2000년 사이에는 개봉 편수 및 전체 외국영화 개봉 편수에서 차지하는 비율이 큰 폭으로 상승하였다. 즉 1999년 4편이 개봉되어 전체 외국영화 개봉 편수 대비 일본영화 개봉 편수의 비율이 1.7%에 불과하였다가, 2000년에는 각각 25편과 9.0%를 나타내었다.24)

이러한 상승세는 2001년까지 이어졌다. 2001년 일본영화는 전년도보다 1편 부족한 24편이 개봉되었으나,25) 이 해 한국 내 외국영화 개봉 편수가 전년도 277편에서 233편으로 떨어져 최초로 10%를 넘는 점유율(10.5%)을 기록하였다. 이어 2002년과 2003년에 각각 13편과 18편의 일본영화가 개봉되었으나,26) 한국영화의 강세 속에 한국에서 개봉된 외국 영화의 편수가 점점 하락하는 추세에 있었기 때문에 전체 외국영화 개봉 편수 대비 비율은 2002년 6.8%로 약간 주춤하다가 2003년 10.3%로 다시 10%대에 복귀하였다. 그리고 2004년에 이르러서는 일본영화가 28편 개봉되어 14.4%라는 사상 최고의 점유율를 기록하였다.27)

하지만 당초 예상과는 달리, 수입 초기부터 일본영화의 흥행 성

---

23) 이때까지 한국에 수입된 일본영화는 1979년 1편, 1981년 1편, 그리고 1998년 3편으로 집계되어 있다. 영화진흥위원회, 『1998년도판 한국영화연감』, 집문당, 1998, 90쪽 참조.

24) 수입 편수는 1999년 6편이었으며,(영화진흥위원회, 『1999년도판 한국영화연감』, 집문당, 1999, 18쪽 참조) 2000에는 39편이었다.(영화진흥위원회, 『2000년도판 한국영화연감』, 집문당, 2000, 47쪽 참조)

25) 수입 편수는 36편이었다. 영화진흥위원회, 『2001년도판 한국영화연감』, 집문당, 2001, 51쪽 참조.

26) 2002년 수입 편수는 12편,(영화진흥위원회, 『2002년도판 한국영화연감』, 커뮤니케이션북스, 2002, 53쪽 참조) 2003년 수입 편수는 20편(영화진흥위원회, 『2003년도판 한국영화연감』, 커뮤니케이션북스, 2003, 49쪽 참조)이었다.

27) 수입 편수는 43편이었다. 영화진흥위원회, 『2004년도판 한국영화연감』, 커뮤니케이션북스, 2004, 63쪽 참조.

적은 그리 좋지 못하였다. 1998년 최초로 개봉된 <하나비>는 서울 관객 5만여 명, 전국 관객 7만여 명을 동원하는 데 그쳤으며, <카게무샤>의 경우도 서울 관객 6만여 명, 전국 관객 9만여 명에 머물렀다. 이러한 경향은 1999년으로도 이어져, <우나기>가 서울 관객 5만 3천여 명을 동원하고 일본에서 흥행에 성공한 <링> 역시 서울 관객 5만 7천여 명을 불러들였다. 단, <러브레터>의 경우 64만 5천여 명을 동원하여 한국에서 개봉된 일본영화로는 처음으로 흥행에 성공한 작품으로 기록되었다.

한편 '15세 관람가'까지 개방의 폭이 확대된 2000년 이후 일본영화는 개봉 편수가 늘어남에 따라 전체 관객의 숫자 또한 크게 증가하였다. 그러나 이것이 곧 일본영화의 흥행 성공을 의미하는 것은 아니었다. 2000년 이후 한국 내 전체 개봉 영화에서 차지하는 일본영화의 관객 점유율은 2002년 이후 매년 하락하는 추세에 들어섰으며 일본영화의 편당 관객 수 역시 불안정한 양상을 보였기 때문이다.

2000년 개봉된 일본영화는 전체 관객 수 202만여 명, 관객 점유율 7.4%라는 비교적 양호한 성적을 보였다. 그러나 2001년 한국 정부의 일본문화 추가 개방 중단 결정의 영향으로 전체 관객 수는 49만여 명으로, 관객 점유율에 있어서는 1.4%로 급격히 떨어졌다. 물론 다음 해 132만여 명의 관객 수와 3.2%의 관객 점유율을 보이며 전년도의 하락폭이 어느 정도 만회되기는 하였으나, 이후 일본영화의 관객 수는 2003년 126만여 명과 2004년 97만여 명으로, 관객점유율은 각각 2.9%와 2.1%로 지속적인 하락세에 놓이게 되었다.

여기서 주목할 부분은 영화에 대한 관객들의 반응을 살펴볼 수 있는 편당 관객 수라 할 만한데, 2000년 이후 일본영화의 편당 관객 수는 <센과 치히로의 행방불명(千と千尋の神隠し)>(2001)의 흥행 성공에 힘입어 일본영화 전체의 편당 관객 수가 현저히 상승한 2002년 10만 1천여 명을 제외하고는 2000년 7만 9천여 명, 2001년

1만 8천여 명, 2003년 7만여 명, 2004년 3만 4천여 명을 기록, 상업적 측면에서 일본영화가 한국 관객에게 긍정적인 평가를 받지는 못한 것으로 나타났다. 요컨대, 1999년 한국 정부의 일본 대중문화 개방 조치 이후 일본문화의 단계적 개방에 따라 그 수입 규모는 점차 증대되었던 데 반해 일본영화에 대한 한국 관객의 반응은 다소 냉담해져 갔다고 볼 수 있다.[28]

5. 한국영화의 일본 수출 및 개봉

1998년부터 한국에서 일본 대중문화가 개방됨으로써 일본영화의 한국 수입과 개봉이 실현되었을 뿐 아니라 역으로 한국영화의 일본 수출 및 개봉에 있어서도 보다 활기를 띠게 되었다.

이전까지 한국영화의 일본 수출에 관한 통계를 살펴보건대, 일본영화가 한국에 정식으로 수입 및 개봉되지 못하였던 점과는 대비될 만큼 적지 않은 편수를 기록하였던 게 사실이다. 그리고 1970년대에는 미미하고 간헐적인 양상을 보이던 것이 1980년대를 거쳐 1990년대를 통과하면서는 편수의 증가세와 연도별 지속세를 나타내었다. 즉, 한국영화의 일본 수출은 1970년대의 경우 1972년 1편을 시작으로 1973년 8편, 1978년 1편에 머물렀다. 이어 1982년 2편, 1983년 4편, 1984년 3편, 1986년 1편, 1987년 5편으로 낮은 수치의 지속세를 보이다가 서울올림픽이 열린 1988년에는 16편, 1989년에는 13편으로 증가하였다. 그리고 1990년대 들어서는 1991년 13편, 1992년 6편, 1993년 11편, 1994년 7편, 1995년 5편, 1996년 18편, 1997년 9편을 기록하였다.[29]

---

28) 영화진흥위원회 홈페이지(http://www.kofic.or.kr) 내 해당 연도『한국영화연감』참조.
29) 영화진흥위원회,『1998년도판 한국영화연감』, 집문당, 1998, 89쪽 참조.

그러다가 한국에서 일본 대중문화 개방이 실시되기 시작한 1998
년에는 13편으로 회복된 뒤 1999년에는 16편, 2000년에는 20편으
로 늘어났다. 1999년의 16편은 그해 한국영화 수출 편수 가운데 28
편을 기록한 미국에 이은 두 번째 기록이었으며, 처음으로 20편대
에 진입한 2000년의 경우 이는 한국영화 수출 상대국 가운데 가장
높은 수치를 기록한 것이었다.

2001년 한국영화의 아시아권 수출액은 총 8,271,865달러로 해외
수출액 11,249,573달러 가운데 약 73.5%에 해당하는 금액이었다.[30)
2002년에는 10,499,979달러로 증가함으로써 총 14,952,239달러에 대
해 점유율 70.2% 정도를 차지하였다.[31) 2003년에는 19,024,000달러
로 30,979,000달러의 약 61.4%를,[32) 2004년의 경우 45,327,500달
러로 58,284,600달러 중에 약 77.8%를 점하였다.[33) 그리고 2005
년에 이르러서는 총 75,994,580달러 중에 무려 87.04%에 달하는
66,143,686달러를 달성함으로써 최고점을 찍게 되었다.[34) 이렇게
2000년대 중반 한국영화의 해외 수출액은 급속히 증가하였는데, 이
러한 상승세는 다름 아닌 아시아 지역으로의 수출이 견인하고 있었
다. 아울러, 비록 자료의 한계로 세세히 확인되고 있지는 않으나, 아
시아 지역의 수출 대상국 가운데 일본이 차지하는 비중이 적지 않
았을 것임은 2000년대 후반 이후 한국영화의 국가별 수출 현황을
살피건대 어렵잖게 유추 가능하다.

이러한 추세 속에, 일본으로 수출된 한국영화 중에는 현지에서
흥행에 성공하는 작품이 나오기도 하였다. 2000년에 개봉된 <쉬리>

---

30) 영화진흥위원회, 『2001년도판 한국영화연감』, 집문당, 2001, 61쪽 참조.
31) 영화진흥위원회, 『2002년도판 한국영화연감』, 커뮤니케이션북스, 2002, 55쪽 참조.
32) 영화진흥위원회, 『2003년도판 한국영화연감』, 커뮤니케이션북스, 2003, 52쪽 참조.
33) 영화진흥위원회, 『2004년도판 한국영화연감』, 커뮤니케이션북스, 2004, 66쪽 참조.
34) 영화진흥위원회, 『2005년도판 한국영화연감』, 커뮤니케이션북스, 2005, 77쪽 참조.

(1998)가 130만여 명을 동원하여 18.5억 엔 정도의 수익을 올렸는데, 이는 당해 연도 일본 개봉 외국영화(洋畵) 중 15위에 해당하는 금액이었다. 다음 해인 2001년 개봉된 <공동경비구역 JSA>의 경우 11억 엔 가량으로 27위에 이름을 올렸다.[35] 이후에도 2000년대 중반까지 여러 편의 한국영화가 일본 극장가에서 선전(善戰)하였고, 그러면서 이전과는 달리 일본에서 한국영화의 새로운 존재감이 생성되기 시작하였다.

---

35) 일본영화제작자연맹 홈페이지(http://www.eiren.org) 내 해당 연도 일본영화산업 통계 참조.

02

일본 관련 한국영화의 제작 경향

1. 한국영화 속 일본(인) 설정의 다각화와 일본 배우의 등장

1990년대에는 한국에서의 일본영화 개방에 대한 논의와 함께 한국영화 속 일본 배우 출연을 둘러싼 문제 또한 보다 심화되었다. 단적으로, 이미 활발하게 논의되고 있던 일본영화의 단계적 개방 요건 가운데 가장 먼저 현실화 조짐을 보인 것이 바로 한국영화 속 일본 배우의 출연과 관련해서였다.[36]

1994년에는 당시 제작 준비 중이던 정인엽 감독의 <붉은 기모노>에 유명 여배우 미야자와 리에의 섭외가 추진되기도 하였다. 한국인 유학생과 사랑에 빠진 일본인 유부녀가 그에게 배신당한 후 복수를 강행한다는 내용의 스릴러물로 기획된 이 영화에 대해, 제작사인 두손필름 측은 "국내 영화에는 일본 배우가 출연할 수 없으나 리에는 아버지가 네덜란드인이라 네덜란드 국적을 가지고 있기 때문에 아무런 문제가 없을 것으로 본다"는 논리로 그녀의 출연을 둘러싼 잡음을 해소하려 하였다. 하지만 이 영화는 그해 7월 일본 로케이션을 시작으로 크랭크

---

36) <일본영화 단계적 "상륙 노크">, 《경향신문》 1992.1.9, 13면 참조.

인이 예정되어 있었으나 결국 제작이 완료되지는 못하였다.[37]

이듬해인 1995년의 경우, 정지영이 연출 준비 중이던 <울밑에 선 봉선화야>에서의 일본 배우 출연 문제가 대두되기도 하였다. 정지영은 종군 위안부 문제를 소재로 한 이 작품을 두고 "영화의 사실감을 살리기 위해 일본인을 출연시키겠다"고 밝히기도 하였으나, 결국 실행되지는 못하였다.[38] 동시기 한일 간 여러 차례 대중문화 개방 및 영화 교류 문제가 오고갔음에도 불구하고, 문화체육부에서는 여전히 한국영화에서의 '일본인 출연불가' 방침을 고수하고 있었기 때문이다. 이를 통해, 1990년대 중반 당시 일본 배우의 한국영화 출연 문제가 한국 내에서는 일본영화의 수입 개방 문제와 연관성을 지니면서 인식되고 있었음이 확인된다.

이에 따라, 한국 정부가 일본 대중문화 개방 조치를 단행한 1998년부터는 그 양상을 다리하게 되었다. 그 시발점은 재일교포 작가 유미리(柳美里)의 소설을 원작으로 한 <가족시네마>(박철수 감독, 1998)였다. 이 작품에는 1970년대 닛카쓰(日活)의 로망 포르노 영화를 통해 입문한 재일교포 여배우 이사야마 히로코(伊佐山ひろ子)를 비롯하여 소설가 양석일, 원작자 유미리의 동생인 유애리(柳愛里) 등이 배우로 출연하였다. 이에 대해 박철수 감독은 "동포 작가가 일본어로 쓴 글을 일본에서 영화화 하는데 한국 배우를 데려올 수는 없었다"며 일본 배우 출연의 당위성을 피력하였다.[39]

한국에서 일본영화 수입 개방이 개시된 후 공식적인 차원에서 한국영화 속 일본 배우의 출연이 처음으로 성사된 사례는 한국의 쿠앤필름 및 시네마서비스와 일본의 쇼치쿠(松竹)가 공동으로 제

---

37) <정인엽 감독 제작영화 붉은 기모노>, ≪경향신문≫ 1992.1.9, 13면.

38) <일본영화 일본배우 수입 논란>, ≪한겨레신문≫ 1995.2.17, 15면. / <영화 '울밑에선…' 일배우 출연 허용을>, ≪한겨레신문≫ 1995.3.1, 11면.

39) <'가족시네마' 촬영 현장 한국스태프: 일본배우 한·일 영화교류 '시금석'>, ≪한겨레신문≫ 1998.9.9, 16면.

작한 한일 합작영화 <순애보>(이재용 감독, 2000)에서였다. 서울
과 도쿄(東京)를 오가는 한일 남녀 청춘의 사랑 이야기를 그린 이
영화에는 한국에서 이정재와 김민희 등이, 일본에서 다치바나 미
사토(橘實里), 오스기 렌(大杉漣), 요 기미코(余貴美子) 등이 출연
하여 화제를 모았다.

이후 2002년 한일 월드컵의 공동 개최를 계기로 양국의 문화 교
류가 전반적으로 촉진되는 분위기 속에서, 한일 합작영화들의 증가
와 더불어 일본 배우들의 한국 활동에도 가속도가 붙게 되었다. 이
를 두고 가토 치에는, 한국에서 일본 대중문화 개방 이전까지 만연
되어 있던 일본 배우 출연에 대한 반감이 감소된 반면 로케이션 촬
영 현지의 배우를 기용함으로써 발생하는 제작 측면에서의 합리성
에 대한 가치가 상승한 결과라고 진단한다.40)

이밖에도 2002 월드컵을 전후로 한 시기에 만들어진 한국영화에
출연한 일본 배우로는 <2009 로스트 메모리즈>(이시명 감독, 2002)
의 나카무라 도오루(仲村ㅏオル), <싸울아비>(이환경 감독, 2002)의
가쓰노 히로시(勝野洋)와 에노키 다카아키(榎木孝明)와 우메미야 마
사코(梅宮万紗子), <재밌는 영화>(장규성 감독, 2002)의 무사카 나
오마사(六平直政), <YMCA 야구단>(김현석 감독, 2002)의 이부 마
사토(伊武雅刀)와 스즈키 가즈마(鈴木一真), <Run2U>(강정수 감독,
2003)의 다카하시 가즈야(高橋和也), 오자와 마주(小沢真珠) 등이

---

40) 이러한 추세 속에, 일본 여배우가 한국 연예계에서 활동하는 사례도 생겨났다.
2000년대 초반 한국에서 활동하기 시작한 배우 후에키 유코(笛木優子, 예명:유민)
의 경우, 본래 한국영화에 출연하기 위해 어학연수 경험을 쌓았고 이후 예능 프
로그램에 얼굴을 비치며 자신의 이름을 알렸다. 그리고 텔레비전 드라마 <우리
집>(MBC, 2001), <결혼합시다>(KBS, 2002), <올인>(SBS, 2003), <압구정 종갓
집>(SBS, 2003) 등에 출연함으로써 자신의 입지를 다져 갔다. 그러면서 한국에서
는 그녀의 출연작인 일본영화 <호타루(ホタル)>(降旗樣 감독, 2001), <신설국>(後
藤幸一 감독, 2001) 등의 인지도가 높아지기도 하였다. 가토 치에, 「90년대 이후
한일 영화 교류와 콜라보레이션 영화」, 한양대학교 석사논문, 2008, 42쪽 참조.

있다.41) 이들 일본 배우의 활동은 주로 한일 양국 간의 역사적 문제를 직간접적으로 다루거나 그것을 배경을 삼은 일련의 영화 속에서 이루어졌다는 점이 특기할 만하다.

2. 일본 합작 한국영화의 새 면모

한일 합작영화의 제작 시도는 한국에서 공식적으로 일본 대중문화 개방이 이루어지기 시작한 1998년 이전에도 간간히 추진되어 왔으며, 일본과의 협업을 통해 한국영화가 만들어지는 방식이 주된 경우였다.

일례로, 1989년에는 안중근 사후 그를 가신(家神)으로 섬긴 여순 감옥의 일본인 헌병 상사 출신 지바 도시치(千葉十七)의 이야기를 소재로 한 <의사 안중근>이 이상언의 연출 및 일본과의 협업을 통해 제작된다는 소식이 전해지기도 하였으나,42) 현실화되지는 못하였다.

이듬해인 1990년의 경우, 영화 <새앙쥐 상륙작전>의 감독 김정진이 ≪스포츠조선≫의 연재만화 <청춘풍속도>를 원작으로 한일 합작영화를 준비하기도 하였으며,43) 태평양전쟁 당시 비밀리에 행해졌던 일본 나가노현(長野縣) 마쓰시로(松代)의 제2차 대본영 건설 공사에 징용되었던 조선인들의 참상을 소재로 한 애니메이션 <김의 십자가(キムの十字架)>(山田典吾 감독, 1990)의 제작 과정에 작화 감독 박형인을 포함한 24명의 한국인 스태프들이 참여한 바도 있었다.44)

---

41) 가토 치에, 앞의 학위논문, 42~43쪽 참조.

42) <안중근 의사를 가신으로 일인 2대>, ≪경향신문≫ 1989.8.15, 11면 참조.

43) <새 영상미… 화려한 돌풍 젊은 감독들>, ≪동아일보≫ 1990.4.14, 9면 참조.

44) <징용 한인 참상 만화영화로 고발>, ≪동아일보≫ 1990.7.9, 17면 참조.

하지만 1990년대에 들어서도 한일 간의 영화 합작은 일본 대중문화 개방 논의와 얽히면서 여전히 진전을 보이지 못하고 있던 상태였다. 1991년 한국 정부는 한일 영화 합작에 대해 "우선 한일간의 역사성에 기초한 순수영화부터 허용한다는 방침"을 내세우며 "역사물이나 다큐멘터리"를 대상으로 언급하기도 하였다.45) 그러나 당초 홍콩영화로 소개된 일본 애니메이션 <아키라(AKIRA, アキラ)>을 둘러싼 폭력 묘사의 문제와 수입 및 상영 허가 과정에서의 의혹 등이 불거지면서 여론이 악화되었고, 그 영향은 한일 영화 합작 허용을 재검토하는 데까지 미치게 되었다.46)

이후 한국에서 일본 대중문화 개방에 대한 반감이 진정되면서, 영화계 현장에서는 한국영화인협회를 위시한 이익단체의 거센 반발 속에서도 일부 제작자들이 '물밑 교섭'을 통해 일본과의 협업을 추진하는 광경이 펼쳐지기도 하였다. 재일교포 출신 극진 가라데의 창시자 최배달(최영의)의 일대기를 그린 <바람의 파이터>, 한국, 미국, 중국, 미국, 네덜란드 5개국의 일본군 위안부를 소재로 한 <정신대>, 가와바타 야스나리의 소설을 원작으로 한 <고도>를 비롯하여 <의사 안중근과 이등박문>, <아리랑>, <가교>, <매트 위의 사랑>, <아로운>, <현해탄은 알고 있다> 등의 작품들이 한일 합작영화로 추진되었던 것이다.47)

일제강점기 전남 목포를 배경으로 '고아의 어머니'로 알려졌던 일본인 여성 다우치 치즈코(千鶴子, 한국명:윤학자)의 이야기를 소재로 한 <사랑의 묵시록(愛の黙示錄)>(김수용 감독, 1995)의 경우도 일본 MT휴먼서비스와의 합작으로 만들어진 영화였는데, 이 작품을

---

45) <한일 합작영화 제작허용>, 《동아일보》 1991.1.10, 9면.

46) <"한일영화합작 허용계획 재검토를">, 《한겨레신문》 1991.2.17, 11면 참조.

47) <일 영화 가요 개방 "본격검토" 이후 "거부반응" 가요계 "물밑교류" 영화계>, 《경향신문》 1992.10.28, 17면 참조.

통해 김수용 감독은 한일 간의 정치적, 사회적 갈등과 인간의 본질에 대한 성찰을 담는 것을 목표로 제시하기도 하였다.[48] 주인공 윤학자 역은 일본 배우 이시다 에리(石田えり)가, 그녀의 남편 윤치호 역은 한국 배우 길용우가 맡았으며 제작 과정 역시 순조롭게 진행되었다. 그러나 이 영화는 1995년에 완성되어 일본에서 14만 명의 관객을 동원하였던 데 반해, 한국에서는 정부 및 업계에서 유지되어 오던 일본영화에 대한 수입 금지 입장과 사회 저변에 깔려 있던 반일 감정 등으로 인해 한동안 개봉이 막히게 되었다.[49] 여기에는 제작자의 국적이 일본이라는 근거로 이 작품이 일본영화로 분류되어 있었다는 제도적 측면의 사정도 자리하고 있었는데,[50] 그리하여 이 영화는 한국에서 일본 대중문화 개방 조치가 취해진 이후 정식으로 수입이 허가되었다.[51]

이러한 흐름을 타고 한국에서 개봉된 첫 번째 한일 합작영화가 된 작품은 <가족시네마>(박철수 감독, 1998)였다. 이 영화에는 일본 배우가 출연하였을 뿐 아니라 30% 이상의 일본어 대사가 쓰였는데, 그럼에도 불구하고 대중문화 개방의 물결을 타고 한국에서도 상영될 수 있었다. 이곳저곳에 뿔뿔이 흩어져 살던 가족들이 영화를 찍기 위해 모이면서 가족애를 회복한다는 줄거리의 이 작품은 실제로 각본 단계에서부터 한국과 일본의 영화인들이 공동으로 참여하였고,[52] 실제 배우들 또한 가족처럼 합숙하는 과정을 거치면서 제작되었다. 그러면서 극영화와 다큐멘터리의 경계를 넘나드는 자유로

---

48) <'고아들의 대모' 윤학자 일대기>, ≪매일경제≫ 1997.11.6, 21면 참조.

49) <한일 합작 휴먼드라마 「사랑의 묵시록」 일서 상영>, ≪동아일보≫ 1997.9.19, 19면 참조.

50) <문체 공보위 월드컵 개최지 늑장선정 맹공>, ≪동아일보≫ 1997.10.2, 3면 참조.

51) <한일 공동제작 영화 '사랑의 묵시록' 첫 국내 수입 허가>, ≪동아일보≫ 1998.10.28, 17면 참조.

52) 가토 치에, 앞의 학위논문, 35쪽 참조.

운 형식 등을 통한 영화적 재미를 선사하며 주목을 받았다.53)

한국 자본과 일본 자본이 공동으로 출자되어 만들어진 영화로는 스즈키 고지(鈴木光司)의 공포소설을 원작으로 한 한국영화 <링>(김동빈 감독, 1999)이 있었다. 이 작품은 한국 측과 일본 측이 절반씩 제작비를 투자하였으나, 모든 스태프와 연기자는 한국인으로 구성되었다.54) 1999년 여름에 개봉된 이 영화는 한국에서 전국 관객 70만 여명을 동원함으로써 준수한 흥행 성적을 거두었을 뿐 아니라 20만 달러의 가격으로 일본에 수출되기도 하였다.55)

이렇듯, 한국에서 일본 대중문화 개방이 실시되던 시기에 만들어진 한일 합작영화들은 과거의 역사 등 무거운 소재를 다루거나 특정 장르에 국한되어 있던 데에서 탈피하여 이야기 소재와 영상 표현의 다양화 등을 꾀하면서 다른 모습을 보였고, 이에 따라 이전보다 나은 대중적 반응을 이끌 수 있었다.

물론, 평단의 반응과 흥행 성과가 비례하지만은 않았다. 대표적으로 <순애보>(이재용 감독, 2000)의 경우, 서울과 도쿄를 배경으로 한국과 일본의 청춘 남녀들의 사랑 이야기를 감각적으로 그려내었다는 점에서는 호평을 받았으나 양국 관객들의 문화적 감수성의 차이로 인해 흥행 면에서는 고전을 면치 못한 영화로 남게 되었다.56)

---

53) <가족 해체 실상에 들이댄 카메라 박철수 감독 '가족시네마' 28일 개봉>, ≪경향신문≫ 1998.11.26, 25면 참조.

54) <한일 합작영화 1호 '링' 스탭-연기자는 한국인>, ≪동아일보≫ 1998.10.30, 37면 참조.

55) <안정숙 기자의 영화수첩: 일본 영화 리메이크 '링' 예사롭지 않은 성공사례>, ≪한겨레신문≫ 1999.7.16, 21면 참조.

56) 김시무, <한국영화 속에 나타난 반일정서의 한계>, ≪문화예술≫ 2002.4, 87~88쪽 참조.

3. 일본영화 리메이크 작품과 일본 원작 한국영화의 양상

해방 이후 한국에서 만들어진 일본영화 리메이크 작품 및 일본의 문학·예술 콘텐츠를 원작으로 둔 한국영화들은 자연스레 동시기 사회적 이슈로 크게 대두되고 있던 한국 내 일본 대중문화의 개방을 둘러싼 논의와 밀접하게 관련되어 있었다. 또한 그렇기에 그 제작, 배급, 상영 과정에서 여러 잡음과 논란이 생기기도 하였다. 그럼에도 불구하고 계속해서 비단 영화뿐 아니라 소설, 만화, 텔레비전 드라마 등 일본 다양한 텍스트들이 한국영화의 소재로 활용되었고, 1990년대에는 그 양상이 보다 활발해졌다.

일본 후지TV에서 1991년 방영된 동명의 드라마를 원작으로 한 <101번째 프로포즈>(오석근 감독, 1993)는 한 번도 연애를 해보지 못한 노총각 영섭(문성근 분)이 첼리스트 지원(김희애 분)을 만나 첫사랑에 빠지게 된다는 줄거리를 가졌는데, 이 영화는 전년도의 최고 화제작인 <결혼 이야기>(김의석 감독, 1992)를 제작하여 흥행에 성공한 신씨네의 적극적인 홍보 활동으로 화제를 모을 수 있었다.[57] 그리하여 원작 드라마 주제곡으로 차게 앤 아스카(CHAGE&ASKA)가 부른 <세이 예스(Say Yes)>가 한국에서도 널리 알려지기도 하였다.[58]

일본 TBS에서 방영된 드라마 <고교 교사(高校敎師)>를 영화화한 <어린 연인>(이성수 감독, 1994)의 경우 한 여고 교사와 제자의 사랑 이야기라는 다소 파격적인 소재를 다루었다. 그런데 이 작품은 개봉 당시 원작 드라마와의 표절 시비가 일기도 하였으나, 제작사 측에서 일본으로부터 정식으로 판권을 구입하고 한국 식으로 리메이크하였다는 사실을 명확히 밝힘으로써 문제가 일단락되었다.[59]

---

57) <101번째 프로포즈 달콤한 '사랑의 눈높이' 조율>, 《동아일보》 1993.6.18, 21면 참조.

58) <일 대중문화 개방 "뜨거운 감자">, 《경향신문》 1994.2.26, 17면 참조.

그러면서 이 영화는 감독의 변을 통해 "양아버지의 상습적인 성폭행에 시달리는 여고생을 교사의 인간적인 사랑으로 마음의 상처를 치유한다는 이야기"를 가지고 "사회 통념상 거북하게 느껴지는 이 같은 소재를 역으로 해석, 우리 사회의 윤리문제를 제기"하는 작품으로 홍보되기도 하였다.[60]

그런가하면 <체인지>(이진석 감독, 1997)에 이르러서는 영화 <전학생(轉校生)>(1982, 1995)과 드라마 <방과후(放課後)>(1992)와의 표절 논란이 일기도 하였다. 이 작품의 제작진이 야마나카 히사시(山中恒)의 만화 『내가 그 녀석이고 그 녀석이 나다(おれがあいつで あいつがおれで)』를 원작으로 하였음을 밝힌 바 있었으나, 극중 남녀 주인공의 몸이 서로 뒤바뀐다는 설정으로 인해 표절 문제가 불거진 것이었다.[61] 그리고 결국 영화 제작사인 드림서치가 <방과후>의 판권을 뒤늦게 사들이는 것으로 사태는 봉합되었다.[62]

이 무렵에는 개봉된 몇몇 한국영화에 대한 일본영화 표절 의혹이 대중 관객들에 의해 제기되기도 하였다. 장례 과정을 담은 <학생부군신위>(박철수 감독, 1996)와 이타미 주조(伊丹十三) 감독의 <장례식(お葬式)>(1984), PC통신을 통해 소통하는 두 남녀를 그린 한국영화 <접속>(장윤현 감독, 1997)과 일본영화 <하루(ハル)>(森田芳光 감독, 1996), 한 남성이 세상을 떠난 뒤 그가 쓴 편지가 사랑하는 여성에게 전달되는 설정이 동일한 한국영화 <편지>(이정국 감독, 1997)와 일본영화 <러브레터(Love letter, ラヴレター)>(岩井俊二 감독, 1995) 등이 그것인데, 이들 세 경우 모두 양자의 모티브가 유사할 뿐 세부적인 내용 전개는 크게 다르다는 점에서 더 큰 논란은

---

59) <드라마 영화 표질 시비 잇달아>, ≪경향신문≫ 1994.9.7, 19면 참조.
60) <우리 영화 이색 소재로 "새 출구" 오랜만에 "충무로 활기">, ≪경향신문≫ 1994.5.7, 31면.
61) 가토 치에, 앞의 학위논문, 35쪽 참조.
62) <영혼 훔치는 표절 관객 불신 초래>, ≪매일경제≫ 1997.11.22, 33면 참조.

발생하지 않았다.

1998년 한국 정부의 일본 대중문화 개방 조치 이후 국내 영화사들은 일본영화의 수입 및 판권 선점을 위해 치열한 경쟁을 벌였다. 이 같은 지극히 상업주의적인 풍토는 이미 공식적인 개방 발표 이전부터 만연되어 있었는데,[63] 그리하여 일본영화 수입 및 판권 경쟁에는 소규모 영화 수입업자들은 물론이고 대기업까지 가세하게 되었다.[64]

이 무렵 한아미디어는 와타나베 준이치(渡辺淳一)의 원작 소설을 영화화한 일본영화 <실락원(失樂園)>(森田芳光 감독, 1997)의 판권을 구입, 이듬해 한국영화로 리메이크하기도 하였다. 이렇게 만들어진 <실락원>(장길수 감독, 1998)은 개봉 당시 유부남과 유부녀의 불륜이라는 자극적인 소재를 다루었다는 점과 함께 일본의 소설과 영화를 모태로 하였다는 점에서 관심을 모았다. 그러면서도, 프로덕션 단계에서 실내 세트 촬영을 자주 활용한 일본영화와는 달리 야외 촬영을 통해 스케일이 큰 화면 연출이 시도되었다는 점에서 장길수 감독의 한국영화가 원작과의 차별성을 지니는 것으로 인정받았다.[65] 그러나 반대로, "원작의 쾌락주의를 영화의 주조로 받아들였"음에도 "주인공들의 심리를 정교하게 발전시켜나가는 대사와 구조의 밀도"는 원작보다 부족하다는 평을 듣기도 하였다.[66]

그 외에 은행원 아현(김규리 분)이 강도들에게 인질로 잡혔다가 그들이 자동차 폭발로 사라지자 돈 가방을 찾아 나선다는 코미디 영화 <산전수전>(구임서 감독, 1998)도 있었는데, 이 작품은 일본 독립영화인 <비밀의 화원>을 모태로 두고 여기에 상업성을 가미하

---

63) <일본영화 판권 확보 경쟁>, 《매일경제》 1998.3.26, 27면 참조.

64) <일 영화 수입 과열 값 폭등>, 《경향신문》 1998.10.23, 19면 참조.

65) <한국판 '실락원' 12일 개봉 "일본 것 보다 나을까" 충무로 촉각>, 《동아일보》 1998.8.31, 29면 참조.

66) <치열한 사랑 '일본 정서'의 한국화>, 《한겨레신문》 1998.9.10, 15면.

고 코미디로 풀어내었다는 점에서 특징을 지녔다.[67]

일본 공포소설을 원작으로 한 일본영화를 리메이크한 <링>(1999)의 경우, 이미 형성되어 있던 원작의 화제성이 이어지는 양상을 보였다. 의문의 비디오테이프를 본 인물들이 하나둘씩 죽어나가는 기이한 현상에 대한 미스터리를 풀어나가는 과정에서 원작 영화 속 남성 주인공의 초자연적, 영적 능력에 의한 서사 전개 방식은 여성 주인공이 겪는 추리의 과정을 좀 더 부각시키는 방향으로 각색되었다.[68] 이후에도 아사다 지로(浅田次郎)의 소설집 『철도원(鉄道員)』(1997)에 포함된 단편 「러브레터(ラブ・レター)」를 원작으로 한 <파이란>(송해성 감독, 2001) 또한 한국 관객들의 호응을 얻으면서, 일본영화 리메이크 작품과 일본 원작 한국영화의 제작은 계속되었다.

4. 영화를 통한 역사 쓰기의 시도들

1990년대 이후 한국영화는 일제강점기를 포함한 과거의 역사에 대해 이전과는 다른 시각으로 접근하는 모습을 보였다. 가령, 1982년에 발표된 윤정모의 동명 중편소설을 원작으로 한 <에미 이름은 조센삐였다>(지영호 감독, 1991)는 필리핀을 배경으로 종군 위안부의 이야기를 다루는 동시에 역사학자 임종국의 『정신대 실록』(1981)에 역사적 사실의 기반을 둠으로써 시나리오 각색 과정에서부터 화제가 되었다. 실제로 이 작품은 태평양전쟁 말기 격전지 중 하나였던 마닐라의 다나이, 로스바뇨스 등지에서 로케이션으로 촬영되었

---

67) <'돈가방 찾기' 김규리의 산전수전>, ≪경향신문≫ 1999.2.26, 27면 참조.
68) <'추리' 대신 '염력' 택한 일본판 공포 원작 '링' 내일 개봉>, ≪한겨레신문≫ 1999.12.10, 23면 참조.

다.69) 이 영화에 대해 윤정모는 "정신대 문제를 과거의 치욕으로 되씹는 것이 아니라 지금부터 극복할 역사적 과제로 제시"할 것이며 "영화화의 과정에서도 대단히 엄격한 감시자의 역할"을 맡을 것이라는 포부를 밝히기도 하였다.70)

일제강점기 유명 소프라노 윤심덕과 극작가 김우진의 비극적 사랑 이야기를 다룬 <사의 찬미>(김호선 감독, 1991)는 일본 현지 로케이션 촬영과 7억 원 가량의 제작비가 투입된 대규모 영화라는 점에서 유명세를 탔다.71) 이 작품 외에도 역사적 실존 인물을 다룬 영화들이 나오기도 하였는데, 특히 임권택 감독의 <장군의 아들> 시리즈(1990~1992)는 일제강점기와 해방 이후에 걸친 김두한의 일대기를 액션영화라는 장르적 틀 속에 녹여내었고 <개벽>(1991)의 경우 조선 말기 권력층의 부패상에 대비되는 새로운 민중 질서와 사상을 꿈꾸는 인물로서 동학의 2대 교주 최시형을 그려내었다.72)

영화를 통한 역사 쓰기의 새로운 시도는 '충무로'로 대변되는 제도권에서뿐 아니라 독립영화 운동 진영에서도 활발히 전개되었다. 일본군 위안부 피해 할머니들의 이야기를 담은 다큐멘터리 변영주 감독의 <낮은 목소리> 시리즈(1995~1997)를 대표적 사례로 지목할 만하다. <아시아에서 여성으로 산다는 것 2>라는 부제가 붙은 이 영화는 상업영화 개봉관에서는 이례적으로 개봉된 16mm 다큐멘터리였다. 이 영화는 서울과 중국을 오가며 22개월의 촬영 기간 동안 서울 '나눔의 집'에 기거 중인 6인의 할머니들과 중국에 머무르고 있는 2명의 할머니들을 밀착 취재하며 이들 할머니의 개인사를 통해 과거 일본의 만행을 폭로하였다.73) 아울러 그 영향으로 대

69) <"정신대의 한 현장서 느꼈어요" 영화 「에미 이름은 조센삐였다」 주연 강혜지>, ≪동아일보≫ 1991.5.31, 31면 참조.
70) <소설가 '시나리오 임시전업' 바람>, ≪한겨레신문≫ 1990.11.18, 11면.
71) <영화 사의 찬미>, ≪매일경제≫ 1991.8.12, 28면 참조.
72) <실존인물 일대기 2편>, ≪매일경제≫ 1991.8.31, 9면 참조.

중의 관심과 평단의 반응을 얻었을 뿐 아니라 도쿄영화제, 여성영화제 등 여러 국제 영화제에 초청되었으며,74) 일본의 야마가타국제다큐멘터리영화제(山形国際ドキュメンタリー映画祭, Yamagata International Documentary Film Festival)에서는 아시아영화 부문 최고 영예인 '오가와 신스케 상'을 수상하기도 하였다.75) 이어 변영주는 <내가 다시 세상을 바라볼 때>라는 제목을 붙인 속편의 제작 발표회를 1995년 12월 13일 일본 대사관 앞에서 열리고 있던 수요 집회를 통해 가짐으로써 그 활동을 이어 갔는데, 이 자리에서 그녀는 "전편이 위안부 할머니들의 상흔을 그린 것이라면, <내가 다시…>는 60년 전 이 할머니들을 희생시킨 폭력으로부터 오늘 우리는 자유로운가를 묻는 영화가 될 것"이라고 밝히기도 하였다.76)

비슷한 시기 일본에서도 식민지 시기의 역사를 반성적으로 성찰하려는 영화들이 만들어졌다. 일본 내 시민단체인 '교토 정도(定都) 1200년 영화를 만드는 모임'에서는 1945년 8월 귀향하던 조선인들을 태운 우키시마 마루호(浮島丸号)의 침폭 사건을 중심 소재로 둔 채 200여만 명의 조선인 강제 노동자들의 수난의 삶을 생생하게 재현한 <아시안 블루: 부도환사건(エイジアン・ブルー: 浮島丸サコン)>(堀川弘通 감독, 1995)이 제작되었는데, 이 영화는 서울에서도 공개되었다. 또한 그 과정에서 사건의 진상 규명 활동을 해 오던 재일교포 작가 김찬정을 비롯한 재일 한국인과 일본인 대학교수 등이 주축이 되어 일본 내 전국적인 모금 활동과 제작 지원이 이루어지기도 하였다.77) 한편, 영화의 제작을 주도한 시민 모임의 대표 이마

---

73) <다큐멘터리 영화 「낮은 목소리」 변영주 감독 "위안부 문제 함께 생각할 계기 됐으면">, ≪동아일보≫ 1995.4.6, 25면 참조.
74) <영화감독 변영주 시대의 아픔을 캐는 '영상 여걸'>, ≪경향신문≫ 1995.9.18, 25면 참조.
75) <변영주씨 「낮은 목소리…」 일본 다큐멘터리상 수상>, ≪경향신문≫ 1995.10.12, 19면 참조.
76) <일본 대사관 앞 별난 영화촬영>, ≪한겨레신문≫ 1995.12.14, 23면.
77) <일 징용 한인 귀국선 의문의 침몰 「부도환 사건」 영화로 나왔다>, ≪동아일보≫

무라 마사히로(今村雅弘)는 당시 한국 언론과의 인터뷰에서 이 영화를 "가해자로서의 일본은 다룬 첫 영화"로 언급하였는데, 나아가 이 영화가 "50년 전 일본이 아시아인들, 특히 한국인들에게 저지른 만행을 사죄하는" 뜻에서 "전쟁 책임을 회피하는 일본 정부에 불만을 갖고 있던 시민들이 5천만 엔이라는 돈을 모으고 4천여 명이 엑스트라로 자원하는 등"의 과정을 거쳐 제작된 것임을 강조하기도 하였다.78)

2000년대 이후에는 일제강점기를 배경으로 한 한국영화 속 역사적 상상력이 보다 풍부해졌는데, 이러한 과정 속에서 나온 작품 가운데 하나가 '대체 역사'를 소재로 한 SF영화 <2009 로스트 메모리즈>(이시명 감독, 2002)였다. 복거일의 장편소설 『비명(碑銘)을 찾아서: 경성(京城), 쇼우와 62년』(1987)를 원작으로 삼은 이 영화는 안중근의 이토 히로부미 저격 실패로 인해 일본에 의한 한반도 식민지의 역사가 2009년까지 이어지게 된다는 가상의 설정에 기반을 두었다.79) 여기에 이렇게 뒤틀린 역사를 바로잡기 위해 조선인 출신 경찰 사카모토(장동건 분)가 과거로의 시간 여행을 통해 민족의식을 깨닫는다는 이야기 구조가 겹쳐지며 관객들에게 신선한 소재로 수용되기도 하였다.

1995.7.29, 11면 참조.

78) <인터뷰 '우키시마호 사건' 영화 소개 내한 이마무라 사무국장 "조선인 수장 만행 사죄… 밝은 미래 염원 담아">, 《한겨레신문》 1995.8.16, 19면.

79) 김명석, 「SF 영화 <2009 로스트 메모리즈>와 소설 『비명을 찾아서』의 서사 비교」, 『문학과영상』 4권1호, 문학과영상학회, 2003, 74~75쪽 참조.

03

한국 관련 일본영화의 제작 경향

1. 다큐멘터리 영화 속 재일 한국인의 모습

1980년대 후반 이후 일본영화 속 재일 한국인 설정의 다양화와 표상의 다면화 경향은 동시기 일본 사회의 개방화 및 영화계의 변화라는 커다란 맥락으로부터 파생된 것이라고도 볼 수 있다. 탈국가주의적, 탈민족주의적 성향을 지니면서 보다 짙은 국제성을 띤 작품들의 수가 늘면서, 영화 속 재일 한국인의 설정 및 표상 역시 일본 사회에서 이탈된 기존의 단순한 이방인의 모습으로부터 자신의 정체성 문제를 놓고 고민하는 마이너리티의 모습으로 발전해 가며 그 존재성이 드러나게 된 것이다. 그러면서, 영화 속 재일 한국인은 여타 일본인들과 비록 국적이 다르지만 그들과 함께 생활하며 부딪기는 일본 사회 속 공동체적 일원으로 그려졌다.[80]

이러한 변화의 시발점은 상업 극영화인 김우선(金佑宣) 감독의 <윤의 거리(潤の街)>(1989)라 할 수 있다. 이 작품에는 1980년대 들어

---

[80] 구견서, 『일본영화와 시대성』, 2007, 제이앤씨, 729쪽 및 박동호, 「전후 일본영화에 나타난 재일조선인상」, 경상대학교 박사논문, 2017, 87~88쪽 참조.

그 수가 크게 증가된 여타 외국인과 더불어 여전히 마이너리티로 대우받는 재일 한국인의 상황을 품고 있던 일본 사회의 풍경이 펼쳐져 있는 바, 이를 통해 당시 일본이 이룩한 경제 성장의 이면에 존재하고 있던 타자들을 어떻게 바라볼 것인가에 대한 문제가 시급하고도 중대한 사회적 화두로 제시되었다. 이러한 문제에 대해 당시 일본영화는 다양한 사회적 사건들과 일본인의 인식 변화 양상을 포착해 갔는데, 그 가운데 <윤의 거리>는 극중 재일 한국인 소녀인 윤자(강미범(姜美帆) 분)와 그녀의 가족들이 일본 사회의 주류 구성원인 일본인들로부터 겪는 편견과 차별, 배척의 상황뿐 아니라 그들이 경험하는 사회적 단절성과 이질성, 여타 구성원들과의 갈등 관계를 세밀하게 묘사하였다.

1997년 일본영화팬클럽상, 키네마준포상 등을 수상한 오덕수(吳德洙) 감독의 다큐멘터리 영화 <자이니치(在日)>(1997)의 경우 해방 50주년을 맞이하여 재일 한국인이 경험한 정착의 역사를 망라한 영화였다. 재일한국인청년상공인연합회(在日韓國人靑年上工人聯合會)가 기획한 이 작품은 3세대에 걸친 재일 한국인의 생존의 기록을 4시간 30여분에 이르는 장대한 분량으로 담아내었다. 그 과정에서 재일 한국인의 증언과 그들에 대한 취재는 물론, 다양한 사건들이 담긴 영상 자료들이 활용되었다. 이렇게 완성된 영화는 전반부 '역사편'과 후반부 '인물편'으로 구성되었다. 전반부 '역사편'에는 1945년 해방 이후 재일본조선인연맹(조련)의 결성을 시작으로 1950년 6.25전쟁, 1960년 4.19혁명, 1980년 5.18광주민주화운동 등 거대 사건들을 비롯하여 1968년 김희로(본명:권희로(權嬉老))사건(金嬉老事件), 1970년 요도호사건(よど号事件)과 적군파사건(赤軍派事件), 1988년 지문날인 거부 운동 등 한국 현대사의 궤적과 재일 한국인의 삶의 자취가 나란히 전개되어 있으며, 후반부 '인물편'에는 파친코, 사업가, 가수, 운동선수, 대학생 등으로 살아가는 3대에 걸친 각계각층의 재일 한국인의

생활상이 구체적으로 조명되어 있다.81)

한국계 일본인 감독 마쓰에 데쓰아키(松江哲明, 본명:유철명(柳哲明)의 다큐멘터리 영화 <안녕 김치(あんにょんキムチ)>(1999)는 일본인으로 귀화한 아버지를 둔 마쓰에 데쓰아키의 가족 이야기를 다루고 있다. 즉, 이 작품에는 할아버지의 죽음을 계기로 자신의 존재적 뿌리와 민족 정체성을 찾아나서는 모습이 담겨 있는 것이다. 이렇듯 영화 속 일본영화 속 재일 한국인의 모습은 점차 일상화되고 개인화되어 그 역사적·민족적 정체성의 문제가 보다 다양하게 표출되기에 이르렀다. 그리고 이에 따라 <안녕 김치>는 일본 피아 영화제(Pia Film Festival)에서 그랑프리 등 4개 부문을 석권하는 한편 일본 야마가타국제다큐멘터리영화제에서 '아시아 천파만파 특별상'과 '최우수 아시아영화 특별상'을 수상하는 등 평단의 반향을 일으키며 재일 한국인을 제재로 삼은 일본영화의 새로운 방향을 제시하게 되었다.

2. 일본영화 속 한국 배우의 등장과 재일 한국인 표상의 다양화

일본영화 속 한국인 배우의 출연은 1990년대 들어 본격화된 한국에서의 일본 대중문화 개방을 둘러싼 논의의 진전과 궤를 같이하며 진행되었다. 한국 배우로서 최초로 일본영화계에 진출한 배우는 안성기였다. 그가 오구리 고헤이(小栗康平) 감독의 <잠자는 남자>(1995)에 캐스팅되었던 바, 이는 해방 후 한국 배우가 일본영화 제작에 공식적으로 참여하는 첫 번째 사례로 화제를 모았다. 캐스팅 과정에서

---

81) 주혜정, 「다큐멘터리 <재일>의 스토리텔링과 그 의미」, 『일본문화연구』 68집, 동아시아일본학회, 2018, 336쪽, 340쪽 참조.

오구리 고헤이가 직접 한국을 방문하기도 하였는데, 이에 대해 안성기는 "일본 색이 전혀 없고 인간 본연의 문제를 다룬 작품이어서 국적을 떠나 영화인의 한 사람으로 출연을 승낙하였다."라고 밝힌 바 있다.[82] 일본의 한 산골 마을에서 불의의 사고로 의식불명에 빠져 계속 잠들어 있는 한 남자와 마을 사람들의 이야기를 담담하게 그린 이 작품은, 1997년 제2회 부산국제영화제에 초청됨으로써 한국에서 최초로 일반에 공개된 일본영화로서도 세간의 관심을 모았다.[83] 아울러 이 영화는 극중 주인공인 잠자는 남자 역할을 맡은 한국 배우 안성기의 출연과 높은 완성도로 인해 대중문화 개방을 둘러싼 논란 속에서도 한일 양국에서 호평을 받게 되었다.

한국에서 일본 대중문화 개방 조치가 단행된 후 가장 먼저 일본영화에 출연한 한국 배우는 이나영이었다. 구로즈치 미즈오(黒土三男) 감독의 <에이지(英二)>(1999)에서 중국인으로 등장한 것인데, 이를 계기로 일본영화에 출연하는 한국 배우들의 수가 점차 늘어나게 되었다. 우크라이나 출신으로 니혼대학(日本大学)에서 영화를 전공한 안드레이 히구친스키(Andrey Higchinsky) 감독의 <소용돌이(うずまき)>(1999)에서 리포터 역을 맡은 신은경, <쉬리>의 유명세에 힘입어 제제 다카히사(瀬瀬敬久) 감독의 <RUSH!(ラッシュ)>(2001)에 출연한 김윤진, 야마다 다이키(山田大樹) 감독의 <보스작전(Round 1)>(2003)에 출연한 송선미와 강성필, 쓰쓰미 유키히코(堤幸彦) 감독의 <EGG>(2003)에 출연한 조혜영, 사카모토 준지(阪本順治) 감독의 <망국의 이지스(亡國のイージス)>(2005)에 출연한 채민서 등이 한국 배우의 일본영화계 진출 사례를 채워갔던 것이다.[84]

그리고 이러한 흐름은 2000년대 중반 이후 더욱 활발해졌다. 배

---

82) <안성기씨 일 영화 "진출">, ≪경향신문≫ 1994.12.11, 23면.
83) <일 제작 영화 한국 첫 상륙 일지 보도>, ≪동아일보≫ 1996.7.31, 31면 참조.
84) 가토 치에, 앞의 학위논문, 52쪽 참조.

두나의 <린다 린다 린다(リンダリンダリンダ)>(야마시타 노부히로 (山下敦弘) 감독, 2006) 출연을 비롯하여, 이완의 <베로니카, 죽기로 결심하다(ベロニカは死ぬことにした)>(호리에 게이(堀江慶) 감독, 2005) 출연, 김승우의 <컬링 러브(素敵な夜、ボクにください)>(나카하라 슌(中原俊) 감독, 2007) 출연, 공유의 <용이 간다(龍が如く)>(미이케 다카시 (三池崇史) 감독, 2007) 출연, 이병헌의 <HERO>(스즈키 마사유키(鈴木雅之) 감독, 2007) 출연, 고아라의 <푸른 늑대(蒼き狼)>(사와이 신이치로(澤井信一郎) 감독, 2009) 출연 등이 계속해서 이어지게 되었던 바, 그 바탕에는 일본에서의 한류(韓流) 확산 및 일본영화의 국제화 등이 자리하고 있었다고 할 만하다.[85]

한편, 2000년대 이후에는 일본영화 속 재일 한국인의 모습이 더욱 다채로워졌다. 재일 한국인 출신 소설가 가네시로 가즈키(金城一紀, 본명:김일기(金一紀))의 나오키상 수상작인 동명의 장편소설을 원작으로 한 유키사다 이사오(行定勳) 감독의 <GO>(2001)는 흥행에도 성공하고 일본 국내뿐 아니라 해외 영화제에서도 화제를 모은 작품이었다. 영화는 조선인 학교에 다니던 고교생 스기하라(杉原, 구보즈카 요스케(窪塚洋介) 분)가 일본인 학교로 전학가면서 벌어지는 방황의 과정을 기록하고 있다. 그가 경험하는 정체성의 혼란, 가족 관계에서의 갈등 양상과 마이너리티라는 이유로 받아야 하는 민족 차별 등을 청소년기에 누구나 겪는 성장통과 잘 어우르며 그려낸 이 작품에서 재일 한국인의 표상은 더 이상 암울하고 우울하게, 획일적이고 폐쇄적으로 그려지지 않았다. 대신에 영화는 원작 소설의 발랄하고 유머러스한 문체와 리듬을 이어받아 감각적인 영상 언어를 구사하였다.[86] 이로써 영화 <GO>는 보다 다원적이면서 자유

---

 85) 위의 학위논문, 52~53쪽 참조.
86) 백태현, 「자이니치코리언 영화에 나타난 정체성 재현 양상」, 한국해양대학교 석사논문, 2015, 26쪽 참조.

로운 인물형과 그의 의식을 통해 일본영화 속 재일 한국인 표상의 지평을 넓혀갔던 것이다.

3. 차세대 재일 한국인 감독의 작품 활동 및 특징

재일 한국인이 일본에서 영화를 연출하는 경우는 1990년대를 넘어 2000년대 이후 보다 두드러져 갔다. 이상일(李相日), 구수연(具秀然), 양영희(梁英姬) 등이 대표적인 인물이라 할 수 있다.

재일 한국인 3세로 일본 니가타현(新潟縣)에서 태어난 이상일은 요코하마(橫浜)에서 학창 시절을 거친 뒤 가나가와대학(神奈川大学)을 다니며 영화 제작에 참여하게 되었다. 이후 니혼영화학교에 들어가 영화계에 입문하고 몇 차례의 조감독 생활을 거쳐, 영화학교 졸업 작품인 <푸를 청(靑~chong~)>(1999)이 피아영화제 그랑프리를 수상함으로써 성공적인 데뷔를 치르게 되었다. 이 작품은 일본 내 조선인 학교를 다니는 세 명의 고교 남학생을 주요 인물로 등장시켜 그들의 사랑과 우정을 이야기하는 동시에, 그들이 겪는 민족적 차별과 정체성을 둘러싼 내적 갈등을 다루었다. 그 뒤 이상일은 재일 한국인 문제를 소재로 한 영화를 만들지는 않았으나, 영화감독으로 일본영화계에서 다양한 연출 경력을 쌓으며 자신의 인지도를 높여 갔다.[87] 그리하여, 그의 필모그래피는 한 고등학생 소년이 살인을 저지르고 도주하는 과정에서 다양한 인간 군상들을 마주치는 과정을 담은 <보더 라인(Boder Line)>(2002), 무라카미 류의 동명 소설을 원작으로 한 <69 식스티 나인(69 Sixty Nine)>(2004), 1960년대 어느 탄광촌을 배경으로 마을 사람들의 훌라 댄스 도전기를 코

---

87) 타나베 신, 「자이니치 영화의 정체성 연구: 최양일, 이상일, 양영희 감독을 중심으로」, 경성대학교 석사논문, 2015, 38~42쪽 참조.

믹하게 그린 <홀라걸스(フラガール)>, 요시다 슈이치(吉田修一)의 동명 소설을 원작으로 한 <악인(惡人)>(2010)과 <분노(怒り)>(2016) 등으로 최근까지 이어지고 있다.

재일 한국인 2세인 구수연은 CF 감독, 소설가, 작사가를 거쳐 <우연하게도 최악의 소년(偶然にも最悪な少年)>(2003)을 연출함으로써 영화계에 입문하였다. 이후에도 <불고기(プルコギ)>(2007), <하드 로맨티커(ハードロマンチッカー)>(2011) 등을 통해 재일 한국인의 정체성 문제를 건드리는 극영화들을 계속해서 내놓았다. <우연하게도 최악의 소년>은 가정 파탄 이후 재일 한국인 소년이 자신의 할머니를 찾으러 나선다는 서사 구조를 지녔고, <불고기>는 제목 그대로 재일 한국인의 문화상을 드러내는 불고기 음식점을 배경으로 하였으며, <하드 로맨티커>의 경우 야쿠자와 마약 등이 등장하고 범법과 폭력 등이 난무하는 가운데 재일 한국인의 존재성을 보다 다각적으로 제시하였다.88)

양영희의 영화 활동 역시 주목된다. 재일 한국인 2세이자 조총련 간부 출신 아버지를 둔 그녀는, 도쿄에 위치한 조선대학교(朝鮮大学校)를 졸업한 뒤 연극배우와 다큐멘터리 작가 등으로 활동하다가 평양과 일본을 오가며 자신의 가족 이야기를 다큐멘터리 영화로 담아냈다. 그리하여 나온 작품이 베를린영화제에서 NETPAC상을 수상한 <디어 평양(ディア・ピョンヤン)>(2006)과 그 후속편인 <굿바이 평양(愛しきソナ)>(2009)이었다. 그녀에게는 1959년부터 1984년까지 행해진 재일교포 북송 사업의 영향으로 1970년대 초 일본에서 북한으로 건너간 세 명의 오빠 및 그 가족들이 있었던 바, <디어 평양>에는 북송된 세 명의 오빠와 일본에 남게 된 부모에 관한 이야기가, <굿바이 평양>에는 평양에서 살고 있는 둘째 오빠의 딸 '선

---

88) <두개의 정체성 두겹의 눈, 아시아의 한인감독들 [4]: 세 번째 조우 재일동포 구수연 감독>, ≪씨네21≫ 2006.6.9. (http://www.cine21.com/news/view/?mag_id=24676) 참조.

화'의 생활상이 담겨졌다. 하지만 이후 북한 당국은 더 이상 양영희의 입국을 허가하지 않았는데, 이에 따라 그녀는 극영화인 <가족의 나라(かぞくのくに)>(2012)를 연출하였다. 그리고 이들 세 편의 영화가 모두 한국에 알려지면서 적지 않은 반향을 얻게 되었다.

한편, 재일 한국인 2세 출신으로 일본으로 귀화한 리 도시오(李闘士男)는 비록 재일 한국인을 대상화한 작품을 내놓지는 않았으나, 텔레비전 버라이어티 프로그램 PD로서 축적한 이전 커리어의 연장선상에서 코믹하고 오락적인 요소들이 주를 이룬 영화들을 연출하였다. 그리하여, 프로레슬링을 소재로 한 <백드롭 파파(お父さんのバックドロップ)>(2004), 어느 데스 메탈(death metal) 밴드에 초점을 둔 <디트로이트 메탈 시티(デトロイト・メタル・シティ)>(2008), 한 아마추어 복서를 주인공으로 내세운 <복스!(ボックス!)>(2010), 바다의 세계를 조명한 <눈부신 태양: 바다와 산호와 작은 기적(てぃだかんかん〜海とサンゴと小さな奇跡〜)>(2010), 다이어트 문제를 건드린 <체지방계 다니타의 사원 식당(体脂肪計タニタの社員食堂)>(2013), 에도막부(江戸幕府) 시대로 가버린 고교생의 이야기를 담은 타임 슬립 영화 <막부 고교생(幕末高校生)>(2014) 등이 만들어졌다.

재일 한국인 3세 오미보(吳美保)의 경우, 오사카예술대학(大阪芸術大学)에서 영화를 전공하며 작업한 단편영화들이 여러 영화제에서 성과를 거둔 뒤 현장에서 조감독과 스크립터 경력을 쌓은 다음 감독으로 데뷔하였다. 그녀의 연출작으로는 <사카이 가족의 행복(酒井家のしあわせ)>(2006), <엄마 시집보내기(オカンの嫁入り)>(2010), <간주남 간주녀(サビ男サビ女)>(2010), <그곳에서만 빛난다(そこのみにて光輝く)>(2013), <너는 착한 아이(きみはいい子)>(2015) 등이 있는데, 이들 영화는 대체로 가족 이야기를 담고 있다는 특징을 보인다.[89]

---

89) 타나베 신, 앞의 학위논문, 68~70쪽 참조.

이와 같이, 주로 2000년대 이후 일본영화계에 감독으로 데뷔한 차세대 재일 한국인 출신 영화인들은 이학인(李學仁), 김경식(金慶植), 김덕철(金德哲), 오덕수, 오충공(吳充功), 신기수(辛基秀), 박수남(朴壽南), 김우선, 김수길(金秀吉), 최양일(崔洋一), 정의신(鄭義信) 등의 작품 활동을 계승하는 동시에 각자의 분야에서 나름의 영역을 구축해 갔다.

4. 한국영화 리메이크 작품과 한국 원작 일본영화의 양상

한일 간 대중문화의 공식적인 교류가 가능해지면서 한국과 일본의 문화 콘텐츠들은 양국을 오가며 여러 가지 형태로 수용되었다. 그대로 번역 혹은 번안되거나 때로는 새롭게 재창조되기도 하였던 것이다.

먼저, 일본 콘텐츠를 원작으로 삼은 한국영화의 성공 사례들이 생겨났다. 예컨대, 일본 후지TV에서 방영된 드라마 <29살의 크리스마스(29歳のクリスマス)>(1994)를 원작으로 한 권칠인 감독의 <싱글즈>(2003)가 준수한 흥행 기록을 세우고 쓰치야 가론(土屋ガロン)와 미네기시 신메이(嶺岸信明)의 동명 만화를 원작으로 한 <올드보이>(박찬욱 감독, 2003)가 칸영화제에서 심사위원대상을 수상하는 등의 성과가 있었다.

다음으로, 일본에서도 한국영화를 리메이크한 영화의 제작이 시도되었다. 가령, 일본에 수입되어 주목을 받은 허진호 감독의 <8월의 크리스마스>(1998)는 일본에서 나가사키 슌이치(長崎俊一) 감독에 의해 동명의 영화 <8월의 크리스마스(8月のクリスマス)>(2005)로 만들어졌다. 다만 원작의 사진관 주인(한석규 분)과 주차 단속원(심은하 분)이라는 인물 설정은, 현지 상황에 맞게 사진관 주인과 초등학교 교사로 각색되었다. 가수 겸 배우인 야마자키 마사요시(山崎将義)가 남자 주인공을, 신인배우 세키 메구미(関めぐみ)가 여자 주인공을 맡은 이 영화는 절제된 감성과 정적인 영상미 등은 원작과 닮아 있다. 그러나 한편으로 일본인의 감성 및 문화적 코드에 맞게 장면들이 새롭게 구성되어, <러브레터(Love letter, ラヴレター)>(岩井俊二 감독, 1995)나 <실락원(失樂園)>(森田芳光 감독, 1997) 등과 같은 기존 일본영화의 느낌이 묻어나 있기도 하다.[90]

1998년에 개봉된 김지운 감독의 <조용한 가족>은 미이케 다카시 감독에 의해 <카타쿠리가의 행복(カタクリ家の幸福)>(2001)으로 리메이크되었다. 그런데 이 작품에는 산장을 운영하는 가족에게 벌어지는 사람들의 죽음을 둘러싼 내용 및 블랙 코미디 형식이 원작과 유사하게 적용되어 있으면서도, 홈드라마, 호러 등의 복합적 장르성과 더불어 컴퓨터 그래픽과 클레이 애니메이션 등의 영상 다양한 기법이 독특하게 섞여 있었다. 이와 관련하여, 한 인터뷰를 통해 미이케 다카시는 원작이 지니는 오리지널리티를 인정하면서도 "어느 장르에도 들어갈 수 있는 반면, 어느 장르에도 들어갈 수 없는 영화"라면서 자신의 작품에 대해 설명하기도 하였다.[91]

윤제균 감독의 <두사부일체>(2001)의 경우, 일본 NTV 드라마 <마이 보스 마이 히어로(マイ☆ボス マイ☆ヒーロー)>(2006)로 리메이크되어 화제를 낳았다. <마이 보스 마이 히어로>라는 리메이크작의 제목도 <두사부일체>의 일본 개봉 당시 일본어 제목에 따른 것이었다. 어느 조직폭력단의 두목 격인 한 젊은이가 늦깎이 학생으로

---

90) 박은영, <일본인 감성의 <8월의 크리스마스>, 오마이뉴스 2007.1.24.
(http://star.ohmynews.com/NWS_Web/OhmyStar/at_pg.aspx?CNTN_CD=A0000388117) 참조.

91) <[도쿄리포트]일본판 <조용한 가족> 개봉>, ≪씨네21≫ 2002.3.12.
(http://www.cine21.com/news/view/?mag_id=7993)

고등학교에 진학한 뒤 벌어지는 여러 사건들을 코미디 장르로 풀었다는 점에서 두 작품은 공통분모를 지녔다. 하지만 <두사부일체>가 사학 비리, 학원 폭력 등의 사회적 문제를 공론화한 반면 <마이 보스 마이 히어로>는 주인공의 성장 이야기를 코믹하게 풀어내는 데 주안점을 두었다는 점에서는 그 성향을 달리하였다. 그럼에도, <마이 보스 마이 히어로>는 2006년 3분기 일본 텔레비전 드라마 가운데 최고 시청률을 기록하게 되었다. 물론 여기에는 나가사와 마사히코(長澤雅彦) 감독의 <서울(ソウル)>(2002)에서 한국 배우 최민수와 주연을 맡은 아이돌그룹 토키오(TOKIO)의 멤버 나가세 도모야(長瀬智也)를 비롯하여, 아라가키 유이(新垣結衣), 데고시 유야(手越祐也) 등 일본 아이돌 스타들이 출연하였다는 점이 요인으로 지목될 만하다.92)

또 한편, 이재한 감독의 <내 머리 속의 지우개>(2004)는 2001년 제작된 일본 니혼TV 드라마 <퓨어 소울: 네가 나를 잊어도(Pure Soul: 君が僕を忘れても)>(2001)을 리메이크 한 것이었는데, 이 영화는 한국에서 전국 257만 여명의 관객을 동원한 뒤 2005년에는 일본에서 개봉되어 30억 엔에 달하는 당시로서는 최고 흥행 수익을 달성하게 되었다. 그리고 이러한 영향으로 2007년에는 <내 머리속의 지우개 어나더 레터(私の頭の中の消しゴム アナダーレター)>라는 제목의 텔레비전 드라마로 일본에서 다시 리메이크되는 진풍경이 펼쳐지기도 하였다.93)

1990년대 말부터 2000년대 초까지 한국에서 일본 대중문화 개방 조치가 단계적으로 취해진 이후, 한일 양국의 문화 교류는 기존의 우려와는 달리 일방향으로 진행되기보다는 대체로 쌍방향으로 이루

---

92) <<두사부일체> 리메이크작, 일본서 인기몰이>, 오마이뉴스 2006.9.22.
(http://www.ohmynews.com/NWS_Web/view/at_pg.aspx?CNTN_CD=A0000361695) 참조.
93) <일본판 '내 머리 속의…' 니혼TV로 방송>, ≪경기일보≫ 2007.1.30.
(http://www.kyeonggi.com/news/articleView.html?idxno=223697) 참조.

어졌으며 오히려 일본에서 한류가 유행하는 등 역방향의 교류 양상이 나타나기도 하였다. 이와 유사한 여러 현상들이 영화 분야에서도 발생하였음은 물론인 바, 그 흐름은 영화를 비롯한 양국의 대중문화교류가 더욱 활성화되는 2000년대 중반 이후를 지나 현재까지도 계속해서 이어지고 있다.

맺음말

  한 권의 책으로 100년이 넘는 한일 양국의 영화 교류·관계사를
전부 담아내는 것이 과연 가능한 일일까? 단행본 출판 계획을 야심
차게 세워놓고 원고를 채워가는 내내 자문할 수밖에 없었던 근본적
인 딜레마였다. 선행연구를 읽고 문헌 자료를 찾아내고 영상 화면
을 보면서 가장 크게 그리고 자주 절감한 것은, 한국과 일본의 영
화 교류 및 관계의 역사적 발자취가 생각한 것보다 훨씬 복잡다단
하다는 점이었다. 즉, '영화'라는 근대적 신문물이 극동 지역에 유
입된 이래 그것은 시대를 막론하고 매우 다양한 계기와 경로와 매
체를 통해 한반도와 일본열도를 오갔으며 이에 관한 사료도 이곳저
곳에 적잖이 보전되어 있다는 사실이, 필자에게 처음에는 반가움과
기쁨으로 다가오다가 시간이 갈수록 의무감과 부담으로 받아들여지
게 되었던 것이다.

  글의 마무리 지점에서 굳이 이러한 소회를 밝히는 이유는, 이 책
을 접하는 독자층 가운데 어느 누군가가 품게 될지 모를 타당하고
합리적인 의문들-대표적으로, '왜 이러한 내용은 포함되어 있지 않
은가?'-에 대해 미리 양해를 구하고 싶어서이다. 연구 및 집필 과정
에서 노력을 기울였음에도 불구하고, 이 책에 100여 년 동안의 한
일 영화 교류·관계사 관련 인물들과 작품들과 사건 등이 거의 다

포함되어 있다고는 장담하지 못한다. 심지어는 상당히 중요한 내용마저 누락되었을 가능성도 꽤 높다. 여러 가지 원인이 있겠으나, 이 책이 다루는 방대한 역사에 관한 다양한 연구가 지금 이 순간에도 계속해서 진행 중이라는 사실을 지목하지 않을 수 없다. 그렇기에, 필자의 나태와 불찰로 인해 최근에 발표된 몇몇 새로운 연구들의 목록을 참고문헌에 올리기는 하였지만 그 내용을 본문 속에 녹여내는 데까지는 이르지 못하였다는 점이 깊은 아쉬움으로 남는다.

한편으로, 이 책이 포괄하는 시간적 범주가 2002년으로 한정되어 있다는 점에 대해서도 독자 여러분의 이해를 얻었으면 한다. 사실 기획 단계에서는 이후 시기가 포함되어 있었던 터, 그 범위가 조정된 데에는 역사 서술에서 동시기를 포함하는 일에 대한 '위험 부담'과 더불어 2002년부터 현재까지의 한일 영화 교류·관계사에 관한 내용이 비교적 방만할 뿐 아니라 여전히 정리되어 있지 못다는 것으로부터 파생된 '업무 부담'이 작용한 바가 컸다. 이에, 본 저서의 증보판이 나오게 될 언젠가를 기약하며, 향후 몇 년 동안은 최신 연구들의 성과를 적극적으로 반영하는 동시에 더욱이 2002년 이후부터 현재까지의 내용을 새롭게 정리하여 목차 구성을 확대하고자 한다.

아울러, 그 공간적 범주가 한국의 경우 해방 이후에는 '남한'으로 국한되어 있다는 점에 대한 설명도 필요하리라 여겨진다. 북한과 일본의 영화 교류·관계를 둘러싼 역사적 내용이 없어서도, 적어서도 결코 아니다. 여기에는, 2019년부터 '북한영화의 국제 교류·관계사: 1945~2011'라는 한국연구재단 일반공동연구지원사업의 과제를 수행 중인 연구책임자로서의 필자의 사정이 결부되어 있다. 다시 말해,

북한과 일본의 영화 교류·관계사 관련 내용은 본 저서보다는 상기 과제의 연구 결과물로 나오게 될 논문 및 단행본에 보다 구체적이고도 체계적으로 실리는 편이 훨씬 바람직하면서도 효과적이라는 판단이 들었던 것이다. 그러므로 해방/패전 이후 북일 간 전반적인 영화 교류·관계의 양상에 관한 내용이 궁금하다면, 앞으로 출간될 『북한영화의 국제 교류·관계사』 시리즈 속 '북한과 일본의 영화 교류·관계사' 부분을 탐독해 주시기를 바라마지 않는다.

1950년대부터 1970년대까지 남한영화계에서 유명 제작자 겸 감독으로 왕성히 활동하다가 1978년 홍콩에서 납치되어 1986년 오스트리아 빈에서 탈출할 때까지 북한에 머물면서 김정일의 전폭적인 지원을 받아 1984년부터 약 2년 동안 총 17편(연출: 7편, 총지휘: 10편)의 북한영화를 만든 바 있는 신상옥의 사례를 소개하고 싶다. 자신의 반려자였던 배우 최은희와 북한에서 재회한 뒤 함께 영화 활동을 하다가 동반 탈출하였다는 점도 그러하거니와, 영화사적 차원에서는 그가 북한 최초의 SF 괴수영화 <불가사리>(1985)를 만들면서 일본의 기술진과 협업을 하게 되었다는 점이 특히 주목된다. 영화의 제작 과정에서 특수촬영 감독 나카노 데루요시(中野昭慶), 슈트 액터(Suit Actor) 사쓰마 겐파치로(薩摩劍八郎) 등 도호(東宝) 소속의 특촬 팀원들이 북한을 방문하여 작업에 참여함으로써, 남한과 북한, 일본 3국의 다국적 영화 교류 양상이 펼쳐지게 되었기에 그러하다. 이렇게 영화의 역사를 탐색하다 보면 특정한 인물이나 작품, 우연한 사건이나 관계 등으로 인해 그 궤적과 흐름이 결정 혹은 변경되는 경우도 심심찮게 눈에 띈다.

본서는 7개의 부와 22개의 장, 그리고 모두 91개의 절로 구성되

맺음말

어 있는데, 이 가운데 각 절의 내용이 경우에 따라서는 유기적으로 연결되지 못한 채 독립성과 단절성을 드러내기도 한다. 그러나 일본의 기술진이 제작에 참여한 신상옥 감독의 북한영화 <불가사리>의 사례를 통해서도 확인되듯, 마치 동떨어져 보이는 하나의 역사적 사건이라 하더라도 그것을 관찰하다 보면 어떠한 면에서는 여타 사건(들)과의 연결성이나 연관성, 연계성 또는 연속성이 내재되어 있다는 점도 발견 가능하지 않을까. 이 책을 읽는 독자 여러분을 향한 필자의 기대는 바로 이 대목에 모아져 있다.

마지막으로, 본서에는 다수의 서적과 논문, 인명과 작품명 등이 '참고문헌' 및 '찾아보기' 란을 통해 정리되어 있다. 아울러 초출의 경우 각 '부'별로 원어(원문) 및 참고자료 관련 사항이 전체적으로 표기되어 있다. 이 또한 독자 분들, 특히 전문 연구자나 학위 또는 학업 과정 중의 학생층에게는 유용한 정보로 활용될 수 있기를 요망한다. 이와 같은 바람을 간직한 채, 필자 역시도 변함없이 진지하게 학문에 임하면서 활기차고 꾸준하게 학술 활동을 펼쳐 가리라 다짐해 본다.

한일 영화 교류 · 관계사

참고문헌

1. 한국어

(1) 자료집, 사전류

강옥희·이순진·이승희·이영미, 『식민지 시대 대중예술인 사전』, 소도, 2006.

강태웅·함충범 편역, 『시나리오 및 영화 평론 선집』, 역락, 2021.

고려대학교 글로벌일본연구원 재조일본인 정보사전 편찬위원회, 『개화기·일 제강점기(1876~1945) 재조일본인 정보사전』, 보고사, 2018.

김계자 편역, 『일본어 잡지로 보는 식민지 영화 2』, 도서출판문, 2012.

김종욱 편, 『실록 한국영화총서 제1집(1903~1945.8) (상)』, 국학자료원, 2002.

_____, 『실록 한국영화총서 제1집(1903~1945.8) (하)』, 국학자료원, 2002.

김태현 편역, 『일본어 잡지로 보는 식민지 영화 1』, 도서출판문, 2012.

김효순 편역, 『재조일본인이 그린 개화기 조선의 풍경』, 역락, 2016.

다지마 데쓰오(田島哲夫)·이화진 편역, 『문화하는 영화, 이동하는 극장: 전 시체제기 이동영사 관계 자료』, 박이정, 2017.

단국대학교 동양학연구소, 『일상 생활과 근대 영상매체: 영화 1』, 민속원, 2007.

_____, 『일상 생활과 근대 영상매체: 영화 2』, 민속원, 2007.

민족문제연구소, 『친일인명사전』, 삼화인쇄, 2009.

백문임·이화진·김상민·유승진 편역, 『조선영화란 하(何)오: 근대 영화비평의 역사』, 창비, 2016.

엄인경·김보현 편역, 『단카로 보는 경성 풍경』, 역락, 2016.

영화진흥공사, 『한국영화자료편람』, 대양문화사, 1977.

영화진흥위원회, 『1998년도판 한국영화연감』, 집문당, 1998.

_____, 『2000년도판 한국영화연감』, 집문당, 2000.

_____, 『2001년도판 한국영화연감』, 집문당, 2001.

_____, 『2002년도판 한국영화연감』, 커뮤니케이션북스, 2002.

_____, 『2003년도판 한국영화연감』, 커뮤니케이션북스, 2003.

_____, 『2004년도판 한국영화연감』, 커뮤니케이션북스, 2004.

_____, 『2005년도판 한국영화연감』, 커뮤니케이션북스, 2005.

이재명 외 편역, 『해방 전 (1940~1945) 상영 시나리오집』, 평민사, 2004.

정병호·김보경 편역, 『일본어 잡지로 보는 식민지 영화 3』, 도서출판문, 2012.

한국영상자료원 편, 『신문기사로 본 한국영화 1945~1957』, 공간과사람들, 2004.

_____, 『신문기사로 본 한국영화 1958~1961』, 공간과사람들, 2005.

_____, 『신문기사로 본 한국영화 1962~1964』, 공간과사람들, 2006.

_____, 『신문기사로 본 한국영화 1965』, 공간과사람들, 2007.

_____, 『신문기사로 본 한국영화 1966』, 공간과사람들, 2007.

_____, 『신문기사로 본 한국영화 1967』, 공간과사람들, 2008.

_____, 『신문기사로 본 한국영화 1968』, 영화사연구소, 2009.

_____, 『신문기사로 본 한국영화 1969 (상, 하)』, 영화사연구소, 2010.

_____ 편역, 『일본어 잡지로 본 조선영화 1』, 현실문화연구, 2010.

_____ 편역, 『일본어 잡지로 본 조선영화 2』, 현실문화연구, 2011.

_____ 편역, 『일본어 잡지로 본 조선영화 3』, 현실문화연구, 2012.

_____ 편역, 『일본어 잡지로 본 조선영화 4』, 현실문화연구, 2013.

_____ 편역, 『일본어 잡지로 본 조선영화 5』, 현실문화연구, 2014.

_____ 편역, 『일본어 잡지로 본 조선영화 6』, 현실문화연구, 2015.

_____ 편역, 『일본어 잡지로 본 조선영화 7』, 현실문화연구, 2016.

(2) 저서

강만길, 『고쳐 쓴 한국현대사』, 창작과비평사, 2006.

_____ 외, 『한국사 19: 자주·민주·통일을 향하여 1』, 한길사, 1994.

강성률, 『친일영화』, 로크미디어, 2006.

_____, 『친일 영화의 해부학』, 살림터, 2012.

강준만, 『한국 현대사 산책: 1960년대편 3권』, 인물과사상사, 2004.

_____, 『한국 근대사 산책 2권』, 인물과사상사, 2007.

_____, 『한국언론사: 한성순보에서 유튜브까지』, 인물과사상사, 2019.

_____, 『한류의 역사: 김 시스터즈에서 BTS까지』, 인물과사상사, 2020.

고려대학교 일본연구센터 식민지 일본어 문학·문화연구회, 『제국의 이동과 재한 일본인』, 도서출판문, 2010.

구견서, 『일본영화와 시대성』, 제이앤씨, 2007.

김계자·이선윤·이충호 편저,『재조일본인과 식민지 조선의 문화 2』, 역락, 2015.

김남석,『조선의 영화제작사들: 1920~1940년대』, 한국문화사, 2015.

김대중,『초기 한국영화와 전통의 문제』, 커뮤니케이션북스, 2013.

김동식 외,『한국영화의 미학과 역사적 상상력』, 연세대학교 미디어아트센터, 2006.

김동호 외,『한국영화 정책사』, 나남출판, 2005.

김려실,『일본영화와 내셔널리즘』, 책세상, 2005.

_____,『투사하는 제국 투영하는 식민지』, 삼인, 2006.

_____,『만주영화협회와 조선영화』, 한국영상자료원, 2011.

김미현 편저,『한국영화사: 開化期에서 開花期까지』, 커뮤니케이션북스, 2006.

김삼웅 외,『조선총독 10인』, 가람기획, 1996.

김소연 외,『매혹과 혼돈의 시대: 50년대 한국영화』, 소도, 2003.

_____,『트랜스: 아시아 영상문화』, 현실문화연구, 2006.

_____,『아시아 영화의 근대성과 지정학적 미학』, 현실문화연구, 2009.

_____,『동아시아 지식인의 대화: 영화 이론/비평의 감정 어린 시간』, 현실문화, 2018.

김수남,『광복 이전 조선영화사』, 월인, 2012.

김순전 외,『조선인 일본어소설 연구』, 제이앤씨, 2010.

김승구,『식민지 조선의 또 다른 이름, 시네마 천국』, 책과함께, 2012.

김영심,『일본영화 일본문화』, 보고사, 2014.

김윤식,『일제말기 한국 작가의 일본어 글쓰기론』, 서울대학교출판부, 2003.

_____,『한·일 근대문학의 관련 양상 신론』, 서울대학교출판부, 2003.

_____,『한일문학의 관련 양상』, 일지사, 1974.

김장권·하종문,『근현대일본정치사』, 한국방송통신대학교출판부, 2006.

김재용,『협력과 저항: 일제말 사회와 문학』, 소명출판, 2004.

_____ 외,『친일문학의 내적 논리』, 역락, 2003.

_____,『재일본 및 재만주 친일문학의 논리』, 역락, 2004.

김종원·정중헌,『우리 영화 100년』, 현암사, 2001.

김진송,『현대성의 형성: 서울에 딴스홀을 許하라』, 현실문화연구, 1999.

김화,『이야기 한국영화사』, 하서출판사, 2001.

노만,『한국영화사』, 한국배우전문학원, 1964.

단국대학교 동양학연구소 편,『일상생활과 근대 영상매체 (영화1)』, 민속원, 2007.

_____,『일상생활과 근대 영상매체 (영화2)』, 민속원, 2007.

박광현 외,『이동의 텍스트 횡단하는 제국』, 동국대학교출판부, 2011.

박광현·신승모 편저,『월경의 기록: 재조 일본인의 언어 문화 기억과 아이덴

티티의 분화』, 어문학사, 2013.

박성진·이승일, 『조선총독부 공문서』, 역사비평사, 2007.

박영정, 『연극/영화 통제정책과 국가 이데올로기』, 월인, 2007.

박유희, 『한국영화 표상의 지도: 가족, 국가, 민주주의, 여성, 예술 다섯 가지 표상으로 보는 한국영화사』, 책과함께, 2019.

박진우 외, 『일본 근현대사』, 좋은날, 1999.

박진한·강태웅·한정선·이택광·신하경, 『가미카제 특공대에서 우주전함 야마토까지 전후 일본의 전쟁영화와 전쟁의식』, 소명출판, 2013.

박현희, 『문예봉과 김신재 1932~1945』, 선인, 2008.

방기중 편, 『일제 파시즘 지배정책과 민중생활』, 혜안, 2004.

서연호, 『한국연극사: 근대편』, 연극과인간, 2003.

_____ 외, 『우리연극 100년』, 현암사, 2000.

서중석, 『사진과 그림으로 보는 한국 현대사』, 웅진씽크빅, 2006.

성균관대학교 대동문화연구원 편, 『흔들리는 언어들: 언어의 근대와 국민국가』, 성균관대학교출판부, 2008.

송건호 외, 『해방전후사의 인식』, 한길사, 2004.

송민호, 『일제말 암흑기문학연구』, 세문사, 1989.

식민지 일본어문학 문화연구회, 『제국의 이동과 식민지 조선의 일본인들』, 도서출판문, 2010.

신상옥, 『난, 영화였다』, 랜덤하우스코리아, 2009.

안종화, 『한국영화측면비사』, 현대미학사, 1998.

엄인경, 『한반도와 일본어 시가 문학』, 고려대학교출판문화원, 2018.

엄인경·김효순 편저, 『재조일본인과 식민지 조선의 문화 1』, 역락, 2014.

역사학연구소, 『강좌 한국근현대사』, 풀빛, 1999.

염복규, 『서울의 기원 경성의 탄생: 1910~1945 도시계획으로 본 경성의 역사』, 이데아, 2016.

오영진, 『소군정하 북한: 하나의 증언』, 중앙문화사, 1952.

유민영, 『한국근대연극사』, 단국대학교 출판부, 1996.

유재진 편저, 『동아시아의 대중화 사회와 일본어문학』, 역락 2016.

유지나 외, 『한국영화사 공부 1980~1997』, 한국영상자료원, 2005.

유지형, 『24년간의 대화: 김기영 감독 인터뷰집』, 선, 2006.

유현목, 『한국영화발달사』, 한진출판사, 1980.

_____, 『유현목의 한국영화발달사』, 책누리, 1997.

윤대석, 『식민지 국민문학론』, 역락, 2006.

윤상인, 『문학과 근대와 일본』, 문학과지성사, 2009.

윤상인·김근성·강우원용·이한정 외, 『일본문학 번역 60년 현황과 분석』, 소명출판, 2008.

이경훈, 『이광수의 친일문학 연구』, 태학사, 1998.

이규수, 『식민지 조선과 일본, 일본인』, 전남대학교 호남학연구단, 2007.

이상우 외, 『월경하는 극장들: 동아시아 근대 극장과 예술사의 변동』, 소명출판, 2013.

이순진·이승희 편, 『한국영화와 민주주의』, 선인, 2011.

이연 외, 『일본대중문화 베끼기』, 나무와숲, 1998.

이영일, 『한국영화전사』, 삼애사, 1969.

_____, 『영화개론』, 집문당, 1997.

_____, 『한국영화주조사』, 영화진흥공사, 1988.

_____, 『한국영화전사』(개정증보판), 소도, 2004.

이영재, 『제국 일본의 조선영화』, 현실문화연구, 2008.

_____, 『아시아적 신체: 냉전 한국·홍콩·일본의 트랜스/내셔널 액션영화』, 소명출판, 2019.

이왕주·강소원·김기만 외, 『PIFF 스펙트럼과 아시아영화의 새로운 발견』, 부산대출판부, 2011.

이재명, 『일제 말 친일 목적극의 형성과 전개』, 소명출판, 2011.

_____ 외, 『해방 전 (1940~1945) 공연희곡과 상영 시나리오의 이해』, 평민사, 2005.

이하나, 『'대한민국', 재건의 시대(1948~1968)』, 푸른역사, 2013.

이화진, 『조선영화: 소리의 도입에서 친일 영화까지』, 책세상, 2005.

_____, 『소리의 정치』, 현실문화연구, 2016.

이효인, 『한국영화역사강의 1』, 이론과실천, 1992.

_____, 『한국근대영화의 기원』, 박이정, 2017.

_____ 외, 『한국영화사 공부 1960~1979』, 한국영상자료원, 2005.

이효인·정종화·한상언, 『한국근대영화사: 1892년에서 1945년까지』, 돌베개, 2019.

임상원·김민환·유선영 외, 『매체·역사·근대성』, 나남출판, 2004.

임종국, 『친일문학론』, 평화출판사, 1966.

전성곤·송완범·신현승·방광석·이한정, 『근대 동아시아 담론의 역설과 굴절』, 소명출판, 2011.

정병호 편저, 『동아시아의 일본어잡지 유통과 식민지문학』, 역락, 2014.

정재형 편저, 『한국 초창기의 영화이론』, 집문당, 1997.

정종화, 『한국영화사: 한 권으로 읽는 영화 100년』, 한국영상자료원, 2008.

_____, 『조선영화라는 근대: 식민지와 제국의 영화교섭史』, 박이정, 2020.

정충실,『경성과 도쿄에서 영화를 본다는 것: 관객성 연구로 본 제국과 식민지의 문화사』, 현실문화연구, 2018.
정진석,『언론조선총독부』, 커뮤니케이션북스, 2006.
정태수,『세계 영화예술의 역사』, 박이정, 2016.
_____ 외,『남북한영화사 비교연구 1945~2006』, 국학자료원, 2007.
조경숙,『영화로 보는 일본의 문화와 문학』, 제이앤씨, 2015.
조진기,『일제 말기 국책과 체제 순응의 문학』, 소명출판, 2010.
조희문,『나운규』, 한길사, 1997.
_____,『한국영화의 쟁점1』, 집문당, 2002.
주유신 외,『한국영화와 근대성: <자유부인>에서 <안개>까지』, 소도, 2005.
주진숙 외,『여성영화인사전』, 소도, 2001.
주창규,『식민적 근대성과 한국영화』, 소명출판, 2013.
최길성,『영상이 말하는 식민지 조선』, 민속원, 2010.
한국문화정책개발원,『일본대중문화 개발정책의 심사분석』, 문화관광부, 2000.
한국영상자료원 편,『한국영화를 말한다: 한국영화의 르네상스 1』, 이채, 2005.
_____,『고려영화협회와 영화신체제 1936~1941』, 현실문화연구, 2007.
_____,『식민지 시대의 영화검열 1910~1934』, 현실문화연구, 2009.
_____,『21세기 한국영화: 웰메이드 영화에서 K-시네마로』, 앨피, 2020.
한국영화진흥조합 편,『한국영화총서』, 경성흥산, 1972.
한국영화100년기념사업추진위원회 편,『한국영화 100년 100경』, 돌베개, 2019.
한국예술연구소 편,『이영일의 한국영화사 강의록』, 소도, 2002.
_____,『이영일의 한국영화사를 위한 증언록: 김성춘·복혜숙·이구영 편』, 소도, 2002.
_____,『이영일의 한국영화사를 위한 증언록: 성동호·이규환·최금동 편』, 소도, 2002.
_____,『이영일의 한국영화사를 위한 증언록: 유장산·이경순·이창근·이필우 편』, 소도, 2002.
_____,『이영일의 한국영화사를 위한 증언록: 윤봉춘 편』, 소도, 2004.
한상언,『해방 공간의 영화·영화인』, 이론과실천, 2013.
_____,『조선영화의 탄생』, 박이정, 2018.
_____,『강홍식 전(傳)』, 한상언영화연구소, 2019.
한양대학교 현대영화연구소 편,『휴전과 한국영화』, 국학자료원, 2014.
_____,『글로컬 시대의 한국영화와 도시공간 I (1980~1987)』, 박이정, 2018.

한일관계사연구논집 편찬위원회, 『일제 식민지지배의 구조와 성격』, 경인문
　　화사, 2005.
한일비교문학연구회, 『일본 일본인』, 현대문학, 2005.
함충범, 『일제말기 한국영화사』, 국학자료원, 2008.
＿＿＿ 외, 『한국영화와 4.19』, 한국영상자료원, 2009.
호현찬, 『한국영화 100년』, 문학사상사, 2000.
홍영철, 『부산근대영화사: 영화상영자료(1915~1944)』, 산지니, 2009.
황민호 외, 수요역사연구회 편, 『식민지조선과 『매일신보』: 1910년대』, 신서원,
　　2003.

(3) 번역서

고모리 요이치(小森陽一), 정선태 역, 『일본어의 근대: 근대 국민국가와 '국어'의
　　발견』, 소명출판, 2005.
나카네 타카유키(中根隆行), 건국대학교 대학원 일본문화언어학과 역, 『'조선'
　　표상의 문화지: 근대 일본과 타자를 둘러싼 지(知)의 식민지화』, 소명
　　출판, 2011.
다카사키 소지(高崎宗治), 이규수 역, 『식민지 조선의 일본인들』, 역사비평사, 2006.
데이비드 보드웰(David Bordwell)·크리스틴 톰슨(Kristin Thompson), 주진숙
　　외 역, 『영화예술』, 이론과실천, 1997.
빌 애쉬크로프트(Bill Ashcroft) 외, 이석호 역, 『포스트 콜로니얼 문학이론』,
　　민음사, 1996.
사토 다다오(佐藤忠男), 유현목 역, 『일본영화 이야기』, 다보문화, 1993.
슈테판 크라머(Stefan Kramer), 황진자 역, 『중국영화사』, 이산, 2000.
스티븐 C. 얼리(Steven C. Earley), 이용관·영화언어연구회 역, 『미국영화사』,
　　예건사, 1993.
시모카와 마사하루(下川正晴), 송태욱 역, 『식민지 조선의 시네마 군상: 전쟁과
　　근대의 동시대사』, 뿌리와이파리, 2019.
쓰루미 슌스케(鶴見俊輔), 김문환 역, 『전후 일본의 대중문화: 1945~1980』,
　　소화, 1996.
아오키 다모쓰(靑木保), 최경국 역, 『일본 문화론의 변용』, 소화, 1997.
오쿠보 다카키(大久保喬樹), 송석원 역, 『일본문화론의 계보』, 소화, 2007.
요모타 이누히코(四方田犬彦), 강태웅 역, 『일본영화의 래디컬한 의지』, 소명

출판, 2011.
요모타 이누히코(四方田犬彦), 박전열 역, 『일본 영화의 이해』, 현암사, 2001.
장 피에르 장콜라(Jean-Pierre Jeancolas), 김혜련 역, 『프랑스 영화사』, 동문선, 2003.
제프리 노웰-스미스(Geoffrey Nowell-Smith) 책임 편집, 이순호 외 역, 『옥스
　　퍼드 세계 영화사』, 열린책들, 2005.
후지와라 아키라(藤原彰) 외, 노길호 역, 『일본 현대사』, 구월, 1993.

(4) 학위논문

가토 치에, 「90년대 이후 한일 영화 교류와 콜라보레이션 영화」, 한양대학교
　　석사논문, 2008.
강성률, 「친일영화의 내적 논리 연구: 푸코의 담론 이론을 중심으로」, 동국대
　　학교 박사논문, 2007.
고은미, 「오시마 나기사의 자이니치 타자 표상 연구」, 동아대학교 박사논문, 2019.
공영민, 「아시아영화제를 통해 본 한국영화: 1950~60년대 해외진출을 중심
　　으로」, 중앙대학교 석사논문, 2009.
김소희, 「일제시대 영화의 수용과 전개과정」, 서울대학교 석사논문, 1994.
나지혜, 「일본 영상매체를 통한 재일한국인의 재현연구: 영화 <박치기(パッチ
　　ギ!)>와 TV드라마 <동경만경(東京灣景)>을 중심으로」, 고려대학교 석
　　사논문, 2008.
남인영, 「해방직후 영화운동에 관한 연구」, 서울대학교 석사논문, 1990.
박동호, 「전후 일본영화에 나타난 재일조선인상」, 경상대학교 박사논문, 2017.
백태현, 「자이니치코리언 영화에 나타난 정체성 재현 양상」, 한국해양대학교
　　석사논문, 2015.
변재란, 「1930년대 전후 프롤레타리아 영화활동 연구」, 중앙대학교 석사논문,
　　1990.
산본공(山本功), 「일본대중문화의 개방정책과 유입실태의 변천에 관한 연구: 영
　　화·방송·대중 음악과 공연을 중심으로」, 경기대학교 석사논문, 2004.
손미경, 「한일간 문화콘텐츠 교류에 있어서 재일코리언의 역할에 관한 연구:
　　영화산업을 중심으로」, 한국외국어대학교 석사논문, 2008.
송낙원, 「한국영화 기술사에 관한 연구」, 중앙대학교 석사논문, 1997.
신소정, 「영화 『달은 어디에 떠있는가』(月はどっちに出ている) 연구: 뉴커머
　　와 재일조선인의 관계를 중심으로」, 고려대학교 석사논문, 2008.

_____, 「일본 사회파 영화의 재일조선인 서사 연구」, 고려대학교 박사논문, 2021.

신채원, 「관동대지진 조선인 학살 사건의 기억과 수용: 오충공 작품을 중심으로」, 성공회대학교 석사논문, 2021.

염지혜, 「일본적 집단주의 형성과정에 관한 연구: 간인주의의 구조화를 중심으로」, 고려대학교 석사논문, 1993.

오진희, 「1940년대 국책 영화 속 의복을 통해 본 식민지 조선의 표상: <집 없는 천사>, <반도의 봄>, <지원병>, <조선해협>을 중심으로」, 한국학중앙연구원 석사논문, 2021.

유선영, 「한국 대중문화의 근대적 구성과정에 대한 연구: 조선후기에서 일제시대까지를 중심으로」, 고려대학교 박사논문, 1993.

윤정화, 「재일한인작가의 디아스포라 글쓰기 연구」, 이화여자대학교 박사논문, 2010.

이순진, 「조선 무성영화의 활극성과 공연성에 대한 연구」, 중앙대학교 박사논문, 2009.

이우석, 「1960년대 청춘영화 형성과정에 대한 연구」, 중앙대학교 석사논문, 2003.

이지은, 「일본인의 한국관 변화에 관한 연구: 한류가 일본에 미친 영향 분석을 중심으로」, 광운대학교 석사논문, 2006.

이화진, 「식민지 조선의 극장과 '소리'의 문화 정치」, 연세대학교 박사논문, 2011.

정민아, 「1930년대 조선영화와 젠더 재구성」, 동국대학교 박사논문, 2010.

정수완, 「일본 영화 속에 나타난 한국인상 연구」, 동국대학교 석사논문, 1995.

정영권, 「한국 반공영화의 제도화 연구: 1949~1968 전쟁영화와의 접합과정을 중심으로」, 동국대학교 박사논문, 2011.

정종화, 「조선 무성영화 스타일의 역사적 연구」, 중앙대학교 박사논문, 2012.

조혜정, 「미군정기 영화정책에 관한 연구」, 중앙대학교 박사논문, 1998.

조희문, 「영화사적 측면에서 본 광복기 영화연구」, 중앙대학교 석사논문, 1983.

_____, 「초창기 한국영화사 연구: 영화의 전래와 수용(1896~1923)」, 중앙대학교 박사논문, 1992.

주혜정, 「최양일 영화의 마이너리티 연구: 공간의 폭력성을 중심으로」, 전남대학교 박사논문, 2016.

촌상일평(村上一平), 「한국 영화를 통해서 본 「일본·일본인」 이미지변화에 관한 연구: 1998년 일본대중문화 개방을 중심으로」, 국민대학교 석사논문, 2005.

최성희, 「조선총독부의 영화검열정책과 '조선영화'의 상관성」, 성균관대 석사논문, 2007.

최유리, 「일제 말기(1938년~45년) 「내선일체」론과 전시동원체제」, 이화여자
　　대학교 박사논문, 1995.

타나베 신, 「자이니치 영화의 정체성 연구: 최양일, 이상일, 양영희 감독을 중
　　심으로」, 경성대학교 석사논문, 2016.

한상언, 「활동사진시기 조선영화산업 연구」, 한양대학교 박사논문, 2010.

함충범, 「전시체제 하의 조선영화, 일본영화 연구 (1937~1945)」, 한양대학교
　　박사논문, 2009.

_____, 「식민지 조선영화와 일본인의 관계 양상 연구」, 고려대학교 박사논문,
　　2019.

호시노 유우꼬, 「'경성인'의 형성과 근대 영화산업 전개의 상호 연관성 연구:
　　<경성일보>와 <매일신보>에 나타난 영화 담론을 중심으로」, 서울대
　　학교 석사논문, 2012.

홍일표, 「일본의 식민지 '동화정책'에 관한 연구: '창씨개명'정책을 중심으로」,
　　서울대학교 석사논문, 1999.

후카가와 쿠미, 「한국영화 속의 일본인 이미지분석을 통해서 본 포스트 콜러
　　니얼리즘 연구」, 서강대학교 석사논문, 2008.

(5) 학술논문

강내영, 「열린 아시아, 닫힌 민족주의: '아시아 영화커뮤니티'의 성과와 한계」,
　　『영화연구』 50호, 한국영화학회, 2011.

_____, 「사극 영화 흥행에 대한 단상: <군도: 민란의 시대>, <명량: 회오리>,
　　<해적: 바다로 간 산적>」, 『예술문화비평』 14호, 한국예술문화비평가
　　협회, 2014.

강성률, 「영화에서의 일제말기 신체제 옹호 논리 연구」, 『영화연구』 28호, 한
　　국영화학회, 2006.

_____, 「나운규의 <아리랑> 연구: 초기 조선영화사와 나운규의 영화 세계를
　　중심으로」, 『씨네포럼』 17호, 동국대학교 영상미디어센터, 2013.

강우원용, 「일본문학의 수용과 변용: 이광수의 「사랑인가(愛か)」와 『무정(無情)』을
　　중심으로」, 『일본학보』 103집, 한국일본학회, 2015.

강태웅, 「식민지 조선영화 연구와 제국일본」, 『일본학보』 100집, 한국일본학회, 2014.

경지현, 「일제말기 관람문화와 조선영화 관람의 의미」, 『한국극예술연구』 30집,

한국극예술학회, 2009.

_____, 「일제말기 관람문화와 조선영화 관람의 의미」, 『한국극예술연구』 30집, 한국극예술학회, 2009.

고은미, 「'포르노·폴리틱 카메라'와 표상의 양가성: 오시마 나기사 다큐멘터리의 한국인·자이니치 표상」, 『석당논총』 69집, 동아대학교 석당학술원, 2017.

공임순, 「전쟁 미담과 용사: 제국 일본의 동일화 전략과 잔혹의 물리적 표지들」, 『상허학보』 30집, 상허학회, 2010.

구민아, 「아스팍영화제와 한국의 냉전 세계주의」, 『아시아문화연구』 49집, 가천대학교 아시아문화연구소, 2019.

구재진, 「국가의 외부와 호모 사케르로서의 디아스포라: 현월의 <그늘의 집> 연구」, 『비평문학』 32호, 한국비평문학회, 2009.

_____, 「제국의 타자와 재일의 괴물 남성성」, 『민족문학사 연구』 43호, 민족문학사학회, 2010.

권은선, 「증언, 트라우마, 서사: 한일 '위안부' 합의 이후의 일본군 '위안부' 영화」, 『영화』 12집2호, 부산대학교 영화연구소, 2019.

김강원, 「일본영화에서의 재일조선인 캐릭터와 내러티브 분석」, 『다문화콘텐츠연구』 28집, 중앙대학교 문화콘텐츠기술연구원, 2018.

김남석, 「배우 복혜숙 연구」, 『인문과학연구』 13집, 강원대학교 인문과학연구소, 2005.

김려실, 「일제강점기 아동영화와 내선일체 이데올로기: <수업료>와 <집 없는 천사>를 중심으로」, 『현대문학의연구』 30권, 한국문학연구학회, 2006.

_____, 「조선을 '조센'화하기: 조선영화의 일본 수출과 수용에 대한 연구」, 『영화연구』 34호, 한국영화학회, 2007.

김명석, 「SF 영화 <2009 로스트 메모리즈>와 소설 『비명을 찾아서』의 서사 비교」, 『문학과영상』 4권1호, 문학과영상학회, 2003.

김명인, 「친일문학 재론: 두 개의 강박을 넘어서」, 『한국근대문학연구』 1권17호, 한국근대문학회, 2008.

김보경, 「도쿄 올림픽과 패전의 풍경: <이다텐: 도쿄 올림픽 이야기>와 새로운 대하드라마의 가능성」, 『일본비평』 12권2호, 서울대학교 일본연구소, 2020.

김승구, 「아동 작문의 영화화와 한·일 문화 교섭」, 『한국학연구』 41집, 고려대학교 한국학연구소, 2012.

김예림, 「불/안전국가의 문화정치와 포스트콜로니얼 문화상품의 장: 1960년대 영화와 "현해탄 서사" 재고」, 『현대문학의연구』 42권, 한국문학연구학회, 2010.

김정민, 「조선총독부 내무국 사회과의 교화 영화 정책 출현 배경에 관한 고찰」, 『한국문학연구』 37집, 동국대학교 한국문학연구소, 2009.

_____, 「1920년대 초반 조선총독부의 활동사진에 대한 인식과 활용에 대하여: 영화의 적극적 이용 정책의 성립과정을 중심으로」, 『인문과학연구』 27집, 성신여자대학교 인문과학연구소, 2009.

김종원, 「차명된 민족영화 <아리랑>의 사료적 평가」, 『영화연구』 13호, 한국영화학회, 1997.

김청강, 「'위안부'는 어떻게 잊혀 졌나?: 1990년대 이전 대중영화 속 '위안부' 재현」, 『동아시아문화연구』 71집, 한양대학교 동아시아문화연구소, 2017.

남상욱, 「일본 대중문화와 한국의 통치성: 자기 제한 장치에서 플랫폼 속의 소비재로」, 나아가 규제 회피의 회랑으로」, 『상허학보』 54집, 상허학회, 2018.

노상래, 「일제하 이중어문학의 연구 성과와 기대 효과」, 『어문학』 102집, 한국어문학회, 2008.

다나카 노리히로(田中則廣), 「재조선(在朝)일본인의 영화제작연구: 검극(劍劇) 배우 도야마 미츠루(遠山滿)의 활동을 중심으로」, 『한국영화사연구』 3호, 한국영화사학회, 2005.

문경연, 「1930년대 한일 역사극의 담론지형 고찰: 유치진과 무라야마 도모요시를 중심으로」, 『한국문학이론과비평』 47집, 한국문학이론과비평학회, 2010.

문원립, 「해방직후 한국의 미국영화의 시장규모에 관한 소고」, 『영화연구』 18호, 한국영화학회, 2002.

문재철, 「식민지 조선영화에 있어 근대성에의 욕망과 초민족적 경향에 대한 연구」, 『영화연구』 45호, 한국영화학회, 2010.

_____, 「일제 말기 국책 영화의 스타일에 대한 일 연구」, 『영화연구』 30호, 한국영화학회, 2006.

박영정, 「법으로 본 일제강점기 연극영화 통제정책」, 『문화정책논총』 16집, 한국문화관광연구원, 2004.

박태규, 「이인직의 연극개량 의지와 『은세계』에 미친 일본연극의 영향에 관한 연구」, 『일본학보』 47집, 한국일본학회, 2001.

배주연, 「포스트 식민의 문화 상상: 이용민의 괴기영화와 일본군 보물 매장설」, 『역사연구』 38집, 역사학연구소, 2020.

백문임, 「조선영화의 존재론: 임화의 「조선영화론」(1941)을 중심으로」, 『상허학보』 33집, 상허학회, 2011.

_____, 「조선 영화의 '풍경의 발견': 연쇄극과 공간의 전유」, 『동방학지』 158집, 연세대학교 국학연구원, 2012.

_____, 「감상(鑑賞)의 시대, 조선의 미국 연속영화」, 『사이』 14호, 국제한국문학문화학회, 2013.

_____, 「고전의 재발굴: 조선영화라는 (불)안정한 위치: 『조선영화발달소사(1941)』의 생산」, 『동방학지』 168권, 연세대학교 국학연구원, 2014.

_____, 「조선영화라는 (불)안정한 위치: 『조선영화발달소사(1941)』의 생산」, 『동방학지』 168권, 연세대학교 국학연구원, 2014.

복환모, 「1920년대 초 조선총독부 「활동사진반」의 역할에 관한 연구」, 『영화연구』 24호, 한국영화학회, 2004.

_____, 「한국영화사 초기에 있어서 이토히로부미(伊藤博文)의 영화이용에 관한 연구」, 『영화연구』 28호, 한국영화학회, 2006.

_____, 「전시하의 조선영화계 신체제 구축에 관한 연구」, 『영화역사연구』 8호, 한국영화역사학회, 2009.

서동주, 「1938년 일본어연극 <춘향전>의 조선 '귀환'과 제국일본의 조선 붐」, 『동아시아고대학』 30집, 동아시아고대학회, 2013.

서정남, 「신파적 서사 양식의 유입과 전개, 그리고 남북한 영화에서의 계승에 관한 연구」, 『한국학논집』 34집, 계명대학교 한국학연구소, 2007.

서재길, 「<집 없는 천사>와 식민지 영화 검열」, 『한림일본학』 27집, 한림대학교 일본학연구소, 2015.

서은선·윤일, 「일본 사회소설 『흑조(黑潮)』와 한국 신소설 『은세계(銀世界)』 비교 연구: 장르 특성과 서사 구성」, 『동북아문화연구』 21집, 동북아시아문화학회, 2009.

송아름, 「자가당착에 빠진 '절차'로서의 영화검열: 1970년대 (위장)합작영화들의 검열과정을 중심으로」, 『한국극예술연구』 64집, 한국극예술학회, 2019.

송효정, 「한국 소년SF영화와 냉전 서사의 두 방식: <대괴수 용가리>와 <우주괴인 왕마귀>의 개작 과정 연구」, 『어문논집』 73호, 민족어문학회, 2015.

_____, 「반지성주의와 유신의 반영웅: 1970년대 전기영화 '김두한 시리즈' 연구」, 『우리어문연구』 62집, 우리어문학회, 2018.

신강호, 「<미몽>, <반도의 봄>의 영화 스타일 분석」, 『영화연구』 33호, 한국영화학회, 2007.

_____, 「영화 <청춘의 십자로>의 스타일 연구」, 『현대영화연구』 7호, 한양대 현대영화연구소, 2009.

신광철, 「안중근을 보는 두 가지 시선: 남북한 영화가 재현해낸 애국적 인물의 궤적」, 『인문콘텐츠』 1호, 인문콘텐츠학회, 2003.

신소정, 「패전 후 일본영화 속 재일조선인 연구: 영화 <벽 두꺼운 방(壁あつ

き部屋)>을 중심으로」, 『현대영화연구』 40호, 한양대학교 현대영화연구소 2020.

_____, 「영화 『니안짱』에 그려진 재일조선인에 대한 비판적 고찰」, 『일본연구』 87집, 한국외국어대학교 일본연구소, 2021.

_____, 「영화 『저것이 항구의 등불이다』(1961)에 그려진 재일조선인」, 『인문학연구』 61집, 조선대학교 인문학연구원, 2021.

_____, 「영화 『큐폴라가 있는 마을』(1962)에 그려진 재일조선인 이미지 연구」, 『일본어연구』 88호, 한국일본어문학회, 2021.

_____, 「재일조선인 연구 현황과 논점 정리」, 『인문사회 21』 12권1호, 아시아문화학술원, 2021.

신하경, 「1960년대 오시마 나기사 영화 속의 재일조선인 표상」, 『일본문화학보』 45집, 한국일본문화학회, 2010.

_____, 「일제 말기 '조선붐'과 식민지 영화인의 욕망: 영화 <반도의 봄(半島の春)>을 통해」, 『아시아문화연구』 23호, 경원대학교 아시아문화연구소, 2011.

양인실, 「「해방 후 일본의 재일조선인 영화에 대한 고찰」, 『사회와 역사』 66호, 한국사회사학회, 2004.

오영숙, 「한일수교와 일본표상: 1960년대 전반기의 한국영화와 영화검열」, 『현대영화연구』 10호, 한양대학교 현대영화연구소, 2010.

오진곤, 「유신체제기 영화와 방송의 정책적 양상에 관한 연구: 유신체제의 법제적 장치에 따른 영화와 방송의 법제적 조치를 중심으로」, 『언론정보연구』 48권1호, 서울대학교 언론정보연구소, 2011.

_____, 「사단법인 영화배급협회'에 관한 연구: 유신정권기를 중심으로」, 『현대영화연구』 26호, 한양대학교 현대영화연구소, 2017.

_____, 「1970년대 한국 국책영화의 양가성과 균열 양상에 관한 연구: <들국화는 피었는데>(1974)를 중심으로」, 『현대영화연구』 34호, 한양대학교 현대영화연구소, 2019.

오태영, 「재일조선인의 역설적 정체성과 사회적 상상: 김명준 감독, 영화 <우리학교>(2006)를 중심으로」, 『동악어문학』 67집, 동악어문학회, 2016.

유양근, 「일본영화에 나타난 재일코리안의 이중적 로컬리티」, 『영화』 6권1호, 부산대학교 영화연구소, 2013.

유지나, 「영화와 국가, 중층적 의미작용에 관한 고찰」, 『영화연구』 22호, 한국영화학회, 2003.

유현주, 「미디어 『삼천리』와 여배우 '문예봉': 1930년대 『삼천리』에 수록된 좌담회·대담·설문 등을 중심으로」, 『한국극예술연구』 33집, 한국극예술학회, 2011.

윤일·서은선, 「일본 명치기 '사회소설'과 한국 개화기 '신소설' 비교 연구: '사회소설'과 '신소설'의 특성」, 『일본어문학』 45집, 일본어문학회, 2009.

이경숙, 「한운사의 '아로운(阿魯雲) 3부작' 연구: 이데올로기적 중층성을 중심으로」, 『한국문학이론과 비평』 10권4호, 한국문학이론과 비평학회, 2006.

이규수, 「'재조일본인' 연구와 '식민지수탈론'」, 『일본역사연구』 33집, 일본사학회, 2011.

이대범·정수완, 「'거울'로서 재일조선인: <잊혀진 황군>의 재일조선인 재현에 대한 비판적 검토」, 『일본학』 48집, 동국대학교 일본학연구소, 2020.

_____, 「'동경에서 온 사람들 그리고 '반공': <동경특파원>(김수용, 1968)을 중심으로」, 『일본학』 50집, 동국대학교 일본학연구소, 2020.

이덕기, 「영화 <수업료>와 조선영화의 좌표」, 『한국극예술연구』 29호, 한국극예술학회, 2009.

_____, 「일제하 전시체제기(1938~1945) 조선영화 제작목록의 재구」, 『한국극예술연구』 28집, 한국극예술학회, 2008.

이석구, 「<피와 뼈>에 나타난 재일 한국인의 정형화와 복고적 욕망」, 『영화』 13권3호, 부산대학교 영화연구소, 2020.

_____, 「90년대 이후 자이니치 영화에 나타난 "제3의 길" 문제」, 『디아스포라연구』 14권2호, 전남대학교 글로벌디아스포라연구소, 2020.

이성환, 「이토 히로부미의 문명론과 한국통치」, 『일본사상』 20호, 한국일본사상사학회, 2011.

이순진, 「식민지시대 조선영화 남성 스타에 대한 연구: 나운규와 김일해를 중심으로」, 『영화연구』 34호, 한국영화학회, 2007.

_____, 「1930년대 영화기업의 등장과 조선의 영화 스타」, 『한국극예술연구』 30집, 한국극예술학회, 2009.

_____, 「한국전쟁 후 냉전의 논리와 식민지 기억의 재구성: 1950년대 문화영화에서 구축된 '이승만 서사'를 중심으로」, 『기억과 전망』 23호, 민주화운동기념사업회, 2010.

이승진, 「현대 일본 대중문화에 재현된 '재일남성상' 고찰」, 『일본학』 43집, 동국대학교 일본학연구소, 2016.

_____, 「전후 재일조선인 영화의 계보와 현황: 다큐멘터리 영화를 중심으로」, 『일본학』 48집, 동국대학교 일본학연구소, 2019.

이승희, 「한말 의병탄압과 주한일본군 헌병대의 역할: 이토 히로부미의 한국 치안구상을 중심으로」, 『한국독립운동사연구』 30집, 한국독립운동사연구소, 2008.

이영재, 「아시아영화제와 한홍합작 시대극: '아시아영화'라는 범주의 생성과
　　　냉전」, 『대동문화연구』 88집, 성균관대학교 동아시아학술원, 2014.

_____, 「섹스라는 국제성, 한국 홍콩 일본의 에로 트라이앵글: 1970년대 '여
　　　감방' 영화를 중심으로」, 『상허학보』 51호, 상허학회, 2017.

_____, 「1965와 1968 사이에서, 두 '가난'과 '양심': 오시마 나기사의 <윤복이
　　　일기>와 김수용의 <저 하늘에도 슬픔이>」, 『상허학보』 58집, 상허학
　　　회, 2020.

이용관·한미라, 「식민지 시기 영화의 탈식민적 경향: 1930~1945년 영화를
　　　중심으로」, 『영상예술연구』 13호, 영상예술학회, 2008.

이정숙, 「일본의 「신협극단」「극예술연구회」에 미친 영향」, 『어문학』 98집,
　　　역사문제연구소, 2007.

이주영, 「일제말기 조선영화와 연설의 정치학」, 『문학과영상』 13권3호, 문학과
　　　영상학회, 2012.

이준식, 「일제 파시즘기 영화 정책과 영화계의 동향」, 『한국민족운동사연구』
　　　33호, 한국민족운동사학회, 2003.

_____, 「일제 파시즘기 선전 영화와 전쟁 동원 이데올로기」, 『동방학지』 124
　　　호, 연세대학교 국학연구원, 2004.

_____, 「무라야마 도모요시의 진보적 연극운동과 조선문화 사랑」, 『역사비평』
　　　88집, 역사문제연구소, 2009.

이준희, 「일제시대 군국가요(軍國歌謠) 연구」, 『한국문화』 46호, 서울대학교
　　　한국학연구원, 2009.

이중거, 「일제시대의 우리 영화: 흥행과 제작의 난제」, 『한국학』 29집, 중앙
　　　대학교 한국학연구소, 1983.

_____, 「일제하 한국영화에 있어서의 일본인·일본자본의 역할에 관한 연구」,
　　　『중대(中大)논문집』 27집, 인문과학, 1983.

이지선, 「1900년대~1910년대 경성 소재 일본인 극장의 일본 전통예술 공연
　　　양상」, 『국악원논문집』 31집, 국립국악원, 2015.

이형식, 「재조일본인 연구의 현황과 과제」, 『일본학』 37집, 동국대학교 일본학
　　　연구소, 2013.

이호걸, 「1920~30년대 조선에서의 영화배급」, 『영화연구』 41호, 한국영화학회, 2009.

이화진, 「식민지 영화의 내셔널리티와 '향토색': 1930년대 후반 조선영화 담론
　　　연구」, 『상허학보』 13집, 상허학회, 2004.

_____, 「"국민"처럼 연기하기: 프로파간다의 여배우들」, 『여성문학연구』 17

집, 한국여성문학학회, 2007.

_____, 「1943년 시점의 '조선영화': 법인 조영의 <젊은 모습(若き姿)> 제작 과정을 중심으로」, 『한국극예술연구』 26호, 한국극예술학회, 2007.

_____, 「식민지기 영화 검열의 전개와 지향」, 『한국문학연구』 35집, 동국대 학교 한국문학연구소, 2008.

_____, 「여배우의 등장: 근대 극장의 신체와 섹슈얼리티」, 『여성문학연구』 28호, 한국여성문화학회, 2012.

_____, 「두 제국 사이 필름 전쟁의 전야(前夜): 일본의 '영화 제국' 기획과 식 민지 조선의 스크린쿼터제」, 『사이』 15호, 국제한국문학문화학회, 2013.

_____, 「'한국영화 반세기'를 기념하기: 1960년대 남한의 한국영화 기념사업을 중심으로」, 『대중서사연구』 24권3호, 대중서사학회, 2018.

_____, 「'65년 체제'의 시각 정치와 <총독의 딸>」, 『한국근대문학연구』 18권1호, 한국근대문학회, 2017.

_____, 「전시하의 이동영사: 일제 말기 조선의 이동영사 기구의 조직과 활동을 중심으로」, 『한국극예술연구』 67집, 한국극예술학회, 2020.

_____, 「할리우드에서 온 '왜색영화': <8월 15야(夜)의 찻집>과 탈식민 냉전 한국의 영화 검열」, 『상허학보』 59집, 상허학회, 2020.

_____, 「1920・30년대 극장 발행 인쇄물로 보는 재경성 일본인의 영화 문화」, 『대중서사연구』 27권1호, 대중서사학회, 2021.

이효인, 「카프영화와 프로키노의 전개과정 비교연구」, 『한민족문화연구』 41집, 한민족문화학회, 2012.

_____, 「카프의 김유영과 프로키노 사사겐주(佐々元十) 비교연구: 프롤레타 리아 영화운동론을 중심으로」, 『영화연구』 57호, 한국영화학회, 2013.

_____, 「영화 <아리랑>의 컨텍스트 연구: <아리랑>이 받은 영향과 끼친 영향을 중심으로」, 『현대영화연구』 24호, 한양대학교 현대영화연구소, 2016.

임다함, 「잡지 『조선공론』 영화란의 탄생과 재조선 일본인 영화문화의 태동」, 『비교문학』 65집, 한국비교문학회, 2015.

장우진, 「최인규 영화의 불균질성」, 『영화연구』 44호, 한국영화학회, 2010.

전성현, 「식민자와 식민지민 사이, '재조일본인' 연구의 동향과 쟁점」, 『역사 와세계』 48집, 효원사학회, 2015.

전지니, 「배우 김소영론: 스캔들 메이커, '인민'과 '국민' 사이의 여배우」, 『한 국극예술연구』 36집, 한국극예술학회, 2012.

_____, 「권총과 제복의 남성 판타지, 해방기 "경찰영화" 연구: <수우>, <밤의 태양>, <여명>(1948)을 중심으로」, 『현대영화연구』 22호, 한양대학교

현대영화연구소, 2015.

전평국·이도균, 「일제 강점 말기와 유신 정권 시기의 국책선전영화 비교 연구: 사단법인 조선영화제작주식회사의 군사영화와 영화 진흥공사의 전쟁영화를 중심으로」, 『영화연구』 50호, 한국영화학회, 2011.

정병호, 「한반도 식민지 <일본어 문학>의 연구와 과제」, 『일본학보』 85집, 동국대학교 일본학연구소, 2010.

정수완, 「전후 일본영화와 한국영화의 비교: 전쟁과 근대화 경험을 중심으로」, 『영화평론』 12호, 한국영화평론가협회, 2000.

정종화, 「조선영화는 어떻게 '반도예술영화'로 호명되었는가: <한강(漢江)>의 일본 배급을 중심으로」, 『사이』 20호, 국제한국문학문화학회, 2016.

_____, 「'영화적 연쇄극'에 관한 고찰: 일본 연쇄극 연구 동향을 기반으로」, 『영화연구』 74호, 한국영화학회 2017.

정충실, 「한국영화에서 일본과 재일교포 표상: 일본에 대한 동경과 불안 (한일 국교 정상화~1970년대)」, 『아시아연구』 24권1호, 한국아시아학회, 2021.

조건, 「일제 말기 조선 주둔 일본군의 '전쟁미담' 생산과 조선인 군인 동원」, 『한일민족문제연구』 31호, 한일민족문제학회, 2016.

조윤정, 「제노사이드, 기억, 죄책감: 가지야마 도시유키(梶山季之)의 「이조잔영(李朝残影)」에 재현된 제암리 교회 학살의 의미」, 『인문과학연구』 43호, 성신여자대학교 인문과학연구소, 2021.

조은애, 「'재일조선인 1세 여성' 라이프 스토리와 자기/민족지적 욕망: 다큐멘터리 영화 <해녀 량상>과 <하루코>를 중심으로」, 『사이』 25집, 국제한국문학문화학회, 2018.

조진기, 「1940년대 문학연구의 성과와 한계: 일제말기 친일문학 논의를 중심으로」, 『우리말글』 37집, 우리말글학회, 2006.

조혜정, 「일제 강점말기 '영화신체제'와 조선영화(인)의 상호작용 연구」, 『영화연구』 35호, 한국영화학회, 2008.

_____, 「친일영화에 새겨진 친일담론의 양상과 '국민통합' 이데올로기 연구」, 『한국민족운동사연구』 58집, 한국민족운동사학회, 2009.

_____, 「미군정기 뉴스영화의 관점과 이념적 기반 연구」, 『한국민족운동사연구』 68집, 한국민족운동사학회, 2011.

조희문, 「영화 <아리랑>의 재평가」, 『영화연구』 13호, 한국영화학회, 1997.

주유신, 「민족 영화 담론, 그 의미와 이슈들」, 『현대영화연구』 14호, 한양대 현대영화연구소, 2012.

주은우, 「식민지도시와 근대성의 영화적 재현: 기록영화 <경성>과 식민권력의 자기재현」, 『사회와역사』 92집, 한국사회사학회, 2011.

주혜정, 「다큐멘터리 <재일>의 스토리텔링과 그 의미」, 『일본문화연구』 68집, 동아시아일본학회, 2018.

_____, 「다큐멘터리 영화와 트라우마 치유: 오충공 감독의 관동대지진 조선인학살 다큐멘터리를 중심으로」, 『한일민족문제연구』 35집, 한일민족문제학회, 2018.

차승기, 「제국의 아상블라주와 사건의 정치학: 무라야마 도모요시(村山知義)와 조선」, 『동방학지』 161집, 연세대 국학연구원, 2013.

채경훈, 「오시마 나기사와 재일조선인 그리고 국민국가」, 『씨네포럼』 25호, 동국대학교 영상미디어센터, 2016.

최범순, 「일본 영화와 일본인의 전후 인식: 재일조선인 형상의 정형성과 대면관계를 통해서」, 『일본문화연구』 21집, 동아시아일본학회, 2007.

최수웅, 「한국영화에 나타난 '만주' 표상의 가치와 활용방법 연구」, 『순천향인문과학논총』 34권4호, 순천향대학교 인문학연구소, 2015.

최은봉, 「영화를 통해서 본 한국인의 일본과 일본인에 대한 이미지와 인식」, 『일본연구논총』 17호, 현대일본학회, 2003.

최은수, 「1970년대 한일 양국의 '위안부' 표상: 영화 『종군위안부(從軍慰安婦)』와 『여자정신대』를 중심으로」, 『일본연구』 51호, 중앙대학교 일본연구소, 2019.

_____, 「한일 영화 속 '위안부' 표상과 민족 남성 주체: 요모타의 물음에 응답하며」, 『일본학연구』 58집, 단국대학교 일본연구소, 2019.

최은주, 「전후 일본의 전쟁을 둘러싼 '국민적 기억'」, 『일본연구』 61집, 한국외국어대학교 일본연구소, 2014.

최철오, 「반공영화에 대한 서사의 변천 연구: 영화 <똘똘이의 모험>(1946), (1968)을 중심으로」, 『아시아영화연구』 10권2호, 부산대학교 영화연구소, 2018.

최혜주, 「1930년대의 한글신문에 나타난 총독정치」, 『한국민족운동사연구』 58집, 한국민족운동사학회, 2009.

한길로, 「일제 말 구(舊)지식인의 이토 히로부미(伊藤博文) 추도시 연구: 『춘무공삼십년기추도시집(春畝公三十年忌追悼詩集)』(1938)을 중심으로」, 『한국문학연구』 53집, 동국대학교 한국문학연구소, 2017.

한상언, 「다큐멘터리 <해방조선을 가다> 연구」, 『현대영화연구』 4호, 한양대학교 현대영화연구소, 2007.

_____, 「일제말기 통제 영화제작회사 연구」, 『영화연구』 36호, 한국영화학회, 2008.

_____, 「일제말기 통제영화사의 배우에 관한 연구」, 『현대영화연구』 7호, 한

　　　　　양대학교 현대영화연구소, 2009.

_____, 「조선군 보도부의 영화활동 연구」, 『영화연구』 41호, 한국영화학회, 2009.

_____, 「1910년대 경성의 일본영화인 연구」, 『영화연구』 40호, 한국영화학회, 2009.

_____, 「「활동사진필름검열규칙」의 검열 수수료 문제와 조선영화산업의 변화」, 『현대영화연구』 12호, 한양대학교 현대영화연구소, 2011.

_____, 「강홍식의 삶과 영화 활동」, 『인문논총』 32집, 경남대학교 인문과학 연구소, 2013.

_____, 「식민지 조선에서 연쇄극의 유입과 정착에 관한 연구」, 『영화연구』 64호, 한국영화학회, 2015.

함충범, 「1910년대 전반기 식민지 조선에서의 활동사진에 관한 연구: 1910~1914년 ≪매일신보≫를 중심으로」, 『영화연구』 37호, 한국영화학회, 2008.

_____, 「1910년대 조선에서의, 일제의 식민지정책에 따른 활동사진정책에 관한 연구」, 『현대영화연구』 6호, 한양대학교 현대영화연구소, 2008.

_____, 「중일전쟁 시기 일본과 조선에서의 영화정책 및 영화계의 대응 양상 비교연구(1937~1940): 영화와 국가와의 관계를 중심으로」, 『현대영화연구』 7호, 한양대학교 현대영화연구소, 2009.

_____, 「전후개혁에 따른 일본영화계의 변화 양상 연구 (1945~1948)」, 『인문과학연구』 27집, 강원대학교 인문과학연구소, 2010.

_____, 「태평양전쟁 시기 군사정책 반영 일본영화와 조선영화의 주인공 설정에 관한 비교연구: <하와이 말레이 해전>(1942)과 <사랑과 맹세>(1945)의 경우를 중심으로」, 『현대영화연구』 9호, 한양대학교 현대영화연구소, 2010.

_____, 「중일전쟁 이후 식민지 조선에서의 영화 법령과 조직의 특징적 양상 (1937~1941): '과정'과 '관계'를 중심으로 일제말기 한국영화사 다시 보기」, 『현대영화연구』 14호, 한양대학교 현대영화연구소, 2012.

_____, 「1940년대 초반 식민지 조선에서의 영화 정책의 특징적 양상 (1940~1942)」, 『서강인문논총』 35집, 서강대학교 인문과학연구소, 2012.

_____, 「방한준 감독의 영화 미학적 특징 연구: 1930년대 연출 작품에 대한 분석적 접근을 통해」, 『인문과학』 99집, 연세대학교 인문학연구원, 2013.

_____, 「중일전쟁 이전 시기 한반도에서의 뉴스영화, 그 역사적 궤적 및 특수성 연구: 일본과의 관련성과 더불어」, 『국학연구』 22집, 한국국학진흥원, 2013.

_____, 「1940년대 초반 식민지 조선영화에서의 언어 상황의 변화 양상과 특수성(1940~1941): 영화사적 흐름에 대한 거시적인 고찰을 중심으로」, 『아시아문화연구』 30집, 가천대학교 아시아문화연구소, 2013.

_____, 「1941년 조선영화에서의 이중언어 속 일본어: <지원병>, <집 없는 천사>, <반도의 봄>의 발화 주체를 중심으로」, 『아세아연구』 56권1호, 고려대학교 아세아문제연구소, 2013.

_____, 「식민지 조선의 뉴스영화 <조선시보>에 관한 연구」, 『인문과학연구』 21집, 대구카톨릭대학교 인문과학연구소, 2014.

_____, 「1940년대 식민지 조선에서의 <일본뉴스>」, 『인문과학』 54집, 성균관대학교 인문학연구원, 2014.

_____, 「1940년대 초반 식민지 조선에서의 영화 상영의 제도적 기반 연구: 1942년 시점의 배급, 흥행 부문 신체제 구축을 중심으로」, 『인문과학연구논총』 35권2호, 명지대학교 인문과학연구소, 2014.

_____, 「1960년대 한국영화 속 일본 재현의 시대적 배경 및 문화적 지형 연구: <현해탄은 알고 있다>(1961)를 중심으로」, 『한일관계사연구』 47집, 한일관계사학회, 2014.

_____, 「역사적 실존 인물을 다룬 해방기 한국영화 연구」, 『아세아연구』 58권2호, 고려대학교 아세아문제연구소, 2015.

_____, 「1920년대 중반 식민지 조선에서의 일본인 영화 배우에 관한 연구」, 『동아연구』 34권1호, 서강대학교 동아연구소, 2015.

_____, 「1944년 식민지 조선영화계의 정책적 특수성에 관한 연구: '결전비상조치'에 따른 제도적 변화상을 통해」, 『동북아연구』 30권2호, 조선대학교 사회과학연구원, 2015.

_____, 「1940년대 후반기 한국과 일본의 영화 제작 경향 비교 연구: '시대'를 반영한 주요 극영화를 중심으로」, 『현대영화연구』 24호, 한양대학교 현대영화연구소, 2016.

_____, 「해방 초기 남한영화계의 재건 및 재편과 식민지 경험 및 역사의 관계성 고찰」, 『국학연구』 32집, 한국국학진흥원, 2017.

_____, 「도호의 특수촬영 기술과 한일 영화 교류·관계사의 양상」, 『인문학연구』 30집, 인천대학교 인문학연구소, 2018.

_____, 「1940년대 식민지 조선영화 속 일본인에 관한 연구: 극영화를 중심으로」, 『국학연구』 35집, 한국국학진흥원, 2018.

_____, 「1940년대 식민지 조선에서의 일본인 시나리오작가의 영화 활동 연구」, 『동양학』 67집, 단국대학교 동양학연구원, 2018.

_____, 「한국영화의 출발 기점에 관한 재고찰: 영화사에서의 '1919년론'을 중심으로」, 『아세아연구』, 고려대학교 아세아문제원구원, 2019.

_____, 「1960년대 한국 SF 괴수영화와 동북아시아 영화 교류·관계의 양상」,

참고문헌

『현대영화연구』 37호, 한양대학교 현대영화연구소, 2019.

함충범·정태수, 「중일전쟁 이후 식민지 조선에서의 뉴스영화 연구 (1937~ 1941): 뉴스영화 제도화의 제 양상을 중심으로」, 『한국민족문화』 49 집, 부산대학교 한국민족문화연구소, 2013.

홍선영, 「경성의 일본인 극장 변천사: 식민지도시의 문화와 '극장'」, 『일본문 화학보』 43집, 한국일본문화학회, 2009.

_____, 「1910년 전후 서울에서 활동한 일본인 연극과 극장」, 『일본학보』 56집, 한국일본학회, 2003.

황호덕, 「적대적 공통감각, 민족지의 통국가적 공동상상: 가지야마 토시유키 (梶山季之)와 임권택의 <족보>에 대하여」, 『비교문학』 36권, 한국비 교문학회, 2005.

(6) 학술대회 발표문

김광태, 「일본드라마·영화를 통한 일본인의 이미지」, 한국일본어문학회 학술 대회 발표문, 2005.

양인실, 「식민지기 일본영화의 내/외부에 있던 조선(인) 시론」, 한국연구재단 지원 한일협력연구 세미나 발표문, 2012.

임다함, 「잡지 『조선공론』 영화란을 통해 본 재조일본인의 영화인식: '변사'의 역할에 대한 동시대 일본의 영화 담론과의 비교를 중심으로」, 한국일 본학회 학술대회 발표문, 2016.

_____, 「재조일본인 영화 저널리즘 형성과 창작 시나리오의 등장」, 한국일본 학회 학술대회 발표문, 2017.

함충범, 「영화사적 관점에서 본 일본 대중문화 개방의 영향과 의의: 한일 영 화 교류 및 관계 양상을 중심으로」, 부산국제영화제 아시아영화포럼 발표문, 2018.

(7) 신문, 잡지

≪경향신문≫   ≪국제영화≫
≪동광≫   ≪동아일보≫

≪로드쇼≫ ≪매일경제≫
≪매일신보≫ ≪문장≫
≪사상계≫ ≪삼천리≫
≪서울신문≫ ≪세계일보≫
≪스크린≫ ≪시네마팬≫
≪신시대≫ ≪씨네21≫
≪여원≫ ≪영화≫
≪영화순보≫ ≪영화시대≫
≪영화예술≫ ≪영화잡지≫
≪예술통신≫ ≪영화TV≫
≪월간영화≫ ≪은영≫
≪자유신문≫ ≪조광≫
≪조선일보≫ ≪중앙신문≫
≪중외신보≫ ≪중외일보≫
≪코리아 시네마≫ ≪한겨레신문≫
≪한국일보≫ ≪황성신문≫

(8) DVD 타이틀, 인터넷 사이트

한국영상자료원, ≪발굴된 과거: 일제시기 극영화모음/ 1940년대≫, 2007.
_____, ≪발굴된 과거: 네 번째/ 고스필모폰드 발굴영상 모음≫, 2009.
_____, ≪발굴된 과거: 두 번째/ 1930년대 조선영화 모음≫, 2009.
국립중앙도서관 (http://www.nl.go.kr)
국사편찬위원회 한국사데이터베이스 (http://db.history.go.kr)
국회도서관 (http://www.nanet.go.kr)
국회법률정보시스템 (http://likms.assembly.go.kr/law)
다음 백과사전 (http://100.daum.net)
다음 사전 (http://tdic.daum.net)
부산국제영화제 홈페이지 (http://www.biff.kr/kor)
부천국제판타스틱영화제 홈페이지 (http://www.bifan.kr)
영화진흥위원회 홈페이지 (http://www.kofic.or.kr)
오마이뉴스 (http://www.ohmynews.com)
유튜브 (http://www.youtube.com)

조선총독부관보 활용시스템 (http://gb.nl.go.kr)
한국언론진흥재단 미디어가온 (http://www.mediagaon.or.kr)
한국역사정보통합시스템 (http://www.koreanhistory.or.kr)
한국영상자료원 (http://www.koreafilm.or.kr)
한국영상자료원 한국영화데이터베이스 (http://www.kmdb.or.kr)

2. 일본어

(1) 단행본

石井健一 編著, 『東アジアの日本大衆文化』, 蒼蒼社, 2001.
岩崎昶, 『映画史』, 東洋経済新報社, 1961.
岩本憲兒 編, 『占領下の映畵: 解放と檢閱』, 森話社, 2009.
_____, 『映画と大東亜共栄圏』, 森和社, 2004.
_____, 『日本映画とナショナリズム 1931~1945』, 森和社, 2004.
瓜生忠夫, 『戦後日本映画小史』, 法政大学出版局, 1981.
大島渚, 『私たちは歩み続ける: 戦後補償を求める夏の行進行動報告集』, 在日の
　　　　戦後補償を求める会, 1992.
_____, 『大島渚 1968』, 青土社, 2004.
岡田晋, 『日本映画の歴史』, 三一新書, 1957.
梶村秀樹, 『朝鮮史と日本人』, 明石書店, 1992.
加藤厚子, 『総動員体制と映画』, 新曜社, 2003.
門脇禎二・宮川寅雄 外 『日本生活文化史 8: 生活のなかの國家』, 河出書房新社, 1974.
キネマ旬報社, 『日本映画俳優全集: 男優編』, キネマ旬報社, 1979.
_____, 『日本映画俳優全集: 女優編』, キネマ旬報社, 1980.
木村健二, 『在朝日本人の社會史』, 未來社, 1989.
京城協贊會 編, 『京城案內』, 京城協贊會, 1915.
小島朋之・文良成, 『東アジア-アジア <1>朝鮮半島・中国・香港・台湾・モン
　　　　ゴル 「現代用語の基礎知識」特別編集』, 自由国民社, 1997.
小針進, 『韓国人はこう考えている』, 新潮社, 2004.
桜本富雄, 『大東亜戦争と日本映画』, 青木書店, 1993.
佐藤忠男, 『日本映画史 第1券』, 岩波書店, 1995.
_____, 『韓国映画の精神』, 岩波書店, 2000.

_____, 『日本映画史 第1券』(増補版), 岩波書店, 2006.

_____, 『日本映画史 第2券』, 岩波文庫, 2006.

四方田犬彦, 『日本映畫史100年』, 集英社, 2000.

清水晶, 『戦争と映画』, 社會思想社, 1994.

高島金次, 『朝鮮映画統制史』, 朝鮮映画文化研究所, 1943.

高崎宗司, 『植民地朝鮮の日本人』, 岩波新書, 2000.

田中三郎, 『昭和17年 映画年鑑』, 日本映畫雜誌協會, 1942.

田中純一郎, 『日本映画発達史 Ⅰ』, 中央公論社, 1975.

_____, 『日本映画発達史: 無声からトーキーへ』, 中公文庫, 1976.

_____, 『日本教育映画発達史』, 蝸牛社, 1979.

_____, 『日本映画発達史 Ⅲ』, 中央公論社, 1980.

_____, 『日本映画史発掘』, 冬樹社, 1980.

_____, 『秘話・日本の活動写真』, ワイズ出版, 2004.

田中則広, 『メディア史研究 17』, ゆまに書房, 2004.

朝鮮總督府, 『朝鮮總督府官報』, 1922.

_____, 『朝鮮總督府官報』, 1924.

_____, 『朝鮮總督府官報』, 1944.

塚田嘉信, 『日本映画史の研究』, 現代書館, 1980.

中村陸英, 『昭和史』, 東洋経済新報社, 1993.

筈見恒夫, 『映画五十年史』, 創元社, 1951.

古川隆久, 『戦時下の日本映画』, 吉川門弘館, 2003.

牧野守, 『日本映画検閲史』, パンドラ, 2003.

松浦幸三, 『日本映画史大鑑』, 文化出版局, 1982.

村松武司, 『朝鮮植民者』, 三省堂, 1972.

門間貴志, 『アジア映画における日本Ⅱ: 韓国・北朝鮮・東アジア』, 社會評論社, 1996.

安田常雄 編, 『戦後日本の大衆文化』, 東京堂出版, 2010.

山田和夫, 『日本映画 101年』, 新日本出版社, 1997.

山本武利 編, 『占領期雜誌資料大系: 大衆文化編. 1, 虚脱からの目覺め』, 岩波書店, 2008.

_____, 『占領期雜誌資料大系: 大衆文化編 5, 占領から戦後へ』, 岩波書店, 2009.

歴史学研究会 編, 『日本史史料 [5]現代』, 岩波書店, 1997.

南富鎭, 『近代日本と朝鮮人像の形成』, 勉誠出版, 2002.

朴順愛・土屋禮子 編著, 『日本大衆文化と日韓關係: 韓國若者の日本イメージ』,

三元社, 2002.
イ・ヨンスク,『「国語」という思想: 近代日本の言語認識』, 岩波現代文庫, 1996.

(2) 논문, 발표문

上田学,「大韓帝国皇太子記録映画の日本における受容」, JSPS二国間交流事業
　　　共同研究シンポジウム　發表文, 2013.
田中則広,「植民地朝鮮映画における日本人の活動とその展開」, 早稲田大学　博士
　　　論文, 2013.
三ツ井崇,「植民地下朝鮮における言語の政治学: 朝鮮言語政策・社會史再考」,
　　　『한림일본학』20집, 한림대학교　일본학연구소, 2012.
金廷珉,「1920年代前半における『京城日報』製作映画に関する研究: 『愛の極
　　　み』を中心に」,『マス・コミュニケーション研究』, 日本マス・コミュ
　　　ニケーション学會, 2012.
姜泰雄,「「日本及日本人」の表象としての戰時下映畵」, 東京大学　博士論文, 2007.
梁仁實,「「やくざ映画」における「在日」観」,『立命館産業社会論集』38卷2号,
　　　立命館大学, 2002.
＿＿＿,「戰後日本映画における『在日』女性像」,『立命館産業社会論集』39卷2号,
　　　立命館大学, 2003.

(3) 신문, 잡지

≪朝日新聞≫　　　　　≪映画旬報≫
≪映畫評論≫　　　　　≪活動俱樂部≫
≪キネマ旬報≫　　　　≪京城日報≫
≪國際映畫新聞≫　　　≪新映画≫
≪新興映画≫　　　　　≪朝鮮及滿洲≫
≪朝鮮公論≫　　　　　≪朝鮮新聞≫
≪日本映画≫　　　　　≪毎日新聞≫
≪読売新聞≫

(4) DVD 타이틀, 인터넷 사이트

NHK・NHKエンタープライズ21, ≪映像の世紀 第十一集: JAPAN≫, 2008.
공익재단법인 일한문화교류기금 홈페이지 (http://www.jkcf.or.jp)
나카노문고(中野文庫) 법령 사이트 (http://www.geocities.jp/nakanolib)
도호 웹사이트 자료실 (https://www.toho.co.jp/library/system/movies)
시네마 코리아(シネマコリア) 홈페이지 (http://www.cinemakorea.org)
야후 재팬 (http://yahoo.co.jp)
위키피디아 일본어판 (https://ja.wikipedia.org)
인터넷 구(goo) 사전 (https://dictionary.goo.ne.jp)
일본 문화청 일본영화정보시스템 (https://www.japanese-cinema-db.jp)
일본영화제작자연맹 데이터베이스 (http://db.eiren.org/contents)
일본영화제작자연맹 홈페이지 (http://www.eiren.org)
일본영화데이터베이스 (http://www.jmdb.ne.jp)
일본영화・텔레비전미술감독협회 홈페이지 (http://www.apdj.or.jp)
주대한민국 일본국대사관 홈페이지 (http://www.kr.emb-japan.go.jp)

찾아보기

1. 인명

- ㄱ -

가네모리 요시노리(兼森義則) 355
가네시로 가즈키(金城一紀, 본명:김일기(金一紀)) 385
가네하라 긴조(金原金藏) 41, 77
가네하라 미네오(金原峰雄, 본명:김봉웅(金峰雄)) 335
가라시마 다케시(辛島驍) 160
가메이 후미오(亀井文夫) 238
가쓰 신타로(勝新太郎) 303~304
가쓰노 히로시(勝野洋) 369
가쓰라기 가오루(桂木薫) 305
가에리야마 노리마사(歸山教正) 66
가와바타 모토미즈(川端基水) 118
가와바타 야스나리(川端康成) 307, 321, 371
가와세 나오미(河瀨直美) 354
가와우라 겐이치(河浦謙一) 23, 31
가와즈 세이자부로(河津淸三郎) 168
가이후 도시키(海部俊樹) 350
가지야마 도시유키(梶山季之) 281, 317, 321
가타오카 지에조(片岡千惠藏) 83
가토 교헤이(加藤恭平) 118, 125
가토 세이치(加藤淸一) 85
강미범(姜美帆) 382
강범구 279

강선희 237

강성필 384

강정석 338

강정수 369

강태웅 261

강호 101, 103

강홍식(진훈) 114, 121, 124, 137

겐지 게타(源氏鶴太) 284~285

계수길 245

고노 요헤이(河野洋平) 357

고니시 아키라(小西亮) 31

고마다 고요(駒田好洋) 20

고미 분노스케(五味文之助) 83

고바야시 기사부로(小林喜三郎) 59, 66

고바야시 마사키(小林正樹) 251, 260

고바야시 주시로(小林重四郎) 136, 168, 181

고쇼 헤이노스케(五所平之助) 82, 134

고스기 이사무(小杉勇) 168

고아라 385

고야마 세이지로(神山征二郎) 338

고영남 279, 316, 321~322, 324

고이시 에이치(小石栄一) 239

고이즈미 요시스케(小泉嘉輔) 110

고종 30~31, 43, 78, 217

고지마(兒島旭州) 60

고토 도시오(後藤俊夫) 307

곤 이데미(今日出海) 126

공로명 350~351

공유 385

구로사와 아키라(黒澤明) 197, 226, 234, 251, 259~260, 307

구로즈치 미즈오(黒土三男) 384

구마이 게이(熊井啓) 354

구보즈카 요스케(窪塚洋介) 385

구보타 고로(窪田梧樓) 85

구와하라 부몬(加原武門) 173

구임서 376

구제 료(久世亮) 81

구하라 요시코(久原良子) 126

권영순 259, 309

권칠인 389

기노시타 게이스케(木下惠介) 235, 240, 281

기누가사 데이노스케(衣笠貞之助) 83, 223, 234

기누가와 미쓰코(衣川光子) 110

기도 시로(城戸四郎) 82, 196, 215, 269, 303

기무라 소토지(木村荘十二) 100

기시노야(義士廼家) 71, 78

기쿠치 모리오(菊地盛夫) 136, 208

기쿠치 유호(菊池幽芳) 123

기타가와 데쓰오(北川鉄夫) 100

기타노 다케시(北野武) 335, 354, 358

기토 시게루(木藤茂) 114

김강윤 261

김경식(金慶植) 329, 338, 389

김광주 193

김규리 376

김기덕 260~261, 263, 265, 280, 284

김기종 325

김기진 101

김남천 192

김대희 324

김덕경 52, 73~74

김덕철(金德哲) 339, 389

김동빈 373

김동인 317

김동현 319

김두수 101

김명곤 317

김묵 279

한일 영화 교류·관계사

김복진   101
김상옥   84, 245
김상진   193
김선경   320
김성균   160
김성민   219, 225
김성춘   115, 121, 183, 246
김소관   343
김수길(金秀吉)   334, 341, 389
김수용   261, 277~278, 282, 284, 344, 371~372
김수형   322
김승우   385
김승호   259
김신재   137, 174, 183~184
김연실   124
김연영   54
김영삼   349~351
김영순   218, 232, 245
김영팔   101
김용덕   285
김우선(金佑宣)   334, 338, 341, 381, 389
김우진   378
김우호   183
김유영   101~103, 121, 150
김유정   317
김윤진   384
김을한   101, 125
김일해(김정석)   115~116, 121, 213
김정숙   124
김정진   370
김정혁   21, 160, 246
김정환   231
김조성   84~85, 106, 117
김종수(金鐘守)   343

김종필 273

김좌진 245, 316~317

김지운 344, 390

김진규 237, 260, 277, 279, 315

김찬정 379

김태용 344

김태진(남궁운) 85, 101, 118, 124

김학 237

김학성 121

김한 136, 160

김현 137

김현석 369

김홍파 101

김효천 278~279, 316, 320

김희로(金嬉老, 본명:권희로(權嬉老)) 382

김희애 374

- ㄴ -

나가사와 마사히코(長澤雅彦) 391

나가사키 슌이치(長崎俊一) 389

나가세 도모야(長瀬智也) 391

나가타 마사이치(永田雅一) 257, 262

나가타 야스시(永田靖) 173

나데 오토이치(名出音一) 85, 117

나도향 317

나리키요 다케마쓰(成清竹松) 83

나리키요 에이(成清榮) 83

나봉한 316

나쓰키 시즈코(夏樹靜子) 322

나웅 101, 136, 169

나카가와 겐이치(中川建一) 264

나카가와 다카시(中川堯司) 118, 132

나카네 류타로(中根龍太郎) 109~110, 112

나카노 노부치카(中野信近) 70

나카노 데루요시(中野昭慶) 395
나카노 히로유키(中野裕之) 355
나카무라 겐지(中村幻児) 355
나카무라 노보루(中村登) 260, 307
나카무라 도오루(仲村トオル) 369
나카무라 에이코(中村榮孝) 160
나카무라 히코(中村彦) 83
나카소네 야스히로(中曾根康弘) 300~301, 356
나카하라 데쓰오미(中原鐵臣) 56
나카하라 슌(中原俊) 385
나카히라 고우(中平康) 324
난고 기미토시(南鄕公利) 68
남궁원 304, 310
남정임 277~278
노진섭 325
노태미 125
노태우 349~350
노필 218, 245
누노가와 데쓰로(布川徹郎) 328
니시지마 시즈코(西島靜子) 113
니시카와 히데오(西川秀洋) 101, 117, 124
니시무라 세이지(西村靑児) 173
니시키 모토사다(西龜元貞) 164~166
닛타 고이치(新田耕市) 45, 55, 68
닛타 마타베(新田又兵衛) 45
닛타 슈키치(新田秀吉) 68

- ㄷ -

다나카 기누요(田中絹代) 227
다나카 요시노리(田中美登) 85
다니구치 센기치(谷口千吉) 141
다무라 기지로(田村義次郎) 44~45, 57
다무라 다카히로(田村高廣) 325

다무라 이치지(田村一二) 228
다사카 도모타카(田坂具隆) 114, 137, 165, 172～173, 235
다우치 치즈코(田内千鶴子, 한국명:윤학자) 371
다치바나 미사토(橘實里) 369
다카미 우타코(環歌子) 110
다카사 간초(高佐貫長, 예명:왕필렬(王必烈)) 85, 88, 117
다카지마 아이코(高島愛子) 109, 125
다카쿠라 겐(高倉健) 304
다카타 미노루(高田稔) 169, 174, 183
다카하시 가즈야(高橋和也) 369
다케모토 고노스케(竹本幸之祐) 325
다케시타 노보루(竹下登) 349
다케히사 치에코(竹久千惠子) 169, 183
데고시 유야(手越祐也) 391
데시가하라 히로시(勅使河原宏) 313
데이비드 콘테(David Conte) 201
도금봉 237, 259
도시에이(年榮) 112
도아케 유키요(十朱幸代) 305
도야마 미쓰루(遠山滿) 118
도조 히데키(東條英機) 214
도쿠나가 구마이치로(德永熊一郎) 118
독고성 319
독은기 135, 169, 183～184, 213
돗토리 슌요(鳥取春陽) 124
동파(董波) 137

- ㄹ -

뤼미에르 형제(Auguste Lumière, Louis Lumière) 17, 26
류자키 이치로(龍崎一郎) 173
리 도시오(李鬪士男) 388

마루야마 마사야(円山雅也) 284

마루야마 사다오(丸山定夫) 168, 173

마스다 도시오(舛田利雄) 259

마스무라 야스조(增村保造) 259

마시로 미쓰오(眞城光雄) 111

마쓰모토 데루카(松本輝華, 마쓰모토 요이치로(松本與一郎)) 94, 111

마쓰모토 에이치(松本英一) 124

마쓰야마 젠조(松山善三) 281, 284, 307

마쓰에 데쓰아키(松江哲明, 본명:유철명(柳哲明)) 383

마쓰우라 쓰키에(松浦月枝) 111~112

마쓰자키 게이지(松崎啓次) 100

마이클 버거(Michael Bergher) 202

마키노 데루코(マキノ輝子) 109

마키노 마사히로(牧野正博) 196

마키노 쇼조(牧野省三) 65, 68, 112, 170, 196

마키노 신조(牧野眞三) 196

마키야마 고조(牧山耕臟) 94

명성황후 345

모리 시즈코(森靜子) 110

모리카와 도키히사(森川時久) 337

모치즈키 가즈(望月カズ) 261, 279

무라야마 도미이치(村山富市) 357

무라카미 류(村上龍) 354, 386

무라타 미노루(村田實) 82, 114

무사카 나오마사(六平直政) 369

문세광 318~319

문여송 320

문오장 319

문희 280

미나미 고메이(南光明) 109, 125

미네기시 신메이(嶺岸信明) 389

미소라 히바리(美空ひばり) 281

미쓰나가 시초(光永紫潮) 116

미야시타(宮下) 117
미야카와 소노스케(宮川早之助) 117
미야케 구니코(三宅邦子) 168
미우라 아야코(三浦綾子) 324
미이케 다카시(三池崇史) 385, 390
미조구치 겐지(溝口健二) 82, 197, 227, 234, 239
미즈노 렌타로(水野練太郎) 79
미즈시마 미치타로(水島道太郎) 169
미즈이케 료(水池亮) 148
미카미 무쓰오(三上陸南) 264
미타 구니오(三田國夫) 173
미타니 사치코(三谷幸子) 173

- ㅂ -

박기채 115, 120, 138～139, 150, 165~166, 168, 180, 193, 229
박남옥 236
박노경 136
박노식 320
박누월 21, 115, 120~121
박미은 125
박상호 259
박수남(朴壽南) 330, 340, 389
박암 317
박영희 101
박완식 103
박용덕 193
박응면 193
박인양 125
박정현 75, 86
박정희 261, 266, 272~274, 297~299, 318~319
박제행 124~125
박철수 358, 368, 372~373, 375
박태원 319

박태일 43

박학 136

방한준 115, 120, 137, 139, 150, 152, 164~166, 168~169, 180, 212

배두나 384~385

배창호 344

버튼 홈즈(Burton Homes) 21, 77

변영주 378~379

변장호 318

복거일 380

복혜숙 125, 183

- ㅅ -

사부리 신(佐分利信) 173

사부사와(寒風澤) 71

사사 겐주(佐々元十) 99, 102

사사키 노부코(佐々木信子) 136, 168

사쓰마 겐파치로(薩摩劍八郎) 395

사에구사 겐지로(三枝源次郎) 125

사에키 히로시(佐伯澮) 41

사와다 쇼지로(澤田正二郎) 114

사와이 신이치로(澤井信一郎) 385

사이토(斎藤) 117

사이토 고이치(齋藤康一) 344

사이토 도라지로(齋藤寅次郎) 82

사이토 마코토(斎藤實) 78, 81

사카모토 준지(阪本順治) 384

사카이 요네코(酒井米子) 110

사쿠라니와 후지오(櫻庭藤夫) 112

사쿠마 다에코(佐久間妙子) 113

사토키 겐모치(聡けんもち) 354

서광제 101, 121, 134, 136, 139, 149~150, 160, 168, 181, 193

서기원 317

서상필 52

서상호 52
서승 337
서월영 160
서정규 218, 230
석일양 101
세키 메구미(関めぐみ) 390
세키가와 히데오(関川秀雄) 235
세키모토 이쿠오(関本郁夫) 305
손용진 124
송선미 384
송영 101
송지만 43
송해성 377
수오 마사유키(周防正行) 356
순종 30
스도(須藤) 117
스스키다 겐지(薄田研二, 다카야마 도쿠에몬(高山徳右衛門)) 137, 168, 173
스즈키 가즈마(鈴木一真) 369
스즈키 고지(鈴木光司) 373
스즈키 도오루(鈴木昶) 264
스즈키 마사유키(鈴木雅之) 385
스즈키 세이준(鈴木清順) 313, 316
스즈키 시게요시(鈴木重吉) 115, 119, 134~135, 171
스테셀(Anatolii Mikhailovich Soossel) 28
시게노 다쓰히코(滋野辰彦) 138, 142
시노자키 마코토(篠崎誠) 354
시라카와 마사루(白川勝) 169
시마즈 야스지로(島津保次郎) 136, 172
시마타 미요지(紫田三代治) 44
시마타 아키라(島田章) 118, 124, 175
시모모토 쓰토무(下元勉) 325
시무라 다카시(志村喬) 169, 183
시무라 도시오(志村敏夫) 235
시미즈 쇼조(清水正蔵) 160

시미즈 히로시(淸水宏) 126, 172, 174, 197, 354
시바타 쓰네키치(柴田常吉) 20
시바타 젠타로(紫田善太郎) 70
시부야 미노루(渋谷実) 223, 238
신경균 115, 121, 225, 251～252, 272, 277
신기수(辛基秀) 330, 340, 389
신동훈 236
신봉승 345
신상옥 236～237, 246, 259～261, 279～281, 321, 323～324, 395～396
신일룡 317
심영 124, 137, 174
심훈 20～21, 41, 92, 101, 107, 114, 121, 124, 317
쓰모리 슈이치(津守秀一) 89, 118, 125
쓰바키 스미에(椿澄枝) 168
쓰쓰미 유키히코(堤幸彦) 384
쓰지모토 세쓰도(辻本雪堂) 80
쓰치모토 노리아키(土本典昭) 328
쓰치야 가론(土屋ガロン) 389
쓰카모토 신야(塚本晋也) 354
쓰쿠다 준(佃順) 165~166
쓰키가타 류노스케(月形龍之助) 83, 110, 173

- ㅇ -

아라가키 유이(新垣結衣) 391
아라키 다이스케(荒木大組) 78
아라키 사다오(荒木貞夫) 214
아라키 시게루(荒木茂) 325
아베 유타카(阿部豊) 82, 235
아사기리 교코(朝霧鏡子) 168
아사노 료조(淺野良三) 66
아사노 시로(淺野四郎) 20
아사다 지로(浅田次郎) 377
아서 러치(Archer L. Lerch) 203

아소 미이(麻生美衣) 325
아쿠쓰 마사아키(阿久津正明) 85
아키요시 구미코(秋吉久美子) 304
안드레이 히구친스키(Andrey Higchinsky) 384
안석영(안석주) 101, 131, 150, 160, 168, 181, 193, 231
안성기 383
안승민(安承玫) 329, 337
안재묵 54
안종화 21, 73, 85, 101, 107, 115, 147, 150, 152, 160, 229~230, 245, 268
안진상 193, 230
안진수 325
안창남 218, 245
안철영 134, 139, 150, 172, 243
알프레드 마르탱(Alfred Martin) 22~23
애스터 하우스(Aator House) 22
야구치 시노부(矢口史靖) 354
야기 류이치로(八木隆一郎) 165, 167, 183
야기 마사오(八木正雄) 263~264, 309
야기 야스타로(八木保太郎) 137, 149, 164~166, 181, 248
야노 스스무(失野晋) 160
야마가 히로유키(山賀博之) 355
야마나카 히사시(山中恒) 375
야마네 미키토(山根幹人) 68
야마다 다이키(山田大樹) 384
야마다 덴고(山田典吾) 338
야마다 요지(山田洋次) 283, 303, 307
야마모토 가지로(山本嘉次郎) 186
야마모토 가이치(山本嘉一) 110
야마모토 사쓰오(山本隆夫) 260
야마모토 센지(山本宣治) 100
야마시타 노부히로(山下敦弘) 385
야마시타 슈이치(山下秀一) 115
야마자키 마사요시(山崎将義) 390
야마자키 초노스케(山崎長之輔) 70

야마자키 후지에(山崎藤江, 예명:김소봉(金蘇峯))　118, 175
야마카와 기치타로(山川吉太郎)　59, 66
야스모토 스에코(安本末子)　248
야지마 류도(八島柳堂)　80~81
양세웅　121, 160
양영희(梁英姬)　386~388
양종해　259~260
엄앵란　237
에노키 다카아키(榎木孝明)　369
여운형　243
영친왕　30~31, 50
오고치 덴지로(大河內傳次郎)　83
오구리 고헤이(小栗康平)　338, 354, 383~384
오기환　344
오노 쓰키에(大野月枝)　112
오노에 마쓰노스케(尾上松之助)　65, 68, 83, 110
오덕수(吳德洙)　330, 339, 382, 389
오미보(吳美保)　388
오바 히데오(大庭秀雄)　234
오바야시 노부히코(大林宣彦)　355
오비나타 덴(大日方傳)　168
오사나이 가오루(小山內薰)　105
오사와 야와라(大澤柔, 예명:주삼손(朱三孫))　106
오석근　374
오스기 렌(大杉漣)　369
오시마 나기사(大島渚)　288, 290, 331, 339, 342
오싱(おしん)　325
오야마 겐지(大山建二)　113, 173
오영일　280
오영진　242
오자와 마주(小沢真珠)　369
오자키 고요(尾崎紅葉)　123, 125
오즈 야스지로(小津保次郎)　82, 228, 238~240, 313
오충공(吳充功)　330, 340, 389

오카다 준이치(岡田順一) 157~158, 160, 162

오카모토 요시히코(岡本愛彦) 342

오카지마 쓰야코(岡島艶子) 109

오쿠라 기하치로(大倉喜八郎) 56

오쿠보 다쓰이치(大久保達一) 134

오타니 다케지로(大谷竹次郎) 66

오히라 마사요시(大平正芳) 273

와카야마 오사무(若山治) 126

와케지마 슈지로(分島周次郎) 118, 131~132, 208

와타나베 구니오(渡辺邦男) 238

와타나베 도모요리(渡邊智頼) 41

와타나베 쇼타로(渡邊庄太郎) 160

와타나베 준이치(渡辺淳一) 376

왕미운(王美雲) 137

왕은파(王銀波) 137

왕평 135~136

요 기미코(余貴美子) 369

요도 도라조(淀虎藏) 118, 124

요시다 슈이치(吉田修一) 387

요코야마(橫山) 109

요코타 에이노스케(橫田永之助) 23

우메미야 마사코(梅宮万紗子) 369

우시하라 교히코(牛原虚彦) 82

우에다 이사오(上田勇) 103

우에하라 겐(上原謙) 126

우정식 52, 106

우치다 도무(內田吐夢) 114, 167

우타가와 야에코(歌川八重子) 124

유계선 212

유관순 218, 245~246

유모토 교하(湯本狂波) 52

유미리(柳美里) 368

유벽촌 218

유아사 노리아키(湯淺憲明) 265

유애리(柳愛里) 368
유장안 118
유진식 246
유키사다 이사오(行定勳) 354, 385
유현목 21, 236, 248, 251, 260, 268, 277, 279, 284
육영수 318~319
윤기정 101, 192
윤대룡 212, 219, 232, 239
윤백남 53, 76~77, 79, 85~86, 88, 105, 107, 117
윤보선 273
윤봉길 218, 245
윤봉춘 21, 115, 124, 139, 150, 182, 218~219, 245~247, 258, 276, 279
윤심덕 378
윤양하 317
윤용규 193, 212, 232
윤제균 344, 390
이강천 258~259
이경선 116, 124
이경손 86, 101, 107, 118, 124
이구영 91, 114, 123~124, 193, 210, 212, 217, 244~245, 315
이규설 117~118, 124~125
이규웅 278~279
이기세 53, 75, 123, 160
이나 세이치(伊奈精一) 114
이나가키 히로시(稻垣浩) 228, 307
이나바타 가쓰타로(稻畑勝太郎) 19
이나영 384
이노우에 마사오(井上正夫) 66
이대엽 280
이덕현(李得賢) 333
이두용 115, 317
이마무라 마사히로(今村雅弘) 379~380
이마무라 쇼헤이(今村昌平) 249, 260, 282, 287, 338, 340~341, 356, 359
이마이 다다시(今井正) 114, 137, 173~174, 183~184, 227, 235, 260

이만희   261, 309, 316, 323, 344
이명우   118, 124, 131~132, 138, 160, 231
이미례   322
이민자   236
이병우(일본명:이노우에 간(井上莞))   263~264
이병헌   385
이보희   317
이봉래   259, 282
이부 마사토(伊武雅刀)   369
이사야마 히로코(伊佐山ひろ子)   368
이상언   325, 370
이상일(李相日)   334, 386
이상화   101
이성수   374
이성주   236
이수향(李水香)   343
이순신   245, 279
이시다 에리(石田えり)   372
이시명   369, 380
이시모리 히사야(石森久弥)   94
이시이 바쿠(石井漠)   114
이시이 소고(石井聰瓦)   354
이시자카 요지로(石坂洋次郎)   173, 284
이와다 하쓰요(岩田初代)   277
이와사키 아키라(岩崎昶)   99~100
이와사키 요시카즈(岩崎嘉一)   325
이와이 슌지(岩井俊二)   354, 375, 390
이완   385
이용민   251, 258, 276
이우   101
이우석   317
이운방   245
이월화   105
이윤복   331

이은수　324
이익상　101
이재용　369, 373
이재한　344, 391
이적효　101
이정국　375
이종진　43
이준　217, 245
이준동　43
이즈미 세이지(和泉聖治)　353
이즈미 하루코(泉春子)　109
이지마 다다시(飯島正)　137, 164～165, 167
이진석　375
이진우　290, 332
이창용　21, 120～121, 135, 152, 160
이철혁　225
이치무라 히로카즈(市村泰一)　259
이치카와 곤(市川崑) 356
이치카와 사이(市川彩)　21
이치카와 아네조(市川姉藏)　67～68
이치카와 우타에몬(市川右太衛門)　83, 110
이타미 주조(伊丹十三)　375
이택균　236
이토 에이코(伊藤榮子)　325
이필우　75, 86, 118, 121, 123, 132
이학인(李學仁)　329, 332～333, 337～339, 389
이한경　52
이향란(李香蘭, 일본명:야마구치 요시코(山口淑子))　140, 168
이혁수　278, 320
이호　101
이환경　369
임권택　278～279, 308～309, 317, 321, 378
임성구　53, 73, 123
임운학　218, 231, 245

임종국 377
임화 21, 58, 101, 103, 192, 244
임화수 246

- ㅈ -

장규성 369
장길수 376
장동명 193
장상(張翔) 137
장선우 344
장윤현 375
장일호 260, 277, 279, 310
장택상 204~205
장혁(張奕) 137
장황연 232, 240
전두환 300~301
전옥 137, 174
전응주 324
전창근 114, 137, 150, 193, 213, 224~246, 276, 315
전태일 329, 338
전택이 137, 174
전효봉 136
정기탁 120, 124, 315
정운창 52
정운철 344
정의신(鄭義信) 342, 389
정찬조 213
정창화 278
제제 다카히사(瀨瀨敬久) 384
조긍하 276~277, 285
조문진 261
조영래 329
조영필 136
조일제(조중환) 123~124

조해원 237
조혜영 384
주기철 218, 245
주동진 276, 315
주선태 321
주수영 43
주인규 85, 101, 137, 174
지명근 43
지바 기치조(千葉吉藏) 28
지바 도시치(千葉十七) 370
지영호 377
지오반니 파스트로네(Giovanni Pastrone) 60
진유영 317
진지중(陣鎭中) 137

- ㅊ -

찰스 어반(Charles Urban) 60
채민서 384
최경섭 279
최민수 391
최승일 101
최승희 89, 126
최양일(崔洋一) 333, 336, 342, 386, 389
최영수 245~246
최배달(최영의, 일본명:오야마 마스타쓰(大山倍達)) 371
최영철 278
최은희 237, 395
최인현 276
최인규 114~115, 120, 137~139, 164~169, 174, 180~184, 211~213, 218,
226, 232, 245
최하원 320
추적양 101
치노 가오루(千野かおる) 124

- ㅌ -

톰 커크레인(Tom D. Cochrane) 61

- ㅎ -

하라 세쓰코(原節子) 174, 227
하라다 마사토(原田眞人) 355
하리마 가쓰타로(播間勝太郎) 61
하명중 317, 321
하세베 야스하루(長谷部安春) 324, 342
하시다 스가코(橋田壽賀子) 324~325
하야시타 긴지로(林田金次郎) 45
하야카와 마스타로(早川增太郎, 예명:하야카와 고슈(早川孤舟)) 45, 55~57, 84~85,
90, 117
하야후네 조(早船ちょ) 289
한룡(한명옥) 106, 117
한민경 325
한설야 192
한운사 276
한형모 183, 213, 230, 236, 258
핫타 나오유키(八田尙之) 165, 167, 173
핫토리(服部) 109
허영(일본명:히나쓰 에이타로(日夏英太郎)) 137, 164, 167, 172, 180, 212
허장강 319
허진호 344, 389
호리에 게이(堀江慶) 385
호리우치 게이조(堀內敬三) 136
호리카와 히로미치(堀川弘通) 307
호즈미 다카노부(穗積隆信) 322
혼다 다케오(本多武夫) 147, 160
혼다 이시로(本田猪四郎) 235, 264
홍개명 131, 133, 138, 230~231
홍성기 115, 225, 259, 277

홍찬   193

황려희   212

후에키 유코(笛木優子, 예명:유민)   369

후지모토 류코(藤本龍光)   52

후지모토 사네즈미(藤本真澄)   303

후지이 기요시(藤井清)   120

후카가와 히사시(深河ひさし)   120

후카사쿠 긴지(深作欣二)   291

후카자와 시치로(深沢七郎)   281

히라타 에이테쓰(平田永徹)   169

2. 작품명

- ㄱ -

<가교>   371

<가마타 행진곡(蒲田行進曲)>   335

<가미가제 택시(KAMIKAZE TAXI 復讐の天使)>   355

<가야코를 위하여(伽倻子のために)>   333, 336, 338

<가정교사>   263, 284

<가족시네마(家族シネマ)>(한일 합작)   358, 368, 372~373

<가족의 나라(かぞくのくに)>   388

<간장선생(カンゾー先生)>   360

<간주남 간주녀(サビ男サビ女)>   388

<감각의 제국(愛のコリダ)>   359

<감자>   317~318

<감춰진 상처(隠された爪跡)>   340

<강 건너의 청춘(河向ふの青春)>   100

<강은 흐른다(川は流れる)>   259

<강을 건너는 사람들(河を渡る人々)>   339

<개 달리다(犬、走る)>   334

<개벽>   378

<거경전(巨鯨傳)> 115, 120, 165~166, 169, 180
<거리의 인기인(街の人気者)> 220~222
<거미의 성(蜘蛛巣城)> 234
<건너야할 강(渡り川)> 339
<검사와 여선생> 212, 232, 239
<검은 드레스의 여자(黒いドレスの女)> 333
<결혼 이야기> 374
<결혼합시다> 369
<경성 교외 전경(京城 郊外 全景)> 75
<경성 전시의 경(京城 全市의 景)> 75
<경쟁 3일간(競爭三日間)> 114
<고교 교사(高校教師)> 374
<고구려의 혼> 231
<고도(古都)> 307
<고려장> 259, 282
<고마운 아저씨(有りがたうさん)> 126
<고발, 재일한국인 정치범 리포트(告発、在日韓国人政治犯レポート)> 329, 338
<고종황제와 의사 안중근> 246, 315
<고지라(ゴジラ)> 264~266
<공동경비구역 JSA> 366
<광야의 호랑이> 279
<교사형(絞死刑)> 288, 290, 331~332
<구름은 흘러도> 248~249
<국경(國境)> 83~84, 86, 105, 139, 140~142
<국경을 지키는 사람들(國境を護る人々)> 125
<군수단 내지 시찰 여행(軍需團內地視察旅行)> 79
<군신 야마모토 원수와 연합 함대(軍神山本元帥と連合艦隊)> 235
<군용열차(軍用列車)> 134~136, 139~142, 149, 168, 181
<굿바이 평양(愛しきソナ)> 387
<권총 강도 시미즈 사다키치(ピストル強盗 清水定吉)> 20
<귀로> 261
<귀환동포> 209
<그곳에서만 빛난다(そこのみにて光輝く)> 388
<그대는 맨발의 신을 보았는가(君は裸足の神を見たか)> 339, 341

<그대와 나(君と僕)> 137, 164, 167~168, 172~173, 180, 182, 212
<그들의 가는 길> 218
<그림 속 나의 마을(繪の中のぼくの村)> 359
<그해 겨울은 따뜻했네> 344
<금강산환등(金剛山幻燈)> 78
<금강한> 118
<금붕어> 118
<기계시대> 209
<기의 야람(磯の夜嵐)> 71
<김두한 제3부> 279, 316
<김두한 제4부> 279, 316
<김상옥 형사> 245
<김의 십자가(キムの十字架)> 370
<꽃의 아스카 조직(花のあすか組)> 333
<꿈의 미로(ユメノ銀河)> 354
<끌려온 조선인(払い下げられた朝鮮人)> 340

- ㄴ -

<나가사키의 노래는 잊지 않으리(長崎の歌は忘れじ)> 235
<나가사키의 종(長崎の鐘)> 234~235
<나그네(旅路)> 120, 133~136, 139, 142, 150, 171
<나라를 위하여> 230
<나라야마 부시코(楢山節考)> 281~282, 359
<나의 친구여> 118
<난중일기> 279, 310, 312
<난춘(暖春)> 260
<남과 북> 260, 263
<남자는 괴로워> 282
<남자는 괴로워(男はつらいよ)> 283~284
<남자는 괴로워: 도라지로 연가(男はつらいよ: 寅次郎恋歌)> 303
<남자는 괴로워: 도라지로의 꿈(男はつらいよ: 寅次郎の夢)> 307
<남자의 얼굴은 이력서(男の顔は履歴書)> 291
<남편은 경비대로> 118, 175
<낭인지옥(浪人地獄)> 112

<낮은 목소리> 378~379

<내 고향> 115

<내 머릿속의 지우개> 344

<내 사랑은 불탄다(わが恋は燃えぬ)> 223

<내가 다시 세상을 바라볼 때> 379

<내일은 결승(明日は決勝)> 115

<내지사정(內地事情)> 79

<너는 착한 아이(きみはいい子)> 388

<노도의 달(怒濤の月)> 71, 78

<노래하는 시절> 89

<노리코는 지금(典子は、今)> 307

<논개> 279

<놀부 흥부> 85

<농중조(籠中鳥)> 117~118, 124~125

<누의 가(涙の家)> 78, 80

<눈부신 태양: 바다와 산호와 작은 기적(てぃだかんかん～海とサンゴ
と小さな奇跡～)> 388

- ㄷ -

<단풍 구경(紅葉狩)> 20

<달은 어디에 떠있는가(月はどっちに出ている)> 334, 336, 342

<대괴수 가메라(大怪獸ガメラ)> 265

<대괴수 용가리> 263~266, 309

<대도전> 118, 175

<대륙의 밀사> 279

<대원군과 민비> 246

<대위의 딸(大尉の娘)> 66

<대지는 웃는다(大地は微笑む)> 89, 126

<대지의 아들> 225

<대지의 지배자> 279

<대평원> 279

<더 블랙 13(The Black 13, Vitas.)> 60

<도생록> 115, 139~140, 142

<도적놈> 90
<도쿄 다섯 사나이(東京五人男)> 226
<도쿄 맑음(東京日和)> 360
<도쿄로 가련다(俺ら東京さ行ぐだ)> 305
<독립전야> 226
<독립협회와 청년 리승만> 246
<돌아온 주정뱅이(帰って来たヨッパライ)> 288, 331
<동경 무정가> 278
<동경 특파원> 278
<동경비가> 277
<동경의 주먹(TOKYO FIST)> 354
<동경의 호랑이> 278
<동심초> 237, 259
<동유기(東遊記)> 140
<동하(凍河)> 304
<두꺼운 벽의 방(壁あつき部屋)> 287
<두사부일체> 344, 390~391
<들국화는 피었는데> 309
<들쥐> 118
<등불을 내건 사람들>(灯をかげた人々)> 99
<디어 평양(ディア・ピョンヤン)> 387
<디트로이트 메탈 시티(デトロイト・メタル・シティ)> 388
<땡볕> 317
<떠날 때는 말없이> 263
<또 다른 하루(いつものように)> 354
<또 하나의 히로시마: 아리랑 노래(もうひとつのヒロシマ:アリランのうた)> 330, 340
<또순이> 259
<똘똘이의 모험> 211~213, 230, 248

- ㄹ -

<라쇼몽(羅生門)> 234, 260
<라이초>(일본영화) 307

<러브레터(Love letter, ラヴレター)> 359, 363, 375, 390

<로맨스 그레이> 259

<로맨스 빠빠> 259

<린다 린다 린다(リンダ リンダ リンダ)> 385

<링> 363~373, 377

<링(リング)> 359

<링 2(リング 2)> 360

- ㅁ -

<마음의 고향> 212, 232

<마이 보스 마이 히어로(マイ☆ボス マイ☆ヒーロー)> 390~391

<마지막 다섯 손가락> 320

<마지막 순간(どたんば)> 287

<막부고교생(幕末高校生)> 388

<만가(挽歌)> 304

<만주사변 북만의 정찰(滿洲事變北滿の偵察)> 113

<만추> 323, 344~345

<만춘(晚春)> 240

<말아톤> 344

<망국의 이지스(亡國のイージス)> 384

<망루의 결사대(望樓の決死隊)> 115, 137, 173~174

<망향의 규칙(望鄕の掟)> 291

<매천충병위(梅川忠兵衛)> 72

<매트 위의 사랑> 371

<맨발의 겐(はだしのゲン)> 329

<먼동이 틀 때> 114

<멋진 일요일(素晴らしき日曜日)> 226, 251

<메이지의 일본(明治の日本)> 20

<모래의 여자(砂の女)> 313

<몽고의 동쪽> 279

<무사도잔혹이야기(武士道殘酷物語)> 260

<무숙자> 279

<무엇이 그녀를 죽였는가(何が彼女を殺したか)> 119

<무정> 121, 139~140, 142, 150, 259

<무지개> 90, 119~120
<문명의 복수(文明の復讐)> 71, 84
<물속의 8월(水の中の八月)> 354
<미나마타: 환자와 그 세계(水俣: 患者さんとその世界)> 328
<미리마리우리두리> 322
<미망인> 236~237
<미인(麗人)> 223
<미친 한 페이지(狂った一頁)> 83
<민중의 적(民衆の敵)> 220~222

- ㅂ -

<바다 독수리(海鷲)> 263
<바다를 건너는 우정(海を渡る友情)> 287
<바다와 싸우는 사람들> 89
<바다의 정열> 230
<바람 속의 암탉(風の中の牝雞)> 238
<바람불어 좋은날> 344
<바람의 노래를 듣고 싶다(風の歌が聴きたい)> 355
<바람의 파이터> 371
<바운스(バウンス ko GALS)> 355
<반도의 무희(半島の舞姬)> 89, 126~127
<발전은 협력에서: 뚝> 259
<밝아가는 인생> 119~120
<밤의 여인들(夜の女たち)> 239
<밤의 태양> 217, 229~230
<방과후(放課後)> 375
<백드롭 파파(お父さんのバックドロップ)> 388
<백란의 노래(白蘭の歌)> 140
<백의천사> 209
<백치 아다다> 258
<뱀의 집념(蛇の執念)> 123
<벌거벗은 대장 방랑기(裸の大将放浪記)> 307
<범죄자는 누구인가(犯罪者は誰か)> 220~222

<벙어리 삼룡> 260
<베로니카, 죽기로 결심하다(ベロニカは死ぬことにした)> 385
<배틀로얄 2(Battle Royale 2)> 361
<별의 레일(お星様のレール)> 339
<병정님(兵隊さん)> 120, 165~166, 180
<보더 라인(Boder Line,ボーダーライン)> 386
<보스작전(Round 1, スペシャルエディション)> 384
<복수(復讐)> 117
<복스!(ボックス!)> 388
<복지만리(福地萬里)> 114, 137, 150
<봄의 서곡(His Butler's Sister)> 232
<부산 대구 전경(釜山 大邱 全景)> 75
<부산 범어사(釜山 梵魚寺)> 75
<부초이야기(浮草物語)> 313
<북해의 여왕(北海の女王)> 125
<분노(怒り)> 387
<불고기(プルコギ)> 387
<불망곡> 118
<불멸의 밀사> 217~218, 245
<불타는 청춘> 263
<불효천벌> 123
<붉은 기모노> 367~368
<붉은 날개(紅の翼)> 324
<붉은 수염(赤ひげ)> 307
<비극은 없다> 259
<비련의 곡(悲戀의 曲)> 85
<비밀의 화원(ひみつの花園)> 354, 360, 376
<빙점 81> 324
<빨간 댕기(赤いテンギ)> 333, 337, 339
<빨간 마후라> 261
<빨치산 전사(パルチザン前史)> 328
<뽕> 317
<뿔 빠진 황소> 118

한일 영화 교류·관계사

- ㅅ -

<사국(死國)> 360

<사나이의 눈물> 284

<사랑과 맹세(愛と誓ひ)> 138, 165, 167, 169, 173~174, 181~184, 186~187, 213

<사랑과 죽음(愛と死)> 307

<사랑을 구걸하는 사람(愛を乞うひと)> 343

<사랑의 교실> 225

<사랑의 묵시록(愛の黙示録)>(한일 합작) 371~372

<사랑의 재즈(愛のジャズ)> 115

<사랑의 힘은 눈이라도 녹인다(愛の力は雪でも溶かす)> 113

<사랑이 가기 전에> 278

<사랑하기(愛する)> 354

<사랑하기 위해(愛すべく)> 119

<사무라이 픽션(SF サムライ・フィクション)> 355, 359

<사소리(さそり)> 323

<사의 찬미> 378

<사의 휘(死の輝き)> 80~82, 105, 116

<사카이 가족의 행복(酒井家のしあわせ)> 388

<산> 261

<산쇼다유(山椒大夫)> 234

<산전수전> 376

<살수차> 115, 120

<삼대째 이름을 잇다(三代目襲名)> 292

<삼등과장> 282

<삼등사장> 282

<상록수> 317

<상해 임시정부> 276

<새댁> 259

<새로운 맹서> 225

<새색시 선수(花嫁選手)> 113

<새앙쥐 상륙작전> 370

<새장의 새(籠の鳥)> 124

<생명이 있는 한(命ある限り)> 220~221

<생의 과(生の誇)> 79~80, 105

<생의 광채(生の輝き)> 66

<생익(生ひ翼)> 80, 105, 116

<서울(ソウル)> 391

<서울의 휴일> 251

<선물> 344

<성공시대> 344

<성벽을 뚫고> 230

<성웅 이순신> 279

<성춘향> 261

<성황당> 120

<세계 사람들에게: 조선인 피폭의 기록(世界の人へ: 朝鮮人被爆の記録)> 329

<세계 인민에게 고하다!(世界人民に告ぐ!)> 328

<세계의 친구에게(世界の友へ)> 339

<센과 치히로의 행방불명(千と千尋の神隠し)> 363

<센바쓰루(千羽つる)> 338

<셋방살이의 기록(長屋紳士録)> 227

<소나티네(ソナチネ)> 359

<소녀 검객 아즈미 대혈전(あずみ)> 361

<소년(少年)> 288

<소만국경> 279

<소용돌이(うずまき)> 384

<속 자유부인> 236

<손을 잡는 아이들(手をつなぐ子等)> 228

<쇠사슬을 끊어라> 316

<수렁에서 건진 내 딸> 322

<수업료(授業料)> 120, 137, 164~166, 168, 180~181, 212~213, 247

<수우> 115, 217, 229~230

<수일과 순애> 90, 124

<수자쿠(萌の朱雀)> 354

<순애보> 369, 373

<순정해협> 115, 121

<숨겨진 상흔: 관동대지진 재해 조선인 학살 기록영화(隠された爪痕:
関東大震災朝鮮人虐殺記録映画)> 330

<쉘 위 댄스(Shall we ダンス?)> 356, 359

<쉬리> 365, 384
<스미타가와(隅田川)> 100
<슬픔은 파도를 넘어> 278
<승리의 관병식> 205
<승리의 뜰(勝利の庭)> 120
<승방비곡> 89
<시우 아주머니(詩雨おばさん)> 333, 337
<시우정(是友情)> 74~75
<시집가는 날> 258
<신개지(新開地)> 182
<신 고지라(シン・ゴジラ)> 264
<신・악명(新・悪名)> 291
<신들의 이력서(神々の履歴書)> 339
<신라의 고적> 210
<신발(靴)> 114
<신설국(新雪國)> 361, 369
<신의 장(암광)> 85, 88, 117
<신칸센 대폭발(新幹線大爆破)> 304
<실락원(失樂園)> 376, 390
<실록 김두한> 279, 316
<심산의 처녀(深山の乙女)> 66
<심청(沈青)> 131, 141, 231
<심청전> 90, 106, 118, 150
<심판자> 219
<싱글즈> 389
<싸울아비> 369
<쌀> 260
<쌍생아(雙生兒: そうせいじ)> 359
<쌍옥루(雙玉涙)> 114, 123
<쓰미키 구즈시(積木くずし)> 322
<쓰바키 산주로(椿三十郎)> 259

<아내는 고백한다> 259
<아내는 고백한다(妻は告白する)> 284
<아내들의 행진> 309
<아로운> 371
<아리랑> 89~90, 92, 100~101, 118, 247, 371
<아리랑 고개(アリラン峠)> 133
<아리랑의 노래(アリランの唄)> 91
<아버지 결혼하세요> 285
<아시아에서 여성으로 산다는 것 2> 378
<아시안 블루: 부도환사건(エイジアン・ブルー: 浮島丸サコン)> 379
<아아 백범 김구선생> 276
<아키라(AKIRA, アキラ)> 371
<악인(惡人)> 387
<악충> 320
<안녕 김치(あんにょんキムチ)> 383
<안녕 도오꾜> 320
<안창남 비행사> 218, 245
<알렉산더(アレクサンダー戦記)> 355
<암로> 101
<압구정 종갓집> 369
<압살의 숲(壓殺の森)> 328
<애국자의 아들> 219
<애국혼> 315
<애련송> 150
<애모> 251~252
<애의 극(愛の極み)> 80
<야쿠자의 묘지(仁義の墓場)> 291, 332
<야쿠자의 묘지: 치자나무 꽃(やくざの墓地・くちなしの花)> 292
<약속(約束)> 323
<어린 연인> 374
<어린이(子供)> 100
<어머니(母)> 239
<어머니(オモニ)> 331

<어머니 삼인(母三人)> 239
<어머니 홍매(母紅梅)> 239
<어머니와 소년(オモニと少年)> 287
<어머니의 소원> 329, 338
<어화(漁火)> 134, 142, 172
<언제나 타인> 261
<언젠가 누군가 살해당한다(いつか誰かが殺される)> 333
<엄마 시집보내기(オカンの嫁入り)> 388
<엄비국장(嚴妃國葬)> 78
<에미 이름은 조센삐였다> 377~378
<에이지(英二)> 384
<여명> 217, 230
<여배우(女優)> 223
<여배우 스마코의 사랑(女優須磨子の恋)> 223
<여성의 승리(女性の勝利)> 227
<여수 407호> 323
<여수 701호(女囚701号)> 323
<여왕벌과 대학의 용(女王蜂と大学の竜)> 291
<여자는 소매를 조심(女は袂を御用心)> 113
<여자정신대> 316
<여자형사 마리> 324
<여형사 더티 마리(すけばん刑事ダーティ・マリー)> 324
<역(驛)> 359
<역류에 서서(逆流に立ちて)> 89, 126
<역마> 261
<연애사진(恋愛写真)> 361
<오! 인천> 310
<오몽녀> 115
<오사까 대부> 320
<오사까의 외로운 별> 320
<오색 무지개> 285
<오소네가의 아침(大曾根家の朝)> 220~223
<오싱> 324~325
<오카에리(おかえり)> 354

<오하루의 일생(西鶴一代女)> 234

<오호 영목 교장(嗚呼鈴木校長)> 78, 84

<옥천염(玉川染め)> 71

<올드보이> 389

<올인> 369

<완전한 사육(完全なる飼育)> 361

<왕립우주군(王立宇宙軍: オネアミスの翼)> 355

<왜 그랬던가> 317

<왜?> 319

<왜놈에게(倭奴へ)> 328

<요화 배정자> 278

<용이 간다(龍が如く)> 385

<우게쓰 이야기(雨月物語)> 234

<우나기(うなぎ)> 356, 359, 363

<우러르라 창공(仰げ蒼空)> 166, 169

<우리 청춘에 후회 없다(わが青春に悔なし)> 220~223, 286

<우리집> 369

<우비(アマギ)> 307

<우연하게도 최악의 소년(偶然にも最悪な少年)> 387

<울밑에 선 봉선화야> 368

<울지 않으리> 309

<월하의 맹세(月下の盟誓)> 76~77, 79, 105

<위를 향해 걷자(上を向けて歩こう)> 259

<윈나 진주> 205

<유관순> 218, 245~247, 276

<유극(流劇)> 71

<유랑> 101

<유정> 277~278

<유학생 주아 스이 린(留学生チュア・スリ・リン)> 328

<육원미(肉園美)> 112~113

<육체의 약속> 344

<윤복이의 일기(ユンボギの日記)> 288, 331

<윤의 거리(潤の街)> 338, 381

<윤이상 재일 리포트(尹伊桑在日レポート)> 338

<으랏차차 스모부(Sumo Do, Sumo Don't, シコふんじゃった)> 360
<의리적 구토(義理的 仇討)> 73~75, 105, 268
<의사 김상옥 사기> 245
<의사 안중근> 210~212, 217, 245, 276, 315, 370
<의사 안중근과 이등박문> 371
<의사 윤봉길> 218, 245
<의식(儀式)> 288
<이것이 사랑>(일본영화) 307
<이국의 언덕(異国の丘)> 238
<이땅의 저 별빛은> 261, 280
<이름…나마에 박추자 씨의 본명 선언(イルム…なまえ朴秋子さんの本名宣言)> 329, 340
<이방인의 강(異邦人の河)> 329, 332, 337~338
<이조잔영> 280~281, 321
<이즈 댓 유?(元気の神様)> 355
<인류학 입문(人類學入門)> 260
<인생차압> 251~252
<인생항로> 150
<일본 도둑 이야기(にっぽん泥棒物語)> 260
<일본군에 대하여(日本軍破れたり)> 287
<일본의 비극(日本の悲劇)> 286
<일본의 어린이들(日本の子どもたち)> 287
<일본의 전통 목수 공구>(일본영화) 305
<일본인의 스포츠>(일본영화) 307
<일본제국고 폭탄의사> 276
<일본춘가고(日本春歌考)> 288, 331~332
<일본폭력열도: 게이한신 살인의 군단(日本暴力列島: 京阪神殺人の軍団)> 291~292, 332
<일본항복조인식> 205
<일본해방전선: 산리즈카의 여름(日本解放戰線: 三里塚の夏)> 328
<일송정 푸른 솔은> 317
<잃어버린 청춘> 251~252
<임자 없는 나룻배> 89~90, 119
<임진왜란과 계월향> 279

<잉여인간> 260
<잊혀진 아이들(忘れられた子等)> 228
<잊혀진 황군(忘れられた皇軍)> 228, 331

- ㅈ -

<자매 언덕(姉妹坂)> 305, 322
<자살관광버스(生きない)> 354
<자유만세> 211~213, 216~218, 246
<자유부인> 236
<자이니치(在日)> 382
<작부 이야기(春婦伝)> 287, 316
<작은오빠(にあんちゃん)> 287
<잔류첩자> 309
<잘 있거라 일본 땅> 277~278
<잠자는 남자(眠る男)> 354, 383
<장군의 아들> 279, 378
<장남> 115
<장례식(お葬式)> 375
<장사극장(壮士劇場)> 223
<장한몽(長恨夢)> 74, 106~107, 114, 118, 123~124
<장화홍련전(薔花紅蓮傳)> 75, 86, 106, 131, 133, 138, 142, 231
<재밌는 영화> 369
<저울의 시(天秤時): 제2부 자립편> 325
<전과자> 118, 175
<전우> 230
<전장의 크리스마스(戦場のメリークリスマス)> 288
<전쟁과 평화(戦争と平和)> 238, 286
<전쟁의 상흔(戦争の傷跡)> 340
<전학생(転校生)> 375
<전함 야마토(戦艦大和)> 235
<전후 50년사 재일(戦後50年史在日)> 339
<젊은 자태(若き姿)> 138, 165, 167~168, 173, 180
<젊은이들·청년이 간다(若者たち·若者はゆく)> 338
<접속> 375

<정신대> 371

<정염(情炎)> 223, 238

<정의의 강자(正義の强者)> 114

<제11회 도쿄 메이데이(第11回東京メーデー)> 100

<제주도 풍토기> 210

<조국의 어머니> 219

<조선사정(朝鮮事情)> 79

<조선여행(朝鮮旅行)> 79

<조선올림픽> 209

<조선의용대> 205

<조선해협(朝鮮海峽)> 121, 138, 165〜166, 168, 180

<조용한 가족> 344, 390

<조총련> 319

<조춘> 251

<조춘(早春)> 284

<족보> 317, 321~322

<죄 없는 죄인> 218, 245

<주신구라(忠臣藏)> 65, 132

<증언> 308~310

<지고이네르바이젠(ツィゴイネルワイゼン)> 313

<지금 한번 더(今ひとたびの)> 286

<지기(知己)> 75

<지나가의 비밀> 118

<지문날인 거부 1, 2(指紋押捺拒否 1, 2)> 330, 339

<지성탑> 231

<지옥문(地獄門)> 234

<지옥화> 237

<지평선> 278

<지하촌> 101

<직물공업> 209

<진심(まごころ)> 251

<집 없는 천사(家なき天使)> 114, 164, 166, 168, 180〜182, 213
<찢어진 북(破れ太鼓)> 240

- ㅊ -

<착신아리(着信アリ)> 361
<창공(돌쇠)> 120, 182
<창일근(槍一筋)> 71
<천의 바람이 되어: 천국으로의 편지(千の風になって:天国への手紙)> 341
<철도원(鐵道員: ぽっぽや)> 359, 377
<철완 기자(鐵腕記者)> 114
<청일전쟁과 여걸 민비> 278
<청춘 불시착> 324
<청춘의 노래(青春の歌)> 114
<청춘의 비가(青春の悲歌)> 121
<청춘풍속도> 370
<체인지> 375
<체지방계 다니타의 사원식당(体脂肪計タニタの社員食堂)> 388
<초혼> 260
<촌색시(청춘행로, 일명:며느리의 설움)> 232, 239~240
<총독의 딸> 277
<총장의 목(総長の首)> 292
<총희의 연(운영전)> 85~86, 88, 117
<축하합니다/애도합니다(お日柄もよくご愁傷さま)> 354
<춘원 이광수> 276
<춘풍> 115, 121
<춘향가(春香歌)> 75
<춘향전(春香傳)> 84, 118, 131~132
<출격명령> 115
<춤추는 대수사선(踊る大捜査線)> 360
<침묵의 사랑>(일본영화) 307

- ㅋ -

<카게무샤(影武者)> 359, 363
<카비리아(Cabiria)> 60
<카타쿠리가의 행복(カタクリ家の幸福)> 390
<컬링 러브(素敵な夜、ボクにください)> 385

<퀴리부인(Madame Curie)> 232
<큐폴라가 있는 거리(キューポラがある街)> 287, 290
<키즈 리턴(キッズリタン)> 360
<킹콩 대 고지라(キングコング対ゴジラ)> 264

- ㅌ -

<태백산맥> 309
<태양의 묘지(太陽の墓場)> 288, 331
<태양의 아이들(太陽の子供たち)> 115, 165~166, 169, 180
<태평양의 독수리(太平洋の鷲)> 235
<터져라 봉선화 우리의 지쿠호, 우리의 조선(はじけ鳳仙花わが筑豊、わが朝鮮)> 329
<토끼와 거북> 85
<통일의 불꽃(統一の炎)> 338

- ㅍ -

<파이란> 377
<퍼펙트 블루(Perfect Blue)> 361
<편지> 375
<평양기생 계월향> 279
<포스트맨 블루스(ポストマン・ブルース)> 360
<포켓 몬스터(Pocket Monster)> 360
<표적> 320
<푸른 늑대(蒼き狼)> 385
<푸른 산맥(青い山脈)> 227
<푸를 청(青~chong~)> 386
<풍년가> 120, 165~166, 180, 182
<풍림화산(風林火山)> 307
<풍운아> 118
<프로키노 뉴스 제1보(プロキノニュース第1報)> 100
<피와 뼈(血と骨)> 335~336

- ㅎ -

<하나비(花-火)> 354, 358, 363

<하나이치몬매(花いちもんめ)> 305

<하녀> 282

<하드 로맨티커(ハードロマンチッカー)> 387

<하루(ハル)> 375

<하루의 생활>(일본영화) 307

<하와이 말레이 해전(ハワイ・マレー沖海戦)> 186~187

<학생부군신위> 375

<학생절의(學生節義)> 75

<한강> 120, 139, 141~142, 150

<한국관(韓国観)> 30

<한국일주(韓国一週)> 30

<할복(切腹)> 262

<항구의 협아(港口の侠児)> 121

<해뜨는 나라(日出の國)> 76

<해바라기(ひまわり)> 354

<해방뉴스> 210, 242~244

<해방된 내 고향> 224

<해방의 날까지: 재일 조선인의 발자취(解放の日まで: 在日朝鮮人の足跡)> 330, 340

<해방조선을 가다(解放朝鮮を行く)> 243~244

<해연(일명:갈매기)> 212

<해의 비곡(海の悲曲)> 85~86, 88, 106, 117~118

<햇빛 쏟아지는 벌판> 278

<행복한 고독> 272, 277

<현해탄은 알고 있다> 275~277, 371

<현해탄의 가교> 277

<현해탄의 구름다리> 260, 277

<혈육애> 319

<협객 김두한> 279, 316

<협골 초승달(侠骨三日月)> 110

<호열자> 209

<호타루(ホタル)> 369

<혼가> 101

<혼노지전투(本能寺戰鬪)> 65

<혼혈아 리카(混血児リカ)> 324

<혼혈아 쥬리> 324

<홍길동전 후편(洪吉童続編)> 131, 133, 138, 142, 231

<홍련비련> 118

<홍차기의 일생> 231

<화륜> 89, 101

<후따리(ふたり)> 355

<훌라걸스(フラガール)> 387

<흙> 259, 317

<흥부와 놀부> 261

<희극은 끝나지 않는다(喜劇は終りぬ)> 220~222

<희소야훈도(噫小野訓導)> 82

<히로시마(ひろしま)> 235

<히메유리의 탑(ひめゆりの塔)> 235

- 알파벳 -

<A38호실(A38號室)> 114

<Earth(アース)> 339, 341

<EGG> 384

<GO(ゴー)> 385

<HERO(ヒーロー)> 385

<Run2U> 369

<RUSH!(ラッシュ)> 384

<W의 비극(Wの悲劇)> 322

<W의 비극> 322

<YMCA 야구단> 369

- 숫자 -

<10층의 모기(十階のモスキト)> 333, 342

<101번째 프로포즈> 374

<1927년 메이데이(1927年メーデー)> 99

<1985・가와사키・뜨거운 거리(1985・川崎・熱い街)> 329
<2009 로스트 메모리즈> 369, 380
<24의 눈동자(二十四の瞳)> 235
<29살의 크리스마스(29歳のクリスマス)> 389
<38선> 115
<4월 이야기(四月物語)> 354, 359
<5인의 해병> 263
<69 식스티 나인(69 Sixty Nine, シクスティ・ナイン)> 386
<7인의 사무라이(七人の侍)> 234
<8개 무덤 마을(八つ墓村)> 356
<8월의 크리스마스> 344, 389~390
<8월의 크리스마스(8月のクリスマス)> 389

함충범

한양대학교 연극영화학과에서 영화학 박사학위를, 고려대학교 중일어문학과에서 문학 박사학위를 받았으며, 서울시립대학교 국사학과 박사과정을 수료한 상태이다. 고려대 학교 일본연구센터 연구교수, 나고야대학교 대학원 문학연구과 객원연구원, 한양대학 교 현대영화연구소 연구교수를 거쳐, 현재 한국영상대학교 영화영상과 교수로 재직하 고 있다.

주요 연구 분야는 한국영화사, 북한영화사, 일본영화사 등을 아우르는 동아시아영화사 이다. 주 전공은 식민지 시대를 중심으로 하는 한일 영화 교류・관계사이고, 계속해서 그 시기와 지역을 확대하며 연구의 지평을 넓혀 가는 중이다. 그리고 현재 사단법인 한 국영화학회 국내학술상임이사, 한양대학교 현대영화연구소 운영위원 겸 편집위원장, 현대영상문화연구소 운영위원 겸 편집위원 등으로 활동하고 있다.

최근에 발표한 주요 논저로는 「핵무기의 기술 표상과 시대적 함의: 1950년대 전반기 일본 영화를 통해」(『영화연구』 80, 한국영화학회, 2019), 「한국영화사에서 일본인 관련 서술의 동향과 과제: 일제강점기를 중심으로」(『국학연구』 39, 한국국학진흥원, 2019), 「식민지 조선영화 속 대동아공영의 표상: 〈그대와 나〉(1941)에서의 '내선일체' 양상을 통해」(『일 본학보』 120, 한국일본학회, 2019), 「해방 후 최초의 한국영화 관련 서술이 지니는 영화 사적 함의: 해방 초기(1945~1946) 영화 제작 경향과 담론 양상을 중심으로」(『인문학연 구』 59, 조선대학교 인문학연구원, 2020), 「해방기 한국영화의 기술 여건과 입지 변화의 양상 연구」(『석당논총』 77, 동아대학교 석당학술원, 2020), 「최은희 감독 영화에 대한 분 석적 고찰: 〈민며느리〉(1965)와 〈공주님의 짝사랑〉(1967)을 중심으로」(『구보학보』 26, 구보학회, 2020), 『모빌리티 텍스트학』(도서출판 앨피, 2021: 11인 공저), 『『경성일보』 문학・문화 총서⑪ 시나리오 및 영화 평론 선집』(도서출판 역락, 2021: 2인 편역) 등이 있다.